A STUDY OF THE CHIEF-MINISTERIAL
INSTITUTIONS IN THE HAN AND SIX DYNASTIES

两汉魏晋南北朝宰相制度研究

祝总斌 著

北京大学出版社

PEKING UNIVERSITY PRESS

图书在版编目(CIP)数据

两汉魏晋南北朝宰相制度研究 / 祝总斌著. —北京：北京大学出版社，2017.4

（博雅英华）

ISBN 978-7-301-27960-1

Ⅰ. ①两…　Ⅱ. ①祝…　Ⅲ. ①官制—研究—中国—汉代 ②官制—研究—中国—魏晋南北朝时代　Ⅳ. ①D691.42

中国版本图书馆 CIP 数据核字(2017)第 012673 号

书　　　　名	两汉魏晋南北朝宰相制度研究	
	LIANGHAN WEIJIN NANBEICHAO ZAIXIANG ZHIDU YANJIU	
著作责任者	祝总斌　著	
责 任 编 辑	张　晗	
标 准 书 号	ISBN 978-7-301-27960-1	
出 版 发 行	北京大学出版社	
地　　　　址	北京市海淀区成府路 205 号　　100871	
网　　　　址	http://www.pup.cn　　新浪微博：@北京大学出版社	
电 子 邮 箱	编辑部 wsz@pup.cn　　总编室 zpup@pup.cn	
电　　　　话	邮购部 010-62752015　　发行部 010-62750672	
	编辑部 010-62767315	
印 　刷 　者	北京中科印刷有限公司	
经 　销 　者	新华书店	
	650 毫米×980 毫米　　16 开本　　20.5 印张　　268 千字	
	2017 年 4 月第 1 版　　2024 年 6 月第 9 次印刷	
定　　　　价	75.00 元	

目　录

第一章 前言

第一节 问题的提出

如所周知,自战国开始,两千多年间,封建地主阶级先后推出了各国国君,以及全国统一以后的皇帝,作为最高政治代表,赋予至高无上的权力,以保护自己的政治经济利益。同时为使君主能有效地行使这一至高无上的君权,又根据奴隶主阶级统治的经验,建立了宰相制度。

宰、相之名分别见于殷周及春秋之时,[①]但连称则始于战国。《庄子·盗跖》将"宰相"视为贵人,与"天子"并列。《韩非子·显学》提出"故明主之吏,宰相必起于州部"。《吕氏春秋·制乐》又说:"荧惑者,天罚也……祸当于君,虽然,可移于宰相。"宰相之名一再出现。自此以后,一直沿用于整个封建社会。

但是,在中国古代政治制度上,除了辽代之外,"宰相"一直只是一个习惯用语,用以指辅佐皇帝行使权力,处理国家政务的主要官吏,而从来不是一个正式官名。在两汉魏晋南北朝究竟哪些官吏是宰相,哪些官吏不是宰相,往往没有明确的法令规定,因而当时和后来也就存在不同看法。大体说来,西汉的三公是宰相,从无争论;东汉的三公虽然当时已有人把它视为"备员而已",[②]但一般仍不否认它基本上是宰

---

① 《史记·殷本纪》:武丁即位,"政事决定于冢宰"。《左传》定公四年:"周公为太宰。"襄公二十五年:齐景公时"庆封为左相"。《史记·齐世家》:"崔杼为右相。"此处"宰""相",地位均相当于后代宰相。参《日知录》卷二四"相"。

② 《后汉书·仲长统传》。

相。如《文献通考·职官三》案语:"自后汉时虽置三公,而事归台阁,尚书始为机衡之任。然当时尚书不过预闻国政,未尝尽夺三公之权也。"可是涉及魏晋南北朝的宰相,则分歧颇大。

有的说,魏晋的中书监、令是宰相。

《通典·职官三》:魏晋"中书监、令常管机要,多为宰相之任"。

《文献通考·职官三》:"至魏晋以来,中书、尚书之官始真为宰相。……盖是时凡任中书者,皆运筹帷幄,佐命移祚之人;凡任三公者,皆备员高位,畏权远势之人。而三公之失权任,中书之秉机要,自此判矣。"

有的说,南北朝的侍中多为宰相。

《通典·职官三》本注:"侍中职任机务之司,不必他名,亦多为宰相。"

《宋书·王华传》:为侍中,"及王弘辅政,而弟昙首(侍中)为太祖所任,与华相埒。华尝谓己力用不尽,每叹息曰:宰相顿有数人,天下何由得治!"

《历代职官表》卷二宋齐梁陈条按语:"侍中参掌机密,亦为相职。"

同书后魏条按语:"侍中称为宰相。"

有的说,魏晋南北朝的尚书令、仆射或录尚书事是宰相。

《晋书·贾充传》:为尚书令,荀勖曰:"公,国之宰辅。"

《晋书·何充传》:以骠骑将军,录尚书事,"居宰相,虽无澄正改革之能,而强力有器局"。

《历代职官表》卷二宋齐梁陈条按语:"宋齐而降……惟尚书任总机衡,为宰相之职。"

《北史·外戚胡长仁传》:为北齐齐州刺史,派人谋刺尚书左仆射和士开,未成,敕"责长仁谋害宰辅,遂赐死"。

以上众说,也有交错。如《文献通考》承认魏晋之时中书、尚书长官都是宰相;《历代职官表》则认为宋齐而降尚书长官、侍中俱为宰相等。但也有排斥。如《通典》《文献通考》俱不言魏晋侍中,北朝中书监、令为宰相等。总之,纷纭混乱,莫衷一是。

据此,《通典》概括出一种巧妙的调和说法:"按自魏晋以来,宰相但以他官参掌机密,或委知政事者,则是矣,无有常官。"①就是说,不像汉代固定以三公为宰相,而视皇帝委任谁知政事,参掌机密,谁就是宰相:或中书,或尚书,或侍中,甚至其他官吏,变化甚多。②

实际情况是不是这样呢?否!

举一个最明显的反证。《南史·恩幸传》:宋孝武帝"亲览朝政,不任大臣,而腹心耳目不得无所委寄",信任中书舍人戴法兴、巢尚之,"凡选授、迁转、诛赏大处分,上皆与法兴、尚之参怀"。按照杜佑的标准,岂非孝武帝在位十年中宰相是戴法兴、巢尚之?依此类推,不但南北朝许多宰相桂冠将归诸恩幸、阉宦,而且连两汉三公的宰相地位也保不住了。《汉书·佞幸石显传》:汉元帝信任中书令石显,"遂委以政,事无小大,因显白决,贵幸倾朝,百僚皆敬事显"。石显前后得宠十余年,直到元帝死去。是否可以说这一段时期的宰相是石显,而不是丞相于定国、韦玄成等人呢?或者退一步说,是石显与于定国、韦玄成等人并相呢?到现在为止,似乎还没有这种主张,包括杜佑自己。

可见,或者是杜佑此说贯彻到底,则举凡皇帝身旁大小臣工、佞幸、宦官、小吏,都有可能随时转化为宰相,同时一不合皇帝心意,又可随时转化为非宰相,恢复原来身份,如此则实际上等于没有宰相,宰相制度变得极不稳定,失去了意义。或者是杜佑此说在某些人身上不能适用,这些人虽参掌机密,被委知政事,也不算宰相,如此则杜佑此说便不具备普遍性,蕴含着内在矛盾,因而也就没有多大价值,不足为据。二者必居其一。

那么,两汉、魏晋南北朝的宰相究竟是谁呢?特别是,如何在理论

---

① 见《通典·职官三》。《资治通鉴》卷一二〇元嘉三年六月条观点略同。

② 李俊:《中国宰相制度》,商务印书馆1947年版,第53页,以为魏晋南北朝宰相主要为尚书,次为侍中,再次为中书;第62页甚至说,陈代"中书舍人实居宰相之任",恐即受杜佑影响。

上以历史唯物主义为指导思想理解古代宰相制度,以及种种矛盾现象(如既设三公、录尚书事等为宰相,又赋予他官或佞幸以某些相权等)呢?

第二节 两汉魏晋南北朝的
宰相权力及其有时受侵夺的实质

要解决上面提出的问题,必须抓住以下两个关键。

第一,正确理解,哪些官吏是宰相?拥有什么权力方可视为宰相?或者说,要具备什么条件方可视为宰相?

我认为,根据我国两千多年的宰相历史,它必须具备两个条件,缺一不可。即必须拥有议政权,以及必须拥有监督百官执行的权力。关于这两个条件,《后汉书·陈忠传》讲得最概括。他在上安帝书中说:"三公称曰冢宰。……入则参对而议政事,出则监察而董是非。……今之三公,虽当其名,而无其实……"陈忠说的虽只是汉代三公应该拥有之权力,实际上后代宰相条件莫不如此。首先是进宫谒见皇帝,共议国家大事。宰相对政策(行政、财政、军事、民族等)和人事这两方面的大事必须出谋划策,辅助皇帝最后确定下来(包括对皇帝的错误意见进行谏诤)。如果不具备这一条件,而是一切由皇帝自行决断,则这些措施是否能符合整个统治阶级利益,可靠性便大大降低。当然,就某一才干超出宰相的皇帝来说,也可能自行决断十分正确。但英主毕竟是少数,从整个封建统治利益着想,作为一种经验固定下来,便必须要由经验丰富的宰相来出谋划策,以补皇帝之不足。没有这一议政权,便不能算作宰相。

其次是在经过皇帝与宰相商议,形成决定之后,还得由宰相监督百官执行。这里包括百官执行后的考课,以及由此奏行的黜陟、赏罚等。必须指出,决不能低估这一监督执行的权力。如果不能有效行使这一权力,则前一权力所形成的决定,便会等于空文,或大打折扣,起不到预期的效果。而且既监督百官，便容易控制百官。《汉书·翟方进传》：为宰相，"持法刻深，举奏牧守九卿，峻文深诋，中伤者尤多……皆罢退之"。这样便一定程度掌握百官之命运。《隋书·杨素传》：为宰相，"朝臣有违忤者……皆阴中之。若有附会及亲戚，虽无才用，必加进擢。朝廷靡然，莫不畏附。"正因如此，当隋文帝对他"疏忌"时，便出敕曰："仆射国之宰辅，不可躬亲细务，但三五日一度向省，评论大事"，"外示优崇，实夺之权也。终仁寿（文帝年号）之末，不复通判省事。"可见"通判省事"（即主持日常宰相机构事务），监督百官执行皇帝决定，是极重要的权力。不拥有这一权力，便不能算宰相（隋文帝剥夺杨素这一权力，是特殊情况。它正好反映，在正常情况下宰相应拥有这一权力）。

为了有效地行使上述两种权力，宰相下面还必须设有办事机构如丞相府、三公府等。因为宰相无论议政或执行，所涉及的全是全国事务和官吏，在两汉、魏晋南北朝条件下，没有办事机构收集、掌握材料，不但无法监督百官执行，而且在与皇帝议政时，也只能是说空话，不可能提出高明政见。

以上两个条件中，古代官吏和后代学者往往重视第一个，而忽视第二个，从而造成宰相称谓上许多混乱。上引《通典》关于魏晋以后宰相"无有常官"的看法便是由此产生的。如果将这两个条件统一考虑，而不偏废，便会发现，不但两汉的宰相是固定的，始终是三公；而且魏晋南北朝的宰相也有"常官"，始终是尚书令、仆射或录尚书事（虽然权力大小在量上有变化）。这种必须具备两个条件方可称宰相的看法，一方面有两汉魏晋南北朝大量史料为依据，将在后文展开论述，这里不赘言；另一方面，也符合隋唐以下关于宰相的情况和观点，试举二例以明之。

其一：

《新唐书·百官志》："初，唐因隋制，以三省之长：中书令、侍中、尚书令，共议国政，此宰相职也。其后以太宗尝为尚书令，臣下避不敢居其职，由是仆射为尚书省长官，与侍中、中书令号为宰相。"他们的权力之一便是"共议国政",并且有议事的地点——政事堂。另一权力便是政事堂作出决定,经皇帝批准后,监督百官执行。这里包括由中书省起草诏令、门下省加以审核,尚书省具体执行。以上两个权力,缺一便不算宰相。

《资治通鉴》卷二八〇神龙元年条:尚书仆射本为"正宰相","午前决朝政(即至政事堂议政),午后决省事(即回尚书省执行决定)"。其后,发展成如不加"同中书、门下三品",专拜仆射者,不得"预政事",失去了议政权,虽然总判省事,拥有很大的执行权,但"不复为宰相矣"。

另一种情况像翰林学士,因为其任务是起草重要诏令,身份大体相当于曹魏的中书监、令,齐、梁掌诏诰的中书通事舍人,往往参与议政。史称唐德宗时陆贽为翰林学士,朱泚叛乱,"机务填委,征发指踪,千端万绪,一日之内,诏书数百,贽挥翰起草,思如泉注。……虽有宰臣,而谋猷参决,多出于贽,故当时目为内相"。① 又如唐顺宗时王叔文为翰林学士,"每事先下翰林,使叔文可否,然后宣于中书,韦执谊(时为尚书左丞,同平章事,即宰相)承而行之"。② 权力虽然极大,但因没有直接监督百官执行之权,所以和陆贽一样,只能"号为内相"。③ 意思是,只能入宫内与皇帝议政,仅算掌握一部分相权,还不是真正的宰相。因此,陆贽虽一直为翰林学士,恩遇甚隆,中外仍然"属意为辅弼(宰相)";而朋党排挤他,也是极力"短贽于上前",使不得登宰相之位。④ 如果参与议政就算宰相,如果"内相"起的作用与同中书门下平章事即真正的宰相相等,则支持陆贽或反对陆贽的人,他们的愿望和努力便是毫无意义的;而陆贽后升中书侍郎,同中书门下平章事,史称"贽久为邪党所挤,困而得位,意在不负恩奖,悉心报国,以天下事为己任",⑤这种心情也就不好理解了。

---

① 《旧唐书·陆贽传》。
② 见《资治通鉴》卷二三六永贞元年。
③ 《文献通考·职官八》。
④ 《旧唐书·陆贽传》。
⑤ 同上。

其二：

明初，宰相本为中书省左、右丞相。既有议政权，又有监督百官执行之权。明太祖嫌其权重，为使"权不专于一司"，取消中书省及左右丞相，由自己直接指挥六部，"威柄在上，事皆亲决"，"历代所谓宰相之官，由此遂废不设"。其后虽设殿阁大学士，权力并发展到参与议政，职掌票拟，因而他们一般也被誉为宰相，但终明之世，"秩止正五品"，比六部尚书之正二品相差甚远，在制度上始终无监督六部百官执行之权。直到崇祯年间这些阁臣仍在说"昭代本无相名，吾侪止供票拟。上委之圣裁，下委之六部"。① 也就是说，"不特非秦汉丞相之官，亦并非汉唐以来三省之职任矣"。所以，清代沿用明制，虽将内阁大学士官秩升为正一品，凌驾六部尚书之上，但因同样没有直接监督六部百官执行之权，乾隆年间的官方权威著作《历代职官表》仍说："内阁职司票拟，其官创自明初，原不过如知制诰之翰林，并非古宰相之职。"②

第二，为了正确认识古代宰相制度，还必须将当时按制度宰相拥有各种权力和皇帝临时赋予非宰相以某些宰相权力，这样两种有联系而又有区别的情况，区分清楚。

前者是长期统治经验的积累和总结，已经固定为制度，一般说，是能较有效地维护整个封建统治阶级利益的，因而应该将拥有这些权力的官吏视为宰相，如两汉的三公、魏晋南北朝的尚书长官便是。而后者则是由于皇帝享有至高无上权力，凌驾于一切制度、法律之上，根据新的具体情况，破例采取的措施。如有时选拔出的宰相挑不起统治重担，或不惬皇帝心意，而出于种种原因不便轻易更换。如汉武帝初丞相例以列侯充任；南朝尚书长官多以皇族或高级士族充任。他们位尊望重，轻易更换于统治不利；③另一面有些官吏才干杰出、议论多合皇

---

① 《明史·冯元飙传》。
② 本段引文除注明者外，俱见《历代职官表》卷二序及卷四引明代各书案语。
③ 《南史·王球传》：出身琅邪王氏，为尚书仆射而不称职，有人建议将他罢免，宋文帝说："诚知如此，要是时望所归……盖所以崇素德也。"王球"遂见优容"。稍早的王敬弘也是如此，见《南史·王裕之传》。

帝心意,可是由于种种限制(如资历浅、门第低等),一时无法提升他们为宰相。在这种情况下,为了整个封建王朝利益或统治集团内部斗争的需要,皇帝采取机动措施,赋予非宰相以某些宰相权力,吸收他们参与机密,参与议政,甚至言听计从;而暂时将真正的宰相摆在仅负责监督百官执行的地位,即便有时不得不吸收他们议政,也往往只是走个形式,因为决定在这之前已基本经皇帝与非宰相商议做出。历史上并不鲜见的这种违反正常宰相制度的做法,固然削弱了相权,可是我们不能简单否定,或指责皇帝为了个人专制而滥用权力。而主要应看到,在很多情况下,它起了弥补正常宰相制度出现的某些缺陷的作用。从实质上说,这正是封建统治阶级之所以赋予皇帝至高无上大权的使命之一,即要他将制度的稳定性与出现新的情况下的灵活性结合起来,以便更有效地维护整个封建统治利益。这种具体例子,在后面各章都可以找到,此处不赘言。现在只举一条专门论述官吏任用制度的材料,来进一步证实上面提到的观点。

《陈书·徐陵传》载陵迁吏部尚书,

> 以梁末以来,选授多失其所,于是提举纲维,综核名实。时有冒进求官,喧竞不已者,陵乃为书宣示曰:"自古吏部尚书者,品藻人伦,简其才能,寻其门胄,逐其大小,量其官爵。……永定(陈武帝)之时,圣朝草创……府库空虚,赏赐悬乏,白银难得,黄札(拜官文书)易营,权以官阶,代于钱绢,义存抚接,无计多少。致令员外、常侍,路上比肩;谘议、参军,市中无数。岂是朝章,应其如此?今衣冠礼乐,日富年华,何可犹作旧意,非理望也。所见诸君,多逾本分,犹言大屈,未喻高怀。若问梁朝朱领军异亦为卿相,此不逾其本分邪?此是天子所拔,非关选序。梁武帝云:世间人言有目色(青睐),我特不目色范悌。宋文帝亦云:人世岂无运命,每有好官缺,辄忆羊玄保。此则清阶显职,不由选也。秦有车府令赵高直至丞相,汉有高庙令田千秋亦为丞相,此复可为例邪?"

徐陵这里讲的主要是在一般官吏选拔上,吏部尚书应坚持制度与皇帝根据具体情况违反制度任用的关系,但也涉及宰相制度。在徐陵看来,官吏任用都有"朝章"可循,吏部尚书必须遵守,这是基本方面,实际上肯定了制度的稳定性;但在陈初特殊形势下,为了笼络更多的人,皇帝又批准以官阶赏军功,弄得"朝章"大乱,这也是难免的,实际上又不否定制度的灵活性。就宰相任用言,也有"选序"与"天子所拔"的区别。按选序,朱异不够条件当宰相,但梁武帝用他为中领军兼中书舍人,赋予参与机密和议政大权,这便是"天子所拔",是特殊情况,同样是允许的,吏部尚书无法干预(赵高、田千秋是用为正式宰相,与朱异不同,这里不论,但同样是条件不够而为"天子所拔",可作侧证)。当然,徐陵把皇帝不依选序重用或排斥某人视为出于"前缘"或"前业",[①]乃佛教唯心、迷信观点,但他清楚地分别了官吏任用上,遵循"选序"(或"朝章")与"天子所拔"这样两种不同的、并行不悖的做法,却对我们有启发,可作我前面提到观点的强证。

可是另一方面,能不能过于强调"天子所拔"、制度的灵活性,而否定了"选序""朝章"的作用,否定制度的稳定性,把一定历史时期的宰相看成"无有常官"呢? 不能。这不仅因为违反"选序""朝章"的"天子所拔",比重毕竟很小;也不仅因为前面已论述过:宰相的条件有两个,缺一不可,而"天子所拔"所赋予非宰相的权力,往往只是一部分议政权,不包括监督百官执行权,[②]顶多只能算作"内相";而且还因为在这种情况下皇帝所赋予非宰相的权力,和经过长期统治经验积累,固定下来的宰相制度相比,随意性较大,或者说盲目性较大(如拔擢哪些官吏参与政事,权力大到什么程度:仅仅参与人事谋议,还是包括其他政务;单纯平省尚书奏事,还是参与最后决策等)。它可能符合整个封建统治的需要,那么以后便会逐渐转化和固定为正式制度。然而也有可能经验并不成熟,仅仅为了满足一时需要,皇帝随意而为,事过境迁,或皇帝一换,这些权力便又被取消。对于这样一些"天子所拔"的官

---

① 参《文苑英华》卷六七七"答诸求官人书"。
② 朱异即如此,参本书第九章第三节。

吏，如属后一种情况，固然不应视为宰相，历代"势倾天下"的宦官、恩幸所担任的中常侍、中书通事舍人等，便是如此；即便前一种情况，如汉代的尚书长官，魏晋南北朝的中书监、令，门下侍中等，也不应视为宰相。这是因为在形成正式制度之前，这些官吏的某些宰相权力并非依制度而得，并非该官的职掌，而是皇帝根据具体需要临时赋予的，因而也就不稳定或不普遍。某个时期的中书监、令得到皇帝信任，握有很大宰相权力，过一个时期宠衰，或皇帝一换，可能又恢复到单纯起草诏令的境遇，不再能过问政事。同一时期的门下侍中，按规定有四个人，得宠者可以参决大政，势倾天下；不得宠者，也可能仅仅掌管殿内皇帝、皇室的生活供奉之事。① 对这种仅握有一部分宰相权力，而且还处于不稳定、不普遍状态中的官吏，怎么能贸然把他们视为宰相呢？

隋唐以后这类情况也不少。除唐代翰林学士得到皇帝宠幸，一度权势极重，仍只算"内相"，不是宰相，参见前文外，再举一例。

《资治通鉴》卷二六六开平元年：五代梁太祖朱温，以亲信敬翔"知崇政院事（相当于唐之枢密使）"，"以备顾问，参谋议，于禁中承上旨，宣于宰相而行之。宰相非进对时有所奏请，及已受旨应复请者，皆具记事（报告）因崇政院以闻，得旨则复宣于宰相"。由于此故，崇政使或枢密使之权力往往很重。《新五代史·安重诲传》：后唐明宗时为枢密使，"处机密之任，事无大小，皆以参决，其势倾动天下"。

按照杜佑的标准，这个枢密使无疑也是宰相。可是事实不然。在当时制度上枢密是枢密，宰相（同中书门下平章事）是宰相。枢密使只是握有某些宰相权力，或者说侵犯了宰相的权力，并不等于宰相。所以欧阳修在《郭崇韬、安重诲传论》中只说枢密使"权侔于宰相"，而且慨叹"宰相自此失其职也"。所谓"失其职"，便等于说枢密使是侵犯了宰相权力，违反了制度。《资治通鉴》卷二八二天福四年："梁太祖以

---

① 《廿二史考异》卷三六"王华传"下按语：宋文帝时范泰、王球，宋孝武帝时王彧、谢庄、阮韬、何偃等为侍中，"初未预参机密"，慨叹"官职之随人重轻，自昔然矣"。其实是因为侍中并非宰相，按制度本不一定需参与机密。

来,军国大政,天子多与崇政、枢密使议。宰相受成命,行制敕,讲典故,治文事而已。帝(后晋高祖)惩唐明宗之世安重诲专横,故即位之初,但命桑维翰(以宰相)兼枢密使。及刘处让为枢密使,奏对多不称旨。会处让遭母丧,甲申,废枢密院,以印付中书,院事皆委宰相分判。……然勋臣近习不知大体,习于故事,每欲复之。"

这条材料更清楚表明:1.这时的宰相往往只握有监督百官执行之权,而枢密使却多与皇帝议政,和杜佑所说魏晋南北朝"以他官参掌机密,或委知政事者"正好相同。2.然而这时的枢密使却不是宰相,所握议政权也不稳定。当皇帝改变主意后,便可让宰相兼任,甚至干脆予以废除,将权力全部归还宰相。这正是一时恩宠与稳定制度的明显区别。所以胡三省注曰:"史言帝王命相,当悉委以政事,不当置枢密使以分其权。"以后例前,魏晋南北朝一时参与机密,委知政事,侵犯宰相权力者,同样是不能算宰相的。

综上所述,我的观点是,汉代宰相是三公,而尚书台长官不是宰相,尽管他们在某些方面或某个时期权力极大。魏晋南北朝宰相是尚书台(省)长官,而中书监、令和门下侍中不是宰相,尽管他们也是在某些方面或某个时期权力极大。

当然,汉代的尚书,魏晋以后的门下、中书长官虽非宰相,其主要权力却与当时宰相权力紧密相关,不了解它们,也就无从深入了解当时宰相制度的发展、变化,以及后来这些官吏为什么本身也会演变成为宰相(尚书于晋代成为宰相,中书、门下于隋唐成为宰相),所以对它们的发展、变化规律,本书一并探讨。

第三节　两汉魏晋南北朝宰相
制度变化的主要原因

长期以来,一般都把宰相制度变化的主要原因归结为君主与宰相的权力之争,即君主感到相权发展过重,"威胁"自己,于是有意采取措施,削夺相权,从而导致了一系列制度的变化。

这种看法,有一定道理,也符合某些历史事实,但恐难说反映了宰相制度发展变化的本质。

第一,从理论上说,在封建统治机构中,或者说政治上层建筑中,君主和宰相是不可或缺的两个主要环节。

首先必须要有君主、皇帝,实行君主专制制度,使之享有至高无上权力,对一切政事做出最后决断,方能统一地主阶级不同集团、派别的意志,调节相互利益冲突,保证社会秩序的稳定和对广大农民的有效统治。否则必然发生纷争、战乱,整个地主级的利益便将遭到危害。《荀子·致士》:"君者,国之隆也;父者,家之隆也。隆一而治,二而乱。自古及今,未有二隆争重而能长久者。"《韩非子·外储说右下》:"王良、造父,天下之善御者也,然而使王良操左革而叱咤之,使造父操右革而鞭笞之,马不能行十里,共故也。……夫以王良、造父之巧,共辔而御,不能使马,人主安能与其臣共权以为治?"都反映封建思想家很早已总结出了这一经验。

其次,还必须要有统治经验丰富的宰相,来辅佐皇帝治理国家。这也是一条极其重要的经验。因为除了特殊情况,皇帝都按嫡长继承制即位,无法选择。他们有的固然雄才大略,是历史上的贤君,但绝大多数是中才、下才,没有宰相的辅佐,便无法有效地行使君权,统治好国家。① 而且即便贤君,一人的才干、精力毕竟有限,也同样必须信用得力宰相,方能大展宏图。唐太宗曾说:"以天下之广,四海之众,千端万绪,须合变通,皆委百司商量,宰相筹画,于事稳便,方可奏行。岂得以一日万机,独断一人之虑也。"②朱熹也说:"臣闻人主以论相为职,宰相以正君为职;二者各得其职,然后体统正而朝廷尊。……且以唐太宗之聪明英特,号为身兼将、相,然犹必使天下之事关由宰相,审熟便

---

① 如是暴君,宰相和百官有条件,便会将他废黜。参拙文《从〈宋书·蔡兴宗传〉看封建王朝的"废昏立明"》,载《北京大学学报》1987年第2期。

② 《贞观政要·政体》。

安,然后施行,盖谓理、势之当然,有不得而易者。"① 由于此故,皇帝往往把宰相比喻为"腹心"②"股肱"③。甚至说:"朕……注意宰辅,劳怀梦想。诚以得失之效,邦家所系。"④"天地之道,运一气而施生;帝王之功,须元宰而凝化。"⑤当然,宰相也可能用非其人,但他们是可以随时撤换,另行任命的。这样,君主基本无法选择的缺陷,便得到宰相可以"尚贤使能"制度的弥补、调剂、平衡,从而保证整个统治的质量和效率。

这些都说明,在最高封建统治集团中,君主、宰相是不可或缺的。君主固然最重要,但如果缺了宰相,对国家的治理便无法有效地进行,同样达不到保护地主阶级利益之目的。所以,二者虽然存在权力之争和种种矛盾,但基本方面应是相互配合的关系,从而可以总结统治经验,改进和发展各种制度包括宰相制度。过于强调君主与宰相之间的权力之争,而忽视它们的基本方面是协调、统一,在理论上是讲不通的。因为如果在封建政治上层建筑中,最重要的两个环节君主、宰相基本上处于相互冲突、斗争之中,便无法完成其保护经济基础的使命。

第二,从历史事实看,宰相制度的发展、变化,有的确实导源于君主对宰相权力的有意限制、削弱。如东汉光武帝吸取权臣王莽西汉末篡位的教训,"矫枉过直,政不任下",从而促进了尚书机构的扩大、发展和三公鼎立制度的固定;⑥南朝宋孝武帝鉴于不久以前宰相(录尚书事)彭城王义康权重,几乎酿成祸乱,以及随后宋文帝遇弑的教训,大权独揽,信用寒族出身的中书通事舍人,削弱和废除录尚书事,导致了这一制度在南朝的衰落。⑦ 可是更多、更重要的发展、变化,其原因却并非如此,而是出于在新形势下加强统治,提高效率的需要。

---

① 《朱文公文集》卷十二"己酉拟上封事"。
② 《汉书·师丹传》。
③ 《汉书·孔光传》。
④ 《文苑英华》卷四四八"李绛拜相制"。
⑤ 《宋大诏令集》卷五三"吕夷简守司空余如故制"。
⑥ 参本书第三、五章。
⑦ 参本书第七章第一节。

如汉武帝时中朝官的萌芽,三公与尚书制度的某些变化,是汉初社会经济恢复到一定阶段,地主阶级要求最高统治集团将政策由黄老清静无为改为积极有为,大展宏图的结果,而原来宰相制度的某些环节已经不能适应这一新任务,因而不得不对它加以调整。又如汉成帝末年宰相制度由丞相权力独重演变为三公权力平等,"鼎足承君",原因则是为了以此弥补当时政事繁多,宰相才干不足的重大缺陷,想通过"分职授政"来挽救统治危机。① 东汉灵帝时出现侍中寺,西晋又演化成门下省,当时基本上并不存在君、相权力之争,而是在尚书台得到极大发展,特别是尚书长官开始被视为宰相之后,主要想用门下官吏平省尚书奏事制度,帮助皇帝更有效地处理日常政务。实际上就基本方面言,也起了相互制约,使尚书奏事的错误得到及时纠正,减少宰相——尚书长官罪责的作用。② 曹魏初年设立中书省,当时同样基本上不存在君、相权力之争,只是因为三国鼎立,战争不已,各地(特别是边地)统治不很稳定,形势迫使皇帝"政自己出",要对某些重大政事迅速做出决定,因而在左右设立中书官吏,草拟诏令,及时下达执行(甚至是密诏,连尚书也不经过,便直接下达州郡及边将),以保证统治效率。③ 蜀国后主无能,政自丞相诸葛亮出,是变例。然正因此故,中书几乎没有发展。

不仅如此,即便出于君主有意削夺相权而实行的措施,也只有能够同时适应巩固整个封建统治的需要,方得以坚持下去,形成制度,否则便得调整或废除。如东汉初年光武帝防范大臣,政不任下的结果,是形成"事归台阁"之制,章帝以后防范大臣的指导思想基本上已不复存在,④但"事归台阁"之制因适合新情况下的统治需要(如皇帝游宴后

---

① 以上分见本书第二、三章。

② 参本书第八章第二、三节。

③ 参本书第九章第二节。

④ 光武、明帝鉴于王莽篡位教训,对外戚控制最严,所谓"防慎舅氏,不令在枢机之位"(《后汉书·明德马皇后纪》)。可是从章帝起,外戚专权接踵相继,证明继位君主早已不以王莽之事为意。同样,继续防范三公的指导思想,也找不到史料根据。

宫,很少上朝;或皇太后临朝,不便多见朝臣等),便继续存在下去,并进一步得到发展。[①] 相反,南朝宋孝武帝以佞幸为中书通事舍人,凡重大政事皆与商议,侵夺宰相权力的措施,在当时条件下,由于种种原因,带给整个封建统治的弊大于利,所以在制度上中书舍人权力始终限制在"掌诏诰"上,没能向参与政事发展。[②]

总之,无论从理论或历史事实看,宰相制度发展、变化的主要原因,是为了在新形势下更有效地进行统治。在这发展、变化过程中,君主、宰相的协调、统一是基本的;二者的权力之争确可导致某些变化,但归根结蒂,仍要以是否有利于整个统治作为标准来衡量,决定坚持、调整或废除。

把两千年宰相制度的发展、变化,主要视为君主、宰相权力之争的结果,视为君主防范宰相,削夺相权的结果,我以为并没有抓住问题的本质。

---

① 参本书第五章第一节。
② 参本书第九章第三节。

第二章　两汉的三公(上)
——西汉初至成帝绥和改制以前的三公

两汉三公的发展,分为两个阶段。由西汉初至成帝绥和改制以前,是以丞相为主的阶段,三公地位与权力并不平等。成帝以后,经过改制,至东汉末,是地位与权力平等、鼎立的三公阶段。

先考察第一阶段。

第一节　三公的称呼和特点

这一阶段沿用秦制,皇帝下面最主要的官吏有三。

丞相:也尊称相国,有时分左、右,"掌丞天子,助理万机"。① 权力极大。《唐六典》卷一说:"秦变周法,天下之事皆决丞相府。……汉初因之。"因而称为宰相。如《史记·陈丞相世家》:陈平为左丞相,对汉文帝自称"待罪宰相"。《汉书·公孙贺传》:汉武帝时,拜丞相,"辞曰:材诚不任宰相"。《汉书·翟方进传》:汉成帝时,为丞相,上奏曰:"……臣幸得备宰相……"

御史大夫:是丞相的辅佐,"掌副丞相",② 权力也不小。故《汉书·朱博传》载其上奏说,"高皇帝……置御史大夫,位次丞相……总领百官"。《汉书·朱云传》:汉元帝时,华阴守丞嘉上封事言,"御史(大夫)之官,宰相之副,九卿之右"。《汉书·薛宣传》:汉成帝时,谷永上疏,"御史大夫……外佐丞相,统理天下,任重职大,非庸材所能堪……"因

---

① 《汉书·百官公卿表》。
② 同上。

而有时也称宰相。《汉书·萧望之传》：于汉宣、元帝时曾任御史大夫、前将军，自称"吾尝备位将、相"。《汉书·孔光传》：汉元帝"欲致霸（孔霸）相位，自御史大夫贡禹卒及薛广德免，辄欲拜霸"。这两处之"相"，都指宰相。故《汉书·元帝纪赞》将位止御史大夫的贡禹、薛广德，与丞相韦贤、匡衡并列，称"贡、薛、韦、匡，迭为宰相"，此虽东汉班固语，但与萧望之、孔霸事联系，便可肯定，这种称呼，至晚西汉中期已经开始。

太尉："掌武事。"[1]和御史大夫"位次丞相"不同，"太尉、相，尊等耳"。[2] 因而往往将、相并举。如《汉书·周亚夫传》：汉文帝时许负为周亚夫看相，赞他今后官位将至"将、相，持国秉"。将指太尉，相指丞相，所以才能说"持国秉"。到景帝时果然应验。《汉书·循吏黄霸传》：为丞相，荐史高为太尉，宣帝派人责曰："将、相之官，朕之任焉。……君何越职而举之。"

以上三个官吏本来各有自己的官名，但在西汉当时又往往被称为"三公"。《史记·平津侯列传》：公孙弘先后为御史大夫、丞相，上书武帝，自称"致位三公"。《史记·田叔列传》：田仁上书武帝，称三河太守敢于"为奸利"，是因为"与三公有亲属"。三公指的是御史大夫杜周和丞相石庆。《汉书·王尊传》：成帝时劾奏曰"丞相衡（匡衡）、御史大夫谭（张谭），位三公……而阿谀曲从……"

甚至也见于诏令。如《汉书·匡衡传》，为丞相，汉成帝诏曰："君……位在三公。"《史记·高祖功臣侯者年表》"蓼"下：孔臧辞御史大夫，"武帝难违其意，遂拜太常典礼，赐如三公"。又证明至少在赏格上"三公"已有专门规定，高出九卿。

为什么要在本官名之外另称"三公"呢？

这是因为战国以后的学说，都认为古代天子下面的最高官吏是

---

① 《汉书·百官公卿表》。
② 《汉书·田蚡传》藉福语。

"三公"。虽然究竟是哪三公,说法并不相同,①但总称"三公"是肯定了的。以至在汉代的天文学上都有反映。如《史记·天官书》中宫天极星下:"其一明者,太一常居也;旁三星三公……"据张守节正义,"太一,天帝之别名也"。它的辅佐便是旁边的"三公"星。②

在这种观念支配下,汉代的人一方面以之追溯历史。如《史记·殷本纪》:纣王"以西伯昌、九侯、鄂侯为三公"。另一面,又往往将当时皇帝下面的最高官吏泛称三公。如《史记·张释之列传》:王生善为黄老言,"尝召居廷中,三公、九卿尽会立……"《史记·日者列传》:"贾谊曰:……今吾已见三公、九卿、朝士大夫……"甚至汉宣帝在诏令中也说:今统治不稳定,"三公不以为意,朕将何任"。③ 这里特别要指出,因为儒家经典中有"三公九卿"之说,④在汉武帝独崇儒术之后,"三公"的称呼也就更加流行起来。我认为,这可以说是一种建制时本无其意,而是后来附加、追认的三公制度。由于它已见诸皇帝诏令,为当时人们所承认,所以,要把这第一阶段说成已实行了三公制度,也未始不可,只不过必须看到它与汉成帝改制以后的三公制度有很大不同。

第一,从观念上说,这一阶段的所谓三公,并没有一定要鼎足而三,相互紧密配合,方能治理好国家的意思,而是泛指皇帝下面的最高官吏。关于汉人的这种观念,我还可以举出一个强证。《史记·邹阳列传》载其于狱中上书梁孝王说:"是以孙叔敖三去相而不悔,於陵仲子辞三公为人灌园。"依楚制,并未设"相",孙叔敖本任令尹,⑤可是战国以后因令尹和其他各国之"相"地位相等,有时便径以"相"称之,邹阳也是这种用法。同时,根据《列女传》卷二"楚於陵妻"条,於陵仲子本是楚王要聘他为"相"(令尹),但因上句已用了"相",于是此句便换了"三公"。可见,这处的"三公"与"三"并无关系,而是一个泛指,因而

<hr />

① 参《汉书·百官公卿表序》及王先谦补注。
② 参陈遵妫《中国天文学史》,上海人民出版社1982年版,第266页。
③ 《汉书·宣帝纪》。
④ 《礼记·王制》。
⑤ 见《左传》宣公十二年。

可以代替相、令尹。我认为,史料上所见汉成帝以前的"三公",用法与此完全一样,①大体上等于"宰相"之意,至于究竟是几个人,关系并不大。

第二,因为上述缘故,被人们视为三公的太尉,在这一阶段便常常不设置,见《文献通考·职官二》引叶梦得之统计。不设之时,权由丞相兼掌。《汉书·循吏黄霸传》:汉宣帝说,"太尉官罢久矣,丞相兼之,所以偃武修文也",即其证。而且从汉武帝元狩四年(前119)起,将太尉改称大司马,更在制度上发生重大变化。1.太尉本要处理军事行政事务,而大司马一开始便设立两个,一封大将军卫青,一封骠骑将军霍去病,势难具体管事,而成了尊宠之位。何况在这之前已二十一年未设太尉,权力早已由丞相兼掌了去。2.从汉武帝临死,任命霍光为大司马、大将军时起,大司马有了职掌,但转为专在宫内"辅政",即帮助皇帝行使君权,而不参预处理外朝具体事务包括"武事",和太尉原职掌毫不相同。3.从汉宣帝地节三年(前67)起,取消了大司马印绶、官属,②因而更谈不上处理外朝具体事务。4.本来太尉俸禄与丞相相等,大概从地节三年起,也减少了俸禄。《汉书·成帝纪》:建三公官,"益大司马、大司空奉,如丞相"。如果大司马俸禄与丞相一直相等,何必要益?洪亮吉推测,是宣帝于取消大司马印绶、官属之同时削减的,有一定道理。③ 而这样一来,就更无三公鼎立观念可言。

第三,由于太尉不常设,大司马又有如上变化,所以汉成帝以前朝廷中处理政务,名曰三公,实际是丞相与御史大夫,其机构称"二府"或"两府"。《汉书·薛宣传》,谷永上疏荐举少府薛宣,曰:"宣,考绩功课,简在两府。"师古曰:"两府,丞相、御史府也。"是九卿之考课也归两府,权力之重,可以想见。所以后代有"西汉以二府分治,东京以三公

---

① 如陆贾《新语·道基》"(姜)太公自布衣升三公之位"。
② 参《汉书·百官公卿表》。
③ 《汉书·成帝纪》绥和元年王先谦补注。

总务"的说法。①

第四,但丞相与御史大夫的地位、权力并不平等。就地位说,丞相、太尉原来均金印紫绶,秩万石,而御史大夫乃银印青绶,秩中二千石,相差一等。同时汉初常以列侯为丞相,汉武帝以无爵之公孙弘为丞相后,将他封为列侯,从此先拜相,后封侯成为故事,②而拜御史大夫却没有封侯之制,其声望自然逊于丞相。同时御史大夫"朝奏事会廷中,差居丞相后",③如果敢于"与丞相钧礼",不稍靠后,便将受到弹劾,亦地位较低之证。就权力说,二府中大权主要在丞相府,故前引《唐六典》说,秦代天下之事皆决丞相府,"汉初因之"。汉成帝时何武甚至说:"丞相独兼三公之事"④,虽稍嫌夸张,但丞相权重于御史大夫,则可以肯定。

由上可见,西汉成帝以前的三公,是以丞相为主,地位、权力并不平等,没有鼎立观念的三公制度。

第二节　三公的职权

一、概说

关于汉代三公亦即宰相的职权,后代最爱引用的是陈平、丙吉的事,这里略加分析。

《史记·陈丞相世家》载孝文帝

> 朝而问右丞相勃(周勃)曰:"天下一岁决狱几何?"勃谢曰:"不知。"问:"天下一岁钱谷出入几何?"勃又谢不知,汗出沾背,愧不能对。于是上亦问左丞相平(陈平)。平曰:"有主者。"上曰:"主者谓

---

① 《唐会要》卷五七尚书省下唐代宗大历五年敕。
② 《汉书·公孙弘传》。
③ 《汉书·萧望之传》。
④ 《汉书·朱博传》。

谁?"平曰:"陛下即问决狱,责廷尉;问钱谷,责治粟内史。"上曰:"苟各有主者,而君所主者何事也?"平谢曰:"主臣!陛下不知其驽下,使待罪宰相。宰相者,上佐天子理阴阳,顺四时,下育万物之宜,外镇抚四夷诸侯,内亲附百姓,使卿大夫各得任其职焉。"……右丞相……出而让陈平曰"君独不素教我对?"陈平笑曰:"君居其位,不知其任邪?且陛下即问长安中盗贼数,君欲强对邪?"

《汉书·丙吉传》载其为丞相,

> 尝出,逢清道群斗者,死伤横道,吉过之不问,掾史独怪之。吉前行,逢人逐牛,牛喘吐舌,吉止驻,使骑吏问逐牛行几里矣。掾史独谓丞相前后失问,或以讥吉。吉曰:"民斗相杀伤,长安令、京兆尹职所当禁备逐捕。岁竟,丞相课其殿最,奏行赏罚而已。宰相不亲小事,非所当于道路问也。方春少阳用事,未可大热,恐牛近行用暑故喘,此时气失节,恐有所伤害也。三公典调和阴阳,职所当忧,是以问之。"掾史乃服,以吉知大体。

从以上两事中可以看出以下问题:

第一,全都强调宰相不管具体事务。不但地方官如长安令、京兆尹的事务,连中央官如九卿的事务也不干预。因为宰相要管更重要的事务。这是一个极重要的指导思想,是长期统治经验的积累,早在先秦已经形成。《吕氏春秋·贵公》:"夫相,大官也。处大官者,不欲小察,不欲小智。故曰:大匠不斫,大庖不豆,大勇不斗,大兵不寇。"管仲以此标准推荐隰朋为"相",因为"其于国也,有不闻也;其于物也,有不知也;其于人也,有不见也"。对于后三句,陈奇猷"校释"引"范耕研曰"及高诱注说:"闻,问也。言相之于国,但总大纲,于庶政或有所不必问也。""物,事也。非其职事,不求知之也。""有不见,谓不以察察为明。"很明显,这反映的是道家思想,是"为无为,则无不治"[①]思想在宰

---

① 见《老子》第三章。

相制度上的一种具体运用。

为了证明这个问题，还可以举《老子》第二八章的话："朴散则为器，圣人用之，则为官长，故大制不割。"魏源《老子本义》引"王道曰"解释说："朴可制为器，而器不可为朴。官长可统群有司，而群有司不可为官长。圣人为母不为子，犹之为朴不为器，为官长不为群有司，正其本而已。其本不离……夫何割之有哉。"按《说文·刀部》："制，裁也。"《衣部》："裁，制衣也。""大制不割"直译便是最高明的裁衣者并不具体剪割之意。当然，这里的"官长"也只是比喻，但就哲学观念说，和《吕氏春秋》的"相"，是一脉相承的。"大匠不斲"云云，便是"大制不割"的发展。《老子》《吕氏春秋》这种思想，到了汉初崇尚黄老学说的气氛中，与强调君道无为同时，转化为"宰相不亲小事"的观念，是非常自然的。如果再考虑到陈平"本好黄帝、老子之术"，[①]他对宰相职掌的概括，其渊源所自，也就更加清楚。

第二，全都认为宰相应调和阴阳或理阴阳。这里体现了战国以来阴阳家的天人感应思想。这种思想比较系统地载入了《尚书·洪范》和《礼记·月令》（原见《吕氏春秋》十二纪）。它的一个基本观念便是：统治者的行为以及他的政策、措施是否能顺应天时，是否正确，会引起自然界的不同变化，这种变化反过来又影响社会。如果正确，自然界便正常发展，风调雨顺（即陈平所谓"顺四时"），社会上也一切顺利。如果不正确，自然界便会出现不正常现象，如天旱、水灾、地震等，社会上也将动荡不安。由于当时认为这些自然界的正常与不正常现象，直接是由阴阳二气的协调与否决定的，所以体现天人感应思想的政治学说，也就把统治者的政策、措施与是否能调和阴阳二气联系起来。陈平、丙吉的观念，正是如此。所谓调和阴阳，虽披着一层神秘外衣，实质只是要求宰相辅佐天子管好全国大事。陈平"理阴阳，顺四时"下面一段话，概括说，便是指要使社会、统治十分稳定，如果做到这些，自然

---

① 《史记·陈丞相世家》。

阴阳理,四时顺。丙吉所谓方春是否大热,引起牛近行而喘,出现"时气失节",其实便是说,如果这样,便是阴阳失调,四时不顺,是宰相没管好全国大事,社会将会出大乱子。这比起一般局部的斗殴死伤,当然重要得多。

以上两点是紧密配合的。从理论上说,这种思想可以说支配了后来两千年的宰相制度。《唐鉴》卷三,唐太宗对房玄龄、杜如晦说:"公为仆射,当广求贤人,随才授任,此宰相之职也。比闻听受词讼,日不暇给,安能助朕求贤乎!""因敕尚书细务属左右丞,唯大事应奏者,乃关仆射。"①对此,范祖禹接着评说:"太宗责宰相以求贤,而不使之亲细务,能任相以其职矣。……苟不务此,而治簿书期会百吏之事,岂所谓相乎!《明史·刘健传》,健明武宗之时为"首辅",上书指出宿弊极多,而帝好逸游,迁延不革,"此阴阳所以失调,雨旸所以不若也"。《明史·谢迁传》:"与刘健、李东阳同辅政……时人为之语曰:'李公谋,刘公断,谢公尤侃侃。'天下称贤相(此明代习惯称呼,实际上与历代宰相有些差别,见上章第二节)。……数谏帝(武宗),弗听,因天变求去甚力。"所谓天变,也就是阴阳失调。在他们看来,谏,就是为了调和阴阳;谏而不听,不能完成任务,天变不已,所以要辞官。这些都是陈平、丙吉之思想起作用之证明。

不过,陈平、丙吉只提供了一种指导思想,阐述了宰相的任务,并没有具体涉及宰相的职权,而如果职权不明,"调和阴阳"的任务是无法完成的。

二、议政权

关于宰相的职权,最主要的便是陈忠所说的议政权和监督百官执行之权,其原则第一章已经阐述,这里再具体介绍。

首先考察议政权。

---

① 此事又见《贞观政要》卷三、《唐会要》卷五七。

这一阶段的议政权主要有两种方式。第一种是由宰相根据统治需要,主动提出新的政策、措施和用人方案,报请皇帝批准。《史记·晁错列传》:"迁为御史大夫,请诸侯之罪过,削其地,收其枝郡。奏上,上令公卿、列侯、宗室集议,莫敢难……错所更令三十章,诸侯皆喧哗疾晁错。错父闻之……谓错曰:'上初即位,公为政用事,侵削诸侯,别疏人骨肉……'"可见这次削藩,所有政策法令的变更,全都是宰相的主意。[1] 又《史记·武安侯列传》:田蚡为丞相,"入奏事,坐语移日,所言皆听,荐人或起家至二千石,权移主上。上乃曰:君除吏已尽未?吾亦欲除吏"。这事清楚反映了君相共同议政之情况,而占主要地位的则是宰相主动奏请。

大体说来,西汉初年,君相议政流行的是这种方式。原因有二:1.西汉初年,实行黄老清静无为政治,在具体统治中主张君道无为,臣道有为。《淮南子·主术训》第一句话便反映了这一指导思想:"人主之术,处无为之事,而行不言之教,清静而不动,一度而不摇,因循而任下,责成而不劳……"这种上清静而下劳苦的思想,战国秦汉之际比较流行。如《吕氏春秋·任数》:"古之王者,其所为少,其所因多。因者,君术也;为者,臣道也。为则扰矣,因则静矣。"这是汉初大事多由宰相奏行的一个理论根据。2.以汉高祖为首的刘氏家族起自民间,文化素养差,缺乏统治天下的经验,当时法家学说受到批判,儒家思想尚未得到尊崇;而黄老思想又比较空泛,无益于具体处理税收、刑政,一个时期内大概继位皇帝之君道教育莫衷一是,作用不大。这是汉初君主之所以主动处理政务不多的一个实际情况。

再举二例来证明。

《史记·曹相国世家》:曹参代萧何为相国,"举事无所变更,一遵萧何约束。……惠帝怪相国不治事,以为'岂少朕与?'(便命参子曹窋质问参)'……君为相,日饮,无所请事,何以忧天下乎?'"后来曹参作

---

[1] 枚乘称晁错为"三公",即宰相,见《汉书·枚乘传》。

了解释:"……且高帝与萧何定天下,法令既明,今陛下垂拱,参等守职,遵而勿失,不亦可乎。""惠帝曰善"。

这本是常被人引用以证明汉初实行无为而治的重要材料,然从政治制度的角度还可看出以下问题:除了惠帝与曹参共同定下的无为而治方针,从程序上说,实际是以宰相奏请,皇帝批准的方式进行的外,首先,充任宰相便应该主动"请事",这是他的职权,否则便被认为是失职。其次,曹参不请,径自贯彻无为而治方针,开始竟未报告皇帝,宰相权力之大可见。再次,宰相不请,皇帝自己竟也不能主动"治事",而是动员宰相"请事",后又听取其不请事的理由。所有这些,恐怕只能用君道无为,臣道有为的思想影响,以及惠帝"仁弱",[①]缺乏统治经验来解释。

《后汉书·陈忠传》,忠上书称"汉典旧事,丞相所请,靡有不听"。这基本符合西汉初年情况。其所以"靡有不听",除了皇帝缺乏统治经验,不得不批准外,恐怕还因为在君道无为,臣道有为思想指导下,君主对宰相"责成而不劳",即只从总的方面检查他治理天下的效果,好则晋升、赏赐,坏则罢黜、惩罚,至于日常政务之奏请,则"靡有不听",不多干预。《汉书·翟方进传》载其任宰相,"奏事亡不当意"。但汉成帝因天变竟赐册责以治理天下不善,"奏请一切增赋税城郭堧及园田、过更、算马牛羊,增益盐铁,变更无常。朕既不明,随奏许可,使议者以为不便。……将何以辅朕,帅道群下……"迫使方进自杀。这虽非汉初之事,却是一个平日"靡有不听",最后"责成"即算总账的典型例子,让我们再次看到西汉黄老思想对宰相制度的影响。附带一说,这也和法家思想不可分。因为在处理君臣关系问题上,法家的一套便出自黄老。《韩非子·扬权》"君操其名,臣效其形"、《韩非子·主道》"明君无为于上,群臣竦惧乎下",都是证明。西汉法家思想影响还十分巨大,宰相制度上道家、法家糅合在一起,是不奇怪的。

---

① 《史记·吕太后本纪》。

汉成帝以前议政权的另一种方式是由皇帝根据情况,主动提出新的政策、措施和用人方案,征求宰相意见,最后再由皇帝裁断。

《汉书·刑法志》:孝文帝想废除一人犯法,家属连坐的法律,于是"诏丞相、太尉、御史……其议"。这是不直接见面地征求宰相意见的办法。因宰相周勃等集议后上奏反对改革,孝文帝坚持己见,又把他们找来当面讨论,最后周勃等理解了文帝意图,表示"臣等谨奉诏"。此律遂除。又如前引《汉书·田蚡传》:汉武帝与丞相田蚡共同议事,在批准田蚡的用人方案后说:"君除吏尽未?吾亦欲除吏",则反映在官吏任用上皇帝虽有了人选,还得与宰相商定。《汉书·酷吏义纵传》:"宁成家居,上(武帝)欲以为郡守。御史大夫弘曰:……宁成……其治如狼牧羊,成不可令治民。"武帝改拜宁成关都尉。这是与宰相商量后皇帝改变初意之例。大体说来,从汉武帝起,这种方式逐渐流行。原因有三。

1. 汉初制度,"常以列侯为丞相",[①]太尉、御史大夫也多由功臣充任[②]。然到武帝之时,列侯、功臣的第二代、第三代纨袴子弟居多,才干较差。《史记·张丞相附申屠嘉列传》:自嘉死后,"景帝时开封侯陶青、桃侯刘舍为丞相。及今上(武帝)时,柏至侯许昌、平棘侯薛泽、武强侯庄青翟、高陵侯赵周等为丞相,皆以列侯继嗣,娖娖廉谨,为丞相备员而已,无所能发明功名有著于当世者"。所谓"娖娖廉谨""备员"云云,便是说作为宰相既不能根据新情况、新问题主动提出新的政策、措施或推荐人才,又不能在皇帝主动提出(或根据其他臣属的建议提出)之后,有所匡正。如《汉书·卫绾传》:以列侯为丞相,"朝奏事,如职所奏(师古曰:言守职分而已)。然自初宦以至相,终无可言(师古曰:不能有所兴建及废罢)"。《汉书·万石君附石庆传》:乃列卿子弟,汉武帝时为丞相,"醇谨而已。在位九岁,无能有所匡言。尝欲请治上近臣所忠、九卿咸宣,不能服,反受其过,赎罪"。

---

① 《汉书·公孙弘传》。
② 参《汉书·百官公卿表下》。

另一面汉王朝经过七十年休养生息,经济恢复,国力强大,汉武帝又是一个雄才大略,不甘寂寞的君主,宰相无能,无所作为,"请事"不多,他不像汉惠帝那样束手无策,而是摆脱旧制,主动提出种种政策、措施和官吏人选,将汉初的清静无为方针转变为积极有为、大展宏图的方针,这是这种方式的议政逐渐发展的最主要原因。

2. 当然,汉武帝积极有为(包括在宰相制度上引起变化),不仅仅靠雄才大略,还因为从他开始,逐渐采取信任近臣的措施和发展了尚书制度。在这之前,皇帝垂拱深宫,主要倚仗宰相操持政务。各种档案、文书、资料全在丞相府和御史大夫寺。因而皇帝对政务的发言权比较小。而从汉武帝开始,经过摸索,他提拔了一批有才干、多智谋的士人为近臣,"并在左右",①实际上等于他的参谋集团。这些近臣,昭帝以后便发展为中朝官。同时,又将沿用秦制,设于宫中,原来仅负责通章奏的小官——尚书的权力逐渐扩大,让他们开始掌管一部分原归"二府"掌管的档案、文书、资料。这种制度,昭、宣以后也进一步发展。这样,由于宫中有了参谋集团出谋划策,又有了某些资料,借以了解国家许多情况,皇帝在和宰相议政上的主动权,方有可能变成现实。

3. 汉初对太子及诸子封建道德和统治才干的培养,制度并不健全,贾谊、晁错都曾针对这些问题进谏。汉武帝以后,独尊儒术。儒家经书中关于这方面的论述,总结历代的经验颇为丰富(如《大戴礼记》还据贾谊《新书》专立"保傅"篇)。因而太子的教育越来越受重视。②必要时甚至同时设立两个太子太傅进行辅导。③ 这样,继位君主的统治经验和知识总的来说要超过汉初,这便是在与宰相议政上皇帝逐渐主动的另一个原因。

以上是汉成帝以前宰相议政权的两种基本形式。实际情况当然复杂得多。如昭帝后出现了辅政大臣,插在皇帝和宰相之间,有时对

---

① 《汉书·严助传》。
② 《汉书·昭帝纪》始元五年诏,自称"通《保傅》,传《孝经》《论语》《尚书》……"
③ 参《汉书·百官公卿表下》元鼎二年王先谦补注。

决策影响极大（详后）。又如汉武帝以后，皇帝有时不通过宰相，径直做出决定，颁下诏书，宰相如不同意，要以"封还诏书"或上书谏诤请求皇帝收回成命的形式，行使自己的议政权等。但基本的、大量适用的形式，仍不外乎这两种。

三、监督百官执行权

关于这一权力可分两点介绍。

第一，在皇帝和宰相议政，确定新的政策、措施或人事任命之后，首先要由宰相将诏令发布到全国或有关地区、部门去，要求遵照执行。据现在掌握的史料，其具体次序大多数情况下都是由御史大夫下达丞相或相国，再由丞相或相国颁发下去。

《汉书·高帝纪》："……布告天下，使明知朕意。御史大夫昌下相国，相国酂侯（萧何）下诸侯王；御史中执法下郡守……"

《史记·三王世家》："制曰：立皇子闳为齐王……御史大夫汤下丞相，丞相下中二千石，二千石下郡太守、①诸侯相，丞书从事下当用者，如律令。"

《居延汉简》："元康五年二月……御史大夫吉下丞相，承书从事下当用者，如诏书。"②

以上材料存在两个问题。首先，由宰相将诏令颁布下去，是因为这样可以表示宰相的权威，并意味今后将由宰相来检查执行情况。而"如律令""如诏书"，便是检查标准。对这二者的区别，王国维说："苟一事为律令所未具，而以诏书定之者，则曰如诏书。……苟为律令所已定，而但以诏书督促之者，则曰如律令。……如者，谓如诏令行事也。"③这种由宰相下达诏令的制度可能战国已存在。所以《管子·君臣上》记载："是故道德出于君，制令传于相，事业程于官。"据其上下

---

① 劳榦主此句"下"字衍，见《居延汉简考释》卷一。
② 《居延汉简释文合校》10·33，文物出版社 1987 年版。又参见同书 65·18。
③ 《观堂集林》卷十七"敦煌汉简跋四"。

文,大意是:统驭众官的原则和应赐予的恩德,由君主控制;制度和命令由宰相传布;各种政事由官吏办理。所谓"制令传于相",当然不仅仅是单纯的传布制令,据同文又称"相总要",百官对相要"匡请所疑"来看,传布制令恐怕也是为了督促宰相掌握制令精神,更有效地监督百官执行。汉代制度大概就是由此发展而成的。

其次,如前所述,御史大夫是副丞相,地位也低,之所以诏令竟由他下达丞相,这和御史大夫的具体职权分不开。原来在西汉,御史大夫一面是丞相的副手,辅佐他总理百政;另一面又拥有一项特殊职权,这就是在他统率下,御史大夫寺要负责掌管文书、档案,包括皇帝的诏书、律令、臣下的奏章等。这种制度秦代已经实行。《汉书·张苍传》:"秦时为御史,主柱下方书。"如淳曰:"方,板也,谓事在板上者也。秦置柱下史,苍为御史,主其事,或曰:主四方文书也。"颜师古根据同传称苍为柱下御史,"明习天下图书计籍",以为"主四方文书是也",又解释"柱下,居殿柱之下"。这里有两点意思,一是御史掌管文书,一是御史居殿柱之下,即在宫中办事。汉代御史大夫寺基本沿用了这种制度。

《汉书·东方朔传》:"孔丘为御史大夫"句下应劭曰:"御史大夫职典制度文章。"制度文章也就是律令、制度之意。

《汉书·百官公卿表》:御史大夫的主要属官御史中丞,"在殿中兰台,掌图籍秘书。……受公卿奏事,举劾按章"。东汉因御史中丞升为御史台长官,便由治书侍御史来"受公卿群吏奏事,有违失举劾之",[1]正是一脉相承的。

《汉书·陈平传》:汉高祖"顾问御史:'曲逆户口几何?'对曰:'始秦时三万余户,间者兵数起,多亡匿,今见五千余户。'于是召御史,更封平为曲逆侯"。其所以要问御史,也是因为文书资料归御史掌管。又《史记·三王世家》:汉武帝时群臣请立皇子闳等为诸侯王,曾由太

---

① 《后汉书·百官志三》。

仆行御史大夫事公孙贺"昧死奏舆地图,请所立国名"。舆地图当然包括各地户口等,证明到武帝时依然实行这种制度。

《初学记·职官下》引《汉旧仪》曰:"御史大夫寺在司马门内,门无扁题,署用梓板,不起郭邑,题曰御史大夫寺。"(《太平御览》卷二二五引略同)《汉书·成帝纪》:"永始四年……未央宫东司马门皆灾。"师古曰:"东面之司马门也。"《三辅黄图》卷二:"司马主武事,故谓宫之外门为司马门。"这表明,上引御史中丞只是进一步派到更邻近皇帝的殿中兰台掌管文书,而整个御史大夫寺原来也设于宫中,仅仅稍靠外而已。

由于御史大夫寺掌管文书、档案,又设于宫中,所以才会形成以下制度:

1. 皇帝与宰相议政所决定的政策、措施和人事任命,其诏令在尚书之职发展起来之前,大概由御史起草。这是因为御史既掌管文书、档案,便很难不亲自动手记事。《史记·蔺相如列传》:秦、赵渑池之会,"赵王鼓瑟,秦御史前书曰:某年月日,秦王与赵王会饮,令赵王鼓瑟"。后蔺相如迫使秦王击缶,赵御史记事同。可见自战国已然。全国统一后,诏令增多,则由负责记事且保管诏令的御史草拟诏令,是很自然的。这里有个侧证。魏晋的中书监、令本由东汉末的秘书令发展而成。秘书令"通掌图书秘记之事",[①]和过去的御史相近,后来竟主要负责草拟文书,并转为中书监、令,"掌王言"。[②] 又《晋书·杨骏传》:晋武帝本命中书草诏,以汝南王亮和杨骏为辅政大臣,临终,"骏恐失权宠,从中书借诏观之,得便藏匿。中书监华廙恐惧,自往索之,终不肯与"。后来便让中书监、令另外"作遗诏"。此事也证明保管诏令与起草诏令往往不可分。大概基于这些理由,《汉书·高帝纪》十一年王先谦补注引沈钦韩曰:"是时未有尚书,则凡诏令,御史起草,付外施行。"

2. 正因为汉初御史起草诏令,御史大夫寺又在宫中,而丞相府却在宫外,所以诏令完成后,才会形成前面叙述的先经御史大夫,再下丞

---

① 《初学记·职官上》。
② 同上。

相的制度。先经御史大夫，这是因为他是长官，又在宫中，御史起草后，或直接交皇帝批准，再送御史大夫发出，或先交御史大夫审阅，再由皇帝批准颁下，总之，无论从职权上或地理位置上，都得先经过他。这种制度，还有一证。这就是西汉诏令一开头除一部分是"制诏丞相、御史"外，大量看到的是"制诏御史（大夫）"。① 说"制诏丞相、御史"（有太尉时或作"制诏丞相、太尉、御史"），比较容易理解，因为他们是"二府"或"三公"，诏令要由他们监督百官执行；而单说"制诏御史"，就难于仅从监督百官执行上去解释，而只能看成还因为御史大夫具有上述特殊职权，诏令要经他颁下。

此外，诏令经宰相发布出去，采用"制诏丞相、御史""制诏御史"的形式，除了体现由他们颁下诏令的程序外，恐怕还包含让他们对诏令进行审核的意思。

《汉书·周昌传》：拜御史大夫，汉高祖欲废太子，立赵王如意，"昌庭争之强……盛怒曰：……陛下欲废太子，臣期期不奉诏"。所谓"不奉诏"，当包括拒绝接受诏令，颁发下去之意，实际上等于对诏令起了审核作用。

《汉书·王嘉传》：拜丞相，汉哀帝欲封宠臣董贤，"心惮嘉，乃先使皇后父孔乡侯傅晏，持诏书视（示）丞相、御史，于是嘉与御史大夫贾延上封事（反对）"，此事暂罢。数月后，哀帝找了一个有力的理由，下诏封董贤为侯，王嘉等没有反对。可是当哀帝不久又增封董贤，诏"下丞相、御史。……嘉封还诏书"。头一次并非正式下诏，而是试探丞相、御史的态度，结果两人一致反对；最后一次是正式下诏，这次御史大夫未持异议，而丞相"封还诏书"。这些表明，由宰相颁下诏书制度，确包含经其审核之意在内。如果某一诏令仅由皇帝个人决定，未与丞相、御史大夫讨论，则存在这一制度，多少可促使皇帝对所下诏令慎重考虑，以防被"封还"，这对封建统治是有利的。

---

① 参严可均《全汉文》卷一至卷九。

以上事实还表明,起草诏书和将诏书颁下丞相等后来转归专门的秘书、咨询机构掌管的一些政务,这时尚由宰相机构之一——御史大夫寺兼管。[1]

第二,宰相将诏令发布到全国或有关地区、部门之后,还有权监督百官"如律令""如诏书",即具体执行。最主要的方式便是沿用战国以来的制度,到年底以律令和诏书为依据,检查有关官吏执行情况,报告皇帝决定黜陟、赏罚。

关于战国制度只举一例。《荀子·王霸》:"相者,论列百官之长,要百事之听,以饰(饬)朝廷臣下百吏之分,度其功劳,论其庆赏,岁终奉其成功,以效于君。当则可,不当则废。故君人劳于索之,而休于使之。"需说明的是,荀子这段话的重点在说明君主的责任是千方百计选择一个贤明的相,如果找到了,一切政务便应交他去处理,自己平时不必干预,只需岁终听取汇报便行了。这和前面介绍过的君道无为,臣道有为思想一致,可作一个补充材料,证明儒家也存在这种思想;[2]但从中确也可以看到"相"对百官的监督关系。所谓"听",杨倞注"治也","要"是"要取"。意即相必须了解百官关于职分内事务的治理情况。这一点《管子·君臣下》也有反映:"相必直立以听,官必中(忠)信以敬。"而当相将功过于年终报告君主时,所谓"当则可,不当则废",首先当然是指对相全年工作的评价,同时也必然包括对百官的黜陟、赏罚。战国的这种制度,对西汉影响很大。

《汉书·丙吉传》载对京兆尹,"岁竟,丞相课其殿最,奏行赏罚……"

《汉书·宣帝纪》:下诏"其令郡国岁上系囚以掠笞若瘐死者所坐、名、县、爵、里,丞相、御史课殿最以闻"。

---

① 准确地说,战国各国御史本秘书机构,参《周礼·春官·御史》孙诒让正义。至秦发展成宰相机构之一的御史大夫寺后,原来的草诏等职掌,一个时期内仍基本上保存,直到东汉,方完全转归新的秘书机构——尚书台。

② 《论语·泰伯》:"巍巍乎,舜、禹之有天下也而不与焉。"也反映这种思想,参刘宝楠正义。

《后汉书·百官志一》：太尉、司徒、司空三公分别掌"兵事""民事""水土事"，"岁尽，则奏其殿最而行赏罚"。固然，这是东汉制度，但既然此制战国已经产生，到东汉依然未变，再联系上两条材料，则断定西汉同样普遍实行，应没有问题。

《汉书·循吏龚遂传》：汉宣帝时渤海郡"盗贼并起"，帝以遂为太守，遂请求说："臣闻治乱民犹治乱绳，不可急也，唯缓之，然后可治。臣愿丞相、御史且无拘臣以文法，得一切便宜从事。"又《汉书·酷吏郅都传》：汉景帝拜郅都雁门太守，"得以便宜从事"，也是让丞相、御史无拘以文法之意。《汉书·京房传》：汉元帝以京房为魏郡太守，"房自请愿无属刺史，得除用他郡人，自第吏千石以下，岁竟，乘传奏事。天子许焉"。刺史归朝廷御史中统率，"无属刺史"，也等于请求不受宰相文法所拘；而得除用他郡人等三事，正是原来律令所不允许的。这些表明，在正常情况下，丞相、御史是根据"文法"即律令、诏书来监督百官，奏行赏罚的。

以上是年终检查百官任务执行情况，乃监督的最主要形式。如果出现特殊情况（如官吏犯罪），则不限于年终，也不限于执行任务范围，平时即得处理。这便是监督的另一种形式：

《汉书·酷吏田延年传》：为大司农，儌民牛车三万辆运沙，"车直千钱"，"延年上簿，诈增儌直车二千，凡六千万，盗取其半"。被告发，事"下丞相府。丞相议奏延年主守盗三千万，不道"。

《汉书·杜延年传》：为太仆，霍光子禹谋反，汉宣帝"以延年霍氏旧人，欲退之；而丞相魏相奏延年素贵用事，官职多奸。遣吏考案，但得苑马多死，官奴婢乏衣食"。"延年坐免官……"

《汉书·翟方进传》：拜丞相，"持法刻深"，奏劾少府陈咸、卫尉逢信"邪枉贪污，营私多欲……信、咸幸得备九卿，不思尽忠正身……不宜处位，臣请免以示天下"。"奏可。"

《汉书·赵广汉传》：为京兆尹，非法论杀人，被告发，"事下丞相、御史，案验甚急"。

《汉书·韩延寿传》：为东郡太守，"放散官钱千余万"，被揭发，"（御史大夫）望之与丞相丙吉议。吉以为更大赦，不须考。会御史当问事东郡，望之因令并问之"。

以上诸例，全都反映及时监督、奏劾，不等年终。此外还有各种具体情况，如《汉书·酷吏严延年传》："琅邪太守以视事久病满三月，（有司奏请）免"；《汉书·谷永传》：征为大司农，"病，三月，有司奏请免。故事，公卿病，辄赐告，至永独即时免"。这里称"即时免"，当然也不等年终，"有司"当指二府。

除了年终检查和平时处理两种方式外，宰相还有一种极重要的监督方式，这就是由御史大夫寺的属官御史定期或不定期地监察中央和地方长官，弹劾违法者，不过因为历来把它归入专门的监察制度，此处从略。

最后，还必须看到，宰相虽对百官有监督执行权，但并没有直接指挥权和任免权。如九卿、郡国守相，平时政务全由他们依据律令、诏书独立处理，宰相发现他们有违法行为或不称职，并不能命令他们改变做法，而只能或立即向皇帝奏劾，提出处理建议，或等年终检查考课，奏请赏罚。无论哪种情况，如果皇帝不批准，便不起丝毫作用。

通过以上对三公的议政权和监督百官执行权的讨论，可以看出以下问题。

一方面，三公，特别是丞相、相国，在西汉封建统治机构中地位十分重要。汉武帝以前，自不用说。即便汉武帝以后，尽管逐渐出现了领尚书事和中朝官制度，建立了辅政大臣，皇帝对全国统治事务的发言权、否决权大大增加，三公的权力受到一些限制，但其地位依然未变。因为皇帝预政是有弹性的，精力充沛或有兴趣时他可以事事过问，精力不济或兴趣转移时也可以完全甩手不管，恢复无为之治。而宰相不行，他们等于全国的大管家，在任何情况下都得对政治、经济、军事等方面发生的问题在呈报皇帝审批前做出反应，出主意，想办法，推荐官吏去执行，并且要对后果承担主要责任。

《汉书·薛宣传》：为丞相六年，汉成帝以"变异数见，岁比不登……盗贼并兴，群职旷废……"为理由，归咎他统治"不良"，将他罢免。《汉书·孔光传》：先为御史大夫，后拜丞相，汉哀帝以十一年中"卒无忠言嘉谋"，"百姓饥馑……而百官群职旷废……盗贼并起……"为理由，同样归咎他统治"不良"，将他罢免。《汉书·成帝纪》：建始四年，"河决东郡金堤……御史大夫尹忠，以河决不忧职，自杀"。① 值得注意的是，在罢丞相诏中都提到"百官群职旷废"。罢孔光诏还具体说：统治发生危机"朕……数以问君，君无怵惕忧惧之意，对毋能为，是以群卿大夫咸惰哉莫以为意，咎由君焉"；后来丞相王嘉下狱，龚胜也劾他，"备宰相，诸事并废，咎由嘉生"。② 这些话都等于说，百官是否尽职，万机是否处理，关键在三公，特别是丞相。从而也证明他们在封建统治机构中的极端重要性。皇帝之所以要把丞相称为"朕之股肱"，③"丞相进见，圣主御坐为起，在舆为下"，"丞相有疾，皇帝法驾亲至问疾……即薨……车驾往弔"，④礼仪如此隆重，道理就在这里。

正因如此，三公都必须挑才干杰出，经过考验，统治经验丰富的官吏充任。如《汉书·韩安国传》：有才干，汉武帝"以为国器"，先由大司农升御史大夫，后又"欲用安国为丞相"。《汉书·循吏黄霸传》：为郡太守，"治为天下第一"，汉宣帝后下诏褒奖，称他为"股肱"，先后用为御史大夫、丞相。《汉书·朱博传》："故事，选郡国守相高第为中二千石（九卿），选中二千石为御史大夫，任职者为丞相。"总之，职权、责任、地位、人选四者全都基本一致，这便是西汉成帝以前，特别是武帝以前三公制度的一个重要特点。

最后，还必须看到西汉三公制度（也可以说是整个封建社会宰相制度）的另一特点，这就是无论政策、措施或用人，三公只有建议权，而

① 又见《汉书·沟洫志》。
② 《汉书·王嘉传》。
③ 《汉书·孔光传》。
④ 以上参见《汉书·翟方进传》及师古注引《汉旧仪》。

无决定权。决定权在皇帝。而皇帝则由皇位继承制度决定,贤与不贤,选择性甚小。因而不可避免地会产生以下问题:如何保证皇帝行使决定权有利于而不至有损于整个封建统治,从而使三公制度最大限度地发挥作用。这里包含两种情况,一种是如何使三公正确的建议不至于被否决,另一种是三公建议不当或有损整个封建统治时,如何通过皇帝行使决定权予以弥补。西汉初年,无为而治,照章办事,这个问题并不突出。汉武帝以后,随着社会经济的恢复与发展,内外政策发生剧变,统治事务日益繁杂,而宰相的才干却往往较差,这个问题便提到议事日程上了。后面讲到的领尚书事、中朝官以至三公鼎立制度,正是为了解决这些矛盾逐步建立的。

第三节　三公的属官

西汉三公之所以能行使议政权、监督百官执行权,是以设有大量属官了解情况,提供材料,参与谋议为前提的。由于太尉不常设,汉武帝以后之大司马性质已发生变化,而御史大夫属官属于监察制度,所以这里只介绍丞相府的属官。

一、长史与司直

西汉丞相府中地位最高、最重要的属官乃长史和司直,均由皇帝任免。

长史:设二人,是丞相的主要辅佐。《通典·职官三》:"盖众史之长也,职无不监。"按丞相府一般属官总称"掾史","众史之长"就等于众属官之长,地位大体相当于御史大夫寺的两丞:丞及中丞。从辅佐长官的角度言,叫"丞";从众属官之长言,叫"长史"。身份其实一样。可能因为丞相地位高,御史大夫地位略低,所以主要辅佐分别叫"长史""丞",以示区别。据《汉书·百官公卿表》,在汉成帝改御史大夫为大司空,"禄比丞相"之后,便"置长史如中丞,官职如故",此长史与丞可通之证。此外，长史秩千石，在司直设立前，是属官中俸禄最高的。不过，据《史记·田叔附田仁传》，曾"为二千石丞相长史"，则长史原来秩二千石，似乎与万石之丞相的主要辅佐身份更相当，比稍后设立秩比二千石的司直地位略高，也较合适，不知后来因为什么缘故降为千石。

值得注意的是长史之职掌。从"众史之长"，"职无不监"言，无疑是丞相府的总管。帮助丞相管好府中三百多名属官，[①]这是对丞相极大的支持。不过从史料中更多看到的是他们拥有以下职权。

首先是在重要问题上为丞相出谋划策。《汉书·张汤传》：为御史大夫，有人盗发孝文帝园陵"瘗钱"。张汤想归罪丞相庄青翟，"丞相患之"。手下的三长史（一人是"守长史"，正式长史仍二人）"合谋（对庄青翟）曰：……汤……今欲劾君以宗庙事，此欲代君耳。吾知汤阴事"。丞相从其计，搜集张汤犯罪证据。事发，张汤自杀。汉武帝后悔，"诛三长史，丞相青翟自杀"。这里涉及的虽仅是丞相私人安危，但据此可以推断，在重大政事上长史也必定要与丞相"合谋"。这里还可举一证。《汉书·爰盎传》：盎见丞相申屠嘉，"曰：'愿请间。'丞相曰：'使君所言公事，之曹，与长史、掾议之，吾且奏之。则私，吾不受私语。'"由此可见，日常"公事"之程序应是先由长史、掾了解情况（此处为听取爰盎口述），然后"议之"，丞相再据以"奏之"。长史出谋划策的作用十分明显。

其次是在重大事务中作为丞相府的高级代表进行处理。《汉书·酷吏咸宣传》：汉武帝末年，"盗贼滋起"，范围相当广，大群至数千人，小群不可胜数，"于是上始使御史中丞、丞相长史，使督之"。师古曰："出为使者督察也。"所谓督察，就是督察郡国长官加紧逐捕。《汉书·成帝纪》：山阳铁官徒苏令等起义，经历郡国十九，声势甚大，"遣丞相长史、御史中丞持节督趣逐捕"。师古曰："趣，读曰促。"在他们督促

---

① 《汉书·翟方进传》。

下，"汝南太守严䜣捕斩令等"。这和上面的"督察"意思完全一样，而为三公职掌"出则监察而董是非"的一个具体化。不过一般情况下为督促郡国提高统治效率，派出"掾史""丞相史"就够了，而现在因为起义声势比较大，只有派出地位高的长史，方能促使郡国长官重视，并有效地监督他们。

这一指导思想同样见于司法上。据《汉书·景十三王传》江都王建、《文三王传》梁王立、《王嘉传》《外戚孝元冯昭仪传》，凡诸侯王及外戚犯法，因为地位特殊，除本应由大鸿胪丞或廷尉等案治外，丞相长史也往往参加，起监督作用，有时御史中丞也参加，和督促郡国逐捕所谓盗贼的情况无异。如梁王立犯重罪，"丞相长史、大鸿胪丞即问，王阳病抵谰……丞相、御史请收王玺绶，送陈留狱"。江都王建犯重罪，"汉遣丞相长史与江都相杂案，索得兵器、玺绶、节反具，有司请捕诛建……"后一材料中之"有司"，当即前一材料中的"丞相、御史"。可见，在这里丞相长史除了监督外，还直接了解案情，给丞相、御史大夫在这类重大案子上向皇帝提出处理意见，提供了第一手资料和建议，这也是长史作为丞相主要辅佐所起作用的一个方面。

司直：汉初无此官，武帝元狩五年（前118）设立，一人，秩比二千石。职掌是"佐丞相，举不法"。[①] 设立原因史书不载。考元狩五年正是对匈奴三大战役之后，国家"用度太空"，义纵、王温舒等酷吏受重用，特别是御史大夫张汤当权，"好兴事，舞文法"，各种矛盾包括统治阶级内部矛盾逐步发展。[②] 在这种情况下，估计丞相府政务繁杂（如经张汤奏请实行的新政策如算缗、告缗等，都得由丞相府执行），长史也会忙得不可开交，为保证百官坚决执行新的政策、法令，设立司直专门负责检举他们的不法行为，是完全可能的。这就是说，司直的出现，适应了当时的统治需要。

值得研究的是，当时负责检举不法的已有御史中丞，后来又设立

---

① 《汉书·百官公卿表》。
② 以上参《资治通鉴》卷十九、二十。

了司隶校尉,司直与他们如何分工呢？我以为,司隶校尉偏重在通过直接发现百官的不法行为进行检举,如行驰道中、[1]在京师活动违犯禁令等。[2] 御史中丞在汉初则为"受公卿奏事,举劾按章",[3]也就是通过发现公卿给皇帝所上言事文书之违失处,进行举劾。而司直和他们不同,似乎主要是通过审阅日常经过丞相府的各类文书,发现不法行为,进行纠举。

《汉书·孙宝传》:迁司直,红阳侯王立通过南郡太守李尚,占垦荒田数百顷,将百姓早已开垦的官田也算在其中,然后隐瞒真情,"上书愿以入县官",汉成帝"有诏郡平田予直,钱有贵一万万以上。宝闻之,遣丞相史按验,发其奸。劾奏立、尚怀奸罔上……"在这里,孙宝应是在诏书通过丞相府下达执行时开始发现矛盾的。《翟方进传》:为司直,"是时,起昌陵,营作陵邑。贵戚近臣子弟宾客,多辜榷为奸利者。方进部掾史复案,发大奸赃数千万"。这里的复案,当指有关官吏原来已揭发这些人的罪行,文书通过丞相府时,翟方进根据文书又派掾史复查,结果查出了更多罪行。《鲍宣传》:上书称"龚胜为司直,郡国皆慎选举"。又《后汉书·马严传》:上书批评东汉初选举不实说:"故事,州郡所举,上奏。司直察能否以惩虚实。"将两条材料结合在一起,便可看到,郡国选举应上奏文书,陈述选举理由,然后司直审核文书,调查被选举者的情况,验证文书所言的虚实。如果司直审核认真,郡国当然得"皆慎选举"。

概括地说,司直的职掌便是佐助丞相举劾官吏的犯罪或违法行为,这和长史总管府事、出谋划策、作为高级代表外出督促官吏提高统治效率等作用,应该说是同等重要的。如果说长史是丞相的左膀,那么司直便是右臂。所以,司直极受丞相重视。[4] 不过,也正因司直主要

---

[1] 参《汉书·鲍宣传、翟方进传》。
[2] 参《汉书·盖宽饶传》。
[3] 《汉书·百官公卿表》。
[4] 参《汉书·翟方进传、何武传》。

是通过审阅文书来举劾不法,所以当尚书机构发展,全国不少文书逐渐转向首先上呈尚书,由尚书审阅、举劾之后,司直作用便逐渐缩小。东汉初年且被废除。

二、各曹掾史

除长史、司直,丞相府其他属官全由丞相自行任命,叫辟除。他们总称"掾史"。如《汉书·丙吉传》:拜丞相,"于官属掾史,务掩过扬善"。《翟方进传》:丞相薛宣,"常诫掾史,谨事司直翟君"。①

这些掾史分曹办事,可分以下四类。

第一类负责管理丞相府本身事务。如西曹,负责人事任免。《汉书·丙吉传》:为丞相,手下驭吏"醉欧(呕)丞相车上,西曹主吏,白欲斥之"。这里的"主吏",显然是主府内之吏。《游侠陈遵传》:为公府掾史,"日出醉归,曹事数废。西曹以故事适(谪)之。……故事,有百适者,斥。满百。西曹白请斥。大司徒(原丞相)马宫大儒,优士,又重遵,谓西曹,'此人大度士,奈何以小文责之?'"也是西曹主府内吏之证。所以《汉旧仪》卷上曰:对丞相"百石属不得白事,当谢者,西曹掾为通谢"。为什么要西曹掾通谢?就因为府吏归他任用,百石属没资格见丞相白事,连承认办事出错也由他先通禀。又《后汉书·百官志一》:太尉府"西曹主府史署用",也可作侧证。

又如主簿,负责府中杂事。《汉旧仪》卷上:"丞相……听事阁曰黄阁,无钟铃。掾有事当见者,主簿至曹请……"如《汉书·王嘉传》:为丞相,汉哀帝诏诣狱,"使者既到府,掾史涕泣共和药进嘉,嘉不肯服,主簿曰:'将相不对理陈冤,相踵以为故事,君侯宜引决(按嘉封新甫侯)。'……主簿复前进药……"又《后汉书·百官志一》:太尉府"黄阁主簿,录省众事",亦其侧证。所以,据说在西汉,"两府高士,俗不为主簿",②当即因职掌繁杂琐碎之故。

---

① 又参《西汉会要》卷三一丞相掾史下徐天麟按语。

② 《汉书·孙宝传》。

第二类负责朝廷官吏之任用。如东曹,即掌其事。《汉书·丙吉传》:为丞相,匈奴侵入边郡,一吏建议:"二千石长吏有老病不任兵马者,宜可预视。"吉"善其言","召东曹案边长吏,瑣科条其人"。及宣帝"问以虏所入郡吏,吉具对……"这是地方长官之档案在丞相府东曹之证明。又《薛宣传》:先后为御史中丞、郡太守、少府,谷永上书荐他为御史大夫,称"宣考绩功课,简在两府"。就丞相府言,具体恐怕就在东曹。《后汉书·百官志一》:太尉府"东曹主二千石长吏迁除及军吏",亦其侧证。又《三国志·毛玠传》:东汉末,曹操为丞相,玠与崔琰为东曹掾,"并典选举。其所举用,皆清正之士。……文帝(曹丕)为五官将,亲自诣玠,属所亲眷。玠答曰:……今所说人非迁次,是以不敢奉命"。虽然当时曹操的地位和一般丞相不同,但东曹掌朝廷官吏任用,作为制度,应是沿自西汉。西汉丞相权重,这是一个重要方面。

第三类给丞相出谋划策。如议曹,当掌其事。《汉书·翟方进传》:拜丞相,以李寻为议曹。寻"数为翟侯(按翟方进封高陵侯)言事"。[1] 又《匡衡传》:杨兴向大司马、车骑将军史高推荐匡衡"材智有余,经学绝伦",建议"召置莫(幕)府……与参事议……"史高"辟衡为议曹史"。虽非丞相府议曹,亦可作侧证。

这种出谋划策之重要,可以郡议曹一例做参考。《循吏龚遂传》:为渤海太守,有治绩,宣帝征至京师。议曹王生为遂划策曰:"天子即问君何以治渤海,君不可有所陈对,宜曰:皆圣主之德,非小臣之力也。"龚遂从其言。既对,"天子说其有让",拜为水衡都尉。估计丞相府议曹,作用应大体相同。

此外,丞相府还有奏曹,见《汉书·匡衡传》。从东汉太尉府奏曹"主奏议事"[2]来推测,应该是偏重为丞相奏事出谋划策之官。《汉书·兒宽传》:为廷尉文学卒史,不受重视。"会廷尉时有疑奏,已再见却矣,掾史莫知所为。宽为言其意,掾史因使宽为奏。奏成,读之皆服。

---

[1] 《汉书·李寻传》。
[2] 《后汉书·百官志一》。

以白廷尉汤,汤大惊,召宽与语,乃奇其材……上宽所作奏,即时得可。……以宽为奏谳掾。"此事虽未涉及丞相府奏曹,却可看出奏事时出谋划策的重要性。而且从兒宽这件事看,"奏谳掾"职掌当与奏议有关,可以作为理解丞相府奏曹的参考。

第四类分职负责司法、税收等具体事务。《汉书·酷吏严延年传》:"少学法律丞相府";《赵禹传》:为丞相史,被丞相视为"文深","以刀笔吏,积劳,迁为御史",后"与张汤论定律令",可证丞相府有精通律令、掌管刑法的官吏。《翟方进传》:浩商兄弟杀义渠县长妻子六人后逃亡,"丞相、御史请遣掾史与司隶校尉、部刺史并力逐捕";《薛宣传》:"广汉郡盗贼群起,丞相、御史遣掾史逐捕",则丞相府又有逐捕犯人与盗贼的官吏。又薛宣为丞相,"府辞讼例,不满万钱,不为移书"。所谓辞讼,一般指钱财婚姻方面的争讼,久者可拖若干年,"事类溷错,易为轻重",[1]是丞相府也当有专掌其事的官吏,方能处理。《汉书·沟洫志》:汉成帝时丞相史杨焉通修堤之术,被派出与河堤使者、将作大匠等一起治理黄河水患;后又有丞相史孙禁提出治水方略,可见丞相府还有水利专家充掾史。关于官吏分职负责,我们还可以举出《汉旧仪》卷上的宝贵材料:

> ……故令丞相设四科之辟……第一科曰德行高妙,志节贞白;二科曰学通行修,经中博士;三科曰明晓法令,足以决疑,能案章复问,文中御史;四科曰刚毅多略,遭事不惑,明足以照奸,勇足以决断,才任三辅剧令,皆试以能信,然后官之。第一科补西曹、南阁祭酒,二科补议曹,三科补四辞八奏,四科补贼、决。[2]

这段话中一科所补"南阁祭酒",南阁或许就是丞相听事的黄阁,南阁祭酒似指主簿。其证有三:

1. 南阁很可能即黄阁。按黄阁本当作"黄阁"。《汉书·公孙弘

---

① 《后汉书·陈宠传》。
② 全文又见《艺文类聚·职官一》。

传》：拜丞相，起宾馆，"开东阁以延贤人"。师古曰："阁者，小门也，东向开之，避当庭门而引宾客，以别于掾史、官属也。"黄阁应即南阁，其门南向而开，供掾史、官属出入，与宾馆的东阁不同。《南史·王莹传》：梁武帝时，"既为公，须开黄阁。宅前促，欲买南邻朱侃半宅。侃惧见侵，货得钱百万，莹乃回阁向东"。① 证明直到南朝，黄阁应向南，而向东是特殊情况。又《宋书·礼志二》解释"三公黄阁"的道理说：天子是朱门，"当阳之正色也"。"三公之与天子，礼秩相亚，故黄其阁，以示谦不敢斥天子，盖是汉来制也。"由此可见，丞相听事阁，从门的颜色说，叫"黄阁"；从门的方向说，叫"南阁"。前引《汉旧仪》之"南阁祭酒"，在《艺文类聚·职官一》中正作"南阁祭酒"。

2.《宋书·百官志上》：晋、宋有东、西阁祭酒。"夫祭祀以酒为本，长者主之，故以祭酒为称。汉之侍中、魏之散骑常侍，高功者并为祭酒焉。"可见祭酒有主事者之义。如《汉官仪》卷上：西汉五经博士十四人，"太常差次有聪明威重者一人为祭酒，总领纲纪"；《汉官解诂》胡广注："官名祭酒，皆一位之元长也。"②如南阁即黄阁，则南阁主事者祭酒即黄阁"录省众事"的主簿，可能性很大。东汉许慎曾为太尉南阁祭酒，③段玉裁在《说文解字注》卷十五下说："谓太尉府掾曹出入南阁者之首领也"，又说"黄阁即南阁"，"言南阁以别于他曹"。则这个南阁"首领"除了黄阁主簿又能是谁呢？

3. 上引第一科所补官吏，"西曹"与"南阁祭酒"在一起，性质应相近（第四科所补，贼曹、决曹并提，性质相近，即其例）。而和西曹性质相近的，正好是主簿。因二者均主府内内勤事务。④ 一主人事，一主众务，乃三公亲信，故往往连称。《后汉书·舆服志上》记"公卿以下至县三百石长导从"，有"门下五吏"，功曹（即西曹）之下即主簿。《袁安附

① 王莹官左光禄大夫，开府，乃从公，非正式三公，故仅在家开黄阁以示荣宠。但开黄阁之制度当与正式三公同。
② 位，方位，见《周易·说卦》。一位，一个部门之意。
③ 据《说文解字》附许慎子许冲上汉安帝表。
④ 府内内勤事务即门下事务，参本书第八章第一节。

袁秘传》注引谢承《后汉书》：黄巾军起，汝南太守赵谦击之，其门下官吏首为功曹封观，次为主簿陈端。汉王延寿"桐柏庙碑"碑阴题名皆南阳郡吏，"功曹史安众刘瑗"后即"主簿蔡阳乐茂"。[①] 后两条材料虽为郡吏，但从《舆服志》记载看，公卿吏当无大异。汉代功曹或西曹位在主簿上，故题名功曹均在前。晋宋以后主簿地位逐渐超过西曹，然迁转仍往往相连。《晋书·郭舒传》州"辟为西曹，转主簿"。《习凿齿传》州"辟为从事……转西曹、主簿"。《宋书·沈演之传》"州辟从事史、西曹、主簿"。《沈昙庆传》辟"州从事、西曹、主簿"。现在第一科所补官吏，西曹却与"南阁祭酒"连在一起，而且要同以"德行高妙，志节贞白"，即有节操，忠于辟主为标准，再加上全部四科所补，没有作为三公"股肱近臣"之主簿，[②]很不合理。根据这些，再联系上两点，我认为，推定"南阁祭酒"可能是主簿的另一称呼，还是有理由的。

以上是第一科，补门下官吏。

二科所补议曹，已见上第三类官吏。要挑选通晓经术的人充任，也是汉代风气。前引兒宽事，据说他所作奏章以经术为指导，得到汉武帝欣赏，竟促使本来只重法律的张汤"由是乡（向）学"。第四科所补"贼、决"，指贼曹、决曹，大概就是前论第四类掌管刑法，逐捕犯人与盗贼的官吏。《后汉书·百官志一》：太尉府"贼曹，主盗贼事"，"决曹，主罪法事"；《汉书·薛宣传》：县"狱掾"以廉吏被举，死赠"府决曹掾"，均其证。但三科所补"四辞八奏"则不甚明白，不知是不是当时官场熟语。不过由于第四科是补贼、决曹掌管刑狱、盗贼诸事，则此处"四辞八奏"应指掌管丞相府贼、决两曹以外具体政务的官吏。而据《后汉书·百官志一》太尉条记载，这些具体政务大概有户口、农桑、辞讼、交通运输、货币盐铁、仓谷等。西汉丞相府或许也是如此。

不过这里有个问题必须解决，就是上引三科充任这类官吏的条件是"明晓法令，足以决疑，能案章复问，文中御史"，表面看来，这只和

---

① 见《古文苑》卷十八。
② 见《古文苑》卷十"曹公卞夫人与杨太尉夫人袁氏书"。

"辞讼"吻合,为什么充任掌管户口、农桑、仓谷等事务的官吏,也要以"法令""决疑""复问"为条件呢?为了弄清这个问题,须先了解丞相府分职负责的诸曹究竟干什么事,它们与中央、地方有关机构如何分工。

必须明白,原来丞相府分职负责各项具体政务的各曹,一般并不直接判案、捕人等,①而是和宰相"出则监察而董是非"之职掌一致,只对中央和地方直接理事的有关机构进行监督。如发现违反律令、诏书,便由分职负责,熟悉有关法令、情况、材料的掾史去检查;如发现统治效率不高,便由有关掾史去督促。

如《汉书·韦玄成传》:父韦贤封扶阳侯,死,玄成不愿袭爵,"以病狂不应召","大鸿胪奏状。章下丞相、御史案验",乃派"案事丞相史"去检查。照说这事本归九卿之一的大鸿胪直接处理,但因他没能力解决,矛盾上交,方由丞相府派熟悉业务的掾史去案验。又如上引《翟方进传》浩商兄弟杀人,丞相、御史请遣掾史与司隶校尉等并力逐捕,说是"并力",其实是嫌司隶校尉等效率不高,要派有关掾史去"督察"。他如史书常见"丞相、御史案事之吏"②"(丞相)掾史案事郡国",③也都是各曹存在监督职责的反映。

懂得了丞相府各曹与中央、地方有关机构的这一分工,对于上述第三科提到的"法令""决疑""复问"等,也就不难明白了。原来它只不过说这一科人材要具备以下条件:熟悉有关法令;要能正确地解答中央与地方有关机构就此提出之疑难问题,如被派出案验有关机构违反法令之事,例如婚姻、钱财判决出错,要善于对已经中央或地方机构传问过的人进行"复问",以弄清真相,依法处理。如此而已。而这样一来,也就可以清楚上面提到的户口、农桑、货币、盐铁、仓谷等政务与具备"法令""决疑""复问"等条件并不是不协调的,因为中央和地方有关

---

① 《后汉书·何敞传》:"故事,三公不与盗贼",即其证。何敞说服太尉宋由得以参与,乃变例,是因为被害者刘畅是"都乡侯","宗室肺腑"之故。
② 《汉书·于定国传》。
③ 《汉书·魏相传》。

机构在处理这些事务时，出于私心，或由于不熟悉法令，不了解情况，因而出错，经人揭发，丞相府需派具备这些条件的掾史去案验，是常发生的。前面引的汉成帝时丞相司直孙宝对红阳侯王立欺骗皇帝行为，"遣丞相史按验，发其奸"一事，就是一证。其事因涉垦田及少府陂泽，估计本归少府经手，但他没发现弊端，而孙宝发现了。孙宝派出的丞相史，大概应分职负责相当于东汉"户曹"的事务，最后把罪行揭发，有力地起了监督作用。

附带一说，上面《汉旧仪》丞相四科之辟，没有提到"东曹"，估计也不会在"四辞八奏"之中，很不应该。或许因为东曹掌管朝廷官吏之任用，十分重要，一度曾由朝廷任命也未可知。

最后，还得指出，丞相府各曹除了作为丞相手下办事机构，主要起监督百官执行的作用外，由于分别负责具体事务，熟悉法令，了解情况，当丞相将要"入则参对而议政事"之时，他们准备材料，甚至通过长史、司直或当面出谋划策，自亦是当然之事。这一方面的作用，也不能低估。

第三章　两汉的三公(下)

——西汉成帝绥和改制以后至东汉末的三公

第一节　绥和元年的改制——三公鼎立制度的建立

西汉成帝绥和元年(前8)进行了宰相制度的改革,从此两汉的三公进入第二阶段。

这次改制最主要特点就是把第一阶段以丞相为主,地位与权力不平等的三公,改变为地位与权力平等、鼎立的三公。具体内容有三。

第一,如上节所述,原来虽名三公,但太尉不常设,改称大司马后职掌又逐渐转为在宫内辅政,无印绶、官属,不预外朝宰相之事,所以实际上宰相只有二公。改制后将原辅政的大司马转为宰相,赐金印紫绶,置官属;又将御史大夫按儒家学说改称大司空,加上原来的丞相,于是"备三公官焉"。[①]

第二,原来三公地位不等。改制后将御史大夫的银印青绶改为大司空的金印紫绶,与丞相、大司马相同;过去大司马、御史大夫俸禄略低,今"皆增奉如丞相"。[②] 特别是以前拜御史大夫并不封侯,而改制后拜大司空也"封列侯",[③]与丞相、大司马一样。这样,三公地位在制度上便平等了。

第三,原来宰相大权由二府掌握,又以丞相为主,改制后转为三公

---

① 《汉书·朱博传》。
② 同上。
③ 同上。

"分职授政",①虽然究竟如何分职,史无明文,但不再由丞相"独兼三公之事",②而是由三公平等地共掌宰相大权,却是可以肯定的。《汉书·彭宣传》:拜大司空,上书言"三公鼎足承君,一足不任,则覆乱美实"。《马宫传》:"三公之任,鼎足承君,不有鲜明固守,无以居位。"都证明在这次改制后三公平等即"鼎足承君"的观念得到了发展。

为什么要改制?

过去有一种流行的看法是:出于君权、相权的矛盾。即认为由于以丞相为主的三公权力发展过大,"使君主常感威胁","由助理君主行政转变到障碍君权",于是君主想方设法削弱其权力。"此种变化开始于武帝时代,至宣、成之世则已完成。"③有的学者甚至说,成帝改制,三公并相制度之所以会出现与发展,"主由时君欲'轻相权'与'分相权'之一念所致"。④

事实并不是这样的。

关于汉武帝的问题,将于下章论述,这里只考察汉成帝改制出于君权、相权之争说为什么不对。

首先,成帝改制之时并不存在相权威胁君权问题。据《汉书·百官公卿表下》,成帝在位二十多年,改制前的丞相凡五任,即匡衡、王商、张禹、薛宣、翟方进。匡衡通经学,成帝夸他"遵修法度,勤劳公家",坚信"与君同心合意,庶几有成"。后免相是因侵占国有土地,"专地盗土",触犯刑律。王商原是外戚,于元帝欲废太子(成帝)之时,"拥佑太子,颇有力焉",成帝即位后以他代匡衡为相,"甚尊任之"。后免相是因为与成帝舅父王凤发生矛盾,被王凤以"闺门之事",⑤陷害而死,成帝为此还同情王商,对王凤不满。张禹原是成帝师傅,受到"敬

---

① 《汉书·朱博传》。

② 同上。

③ 曾资生:《中国政治制度史》第二册,重庆南方印书馆1944年版,第14页,第一篇"总论"。

④ 李俊:《中国宰相制度》,商务印书馆1947年版,第47页,第一篇"秦汉"。

⑤ 《汉书·元后传》。

重"，所以先领尚书事，后升丞相。在位六年，因年老退休罢相。如果害了病，成帝还临问，"亲拜禹床下"。"国家每有大政，必与定议。"薛宣是能吏，谷永推荐他"材茂行絜，达于从政"，被成帝用为御史大夫、丞相。因经术浅，成帝轻之，后借口统治效率不高，将他免相。然经人保荐，两年后又"给事中"，"视尚书事"。翟方进原为成帝欣赏、有意培养为宰相的人，"号为通明相，天子甚器重之，奏事亡不当意"。后因"政事不治，灾害并臻，百姓穷困"，恰逢天变，成帝归咎于他，被迫自杀。①

可见五人除薛宣外，都是皇帝精选的亲信或十分尊重的人，主相关系比较融洽，其所以免相均与所谓君权、相权之争无关。即便薛宣，免相原因也不例外，虽然成帝对他不满意处较多，但从免相两年后又令他"给事中"，"视尚书事"，成为中朝官来推测，原来的矛盾也决不可能是相权膨胀，威胁了君权。

其次，成帝改制之时，从现有史料看，也找不到存在上述指导思想的证据。《汉书·朱博传》：成帝改制，首先是廷尉何武建议的。而何武在上书中一个字也没提到君权受到威胁的问题，他说，其所以要改革是因为"末俗文弊，政事烦多，宰相之材不能及古，而丞相独兼三公之事，所以久废而不治也。宜建三公官，定卿大夫之任，分职授政，以考功效"。就是说，是为了保证统治质量。考之成帝后期，政治腐败，农民起义不断爆发，到改革宰相制度的这一年，甚至不得不在诏令中承认"朕……奉宗庙二十五年，德不能绥理宇内，百姓怨望者众"。② 面对这一形势，封建政治家、思想家把它归咎于宰相统治不力，想通过三公鼎立，分工负责，以挽救摇摇欲坠的统治，是毫不奇怪的。

再次，在这次改制后仅仅过了三年，哀帝建平二年，因议者多以为这次改制"职事难分明，无益于治乱"，③经大司空朱博奏请，又恢复了

---

① 以上五人事，分别见《汉书》本传。
② 《汉书·成帝纪》。
③ 《汉书·朱博传》。

缓和以前旧制。如果原来确系出于皇帝削弱相权的意图而改革,照说从武帝以来为此斗争了一百多年,好容易达到在制度上加以固定的目的,岂能刚过三年便又改回去?而且这时丞相是孔光,朱博与他有矛盾。《资治通鉴》卷三四记载:建平二年正月,"朱博与孔乡侯傅晏连结……数燕见,奏封事,毁短……孔光"。四月,经朱博建议,恢复绥和以前旧制,朱博由地位与丞相平等的大司空,降为丞相的副职御史大夫。很明显,如非出于统治质量之考虑,朱博决不会奏请此事,使孔光扩大相权。

当然,以上说法也存在一些疑点需要解释。

一是何武的建议会不会实际意图是嫌丞相翟方进权重,侵犯君权,而表面上用统治质量不高作理由来掩盖呢?似乎不像。因为何武并不是一个胆小怕事的人。据《汉书·何武传》,在这之前,何武曾为扬州刺史,"二千石有罪,应时举奏",毫不容情;在这之后,哀帝死,太皇太后王氏当权,诏举大司马,实际上要用王莽。王莽是王氏亲侄,"自大司徒孔光以下举朝皆举莽",而何武时为前将军,竟敢与左将军公孙禄议以为"不宜令异姓大臣持权",反对举王莽。绥和元年改制前后的丞相翟方进,其权势并不比后来的太皇太后王氏及王莽大,何武有什么必要遮遮掩掩呢!值得注意的是,何武不但早年与翟方进"交志相友",而且就在实行三公鼎立制度之后,何武时已升大司空,两人依然相互配合,奏罢刺史,置州牧,改诸侯王之内史为中尉等,从而从一个侧面反映何武原来的建议确系从保证统治质量的角度出发,并非迎合君主,打击相权,所以翟方进似乎并不介意,两人关系并未因此受到影响。

另一需要解释的疑点是,汉哀帝恢复绥和以前旧制后,过了四年,至元寿二年(前1),又重新实行三公鼎立制度,并进一步把丞相改称大司徒,这又如何解释呢?我认为,从当时背景看,也不是出于君权、相权之争,而是为了尊宠董贤。据《汉书·佞幸董贤传》,很早以来哀帝就宠幸他,后来又以他为大司马,甚至想禅位给他,以侍中王闳谏诤而作罢。而在旧制下,丞相地位高于大司马,不符哀帝心意;董贤又年轻,才二十多岁,按西汉先例,只能当大司马,不能当丞相;而且旧制下的丞相,等于全国的大管家,政务繁忙,董贤也干不了,于是"正三公官分职"的办法便被想出来了。① 依此办法,不但恢复三公鼎立制度,而且把大司马班在首位,从而可以把董贤捧上仅次于哀帝的地位。不过把丞相的位子压到大司马下面,和秦汉以来旧制冲突得太厉害,便又依儒家学说将丞相之名改为大司徒,巧妙地弥补新制的缺陷。哀帝的心意,丞相孔光十分清楚,极力迎合。在这次改制前,哀帝让董贤拜访孔光,试探他的态度。尽管董贤之父董恭当过孔光属吏,董贤作为大司马当时位次排在孔光之后,年纪又轻,而孔光已六十多岁,但孔光"知上欲尊宠贤",竟放下丞相架子,"送迎甚谨,不敢以宾客均敌之礼"。王夫之曾痛斥孔光这一行径十分无耻,是"执臣主之礼"。② 然因哀帝高兴了,孔光不但稳固了自己官位,而且两个侄子也因此得以拜官。这样,由于利害关系最大的孔光都很乐意,所以改制不久就得以实行。

由此可见,元寿二年的改制,表面上丞相权力分了,地位低了,然究哀帝之动机,不但不是出于君权、相权之争,恰恰相反,正是孔光驯服,进一步讨得哀帝欢心,主相关系融洽,一致为了尊宠董贤的结果。③ 而在这之后,这一制度又为王莽所沿用。这是因为哀帝死后,在太皇太后王氏支持下,王莽代董贤成了大司马。三公鼎立对他的专权来说,虽不如恢复旧制,自当丞相更为方便,但一则他刚上台,不宜轻易改动制度;二则当时的大司徒孔光本来就是丞相,是改制后易名的,又是"名儒",如恢复旧制,孔光是当然的丞相,如挤走孔光,于王莽声望有损;三则依现制,三公中大司马班在首位,于王莽不为无利,而这时另外两公大司徒孔光十分听话,大司空彭宣也不敢持异议,并不影响

<hr>

① 参《汉书·哀帝纪》。
② 《读通鉴论》卷五"汉哀帝一"。
③ 以上参《汉书·佞幸董贤传》。

他专权。由于这些原因,三公鼎立制度便未遭王莽反对,而在新形势下继续推行。

总之,汉成帝绥和元年的改制,如果联系当时的背景,建议者的言论和随后发生的变化来分析,应该肯定,其指导思想决不是为了削弱、分散相权。它是在统治危机日益加深的情况下,为了保证统治质量,摆脱统治危机,在极重要的宰相制度上所做的一次尝试。这次尝试一度中辍,其所以又得到恢复并坚持下去,虽则已转变成出于统治集团内部的特殊需要,但仍与君权、相权之争没有关系。

第二节 东汉三公鼎立制度采用、坚持的原因

如果说在西汉末年三公鼎立制度还处于尝试阶段,徘徊于废立之间,那么从东汉起,这一制度便被采用并坚持了下去,西汉成帝以前以丞相为主的宰相制度从此一去不复返了。

东汉王朝采用并坚持三公鼎立制度的原因有二。

第一,三公鼎立制度适合汉光武加强君权,分散、削弱相权的需要。

上面已讲过,绥和元年的改制并非出于君主分散、削弱相权的需要,然而到汉光武即位时历史条件不同了。西汉王朝自哀帝死,平帝立,主相关系逐渐发生了根本变化,过去直接或通过辅政大臣掌握大权的君主,竟变成了王莽手中的傀儡。王莽以大司马、领尚书事和外戚的身份,一步步揽取权力,终于达到了篡位的目的。由于这个缘故,再追溯昭帝时霍光、成帝时王凤之专权,汉光武即位后和西汉诸帝不同,统治的一个突出特点,便是在"总揽权纲"[1]的基础上,对大臣加意防范。

1. 始终不设领尚书事。明帝同。
2. 罢功大、威望高的功臣的兵权。[2]

---

① 《后汉书·光武帝纪》。
② 参《后汉书·贾复传》。

3. 防范外戚。建武制度："后宫之家，不得封侯与政。"①原因就在"光武闵伤前代权臣太盛，外戚与政，上浊明主，下危臣子"。②

在这种情况下，采用三公鼎立制度，分散相权，而决不恢复以丞相为主的宰相制度，也就是必然的。

为了证明汉光武存在加强君权，削弱、分散相权的指导思想，还可以举出以下材料：

《后汉书·仲长统传》：著《昌言》，称"光武皇帝愠数世之失权，忿强臣之窃命，矫枉过直，政不任下，虽置三公，事归台阁，自此以来，三公之职，备员而已。……光武夺三公之重，至今而加甚"。"台阁"就是尚书台。③ 这段话证明了汉光武存在大权独揽，有意削弱三公权力，防止"强臣"窃权的指导思想，而这又是吸取西汉经验教训的结果。

如果说仲长统虽东汉人，但离开汉光武毕竟近二百年，他的话证明力不强，那么还可举出《后汉书·朱浮传》为证。朱浮是汉光武的执金吾，位列卿，他上疏说："窃见陛下疾往者上威不行，下专国命，即位以来，不用旧典，信刺举之吏，黜鼎辅之任，至于有所劾奏，便加退免，复案不关三府，罪谴不蒙澄察。"所谓"黜鼎辅之任"云云，就是说下面的劾奏，汉光武直接批准，不与鼎辅商量，也不经三府案验。这是仲长统所谓"政不任下"，"夺三公之重"的一个具体表现。原因就在于汉光武"疾往者（西汉）上威不行，下专国命"。仲长统的"愠数世之失权"云云，《东观记》的"闵伤前代权臣太盛"，与此正好一致。朱浮这些话，汉光武未加否认，这是他存在前述指导思想最有力的证明。

关于汉光武防范三公，还可举二证。

一是和西汉初常以列侯为丞相，西汉末拜三公同时封列侯不同，东汉三公不用功臣充任，④拜三公也不封侯。⑤ 一方面这固然因为武

---

① 《后汉书·明帝纪》。
② 《后汉书·明帝纪》注引《东观记》。
③ 关于"台阁"与三公的关系将在本书第五章专门论述。
④ 《后汉书·贾复传》。
⑤ 参《东汉会要》卷十七引"袁梦麒曰"。

将往往不善治国,当三公"人或未贤",且会导致"贤能蔽壅"。^① 这是从统治质量着眼。另一方面则因功臣位望已高,再任三公,握宰相大权,会造成"势疑则隙生,力侔则乱起"的局面。章怀注:"势位过,则君臣相疑。"^②三公如封列侯,情况略同。废除这种制度,在某种意义上说,对功臣是一种保全。因为他们不致因处嫌疑之地,轻举妄动,招致灭门之祸;同时更重要的着眼点是:汉光武的君主地位也可免遭威胁。

另一证是防范朋党。《后汉书·冯勤传》:大司徒侯霸推荐前梁令阎杨为官。霸原任尚书令,极受光武信任。但这次因阎杨名声不好,"帝常嫌之。既见霸奏,疑其有奸,大怒"。赐霸玺书曰:"崇山(舜放驩兜地)、幽都(舜流共工地)何可偶,黄钺一下无处所! 欲以身试法邪!"一片杀气腾腾。王先谦集解引何若瑶曰:"疑霸有奸,类共、兜比周。"《尚书·舜典》伪孔传:驩兜"党于共工,罪恶同"。这充分证明汉光武对三公的朋党问题何等敏感,防范是何等之严!

总之,汉光武与三公、大臣的关系已和西汉不同。西汉自汉武帝以后也逐渐扩大了君权,但那是巩固整个封建统治的需要,并非有意削弱、分散宰相权力,很少包含怕大臣篡位的因素,而汉光武的"政不任下",建立在王莽篡位经验教训基础之上,是害怕大臣权大了,威望高了,威胁自己,特别是子孙的君位,因而所采用的三公鼎立制度,其指导思想也就和绥和改制不同,不能不服务于有意削弱、分散相权。

第二,三公鼎立制度适合提高统治效率,巩固封建统治的需要。

我们知道,对王莽篡位的经验教训,只有东汉初光武、明帝及诸大臣印象最深,再往后,君臣都只通过书本、口头回忆间接得知,往往不以为意。因而汉光武所加意防范大臣的各项制度,如果后来没有需要保存的因素,就很难坚持下去。例如防范外戚。史称明帝依然"防慎舅氏,不令在枢机之位",^③可是章帝时外戚窦宪权力却炙手可热。太

---

① 《后汉书·朱祐、马武传论》。
② 同上。
③ 《后汉书·皇后纪上》。

尉郑弘上书弹劾他"奸恶""贯天达地",又称"田氏篡齐,六卿分晋,汉事(即王莽篡位)不远,炳然可见",以之警诫章帝,[①]章帝却听不进去。这就给和帝继位后窦宪得以"管掌机密",[②]开东汉一代外戚专权之风,打下基础。汉光武防范外戚制度彻底破坏了。

现在的问题是,既然章帝以后防范大臣之观念逐渐淡薄,连外戚都已与政,为什么三公鼎立制度却没有发生变化呢?就因为这一制度经过西汉末、东汉初的摸索,积累了经验,前述"职事难分明"的问题逐步解决。它有利于提高统治效率,适合巩固封建统治的需要。如果没有这一因素的出现,如果三公鼎立制度依然"职事难分明,无益于治乱",便很难继续坚持下去。这也就是说,三公鼎立制度虽然光武以后沿用于整个东汉,但实际上章帝以后指导思想已发生变化,起主要作用的已不是为了削弱、分散相权,而是因为这一制度达到了何武所提的"分职授政",提高"功效"之目的。

下面我们来考察"职事难分明"问题是如何解决的。

首先要看到西汉末年虽提出这一问题,材料却极少,主要有以下三点:

1. 绥和改制后,名为三公"分职授政",实际上具体政务仍由丞相、大司空处理,和过去的二府一样。如绥和元年冬罢刺史,置州牧,秩二千石,是丞相翟方进与大司空何武奏请的。[③]哀帝即位,限民名田之议是丞相孔光、大司空何武奏请的。[④] 像这样重大的政事,大司马均未参与。

2. 绥和改制后,大司马本应分取丞相一部分政务,充任宰相,成为外朝官,可是实际上仍未放下"辅政"之事。《汉书·王莽传上》:绥和元年拜大司马,哀帝立,莽乞骸骨,诏曰:"先帝委政于君……朕得奉

---

② 《后汉纪》卷十二章和二年。
③ 《汉书·何武传》。
④ 《汉书·食货志》。

宗庙,诚嘉与君同心合意……"又白太后曰:"大司马即不起,皇帝即不敢听政。"都是涉及辅政大臣的口气。不久"未央宫置酒,内者令为傅太后张幄,坐于太皇太后坐旁,莽(《资治通鉴》作'大司马莽')案行,责内者令曰:'定陶太后藩妾,何以得与至尊并。'彻去,更设坐"。内者令是专掌宫中帷帐之官。在这里大司马俨然仍是内朝官之首,和当年的霍光一样。又如《汉书·傅喜传》:众议应用为大司马。大司空何武等夸他为"内辅之臣也",但因傅太后"不欲令喜辅政",竟不拜。亦是大司马仍掌"辅政"之证。

3. 可是有时职权又互相混杂不清。如《汉书·朱博传》:拜大司空,"数燕见奏封事,言丞相光,志在自守,不能忧国;大司马喜,至尊至亲,阿党大臣,无益政治"。这里对大司马又是按鼎立的三公来要求。又如《汉书·佞幸董贤传》:哀帝死,太皇太后册免贤大司马,理由也是"阴阳不调,灾害并臻","夫三公,鼎足之辅也,高安侯贤,未更事理,为大司马,不合众心,非所以折冲绥远也"。实际上董贤常给事宫中,哪里谈得上"折冲绥远"呢! 固然,这是第二次"正三公官分职"后的事,但第二次尚且如此,不是更加证明绥和改制后三公的职权不很分明了吗!

到了东汉,以上问题逐渐解决,摸索出了一套"分职授政"的经验。

1. 三公分工和具体职责基本明确。据《后汉书·百官志一》,三公分工、职责如下:

太尉(大司马改) 主要"掌四方兵事功课,岁尽,即奏其殿最而行赏罚"。按《广雅·释言》:"课,试也。"《周礼·宫正》郑注:功,"吏职也"。对此,孙诒让正义曰:"《小尔雅·广诂》云'功,事也'。《广雅·释诂》云'职,事也'。凡吏受职则有事,事成则有功,故职事通谓之功。"可见太尉主要分管关于军事方面各项事务以及有关官吏的考察、监督。

我以为,其中大概也包括边郡长官的考察、监督。理由是:前引太尉职掌下,官属有东曹,"主二千石长吏迁除及军吏"。主军吏迁除,与太尉职掌一致，很好理解，为什么又主二千石长吏迁除呢？因为这一职掌，按制度本应归司徒府。所以很可能这里的二千石长吏只限于边郡。边郡与匈奴等少数族相邻，往往发生战争，正好与太尉掌军事相合。而且由于战争需要，派去讨伐或抵御的军事长官有时也留为边郡太守，因而对他们的监督、迁除不归司徒，而归太尉府，也就是很自然的。《后汉书·吴汉传》：为大司马（即太尉），率军"北击匈奴，徙雁门、代郡、上谷吏人六万余口，置居庸关以东"。《赵憙传》：拜太尉，汉光武"令憙典边事，思为长久规。憙上复缘边诸郡，幽、并二州，由是而定"。这都是太尉掌边郡事务之证。同上传：赵憙于明帝时"坐考中山相薛修事不实，免"。按中山国虽属冀州，但东汉初常受匈奴骚扰，恐亦算边郡。《马成传》：拜扬武将军，"屯常山、中山，以备北边"，"筑保壁，起烽燧"，后留为中山太守。《南匈奴列传》：建武二十一年冬"复寇上谷、中山，杀略钞掠甚众，北边无复宁岁"。所以赵憙考中山相薛修，正是太尉对边郡二千石长吏拥有监督权的反映。

其次，除了掌兵事外，为了有效监督九卿，三公也有所分工，太尉监督的是太常卿、光禄卿和卫尉卿。这一说法虽仅见于《后汉书·百官志二》刘昭注补引《汉官目录》，但根据以下材料看，有可能符合事实。《后汉书·张禹传》：汉和帝出巡，"禹以太尉兼卫尉，留守"。《赵憙传》：明帝时为卫尉，"行太尉事"。特别是《丁鸿传》：拜司徒，上封事揭发窦宪，"书奏，十余日，帝以鸿行太尉，兼卫尉，屯南北宫，于是收窦宪大将军印绶……"其所以不径直以司徒兼卫尉，联系上两条材料，可以推想，恐怕就因为司徒对卫尉等三卿没有直接监督关系，而"兼"或"行"要在监督关系相对应的公卿中进行，所以要让丁鸿先"行太尉事"然后再"兼卫尉"。

司徒　主要"掌人民事。……凡四方民事功课，岁尽，则奏其殿最而行赏罚"。可见司徒主要分管关于民事方面各项事务，以及有关官吏的考察、监督。由于掌民事，而郡、国是直接治民的，所以郡、国每年

(或每三年)年终派吏携"计簿"(记载户口增减,盗贼多少等情况的文书)至京师,名义上是皇帝,实际上往往是司徒(西汉是二府)听取汇报。《后汉书·文苑赵壹传》:"举郡上计,到京师。是时,司徒袁逢受计。计吏数百人皆拜伏庭中,莫敢仰视,壹独长揖而已。逢望而异之……延置上坐,因问西方事,[1]大悦。"是司徒受计簿,并向计吏了解统治情况之证。这种制度大概在西汉末年已经开始。《续古文苑》卷五"元寿二年丞相遣郡国计吏敕"曰:"哀帝元寿二年,以丞相为大司徒,郡国守丞、长史上计。事竟,发遣。君侯(即指封侯之司徒)出坐庭上,亲问百姓所疾苦,所计掾吏各一大音声者上答。又读五条诏书敕,读毕罢遣。敕曰:诏书殿下……归告二千石,顺民所疾苦……二千石帅劝农桑……无烦扰夺民时……"

这条材料表明,虽然名义上应由皇帝接受上计,所以发遣时颁发的是"诏书敕",但实际上接受上计,以及向计吏了解情况的是司徒,和《赵壹传》记载一致。又《周礼·槁人》郑注:"今司徒府中有百官朝会之殿。"(《周礼·朝士》郑注略同)这里的"朝会"意指集会,有时皇帝亲自参加,决定重大政务。[2] 而司徒接受上计,也在这个殿上。上引的"诏书殿下"即以诏书告司徒朝会殿下面诸上计掾史之意。

又《汉书·循吏黄霸传》:为丞相,在府中接受上计,令政绩卓著者"先上殿"。师古曰:"丞相所坐屋也。古者屋之高严,通呼为殿,不必宫中也。"黄霸所坐殿,必定是百官朝会殿。西汉末丞相改司徒之后,东汉朝会殿便在司徒府。其他二公不见有此类殿。这是司徒班次已改为低于太尉,原丞相独尊地位仍有所保留的一个反映。由于司徒拥有此殿,接受郡国上计,又亲自了解统治情况,虽然以这些为依据所进行的考课和奏行赏罚,是由三公共同商定,但太尉偏重边郡,司空偏重涉及水土工程的郡国,所以一般郡国恐怕是司徒起主要作用。关于这一点,还有一证。《后汉书·百官志一》刘昭注补引应劭在涉及司徒府

---

① 赵壹属汉阳郡,当今甘肃东部,在洛阳之西。
② 参《周礼·槁人》孙诒让正义。

百官朝会殿时曰："每岁州郡听采长吏臧否,民所疾苦,还条奏之,是为之举谣言者也。顷者举谣言者,掾属令史都会殿上,主者大言某州郡行状云何,善者同声称之……""每岁州郡"四字一作"三公"。① 所以此句大意便是三公每岁遣吏至州郡了解统治情况。虽然并非年终考课,而属本书第二章提到过的平时监督,但同样关系到对州郡长官政绩的评价和赏罚。而这也在司徒府百官朝会殿进行,主要负责的应该也是司徒(如依刘昭注补引作"每岁州郡听采长吏臧否"云云,联系下文应理解为仅司徒府遣吏去州郡考察,而不涉及其他二公)。

由于司徒掌民事,一般郡国守相的上计、考课、奏行赏罚主要由他负责。因此我认为,这些二千石长吏的迁除,应该也属司徒府。其证有三:首先,据《后汉书·百官志一》,太尉府掾、属二十四人,有东曹主二千石长吏迁除及军吏;而司徒府掾、属三十一人,比太尉府多,司徒又是郡国长吏年终考课和平时监督的主要负责者,则府中也设东曹,掌一般郡国二千石长吏迁除,是并不奇怪的。② 其次,东汉司空也有东曹。《三国志·毛玠传》,载玠为曹操司空东曹掾,"典选举",是其证。则班次高于司空的司徒自亦不可能没有东曹。再次,直到西晋,尚书权力已大大发展,但司徒的职掌仍和官吏迁除联系。《通典·职官二》:西晋王浑迁司徒,"仍加兵。浑以司徒文官,主吏,不持兵"。虽然这时"主吏"之具体制度已发生变化,如司徒府设左长史,"掌差次九品,铨衡人伦"。即尚书台在迁除官吏前,要先经司徒府定品,这种制度是过去没有的。但"主吏"的原则和汉代相符合,当沿自汉代。

司徒除了掌民事,还分工监督太仆卿、廷尉卿和大鸿胪卿,见《后汉书·百官志二》刘昭注补引《汉官目录》。

司空 主要"掌水土事。……凡四方水土功课,岁尽,则奏其殿

① 见《后汉书·党锢范滂传》章怀注引应劭《汉官仪》。
② 《后汉书·何敞传》:为太尉府贼曹,而司徒、司空二府中也设"主知盗贼之曹"(章怀注)。是三府所属曹多同,可作此处一侧证。

最，而行赏罚"。可见司空主要分管关于修堤、筑城等水土工程方面各项事务以及有关官吏的考察、监督。《后汉书·张纯传》：为大司空，"上穿阳渠，引洛水为漕，百姓得其利"。《冯鲂传》：为司空，汉光武死，明帝"使鲂持节起原陵"。持节是为了加强对有关负责修建陵墓官吏的监督作用。《循吏王景传》："沈深多伎艺，辟司空伏恭府"。有人荐景善治水，汉明帝用他主持修荥阳以下至海口千余里的黄河，效果极显著。固然，这时王景已不仅作为司空府属吏，对有关修建水利工程的官吏考察、监督，而是直接主持其事，从严格的分工意义上说，这时他已成为司空府考察、监督的对象。但究其根源，他之所以会被司空所辟，正是因为司空需要这样一类熟悉水土工程业务的属官，帮助自己考察、监督。

此外，汉代中原地区水患严重，濒河之郡有十，"治堤岁费且万万"。[①]《后汉书·循吏王景传》：明帝"诏滨河郡国置河堤员吏，如西京旧制"，可见每郡均设专门治水的员吏。由于治水任务沉重，所以很可能这一类郡国二千石长吏的考课、奏行赏罚以及迁除，主要由司空来掌管。[②]《王梁传》：为河南尹，"穿渠，引谷水注洛阳城下，东写巩川。及渠成而水不流。……有司劾奏之"。王梁所在虽不是濒河郡国，但此事却说明一般地区治水无功，尚且要受劾奏，则濒河郡国，专门由熟悉水土工程业务的司空府考课，是完全可能的。上面劾奏王梁的"有司"，恐怕就是司空府。

其次，司空除了掌水土事，还分工监督宗正卿、大司农卿、少府卿，见《后汉书·百官志三》刘昭注补引《汉官目录》。

以上即三公之分工与具体职责。

固然，三公按兵、民、水土分工，其说西汉已萌芽。如《尚书大传》

---

① 《汉书·沟洫志》。

② 《汉书·王尊传》：迁东郡太守，治黄河水患，不顾个人安危，属县"奏其状，下有司考，皆如言"，诏进秩，赐金。即濒河郡县以治水好坏进行考课之例。

卷一："天子三公。……百姓不亲，五品不训，则责之司徒；蛮夷猾夏，寇贼奸宄，则责之司马；沟渎雍遏，水为民害，则责之司空。"但只有经过西汉末和东汉初的实践，方才更加完备，并在取得经验后，长期坚持下去。

附带还要作以下说明：

首先，三公虽说是"鼎足承君"，俸禄相等，但班位有上下。太尉最高，称"上司"，[①]次司徒，次司空。据《后汉书》，正常升迁俱为司空升司徒，司徒升太尉。如暂时代理，则用"行"字，表示班次低的代理班次高的，如司徒行太尉事。[②]

其次，三公府俱设在宫外，和西汉三公中御史大夫寺设于司马门内即宫中不同。《后汉书·百官志一》刘昭注补引《汉官仪》：汉明帝"临辟雍，历二府，见皆壮丽，而太尉府独卑陋"。二府即司徒、司空府。考东汉辟雍在洛阳城南门外，遗址今已勘察，[③]北距宫城甚远，则明帝所历三府肯定全在宫外南方。这样，如果说西汉初宰相尚保留相当一部分近臣或内朝职掌（如在御史大夫统率下御史起草诏令，保管诏书、律令；御史中丞受公卿奏事，举劾按章；由御史大夫下达诏令等），那么经历了汉武帝以后的逐步变化，到东汉这些职掌已经失去，随着官衙地理位置的变化，三公成为纯粹的外朝官。《后汉纪》卷二二：杨秉为太尉，奏劾中常侍侯览等，书奏，尚书责问曰："夫设官分职，各有司存，三公统外，御史察内（这时御史中丞已独立，仅文属少府，专察宫内事），今越左右，何所依据？"对曰："汉故事，三公鼎司，无所不统"，并举汉文帝丞相申屠嘉奏劾近臣邓通为例，据说"尚书不能诘"。其实，尚书所责，符合东汉制度，而杨秉的三公"无所不统"，早已成为过去，所以只能举个遥远的西汉初的例子。

再次，更重要的是，三公的分工只是就大体而言，为了巩固统治的

---

① 《后汉书·刘恺传》。

② 《后汉书·丁鸿传》。

③ 参《新中国的考古发现与研究》，文物出版社1984年版，第520页。

需要,必要时也可以不受这个分工的限制。《后汉书·袁安传》:为司徒。执金吾窦景"擅使乘驿施檄缘边诸郡,发突骑及善骑射有才力者,渔阳、雁门、上谷三郡各遣吏将送诣景第"。这本属太尉宋由"兵事"范围,但因他畏惧窦氏,于是袁安乃"劾景擅发边兵,惊惑吏人,二千石不待符信而辄承景檄,当伏显诛"。又如《杨震传》:为太尉。安帝东巡,中常侍樊丰等"因乘舆在外,竞修第宅"而违法。这本属司空刘授"水土事"范围,但因他已投靠宦官,于是杨震"部掾高舒,召大匠(将作大匠)令史考校之,得丰等所诈下诏书"。

2. 三公既有分工,又有共同职掌,后者也比西汉更加明确。即《后汉书·百官志一》太尉下所说:"凡国有大造大疑,则与司徒、司空通而论之;国有过事,则与三公通谏争之。"这一概括,为西汉所未见。共两个问题。

首先,"国有大造大疑"共同商讨。《广雅·释诂二》:"造,猝也。"王念孙疏证以为亦即"造次""仓卒"。这就是说,当东汉王朝发生重大意外事故或疑难问题时,三公有权商议对策,对他们的联合建议,皇帝或临朝听政的皇太后必须认真考虑。《后汉书·李固传》:外戚梁冀为大将军,得妹梁太后信任,执掌大权,鸩死汉质帝,欲立蠡吾侯刘志。太尉李固联合司徒胡广、司空赵戒,"先与冀书曰:……今当立帝,天下重器。诚知太后垂心,将军劳虑,详择其人……然愚情眷眷,窃独有怀。远寻先世废立旧仪,近见国家践祚前事,未尝不询访公卿,广求众议……国之兴衰,在此一举"。迫使梁太后与冀不得不"召三公、中二千石、列侯大议所立"。在会上固、广、戒加上大鸿胪杜乔建议立清河王刘蒜为帝,理由充足,梁冀"未有以相夺"。虽然最后梁冀仍蛮横地立了刘志(即桓帝),但通过此事却可看出遇到大造大疑,三公通而论之的制度确实存在,并起着作用,否则梁冀便不会召开公卿会议。类似三公通论事例可参《东汉会要·职官四》。

其次,"国有过事",三公一起谏争。这里的"国",准确说是"国家",指皇帝。《后汉书·冯异传》载汉光武诏冯异曰:"将军之于国家,义为君臣,恩犹父子。"《祭祀志上》刘昭注补:"国家居太守府舍,诸王居府中。"集解:"孔颖达云,汉魏称人主,或言国家,或言朝廷。"所以三公的另一共同职掌便是:如果皇帝犯了大错,要共同谏争。此类事例也极多。《后汉书·陈蕃传》:拜太尉。郡太守刘瓆、成瑨、翟超、黄浮因打击宦官和犯法者,桓帝听信谗言,处以死刑、重刑。陈蕃"与司徒刘矩、司空刘茂,共谏请瓆、瑨、超、浮等"。《袁安传》:拜司徒。和帝即位,窦太后临朝,窦宪北击匈奴,"安与太尉宋由、司空任隗及九卿诣朝堂,上书谏,以为匈奴不犯边塞,而无故劳师远涉,捐费国用,徼功万里,非社稷之计"。

除了共同谏争,也可单独谏争。由于三公经验丰富,他们的谏争被认为关乎统治的得失,所以如不谏争便算失职,甚至看作佞邪。《周举传》:为尚书。汉顺帝问他:"百官贪污佞邪者为谁乎?"对曰:"……公卿大臣数有直言者,忠贞也。阿谀苟容者,佞邪也。司徒(指刘崎)视事六年,未闻忠言异谋,愚心在此。"顺帝"其后以事免司徒刘崎"。

综上所述,三公既分工负责全国政务,又在重大政事上合作——出谋划策或谏争。这对皇帝有效地进行统治,少犯或及时改正错误来说,是十分必要的。这就是为什么汉光武采用三公鼎立制度的另一原因,也是章帝以后继续沿用不改的主要原因。

第四章　西汉的中朝官与尚书

第一节　西汉的中朝官制度

一、中朝官的特点

本书第二章已讲，汉初制度，"常以列侯为丞相"。到汉武帝之时，列侯往往才干较差，"为丞相备员而已"。同时丞相又多由御史大夫升迁，所以御史大夫的情况也并不更好些。于是有雄才大略的汉武帝，为了大展宏图，巩固和发展专制主义中央集权统一国家，经过摸索，逐渐提拔了一批出身一般地主，有才干，多智谋的士人成为"出入禁门腹心之臣"，"并在左右"，①实际是作为重大决策的参谋、顾问，以弥补宰相才干不足的缺陷。如闽越举兵围东瓯，东瓯向汉告急，汉武帝用近臣严助之策，否定了"太尉"田蚡的意见坚决出兵援救。②又如当时诸侯王力量仍很强大，如何防止他们"合从以逆京师"，丞相薛泽、御史大夫张欧都没有办法，汉武帝用近臣主父偃之计，颁推恩令，巧妙地削弱了藩国力量。这些近臣的职位多半为中大夫，"侍中"，即在宫中的承明庐值宿，③以便皇帝及时召见、咨询。总之，他们是适应汉武帝巩固统治和大展宏图的需要而受到重用的。他们还没有中朝官之名目，但汉昭帝以后的中朝官正是沿着这个路子发展而成。

---

① 《汉书·严助传》。
② 同上。
③ 同上。

所谓中朝官的"中",指的是宫中、宫内,所以中朝官也叫内朝官。据《汉书》,他们是大司马、将军、侍中、中常侍、左右曹、诸吏、散骑等。[①]中朝官的特点是:

第一,他们都在宫中理事,值宿。《资治通鉴》卷二三:大将军霍光"每休沐出(宫),桀(上官桀)常代光入(宫)决事"。胡注:"汉制:中朝官五日一下里舍休沐……"(同上书,卷二八又注为"十日一出休沐"),此即中朝官在宫中理事、值宿之强证。

第二,和中朝官对举的是"外朝官",指丞相、御史大夫、列卿下至六百石的官吏。[②]他们定期入宫朝见皇帝。《汉书·循吏传序》:汉宣帝"厉精为治,五日一听事,自丞相已下各奉职而进"。厉精为治方五日一听事,亦即五日一朝,则一般情况下必在五日以上。而中朝官却不受这一限制。《汉书·师丹传》:哀帝时有人上书告大司空师丹,"上以问将军中朝臣。皆对曰:……宜下廷尉治"。《孔光传》:为中朝官,"守法度,修故事。上(成帝)有所问,据经法,以心所安而对,不希指苟合"。据上下文意,都是指平日随时回答,这是因为中朝官经常和皇帝见面之故。

第三,必须看到,以上两点都不是中朝官的主要特征。因为在西汉有不少非中朝官也在宫中理事,值宿。如光禄勋,因为"掌宫掖门户","领宿卫臣",所以官府在宫中。[③]他所统率的、负责宿卫宫殿的三署郎官,也在宫中值宿,定期休沐。[④]又如卫尉,因为"掌宫门卫屯兵",所以官府也在宫中。[⑤]再如前面已提到过的御史大夫寺,也设在司马门内;其中属官御史中丞更在殿中兰台理事。可是光禄勋、卫尉、御史大夫全是外朝官,是公卿,而不是中朝官。同时,也不是有机会经常见到皇帝的都是中朝官。如少府的属官在宫中理事,从各个角度直接为

---

① 见《汉书·百官公卿表,刘辅传》注及王先谦补注。

② 《汉书·刘辅传》注。

③ 见《汉书·百官公卿表》王先谦补注、《儒林房凤传注》。

④ 见《汉书·万石君传》注"文颖曰"。

⑤ 见《汉书·百官公卿表》注引《汉旧仪》。

皇帝、宫廷服务,见到皇帝的机会比较多,但都不是中朝官。特别是尚书,政治性强,是"禁门内枢机近臣",①然而也不是中朝官。由此可见,中朝官还有一个最主要的特点,使他们明显地区别于其他官吏。这就是他们既不像公卿等外朝官需处理全国日常政务,也不同于宫中往往执行具体的、非政治性任务的其他官吏(如三署郎执戟保卫宫殿,太官令主膳食等),而是给皇帝处理日常政务特别是重大政务,充当参谋、顾问。这一特点正是沿汉武帝近臣的路子发展而成的。

二、中朝官的职权与成员

为了更好地了解中朝官特点,必须要考察中朝官的职权与成员。中朝官的职权主要有二:一是中朝官分别给皇帝处理日常政务当参谋、顾问。这需联系中朝官成员分析。

大司马:往往同时拜大将军,主要任务就是"辅政",即辅助皇帝行使君权;而且是地位最高的辅政大臣,亦即中朝官之首。如霍光拜大司马、大将军,因为昭帝年纪小,"政事一决于光"。②又如王凤拜大司马、大将军,汉成帝欲用刘歆为中常侍,"左右皆曰:'未晓大将军。'上曰:'此小事,何须关大将军?'左右叩头争之。上于是语凤,凤以为不可,乃止"。③

诸将军:原来职责是"典兵马",掌"宿卫",④但作为中朝官,主要起的是辅政作用,仅地位略低于大司马。如《汉书·萧望之传》:拜为前将军,"受遗诏辅政",地位次于大司马、车骑将军史高,对汉元帝,"数宴见言治乱,陈王事"。《张安世传》:大司马、大将军霍光"以朝无旧臣,白用安世为右将军、光禄勋,以自副焉"。后汉昭帝下诏曰:"右将军、光禄勋安世,辅政宿卫,肃敬不怠。"

---

① 《汉书·孙宝传》。
② 《汉书·霍光传》。
③ 《汉书·元后传》。
④ 同上。

侍中、中常侍：本为加官，是入宫中侍奉、侍从皇帝之意。后来逐渐出现专职人员，而加官仍不废。《汉书·佞幸董贤传》：王闳为中常侍，兄去疾为侍中。汉哀帝宠董贤，一日置酒麒麟殿款待，"王闳兄弟侍中、中常侍皆在侧。上有酒所，从容视贤笑，曰：'吾欲法尧禅舜，何如？'闳进曰：'天下乃高皇帝天下，非陛下之有也。陛下承宗庙，当传子孙于亡穷，统业至重，天子亡戏言。'上默然不悦"。这条材料既说明侍中、中常侍在宫中侍从皇帝之身份，又说明其谏争、匡正皇帝阙失之职责。《金安上传》："少为侍中，惇笃有智，宣帝爱之。颇与发举楚王延寿反谋……后霍氏反，安上传禁门闼，无内霍氏亲属。"所谓"惇笃有智"，无疑也是就他忠心，并能为宣帝出谋划策而言。

不过西汉的侍中比较杂，有的仅在生活上侍奉皇帝，有的身份低，甚至年纪很小。如《汉书·金日磾传》：两子赏、建"俱侍中，与昭帝略同年，共卧起……时年俱八九岁"。所以哪些侍中算中朝臣，参与中朝会议，恐怕还有一个范围。

左右曹、诸吏：据《宋书·百官志》，"左右曹、诸吏分平尚书奏事"。[1] 即对尚书日常收到的丞相、御史大夫二府送来待皇帝审批的文书，由他们先平（评）议，提初步意见，供皇帝参考。《汉书·杜延年传》：霍光代昭帝行使君权，信任延年，擢为太仆、右曹，给事中，"吏民上书言便宜，有异，辄下延年平处复奏。言可官试者，至为县令或丞相、御史……"《杨恽传》："擢为左曹，霍氏谋反，恽先闻知，因侍中金安上以闻，召见言状。"则左右曹似乎不如侍中更亲近皇帝。杨恽后"擢为诸吏、光禄勋"，被认为是"宿卫近臣，上所信任，与闻政事"。所谓"与闻政事"，恐怕也是指平尚书奏事而言。总之，左右曹、诸吏是通过审阅上奏文书，充当皇帝的参谋顾问，与侍中、中常侍经常侍从在皇帝左右有所不同。

附带一说，《汉书·百官公卿表》称"诸曹受尚书事，诸吏得举不

---

① 参《汉书·百官公卿表》"诸吏"下晋灼引《汉仪注》。

法"。补注引沈钦韩曰,以为"诸曹"即左右曹。考《汉书》韩王信附韩增传、霍光传、丙吉附丙显传、冯奉世附冯立传、王商传、翟方进附翟义传所载"诸曹",除个别人还可以研究外,年纪都很轻,多由郎官迁除,与"平尚书奏事"的重任不合。相反,任左右曹者,历官已久,经验丰富者颇多。上引杜延年即其例。他如苏武留匈奴二十年,还国为右曹、典属国;辛庆忌守西域,历郡太守,"所在著名",征为左曹、中郎将;段会宗为西域都护、郡太守,征为左曹、中郎将;刘歆早"贵幸",先后为光禄大夫、郡太守,王莽"重之",平帝时用为右曹、太中大夫。① 由他们来平尚书奏事,比较恰当。又《后汉书·百官志二》:光禄勋"旧有左右曹,秩以二千石。上殿中主受尚书奏事,平省之。世祖省"。可见左右曹名义属光禄勋,秩二千石也与杜延年等资历吻合,又明确记载不仅受尚书奏事,而且"平省之",故与班固之"诸曹"恐非一官。至于二者演变关系,以及"诸吏"举不法事,因无材料,姑以存疑。

散骑:职责本是皇帝出行时,傍车舆骑马散从。后来逐渐有了"献可替否"②"承答顾问"的任务,③遂发展为中朝官。《汉书·刘向传》:汉元帝时前将军萧望之,诸吏、光禄大夫周堪均中朝臣,重视刘向,荐他为"散骑、宗正,给事中","与侍中金敞,拾遗于左右。四人同心辅政",可知地位颇不低。

由此可见,这些中朝官分别从各个角度,为皇帝行使君权出谋划策,贡献经验,从而形成了一个参谋、顾问集团。

中朝官的另一职权便是就重大事务集议,提出各种解决方案,供皇帝参考。这是上一职权的延续与发展。《汉书·王嘉传》:任丞相,有罪,"事下将军中朝者。光禄大夫孔光……劾嘉迷国罔上,不道,请与廷尉杂治。胜(龚胜)独以为嘉备宰相……以应迷国罔上不道,恐不

---

① 俱见《汉书》本传。
② 《初学记·职官下》。
③ 《北堂书钞·设官十》。

可以示天下"。① 在中朝官集议的基础上,后又经中外朝官合议,据汉哀帝制,参加者有"票骑将军、御史大夫、中二千石、二千石、诸大夫、博士、议郎"。意见由中朝官集议的两种增为三种:"卫尉云等五十人,以为如光等言可许。议郎龚等以为嘉言事,前后相违,无所执守,不任宰相之职,宜夺爵土,免为庶人。永信少府猛等十人以为……(不当下狱)"。结果汉哀帝批准孔光等建议,将王嘉下廷尉狱。

再如《汉书·朱博传》:任丞相,有罪,"诏左将军彭宣与中朝者杂问"。其后"宣等劾奏,博……附下罔上,为臣不忠不道;(同案犯)玄(赵玄)……大不敬;晏(傅晏)……不敬。臣请诏谒者召博、玄、晏诣廷尉诏狱"。在这中朝官杂问、建议的基础上,又经中外朝官"将军、中二千石、二千石、诸大夫、博士、议郎议",意见增为两种:"右将军蟜望等四十四人,以为如宣等言可许。谏大夫龚胜等十四人,以为……晏……宜与博、玄同罪,罪皆不道。"结果汉哀帝基本批准彭宣等的建议,对傅晏处理则很宽大。

由此可见,中朝官集议实际上起的作用是:在比较复杂的事情上,提个初步意见,供皇帝处理采择,以保证有利于整个统治。如果必要,为了更慎重一些,再以此意见为基础,经中外朝官合议,在更大范围内讨论这一意见的得失,然后做出决定。

以上分别或集体充当皇帝处理政务之参谋、顾问,便体现了中朝官最主要的特点。凡不具备这一特点的官吏,尽管官衙在宫中,或十分亲近皇帝,恐怕都不是中朝官。特别是史书所见的中朝官集议,不是所有宫内地位较高的官吏都参加,大概有着特定范围:一般限于上举从大司马至散骑,即侍从皇帝,任务为"辅政""顾问应对""献可替否"以至"平尚书奏事",然又不像外朝官需具体执行皇帝诏令,处理全国政务的官吏。

正由于中朝官具有以上特点,当皇帝看到外朝官中有人胜任中朝

---

① 光禄大夫非中朝官,孔光得与议,是因为加给事中之故,见《汉书·刘辅传》补注引钱大昕说。

官时,也可以给他们一个头衔,让他们兼任中朝官。这便是一种加官制度。这个头衔,据《汉书·百官公卿表》及注,就是侍中、左右曹、诸吏、散骑、中常侍以及给事中。如上引杜延年本为太仆,是九卿外朝官,但因加右曹,给事中,便可对吏民上书"平处复奏"。又如上引杨恽本为光禄勋,是九卿外朝官,但因加了诸吏,便可"与闻政事"。《汉书·龚胜传》:为光禄大夫,加诸吏,给事中,参与中朝官集议,违法,御史中丞"劾奏胜吏二千石,常位大夫,皆幸得给事中,与论议,不崇礼义"云云,更证明外朝官光禄大夫加中朝官头衔,还是一种宠幸。有了这种加官制度,实际上使中外朝官的界限变得不很严格,然而却使中朝官制度更加灵活,随时可吸收合适的外朝官"与闻政事",对西汉统治更为有利。

三、中朝官制度形成的原因

为什么汉昭帝以后会将汉武帝信用近臣之措施发展为中朝官制度呢?

这首先是出于霍光的特殊需要。

史书记载,武帝晚年欲立少子弗陵(昭帝),因弗陵年幼,才八岁,便不得不设辅政大臣。他选中了奉车都尉霍光,以他为大司马、大将军辅政,而副之以车骑将军金日磾、左将军上官桀。这样一来,依靠武帝五十多年统治的威望和付托,"政事一决大将军光"的局面便基本定下来了。但是霍光原来的官位并不高,奉车都尉只不过秩比二千石,资历也不够,所以当过太仆(中二千石)的上官桀不服,伙同御史大夫桑弘羊想搞掉霍光,事件虽迅速平定,却不能不迫使霍光考虑如何对待地位比上官桀、桑弘羊还要高的丞相田千秋和其他大臣。这个关系是复杂的。一方面,霍光作为昭帝的代理人,不是不希望丞相和诸大臣竭尽智力,充分发挥作用,以巩固昭帝和自己的统治。但另一方面,霍光原来地位毕竟比丞相、御史大夫、列卿要低,因此代表昭帝指挥百官,特别是丞相,便不能不有所顾虑。在这种情况下,霍光所采取的应付这一局面的重要措施之一，便是模仿汉武帝，选拔一批有才干，多智谋，而又对自己忠诚的官吏，放在宫中，充当自己审批外朝文书，处理与丞相等大臣关系的参谋、顾问。

例如上述杜延年，得霍光信任，擢为太仆、右曹、给事中。有一次霍光与丞相田千秋发生冲突，霍光将支持田千秋的廷尉王平、少府徐仁（田千秋女婿）皆下狱。"朝廷皆恐丞相坐之"。杜延年向霍光谏争说：如牵连丞相"恐不合众心，群下谨诛，庶人私议，流言四布，延年窃重将军失此名于天下也"，完全是为霍光着想。霍光接受此意见，虽杀廷尉、少府，而不涉及田千秋。史称"延年论议持平，合和朝廷，皆此类也"。① 这便是在帮助霍光处理与丞相的关系上发挥了作用。

《汉书·霍光传》：霍光立昌邑王，二人发生斗争。霍光问计于"所亲故吏大司农田延年"，延年建议废昌邑王，并提供伊尹废太甲事作为先例，"光乃引延年给事中"，即擢为中朝臣，并与另一中朝臣车骑将军张安世一起"图计"，最后达到废昌邑王的目的。这又是原非中朝官，因在重大政事上有谋略，而迅速加官为中朝官，以便及时听取其意见之例。

需指出的是：霍光与这批中朝官的关系，又同汉武帝与近臣的关系有所不同。汉武帝指挥大臣，不存在任何顾虑。其所以信用近臣，基本上是为了弥补宰相、大臣才干之不足。因而虽放在左右，但有时宫外任务更需要，便又调出宫中，严助、朱买臣、吾丘寿王、主父偃等莫不如此，没有必要也没有可能将近臣与公卿大臣区分为两个比较固定的集团。而霍光不同。他所需要的近臣，不但要能出谋划策，巩固整个王朝统治，而且还要忠诚于自己，能帮助处理、调整与宰相、大臣的关系。因而一旦选中了，便长期维持下去，有功封侯益土，原来的官职却很少变动。《汉书·杜延年传》：宣帝即位，"诏有司论定策功：大司马、大将军光，功德过太尉绛侯周勃。车骑将军安世、丞相杨敞，功比

---

① 《汉书·杜延年传》。

丞相陈平。前将军韩增、御史大夫蔡谊,功比颍阴侯灌婴。太仆杜延年,功比朱虚侯刘章。后将军赵充国、大司农田延年、少府史乐成,功比典客刘揭。皆封侯益土"。① 这条材料说明以下问题。

首先,定策立宣帝是封建王朝头等大事,参加者除丞相、御史大夫外,诸将军是中朝官,太仆杜延年、大司农田延年加官为中朝官。剩下一个少府史乐成,据《霍光传》,他"本小家子,得幸将军(指霍光),至九卿封侯";少府又本掌宫中供养诸事,所以估计也会加中朝官头衔。这样,便再一次清楚表明:在重大决策中霍光所与商议的,主要是中朝官。而且还要考虑,丞相杨敞,御史大夫蔡义的参加,大概也因为二人本霍光故吏,②均霍光一手提拔,和过去的丞相田千秋,御史大夫桑弘羊不同,也和其他外朝官不同,否则参与定策的或许全部是中朝官了。

其次,从这个定策者的名单看,中朝官全都是长期担任的。张安世、杜延年自元凤元年(前 80)、韩增自元平元年(前 74)入中朝,直到霍光死(前 68)均未变动。赵充国自元平元年拜后将军,一度改蒲类将军,出征匈奴,但战罢归来又复为后将军,也是直到霍光死未再变动。史乐成自元凤六年(前 75)为少府,如同时入中朝,也是一直延续到本始二年(前 72)死去。至于田延年为中朝臣时间较短,那是因为他贪污犯罪自杀的缘故。③

这样,由于中朝官均长期担任,他们出入宫禁,参与政事谋议,要比一般公卿大臣受霍光信任,很自然二者界限逐渐加深,中外朝的区别越来越明显。于是汉武帝信任近臣的措施也就发展成了中朝官制度。

中朝官制度虽出于霍光的特殊地位、特殊需要而形成,但因为它和后来皇帝巩固统治的需要并没有矛盾,相反,仍起着一定的作用,所

---

① 《汉书·宣帝纪》也有一个赏定策功的名单,人数比此处多,但未与诛诸吕时功臣相比附,只按原官位高低排列,有些人大概是挂名,没起多少作用。当以此处名单为准。
② 见《汉书·杨敞传、蔡义传》。
③ 见《汉书·酷吏田延年传》。

以汉宣帝以后继续保存了下来。《汉书·魏相传》：汉宣帝与霍氏斗争，魏相为御史大夫，建策削霍氏权，"宣帝善之，诏相给事中，皆从其议"。这是打击大臣需要中朝官商议。《萧望之传》：宣帝临死，"选大臣可属者……拜高（史高）为大司马、车骑将军，望之为前将军、光禄勋，堪（周堪）为光禄大夫（据《刘向传》乃'诸吏、光禄大夫'），皆受遗诏辅政，领尚书事"。这是辅佐皇帝需要中朝官。《孔光传》：有才干，且谨慎，汉成帝满意，加诸吏、给事中，并领尚书事，"凡典枢机十余年，守法度，修故事，上有所问，据经法，以心所安而对，不希指苟合"。这是日常政务之咨询需要中朝官。不过，还需看到，从汉宣帝以后，皇帝与公卿大臣又恢复了汉武帝之时的关系，与霍光之时特殊情况不同，所以中朝官虽从近臣发展而来，有了一套制度包括集议制度，但其地位大体仍相当于汉武帝的近臣，已不能与霍光统治时期相比了。

第二节　西汉的尚书、领尚书事制度

一、尚书

在西汉，"与闻政事"的中朝官制度逐渐形成，但也在宫中办事的尚书，却始终不曾成为中朝官，而只是皇帝处理政务，审批外朝文书的具体办事机构。

如所周知，尚书本是小官，战国已有。尚是主管之义，书即文书，最早主要指章奏。《唐六典》卷一：在秦代，"天下之事皆决丞相府，置尚书于禁中，有令、丞，掌通章奏而已。汉初因之"。所谓通章奏，大概便是指各类奏请、言事文书送入宫内后，先由御史中丞接受，检查是否有违法之处，[①]然后再经尚书送交皇帝审批，[②]并于审批后下达有关部门，主要是丞相府、御史大夫寺执行（在下达文书中，有的需先交御史

---

①　参《汉书·百官公卿表》。
②　《史记·三王世家》霍去病上书，由御史光守尚书令"奏未央宫"，即一例。

大夫寺起草诏令,再经尚书送皇帝阅定,用玺后,尚书予以登记,再下达御史大夫寺发往全国)。《汉书·灌夫传》:汉武帝时窦婴上书称曾受景帝遗诏,藏在家中。"书奏,案尚书,大行无遗诏。……乃劾婴矫先帝诏。"便是尚书下达诏书曾经登记在案,以备检查之证。这些表明,直到汉初,尚书之任务仅是传递文书。再加上当时无为而治,文书简寡,而且"丞相所请,靡有不听",①尚书是谈不上有什么权力的。

汉武帝以后,情况有所变化。

首先便是在汉武帝的奖掖、鼓励下,言事文书日益增加。《汉书·东方朔传》:武帝初,"征天下举方正贤良文学材力之士,待以不次之位。四方士多上书言得失,自衒鬻者以千数"。如东方朔,所上之书凡用三千奏牍,两个人才勉强举起。②

其次,汉武帝"征伐四夷,开置边郡,军旅数发,内改制度,朝廷多事"。③因而奏请文书更是大量增加。仅就刑法言,当时张汤等人增补九章律,制定单行法,律令共达三百五十九章。其中大辟四百九条,千八百八十二事;死罪决事比万三千四百七十二事,"文书盈于几阁,典者不能遍睹"。④这些文书在形式上一般都得经汉武帝审批。

在这种情况下,汉武帝无论精力或学识都难以应付,特别是晚年,需要找人帮助审阅日常文书,提出初步意见,供自己参考。于是新的领尚书事制度便应运而生。

前面已讲,汉武帝信用近臣。因而最早大概是找他们帮助审阅文书。《宋书·百官志》:"汉武帝世,使左右曹、诸吏分平尚书奏事",即其证。事指文书,⑤奏事即尚书将收到的文书上奏武帝审批,而"平"有"治""正"之义,亦即"评",⑥指对这些文书先进行评议。在这之后,大

---

① 《后汉书·陈忠传》。
② 《汉书·东方朔传》王先谦补注。
③ 《汉书·严助传》。
④ 《汉书·刑法志》。
⑤ 见周一良《魏晋南北朝史札记》,第456页"事"。
⑥ 参《经籍纂诂》下平声:一先,八庚。

概便发展成了领尚书事制度。所谓"领"，犹理也，治也。① 领尚书事即处理尚书所受文书之意。《汉书·昭帝纪》：初即位，霍光以大将军身份"领尚书事"。此为领尚书事见于两汉史书最早一例。当时汉武帝刚死，政局不很稳定，决不可能另创新制，无疑当沿自武帝之时。《晋书·职官志》称："案汉武时，左右曹、诸吏分平尚书奏事，知枢要者始领尚书事"，比《宋书》多了一句话，恐怕是有道理的。从霍光以大将军身份"领"，以及《晋书》之知枢要者"领"来看，领尚书事的人肯定是近臣即随后的中朝官。这就是说，终汉武之世，尚书始终还掌传递文书之事。能评议文书内容，提初步意见，影响武帝决策的，仍是得到信任的近臣。只不过汉武帝前期近臣单纯参与谋议，坐而论道，而这时则发展成过问尚书之事，通过具体地审阅文书来充当参谋、顾问。我认为，这种变化与其说是尚书权力的膨胀，还不如说是近臣权力的膨胀，是他们在向中朝官过渡。

尚书本身有没有变化呢？也有一点。这就是由于全国文书增多，有的留中，便有个保管问题；特别由于"朝廷多事"，汉武帝决策时需经常、及时参考有关文书资料，而原保管这些文书资料的丞相府、御史大夫寺离得较远，不很方便，因而很自然，有的文书资料便从二府分来，归尚书保管，以便及时供应武帝需要。《汉书·张安世传》："用善书给事尚书……上（武帝）行幸河东，尝亡书三箧，诏问，莫能知，唯安世识之，具作其事。后购求得书，以相校，无所遗失。上奇其材，擢为尚书令。"此尚书保管文书资料之证。② 不过，保管文书资料也是具体事务，同样谈不上权力有什么扩大。

尚书权力有所扩大是汉昭帝时，即霍光以大将军身份领尚书事以后的事。

前面已讲过，霍光出于特殊需要发展了中朝官制度。与此同时，

---

① 参《经籍籑诂》上声：二十三梗。
② 又见《汉书·史丹传》元帝"数问尚书以景帝时立胶东王故事"；《元后传》成帝"诏尚书奏文帝时诛将军薄昭故事"。

他也大大扩大了领尚书事的权力。

在汉武帝之时,由于他雄才大略,精明强干,近臣领尚书事虽通过评议文书,充当参谋、顾问,大概不敢弄权,权力不大。所以史书不载谁担任过这一职务。武帝临终顾命也未想到要让霍光等辅政大臣领尚书事。昭帝即位,很可能霍光等人认为昭帝年幼,无法于百官朝见时处理政务,自己虽实际上是昭帝代理人,也不便当场代替昭帝向地位甚高的丞相以及百官发号施令,最好的办法是通过文书上下,加以指挥。于是想到自封领尚书事,以比较婉转的形式审批丞相、百官文书,达到辅政的目的。而这样一来,领尚书事权力和威望都大大加强了。原因很简单,这时的领尚书事是在代表皇帝行使权力,和武帝时只有建议权,没有决定权情况不同。《汉书·魏相传》:"故事,诸上书者皆为二封,署其一曰副。领尚书者先发副封,所言不善,屏去不奏。"这一故事,估计大权独揽的武帝之时不可能也不允许出现,而只有形成于霍光辅政之时,最合乎情理。而这正是领尚书事权力扩大的标志之一(正因此故,霍光死后,宣帝一亲政事,经魏相建议,便废除了领尚书事这一权力)。

在领尚书事权力扩大之后,由于当时中外朝界限逐渐加深,于是霍光在审批丞相、百官文书前后,除主要听取、采纳中朝官的谋议外,很自然便会差遣尚书向外朝官了解情况,传达口头指示,进行责问等,实即传递文书的继续或延长。这样,尚书权力便有所扩大。由于这一变化对霍光以后诸帝的统治并无妨碍,所以就像中朝官制度一样,也被保存了下来。

《汉书·游侠陈遵传》:部刺史入京奏事,"当对尚书,有期会状"。部刺史本归御史中丞统率,现在是越过御史大夫寺,由尚书代表皇帝直接听取部刺史奏事。《循吏黄霸传》:为丞相,违法荐举人,汉宣帝"使尚书召问霸:'……君何越职而举之?'尚书令受丞相对。霸免冠谢罪"。这是由尚书传达皇帝责问并听取其辩解。同一情况亦见《王嘉传》。嘉为丞相,汉哀帝"召嘉诣尚书责问",并要他"对状"。"嘉免冠谢罪。"可见这是尚书经常的使命。《两龚传》:由于哀帝不满意王嘉对状,"尚书劾奏嘉……迷国罔上,不道"。《元后传》:京兆尹王章得罪汉成帝舅父王凤,"上使尚书劾奏章"。这是由尚书传达皇帝责问,发展为按皇帝意旨进行劾奏。《张敞传》:拜胶东相,"吏追捕(盗贼)有功,上名尚书,调补县令者数十人"。这是越过二府任用官吏,虽然据文意,这一做法似属特例,但仍反映尚书权力之扩大。《冯野王传》:为大鸿胪,御史大夫缺,"在位多举野王。上(元帝)使尚书选第中二千石,而野王行能第一"。依此材料,九卿考核已越过了二府,均归尚书,当时尚书人少,似无此条件。且史书仅见此一例,而据《佞幸石显传》,此事作"其后御史大夫缺,群臣皆举……大鸿胪野王行能第一",说法不同。不过尽管中二千石不见得由尚书选第,但他们参与了官吏任命之事总是可以肯定的。

由于尚书已不仅单纯传递文书和保管文书,任务开始增多,因而原来的机构也相应扩大。《汉书·成帝纪》:"初置尚书员五人。"注引《汉旧仪》:"尚书四人为四曹,常侍尚书主丞相、御史事,二千石尚书主刺史、二千石事,户曹尚书主庶人上书事,主客尚书,主外国事。成帝置五人,有三公曹,主断狱事。"[1]

这两条材料,有个不明白的地方:既然原来已有尚书四人,成帝仅增一而为五,有何必要当作一件大事郑重记入帝纪呢?按照某些记载,以为尚书汉初用士人,武帝改用宦者,成帝复用士人,[2]似可作为一解,但是这种说法在较早史料中找不到根据。西汉元帝时的萧望之针对中书(宦官任尚书称中书)用事,固然曾说:"尚书百官之本,国家枢机,宜以通明公正处之。武帝游宴后庭,故用宦者,非古制也。"[3]然而从这段话中并不能得出武帝以后尚书不再由士人充任的结论,因为其意只是反对以宦者为尚书而已。何况实际上昭、宣、元帝三代的尚书,

---

[1] 《后汉书·光武帝纪》注引《汉官仪》文略同,唯明言"尚书四员,武帝置"。

[2] 参《初学记·职官上》《通典·职官四》。

[3] 《汉书·佞幸石显传》。

《汉书》屡见。至于另一较早史料《后汉书·百官志三》本注虽提到"武帝用宦者……成帝用士人,复故",但仅限于尚书令,并不包括全部尚书。而且这一说法还未必可靠,因为《汉书》上明明记载汉元帝时与中书令石显同时,还有尚书令五鹿充宗。①

所以我怀疑《成帝纪》那句话当理解为"初置尚书员五人,分为五曹"。即成帝以前尚书四人只有大体分工,并未明确分曹,至成帝不但增一尚书,而且正式分为五曹。因为这在尚书机构发展史上是件大事,对东汉影响很大,所以班固才郑重记入帝纪,还记入了《百官公卿表》。这虽是推测,也有一定线索为依据。

1. 成帝即位,舅父王凤为大司马、大将军,领尚书事。由于成帝耽于酒色,"政事大小,皆自凤出,天子曾不一举手",②王凤几乎等于第二个霍光。霍光开始扩大领尚书事权力,则王凤为了有效控制外朝公卿,将霍光以来尚书任务的某些变化加以总结,以提高统治效率为名,奏请扩大尚书机构,明确分为五曹,是完全有可能的。

2. 《后汉书·百官志三》本注曰:"成帝初置尚书四人,分为四曹(常侍曹、二千石曹、民曹、客曹)。……世祖承遵,后分二千石曹,又分客曹为南主客曹、北主客曹,凡六曹。"③集解引惠栋说,据《汉官仪》,以为此处"成帝"乃"武帝"之误。可是这也有疑点,主要是如成帝作武帝,则此志中成帝时尚书的发展便不见了。既然班固两处郑重记入《汉书》,司马彪不应忽略。那么有没有可能这里的"本注"文有脱漏呢?也不像。因为讲完四曹之后,紧接说汉光武承遵,分二千石曹,又分客曹,成为六曹,文气是一贯的,仅分二千石曹下脱漏所分曹名而已。而且如果成帝乃武帝之误,下面四曹分工已如此明确,在尚书刚刚发生变化的武帝时代,似亦无此可能。

所以我怀疑这是古史的另一种记载。这种记载和《汉旧仪》等比,

---

① 《汉书·京房传》。
② 《汉书·元后传》。
③ 《宋书·百官志》略同。

虽在人数"四人"上很可能是错的,应该是五人,但它也补充了正确内容,这就是"成帝初置尚书……人,分……曹"这一段话。汉武帝前已有尚书,[1]一说也是四人;[2]而且汉武帝时也有尚书;[3]昭、宣、元帝时也有尚书,则决不可能到成帝时方"初置"。但尚书经过武帝以来长期演变,到成帝时开始分曹,确定曹名和职掌,却很有可能。这也就是说,上面那句话中的"初"字,着眼点在描述分曹上。如果这一看法不错,则司马彪这一记载,便为我前面的推测提供了一个较有分量的侧证。又上述《汉书·成帝纪》注引《汉旧仪》"成帝置五人,有三公曹主断狱事"句,《后汉书·百官志三》注引《汉旧仪》作成帝"初置五曹,有三公曹主断狱"。如果后者正确,则更为强证。

不过,不管《成帝纪》那句话如何理解,总之尚书机构是相应扩大了。尚书五人,加上尚书令、仆射,以及丞四人,[4]共达十一人。

任务增多,机构扩大,又是近臣,所以尚书地位日形重要。前引萧望之语:"尚书百官之本,国家枢机";《汉书·孙宝传》:上书称尚书是"禁门内枢机近臣",便反映了西汉人的看法。

但是,对西汉尚书的地位、权力也不能过于夸大。

第一,西汉人之所以说尚书是"枢机",主要因为昭、宣帝以后它传递、保管文书,以及进一步发展为向有关官吏传达皇帝意旨,并将他的对答带给皇帝。胡三省说:"汉尚书职典枢机,凡诸曹文书、众事皆由之。"[5]大体便是这个意思。由于当时皇帝与百官见面时间不多,或五天,或半月,甚至更长,皇帝与百官之沟通,政事之上奏与下达,亦即封建统治机器之运转,主要靠尚书文书上下及辅之以口头传话,尚书等于是一个关键、枢纽。正是在这个意义上尚书被视为"枢机"。明乎此,便知实际上尚书法定职掌和"与闻政事"有明显不同,基本上仍属

---

① 见《汉书·灌夫传》。
② 《通典·职官四》。
③ 《史记·三王世家》。
④ 见《汉书·百官公卿表》。
⑤ 《资治通鉴》卷二七黄龙元年注。

具体事务,所以直到西汉末年,商议重要政事的中朝官集议,始终没有尚书参加。大体说来,中朝官参与皇帝谋议,充当参谋、顾问,而不管具体事务;而尚书则只为皇帝与中朝官谋议提供文书或口头资料,以及在决策做出以后负责诏令的下达,而不参与谋议。比较起来,中朝官更为重要。西汉留下了不少中朝官的史料,而尚书包括令、仆射、丞,连姓名都很少见到,道理就在于此。也正因为这个缘故,才会形成中朝官领尚书事制度,并在霍光死后仍继续保存,因为这一制度将参与谋议和枢机作用结合了起来,对加强整个王朝统治是有利的。然而这样一来,就更加说明对西汉尚书不能估计过高。如果单纯充当尚书,而不加中朝官,[①]权力是有限的。

第二,固然,《汉书》也记有尚书权重之事,人们爱引用的《佞幸石显传》即如此。原文是:显以宦者为"中尚书",升中书令,"是时元帝被疾,不亲政事……以显久典事,中人无外党,精专可信任,遂委以政。事无小大,因显白决,贵幸倾朝"。这段话虽证明石显权力极大,但却不可忽视它是有条件的。一个条件是元帝有病,和中外朝官均不见面,卧居后宫,仅靠石显沟通内外,这才使石显有可能上下其手,肆意弄权。另一条件是元帝委以政事(如是否用冯野王为御史大夫,"天子以问显",显巧妙地回答,使野王"废而不用",即其一例),之所以如此,是因为石显是宦者,元帝以为"中人无外党,精专可信任",而并不是因为他的职务是尚书。以上两个条件,使石显的专权变成极特殊情况。[②]用石显之例来说明不具备这两个条件的西汉一般尚书权力已很重,是没有说服力的。

第三,就尚书与外朝关系言,如前所述,尚书自昭、宣帝以后已逐渐侵犯二府权力(如官吏任用等),但必须看到这仅仅是开始,因为尚

---

① 西汉尚书多不加中朝官。《汉书·孔光传》:为尚书令,因"周密谨慎,未尝有过",加诸吏官。这种情况极罕见。

② 东汉仲长统便说过,弘恭、石显早在宣帝时已为中书令、仆射,但"中宗严明,二竖不敢容错其奸心也"。"后及孝元,常抱病而留好于音乐,悉以枢机委之石显,则昏迷雾乱之政起,而仇忠害正之祸成矣。"无疑也认为是有条件的。见《群书治要》卷四五《昌言》。

书机构主要官吏到成帝增加以后，也才只有十一人，传递、保管文书之余，能办的事已不多，而丞相府掾史三百多人，御史大夫寺属官四十五人，①他们对全国各方面资料之掌握，以及对全国政务之处理，是尚书远远不足以代替的。

《汉书·贾捐之传》：元帝初珠厓郡反，贾捐之建议放弃该郡，集中力量解决关东问题。"上以问丞相、御史。……丞相于定国以为'前日兴兵击之连年，护军都尉、校尉及丞凡十一人，还者二人，卒士及转输死者万人以上，费用三万万余，尚未能尽降。今关东困乏，民难摇动，捐之议是。'上乃从之。"之所以此事元帝不问领尚书事，除了领尚书事是着重帮助皇帝掌握和行使君权的辅政大臣，统治经验不如宰相全面外，恐怕还因为像于定国所提供的、足以证明贾捐之议是否正确的资料，尚书机构掌握不多。

尚书保管的文书资料，多半偏重人事方面。如《史丹传》：元帝不喜太子，"数问尚书以景帝时（废太子）立胶东王故事"，使皇后、太子等忧惧，"不知所出"。《元后传》：成帝对王氏诸舅不满，"诏尚书奏文帝诛（舅父）将军薄昭故事"，诸舅皆惧而请罪。也只有这么看，才可解释为什么前引霍光以后尚书权力有所扩大，多限于对官吏的责问、劾奏、任免等。《郑崇传》：哀帝时为尚书仆射，数谏争，反对封外戚傅商为侯。《孙宝传》：为司隶校尉，哀帝将宝下狱，"尚书仆射唐林争之"。《师丹传》：为大司空，哀帝将其策免，尚书令唐林上疏以为师丹当过哀帝师傅，"所坐者微"，应有所安慰，"上从林言，下诏赐丹关内侯，食邑三百户"。这几条材料中尚书之"谏争"，为成帝以前所未见，正是尚书从霍光以后逐渐扩大权力，至此时，又进一步向参与谋议转化之证明。然而这些"谏争"内容，恰好也属人事，这决非偶然。联系上面之考证，它说明：在西汉，由于尚书人数有限，无论保管文书资料或开始扩大权力，以至发展到"谏争"，全都偏重于人事，而且还只是人事的一部分。

---

① 见《汉旧仪》。

《汉书·王商传》：为丞相，琅邪太守杨肜失职，"其郡有灾害十四已上"，商"部属按问"。杨肜与汉成帝舅父、大将军、领尚书事王凤是姻亲。凤劝商勿案，"商不听，竟奏免肜，章果寝不下"。此事除说明领尚书事左右了皇帝，使外朝所上奏章不发生作用外，另一面也说明有关人事案问、劾奏、请免等权，正常情况下本归宰相，而不属尚书。所以领尚书事要想阻拦，却不能直接干预。事先劝谕无效时，只得事后使劾奏文书"寝不下"。至于上引史书中所见尚书对中央和地方官吏之责问、劾奏、任用等，多系直接奉皇帝命令而行，有的还是就外朝上奏文书中难以决定的问题(如元帝对是否用冯野王为御史大夫事举棋不定)，派尚书调查了解，都属特殊情况，这和二府大量掌握全国官吏的监督、奏劾等权，是无法同日而语的。

以上三点，想说明的是：西汉尚书基本上仍属在皇帝左右办理具体事务的机构，由于种种原因，它逐渐在扩大权力，对外朝二府有所侵犯，但仅仅是开始，对之决不能夸大。

二、领尚书事制度

和诸尚书办理具体事务不同，领尚书事有其特点：1.他由中朝官充任，地位较高，官秩都在二千石以上，远超过尚书长官——尚书令之千石。2.他不管具体事务，而是皇帝的辅政大臣，可以参与谋议、决策，而非诸尚书所能比。但另一面，领尚书事也与一般中朝官不同，不是消极地等待皇帝咨询、交议，而是按制度主动审阅尚书收到的各类文书，有的还需评论或提出初步处理意见，供皇帝采择。以理推测，他在审阅、斟酌过程中当可参考尚书保管的文书资料，从而使他提的意见有较多根据。总之，领尚书事制度将中朝官的参谋、顾问作用和尚书的"枢机"作用结合在一起，形成对皇帝十分重要的地位。试举一例：《汉书·东平思王刘宇传》载其成帝时来朝，

上疏求诸子及太史公书。上以问大将军(领尚书事)王凤。对曰："臣闻诸侯朝聘，考文章，正法度，非礼不言。今东平王幸得

来朝,不思制节谨度,以防危失,而求诸书,非朝聘之义也。诸子书或反经术,非圣人;或明鬼神,信物怪;太史公书,有战国纵横权谲之谋。汉兴之初,谋臣奇策、天官灾异、地形扼塞,皆不宜在诸侯王。不可予。不许之辞宜曰:五经,圣人所制,万事靡不毕载。王审乐道,傅相皆儒者,旦夕讲诵,足以正身虞意。夫小辩破义,小道不通,致远恐泥,皆不足以留意。诸益于经术者,不爱于王。"对奏,天子如凤言,遂不与。

王凤的地位当然不能与当年霍光比,但由此材料也可看出,他连成帝应如何回答东平王宇请求的话,都事先准备、教授,辅政作用应该说很不小了。附带一说,王凤的对答,至少其中汉兴之初谋臣奇策、灾异记录、扼塞材料,不宜在诸侯王那一段话,其精神当系根据客曹尚书保管的"故事"提出,从而加强了他建议的说服力,这样做,也只有领尚书事最方便。

不过,对西汉领尚书事之权力,除霍光掌权一段时期情况特殊外,同样不能过于夸大。

首先,西汉丞相、御史大夫权力还很大。他们都是皇帝精选的亲信或十分尊重的人,年纪较大,有着较丰富的统治经验。如魏相替宣帝策划打击霍氏,得到信任升丞相。丙吉本御史大夫,宣帝感激他在自己幼年时的救命之恩,擢为丞相。黄霸原为郡太守,"治为下第一",宣帝赏识,擢为御史大夫、丞相。于定国任廷尉七八年,是"任职旧臣",升丞相,元帝"敬重之"。匡衡通经学,数上书,元帝好儒术,"说其言",逐步提拔为御史大夫、丞相。王商原为外戚,于元帝时拥护太子(成帝),成帝即位后用为丞相,"甚尊任之"。翟方进有才干,得到成帝赏识,有意培养,后来擢为御史大夫、丞相,"奏事亡不当意"。[1] 同时,丞相、御史大夫属官近四百,分别掌管并向他们提供有关全国政治、经济、军事各方面的材料,作为出谋划策的依据,而尚书人少,对领尚书

---

① 以上均见《汉书》本传。

事却起不了这样的作用。

由于以上缘故，全国重大政务的处理主要依靠的还是宰相。宰相就像全国的大管家，他对天下诸事一般都得在上奏皇帝审批前做出反应，出主意，想办法，推荐官吏去执行。领尚书事则不同。他的任务只是辅助皇帝行使君权，审阅文书，是对宰相上奏文书中所出的主意进行审查，因而是有弹性的。某些内容熟悉，如一部分人事，固可集议皇帝点定更换，加以干预；绝大部分内容囿于自己经验，处理不了，除一小部分交中外朝官集议外，却可回避，听任皇帝批准；以后出了问题，责任也在宰相。然而这样一来，就更加证明在封建王朝中领尚书事的重要性，比不上宰相。[①]

大体说来，用为领尚书事的，多为与皇帝关系亲密的外戚、师傅，往往亲而不尊；用为宰相的，多为资历深，威望高，统治经验丰富的大臣，往往尊而不亲。如果二者兼备，更得用为宰相。如张禹通经书，在成帝为太子时授以《论语》，成帝即位，"敬重师傅"，拜为诸吏、光禄大夫，与外戚大将军王凤并领尚书事。其后条件成熟，便用为丞相，在位六年，退休后"国家每有大政，必与定议"。[②] 又如宣帝临死，擢太子太傅萧望之为前将军、光禄勋，与外戚史高等一起"领尚书事"。元帝即位，后"器重萧望之不已，欲倚以为相"，[③]都证明宰相比领尚书事更重要。

其次，正因领尚书事的任务是辅助皇帝行使君权，不像宰相直接处理全国政务，所以如果碰上皇帝精力充沛，事必躬亲，或者对领尚书事不大放手，领尚书事的权力便有限了。如汉宣帝在霍光死后，特别在霍氏谋反平定后，"躬亲政，省尚书事"。[④] 当时丞相是魏相，御史大夫是丙吉，与宣帝配合默契，宣帝"练群臣，核名实，而相（魏相）总领众

① 《群书治要》卷四五《昌言》："汉兴以来皆引母妻之党为上将，谓之辅政，而所赖以治理者甚少。"亦一侧证。
② 《汉书·张禹传》。
③ 《资治通鉴》卷二八初元二年。
④ 《汉书·丙吉传》

职,甚称上意"。① 在这种情况下,差不多二十年中,领尚书事张安世、韩增、许延寿、史高,都未见有何弄权之事。

《汉书·张安世传》:为大司马,领尚书事。"每定大政,已决,辄移病出,闻有诏令,乃惊,使吏之丞相府问焉。自朝廷大臣,莫知其与议也。"这事虽反映张安世参与了重大决策,但另一面又可看出,当时领尚书事与议实际上并不多,更没有弄权,所以张安世可用此法掩人耳目。一般情况下决策应是宣帝直接与丞相魏相等商议,或亲自省尚书文书,决定是否采纳魏相等的建议。这和上面两条材料正好是相互呼应的。至于汉成帝时辅政大臣、领尚书事王凤的权力的确超过任何大臣,"公卿见凤,侧目而视",但那是因为成帝沉湎酒色,一个时期内完全委政王凤,王凤已非辅政,而等于直接行使君权。② 这是一种特殊情况,几乎类似昭帝时的霍光,是不足以反映正常情况下领尚书事的权力与作用的。

总之,西汉的领尚书事、尚书制度,是在汉武帝以后改变了清静无为政策,政事日益繁杂的形势下建立或发展起来的。它们客观上使宰相、二府行使权力在某些方面、某些时期受到限制,二者存在矛盾。但在西汉一代,对它们的权力决不应过于夸大。从基本方面言,可以说它们与宰相、二府相互配合制约,并行不悖,全是巩固西汉王朝统治不可或缺的制度。

① 《汉书·魏相传》。
② 参《汉书·元后传》。

第五章　东汉的尚书

第一节　东汉尚书的特点

一、汉光武时期尚书的特点

本书第三章已论及,汉光武为了加强君权,削弱、分散相权,采用了三公鼎立制度。与此同时,也采用并进一步发展了西汉以来的尚书制度。仲长统称汉光武"政不任下,虽置三公,事归台阁,自此以来,三公之职,备员而已"。章怀注:"台阁,谓尚书也。""备员"之说,虽有很大夸张,但尚书制度得到了进一步的发展,却是事实。

问题在于:当时的尚书为什么得到发展? 有人认为这是汉光武嫌三公权重,有意收其权交近臣尚书,恐不确。说汉光武有意防范大臣,包括三公,这是对的,第三章已经讨论;说他存在收三公之权交尚书的指导思想,却无史料根据。据万斯同《东汉九卿年表》,汉光武一代尚书令,可考者六人:郭伋、侯霸、韩歆、申屠刚、冯勤、郭贺,《后汉书》俱有传。① 另有一陆闳,万表失考,见《后汉书·独行陆续传》。比起西汉的尚书来,他们的权力进一步扩大,这有记载;至于说汉光武有意收三公之权交给他们,却一点影子也没有。许多史料表明,汉光武明确的指导思想,只不过是防范大臣,要把权力紧紧握在自己手中,"政不任下"。同时他又不相信公卿大臣能把事情办好,往往要揽到自己身上

---

① 但韩歆、郭贺系分别附见于《侯霸传》《蔡茂传》、

来，"代有司行事"，①也就是史书上评他的"躬好吏事"。② 这样更使权力进一步集中。然而这一高度集中之权力的行使，又不能不通过具体机构，于是原在他左右，基本上是办理具体事务的尚书机构，任务增加，权力扩大，便是很自然的事。也就是说，"事归台阁"如果不机械地理解的话，可以说是事实，但它并不是汉光武的目的，而只是"政不任下"，"总揽权纲"③的必然结果。对以上论点，试考证如下。

关于汉光武有意削弱三公权力和"躬好吏事"，而集大权于自己手中的材料，突出的有两条。一条是《后汉书·朱浮传》："旧制：州牧奏二千石长吏不任位者，事皆先下三公。三公遣掾史案验，然后黜退。帝(光武)时用明察，不复委任三府，而权归刺举之吏。"所谓"权归刺举之吏"，是就州牧"有所劾奏，(光武)便加退免，复案不关三府"，亦即中间没有三公干预，刺举被批准可能性加大的意义而言，其实，从另一方面说，便是剥夺了三公这一复案权力，而直接集权于汉光武手中，这和权归刺举之吏的说法是一致的。

另一条材料是《申屠刚传》："时内外群官多帝自选举。加以法理严察，职事过苦，尚书近臣，至乃捶扑牵曳于前，群臣莫敢正言。"这不但说明汉光武极力揽权，一般归三公管的选举，他揽得过多；而且说明在他亲自选举之后，具体办事人员是尚书，所以才会在这地方提到他对尚书要求很严，甚至加以捶扑牵曳的问题。关于后一点，上一条材料也有反映：对汉光武偏信刺举之吏一事，朱浮指出其弊病是"陛下以使者(刺史)为腹心，而使者以从事为耳目(指听信州从事的报告)，是为尚书之平，决于百石之吏(州从事秩百石)……"之所以前面称"陛下"，而后面换为"尚书之平"，除了避免刺激汉光武的因素之外，就因为批准州牧之劾奏者虽为汉光武，但具体办事，下诏令罢免二千石长吏的乃是尚书。关于这一问题，再举明帝时一例。《后汉书·钟离意

---

① 叶适《习学记言》卷二五。
② 《后汉书·朱浮传论》。
③ 《后汉书·光武帝纪下》。

传》："时诏赐降胡子缣，尚书案事，误以十为百，帝见司农上簿，大怒，召郎，将笞之。"这更具体表明，赐缣的是皇帝，而下达到外朝大司农前，是通过尚书传话、办事、下诏的。

这样一来，表面上似乎是收三公之权交给尚书。特别是汉光武为防范大臣，还不设领尚书事，也很少设西汉那样往往由秩二千石加侍中等而成的中朝官，就是说，既无辅政之臣，也少谋议之臣，揽权之后，有了疑难问题，有时便得就近依靠尚书。

《后汉书·冯勤传》：给事尚书，汉光武使"典诸侯封事。勤差量功次轻重，国土远近，地势丰薄，不相逾越，莫不厌服焉。自是封爵之制，非勤不定"。按汉代官制，封爵之事本归九卿之一的大鸿胪掌管，而由大司徒监督。① 照说汉光武只需等大鸿胪、大司徒报上来审批，一般照准就行了。现在大概汉光武认为这个事情很重要，干预颇多：对上报文书不轻易批准，或自己主动提出封拜某些列侯，又不和三公商量，直接下达诏策。在这过程中，具体事情如"功次轻重，国土远近，地势丰薄"，势必难以样样过问，于是让身旁的冯勤专门负责，提供材料以至具体方案，也就毫不奇怪了。所谓"莫不厌服焉"，就是说经过冯勤参谋，汉光武审批下去或主动下达的封爵文书，公卿大臣都没有话说。很清楚，这不是汉光武有意收三公之权交给尚书。从指导思想看，他只是想收三公之权归自己，而不得不以尚书为工具。所以才会对他们动辄"捶扑牵曳"，视若仆役。

关于这一问题，还有一证。就是汉光武挑选尚书，由于只要他们办具体事务，并没有以他们代替三公之意，所以标准只是"明习故事，长于吏职"，②而不考虑他们处理重大政事的水平，因为大事得三公商议，而由汉光武总揽。《韦彪传》载其章帝时上疏称："天下枢要在于尚书，尚书之选岂可不重。而间者多从郎官超升此位，虽晓习文法，长于应对，然察察小慧，类无大能。"其实，早在汉光武时已开此风，如冯勤

---

① 参《后汉书·百官志二》。
② 参《后汉书·侯霸传、蔡茂附郭贺传、冯勤传》。

便以"郎中"身份"给事尚书"。这是汉光武只看重尚书擅长吏事的指导思想决定的。

当然,尚书在办理具体事务过程中,有时也参与某些谋议,都或多或少会影响汉光武的最后决定。如前面提到汉光武疑大司徒侯霸搞朋党,赐霸玺书杀气腾腾,使尚书冯勤"奉策至司徒府"当面责问,"勤还,陈霸本意,申释事理,帝意稍解"。[①] 如果这时冯勤说侯霸坏话呢?很可能便会火上添油,侯霸性命也将不保,而现在侯霸竟平安无事,尚书之影响,十分明显。这类情况如果偶尔出现,本来和西汉的尚书一样,是不会对三公地位、权力有多大影响的。然而现在是汉光武躬好吏事,揽事极多,因而尚书十分活跃,很可能东汉尚书机构之扩大,也始于此时,于是三公备员,尚书权重之说,便慢慢产生了。仲长统而外,后来的《唐六典》卷一甚至说:"及光武亲总吏职,天下事皆上尚书,与人主参决,乃下三府。"其实,这些说法并不符合实际,存在极大夸张。

首先,如上所述,汉光武揽权后仅以尚书为工具,对他们又动辄捶扑牵曳,再加上汉光武"峻文深宪,责成吏职",[②]"以严猛为政",[③]当时的尚书,没有一个不是老老实实按汉光武意旨办理具体事务的,谁也不敢弄权,哪里谈得上有"与人主参决"的资格!顶多像冯勤那样,由于掌握某些材料,可在汉光武确定了封拜哪几个人为侯的前提下,提个具体方案,让功劳大小与所封地的远近、丰薄,尽量"不相逾越",这能算多大的权呢?就这件事而言,要说权,那首先在于大鸿胪、大司徒提出谁应封侯,以及汉光武批准谁。如果汉光武主动提出封侯,不理会三公,直接交尚书下诏,表面看来确是尚书行下三公,实际上还不是汉光武揽了权吗?也正由于这个缘故,历史上几乎没有留下汉光武时诸尚书的事迹,七任尚书令,材料也很少。如果当时天下事皆尚书与

---

① 《后汉书·冯勤传》。

② 《后汉书·朱祐马武传论》。

③ 《后汉书·第五伦传》。

汉光武参决,权力如此炙手可热,东汉的章奏、史料是不会漏掉他们的名字、事迹的。

其次,三公也并非"备员"。道理很简单,就像本书第四章所论西汉二府近四百人,他们的任务十几人的尚书无法包办一样,东汉三公府属官加在一起也近二百人,[①]几十人的尚书机构也无法把他们的任务接过来,以至可让三公"备员"。汉光武揽事,也只能是一部分,全国的军事、民事、水土事的大部分仍得统治经验丰富的三公出谋划策,推荐人选,而由汉光武可其奏。

《后汉书·赵憙传》:拜太尉,光武"令憙典边事,思为久长规。憙上复缘边诸郡,幽并二州,由是而定"。《宋弘传》:拜大司空,"雅进贤士冯翊桓梁三十余人,或相及为公卿者"。至于对郡国吏治起重大推动作用的司徒定期接受上计,更不是尚书所能代替的。特别是重大政务,往往得交三公讨论把关。《梁统传》:上疏建议加重刑罚。因为这是关乎改革律令的大事,所以"事下三公廷尉"集议。《南匈奴传》:单于"遣使诣武威,求和亲",因为这关乎对待匈奴的基本政策,汉光武"召公卿廷议",全不同意。后来匈奴"复遣使诣阙贡马及裘,更乞和亲……"汉光武又将此事"下三府,议酬答之宜"。像这类事务,尚书是没有能力处理的。不仅如此,即便汉光武揽去的一部分事,虽由他自行决定,直接交尚书下诏,可是下到外朝,仍得由三公监督、九卿和地方执行,这一"监察而董是非"(陈忠语)的任务,仍极其繁重,如本书第二章所述,平时要检查,年终要考核等,权力仍然是不小的。

总之,汉光武一代,只能说皇帝在汉武帝以来造成的政治格局、政治制度基础上,由于种种原因,进一步揽权,宰相(三公)权力进一步削弱,但绝谈不上权归尚书,更不能说三公"备员"。[②]

---

① 《后汉书·百官志一》。

② 《通典·职官三》"宰相"下但称汉代"中年以后,事归台阁"。中年,当指东汉。提法虽然也不准确,但比仲长统要稳妥。

二、汉章帝以后尚书制度继续发展的原因与特点

汉光武以后，尚书权力有所发展。《后汉书·陈忠传》：安帝时上疏认为当时"选举诛赏，一由尚书，尚书见任，重于三公"。《李固传》：顺帝时对策，"今与陛下共理天下者，外则公卿、尚书，内则常侍、黄门"。第一次把秩万石的"公"，与秩千石以下的尚书并列。《周举传》：顺帝时拜尚书，"举与仆射黄琼同心辅政，名重朝廷"。官秩极低的尚书称"辅政"，也为过去所未见。以上材料，如果不理解得太实，而从总的趋势去把握，从中确可看到，尚书权力比汉光武之时有了扩大。

但是，必须同时看到以下问题。

（一）促成尚书发展的指导思想已发生变化。汉光武的防范大臣和躬好吏事，自章帝以后就很少看见。尚书机构之所以继续发展，最主要原因是它适合东汉封建统治机器运转之需要，具体说，就是行使君权之需要。汉光武和明帝防范大臣，躬好吏事，固然需要它；章帝以后这一指导思想淡薄了，吏事也放松了，同样需要它。因为自章帝以后出现两个明显情况。

一个是皇帝朝会大大减少。《后汉书·光武帝纪》："每旦视朝，日侧乃罢。"《明帝纪论》："日晏坐朝，幽枉必达。"而章帝以后便不再见这种记载了。《礼仪志中》注引东汉后期的三公胡广曰："旧仪，公卿以下每月常朝。先帝以其频，故省，唯六月、十月朔朝，后复以六月朔盛暑，省之。"蔡邕《独断》文略同，曰："故今独以正月、十月朔朝也（正月朔是岁首大朝贺，与常朝不同）。"这是东汉统治稳定之后，皇帝耽于淫乐的必然结果。[1]

另一个情况是自章帝以后诸帝多短命，继位者均幼主，无法处理政务，必得母后代理，前后共六后，[2]年纪又轻，这是朝会减少的又一实

---

[1] 《三国志·王肃传》上疏称自西汉成帝起，"朝礼遂阙"。叶适《习学记言》卷二七曰：自成帝起"遂无视朝之礼，公卿不复进见三百余年，可谓敝事"。

[2] 以上参赵翼《廿二史札记》卷四。

际原因。在这种情况下,皇帝或母后平日居于后宫,很少见到外朝公卿大臣,[①]处理政务除以宦官传递文书外,最好的办法就是通过尚书。

首先,尚书在宫中理事,值宿,地位又低,容易召见。《后汉书·钟离意传》:药崧为尚书郎,夜里值宿,家贫,食糟糠。明帝"每夜入台,辄见崧,问其故,甚嘉之"。可见尚书离王宫、后宫不远。皇帝或皇太后找他们了解情况,征求意见,比较方便。《虞诩传》:为司隶校尉,为中常侍张防所陷,下狱。宦者孙程、张贤等替诩申辩,"乃相率奏乞见。程曰:……时防立在帝(顺帝)后,程乃叱防曰:'奸臣张防,何不下殿!'……程曰:'陛下急收防……'帝问诸尚书,尚书贾朗素与防善,证诩之罪。帝疑焉。谓程曰:'且出,吾方思之。'"这说明皇帝身旁,除了宦官,便是尚书,有了疑难之事,向他们咨询,是很自然的。《梁冀传》《刘瑜传》:桓帝欲诛大将军梁冀,除在内室与诸宦官定策外,首先是"御前殿,召诸尚书入,发其事。使尚书令尹勋持节,勒(尚书)丞、郎以下皆操兵,守省阁"。事成后,尹勋及仆射、尚书七人"并封亭侯"。之所以首先找尚书,也是因为离得较近。

其次,皇帝或皇太后极少见公卿大臣,指挥政务主要通过诏令下达,而在东汉,诏令起草及下达之权已从西汉的御史大夫寺完全转归尚书;[②]而且逐渐形成非尚书机构起草、下达便无效的制度。《周章传》:拜司空,殇帝死,章"密谋闭宫门……劫尚书,废(邓)太后于南宫"。周章之所以要劫尚书,就因为只有由尚书起草和下达诏令,废邓太后方能生效。灵帝初,宦官曹节等为反对窦太后等,闭禁门,"召尚书官属,胁以白刃,使作诏板",[③]道理也在这里。《杨震传》:拜太尉,外戚耿宝荐中常侍李闰兄于震,曰:"李常侍,国家(指安帝)所重,欲令公辟其兄,宝唯传上意耳。"震曰:"如朝廷欲令三府辟召,故宜有尚书

---

① 《后汉书·宦者列传》:"女主临政,而万机殷远,朝臣国议,无由参断帷幄;称制下令,不出房闱之间。"

② 参《后汉书·百官志三、周荣传》。

③ 《后汉书·窦武传》。

救。""遂拒不许。"这是宰相只承认尚书敕有效,能代表皇帝意旨之例。① 以上情况也促使居于深宫的皇帝或皇太后得依靠尚书。

再次,尚书已形成集议制度和谏争制度,相当于西汉的中朝官,在皇帝或皇太后尚未做出决定下达外朝前,提供谋略或谏阻,这更为居于深宫,统治经验很少的皇帝或皇太后指挥政务所必需。

《后汉书·郅寿传》:章帝时为尚书仆射,"坐于台上,与诸尚书论击匈奴,言议过差",被劾诽谤等罪,下狱。何敞上书以为"寿机密近臣,匡救为职,若怀默不言,其罪当诛,今寿违众正议,以安宗庙,岂其私邪! 又台阁平事,分争可否(不当以诽谤为罪)"。《朱晖传》:章帝时为尚书仆射,"上便宜,陈密事,深见嘉纳。诏报曰:'补公家之阙,不累清白之素,斯善美之士也。俗吏苟合,阿意面从……患之甚久,惟今所言,适我愿也,生其勉之。'"当时财政困难,尚书张林提出解决办法,"诏诸尚书通议。晖奏,据林言,不可施行。事遂寝"。后又有人重新提出张林此法,"有诏施行"。晖在诏书下达前通议中又反对,章帝发怒,"切责诸尚书,晖等皆自系狱。三日,诏救出之。曰:'国家乐闻驳议……何故自系?'晖因称病笃,不肯复署议。尚书令以下惶怖……乃共劾奏晖。帝意解,寝其事"。以上两条材料都反映当时尚书在皇帝做出最后决定前有集议制度,而且参加者要"署议"。同时也都反映谏争权之存在与必要。前一条材料的尚书"匡救为职",就是后一材料的"补公家之阙"。从章帝的话看,他很懂得尚书这一权力的重要性。

需特别强调的是:尚书之谏争在事前,与公卿大臣事后的谏争不同。早在光武之时,为保证所下达的措施、政策有利于统治,尚书的谏争权已在西汉末的基础上有所发展。② 明帝时,钟离意为尚书仆射,"独敢谏争,数封还诏书",③更是诏书发生作用前谏争之例。关于这一

<hr>

① 固然,有时"事从中下"(《后汉书·李固传》),"不经尚书"(同上,集解引《通鉴》胡注),毕竟非正常情况,也遭到反对(参《资治通鉴》卷五八光和四年吕强反对"或有诏用"。胡注:"诏用者,不由三公、尚书,径以诏书用之也。"文称"或",也证明是个别、少数)。
② 见《后汉书·郭伋传、申屠刚传、蔡茂附郭贺传》。
③ 《后汉书·钟离意传》。

问题,再举两例证之。汉顺帝欲立皇后,而贵人有宠者四人,"议欲探筹,以神定选"。尚书仆射胡广与尚书郭虔、史敞谏争,以为这种办法不一定能得贤德之人,建议根据品德简选,并提醒说:"政令犹汗,往而不反。诏文一下,形之四方。臣职在拾遗,忧深责重,是以焦心冒昧陈闻","帝从之"。此一事。当时尚书令左雄议改选举之制,胡广等三人又上书驳之,以为"矫枉变常,政之所重。而不访台司,不谋卿士,若事下之后,议者剥(驳)异,异之则朝失其便,同之则王言已行。臣愚以为可宣下百官参其同异,然后览择胜否,详采厥衷"。"帝不从。"①此又一事。后者除可看出三公权力之削弱,如此重大改制之事竟毫不与议外,与前者同样都说明尚书之谏争是在诏书实行之前,并且是关乎诏书是否正确,是否有损统治的重要职掌。这和尚书集议虽有区别,但有时也很难分,反映了东汉尚书权力之发展。

复次,尚书还形成主要针对外朝的劾奏制度,这也为皇帝或皇太后保证统治效率与质量所必需。这种劾奏,西汉已多见,东汉更发展。汉安帝欲废太子(顺帝),太仆来历等持异议,上书谏,无效,后乃邀结卿、大夫等十余人,"俱诣鸿都门证太子无过",守阙固争,安帝大怒,"尚书令陈忠与诸尚书遂共劾奏历等"。② 很明显,这起了代表不直接见大臣面的安帝,压制诸大臣,推行政令的作用。《后汉书·张陵传》:桓帝时为尚书,大朝贺,"大将军梁冀带剑入省。陵呵叱之令出……即劾奏冀,请廷尉论罪……"《刘恺传》:安帝时拜司徒,征西校尉任尚有赃罪,大将军邓骘党护之,"太尉马英、司空李郃承望骘旨,不复先请,即独解尚臧锢。恺不肯与议。后尚书案其事,二府并受谴咎。朝廷以此称之"。二府受谴咎,无疑便是尚书案其事后进行劾奏的结果。恺子茂,桓帝时为司空,与太尉陈蕃、司徒刘矩共同上书救李膺,"帝不悦。有司承旨劾奏三公。茂遂坐免"。这里的"有司",按东汉制度,当即尚书。《资治通鉴》卷五十建光三年:外戚大将军邓骘等因罪自杀

---

① 《后汉书·胡广传》。
② 《资治通鉴》卷五十。

前,尚书陈忠"数上疏陷成其恶"。后"大司农京兆朱宠痛詈无罪遇祸",上疏讼之,"陈忠复劾奏宠,诏免官归田里"。《后汉书·乐恢传》:和帝初为尚书仆射。当时河南尹王调、洛阳令李阜与外戚窦宪勾结,胡作非为,"恢劾奏调、阜,并及司隶校尉……"

以上表明,对大将军、三公、九卿、地方官,尚书全都有权劾奏。史书记载,东汉尚书在这方面十分活跃。人们都爱引用汉光武特诏御史中丞、司隶校尉、尚书令,于朝会时专席而坐,号"三独坐"的典故。[①] 可是为什么让他们独坐呢? 应劭只说了个"言其尊重如此",仍未解释尊重的原因。我以为,从御史中丞、司隶校尉掌察举官吏非法行为,[②]以及东汉尚书劾奏制度的发展,再联系汉光武防范大臣的指导思想来看,很可能"独坐"的着眼点便在他们的劾奏和察举非法上,汉光武要以专席而坐来提高他们的声望(三官地位都不高,中丞、尚书令秩千石,司隶校尉也只有比二千石),推动他们积极发挥作用。当然,三者同是劾奏,大体上又有分工,即尚书令一般是通过传递、检查所上文书(如上引《刘恺传》之"案其事"),发现违法、犯罪行为,进行劾奏;而中丞、司隶一般通过其他渠道,包括亲眼所见,发现违法、犯罪行为,进行劾奏。[③]

最后,促成居于深宫的皇帝或皇太后重视尚书,可能还因为按西汉故事,可行录(即西汉的"领")尚书事制度。这一制度,汉光武、明帝均不用,因为他们防范大臣,躬好吏事,怎能允许身旁放个大臣来分大权呢! 可是章帝以后情况变了,防范大臣的思想已被历史冲淡,皇帝也没有当年光武、明帝的统治经验和事必躬亲的劲头。怎么办呢? 像西汉初年那样放任宰相(三公)去干? 不但和长期以来"政不任下"的作风相距太远;而且自汉武帝以来,特别汉光武以来,集权于君主的种种制度、机构已经形成、固定,并在不断发展(如宫中尚书机构之扩大、

---

① 见《汉官仪》卷上。
② 参《后汉书·百官志三、四》。
③ 中丞与司隶之间也有分工,见《晋书·傅咸传》。不过汉代这些分工似不很严格。

天下文书皆上尚书、尚书草诏下达等），将它们全部取消或搁置，势不可能。在这种情况下，领尚书事制度便被重新抬出来了。《后汉书·章帝纪》：即位，以赵憙为太傅，牟融为太尉，"并录尚书事"。《晋书·职官志》称此"亦西京领尚书之任"。从此沿用于整个东汉。

这一制度符合章帝以后很长时期的政治需要。1.当皇帝年纪轻，统治经验不足时，录尚书事可起辅佐作用。如章帝即位时年十九，立刻设录尚书事二人为"股肱"。① 和帝除掉外戚窦宪时年十四，以太尉尹睦录尚书事。② 顺帝消灭外戚阎显，即位时年十一，第二年以太傅桓焉、太尉朱宠录尚书事。③ 2.当皇太后临朝，代幼主执政时，录尚书事也可起辅佐作用，而且他们均以太傅或三公为之，年纪大，入居宫中，面见太后议事，也十分方便。如和帝即位，年十岁，窦太后临朝，以"老成黄耇"之太傅邓彪录尚书事。④ 殇帝即位，方诞育百余日，邓太后临朝，太傅张禹、太尉徐防录尚书事。"邓太后以殇帝初育，欲令重臣居禁内，乃诏禹舍宫中……五日一归府。"⑤居禁内，就是为了让他及时参与谋议，起辅佐作用。

章帝以后尚书制度得以继续发展，除上述五点原因，反映指导思想之变化外，还应看到，它也适合东汉外戚与宦官几度专权的需要。因为尚书官位、资历、声望都比较低，把权力逐渐转移到他们手中，自力图专权的外戚、宦官看来，控制他们，要比控制外朝地位、资历、声望高得多的公卿，容易、方便。

《后汉书·窦宪传》：和帝即位，窦太后临朝，"宪以侍中，内干（管）机密，出宣诰命"。所谓机密，主要当指处理经尚书台上下之文书；出宣诰命，也要经过尚书。当时录尚书事邓彪听窦宪的话，"其所施为，辄外令彪奏，内白太后，事无不从"。《梁冀传》：拜大将军，妹梁太后临

---

① 《后汉书·章帝纪》。
② 《后汉书·和帝纪》。
③ 《后汉书·顺帝纪》。
④ 《后汉书·和帝纪》。
⑤ 《后汉书·张禹传》。

朝,冀常至宫内商议、定策。桓帝立,他名义上"参录尚书事",后来仍"十日一入(宫),平尚书事"。由于君权必须通过尚书行使,他们控制了尚书,也就十分便于弄权。

宦官专权时情况基本相同。他们本身虽然社会地位低下,为士人所鄙视,却可借助君权控制尚书,达到弄权之目的。《后汉书·襄楷传》:诣对尚书,反对信用宦官,桓帝"诏下有司处正。尚书承旨(《通鉴》胡注:承旨,谓承宦官风指也),奏曰:……请下司隶,正楷罪法"。《陈蕃传》:郡太守刘瓆、成瑨赦后考杀小黄门赵津等,"宦官怨恚,有司承旨,遂奏瓆、瑨罪当弃市"。当时三公上书谏阻,"有司"又"劾奏之",所以这个"有司"只可能是尚书。可见在一定条件下,宦官控制了尚书,作为专权工具,十分顺手。

当然,尚书也有不听话的,但由于官位低,打击他们也比打击公卿阻力小。《后汉书·朱穆传》:征拜尚书,上书请罢遣宦官,帝不听,"自此中官数因事称诏诋毁之",穆气愤死。《桓彬传》:拜尚书郎,与左丞、右丞友善,鄙视宦官曹节女婿冯方(亦尚书郎),方诬彬等朋党,尚书令刘猛不理,"节大怒,劾奏猛,以为阿党",猛、彬后皆免官。为了直接控制尚书台,曹节后来甚至违反尚书应由士人选任之例,亲自领尚书令。

以上表明,尚书制度的发展,对外戚、宦官专权,一般说,是有利无害,适合其需要的。

顺便一说,东汉一代影响政治至巨的外戚、宦官专权,皇帝甚至被架空,是人事上种种原因造成的(如皇帝早死等)。如从政治制度看,外戚、宦官必须以皇太后、皇帝名义,通过尚书机构,以诏令形式,才能贯彻自己的意志。这与秦始皇以来的君主专制制度毫不矛盾,而应该说,是它的一个畸形怪胎。这个怪胎,不但不影响君主专制制度的发展,相反,由于外戚、宦官为了保证对公卿百官的控制,同样强化了尚书机构,促成了尚书权力之扩大。

总之,章帝以后,由于形势的变化,尚书机构继续发展的原因、指导思想也各有不同。仍用汉光武、明帝时的指导思想去解释,恐怕不会符合历史真实。

（二）尚书还无法代替三公，三公仍然是宰相，并非"备员"。

东汉尚书，特别章帝以后，参与谋议，不仅人事，而且也涉及重大政策、措施。如前引《后汉书·郅寿传》，议论是否出击匈奴；《朱晖传》，议论实行新的"均输之法"的利弊等等。这是有关西汉尚书材料所未见的。同时，有的建议皇帝采纳后直接下诏施行，公卿大臣事前都不与议。如前引《胡广传》，左雄议改选举之制，"不访台司，不谋卿士"，顺帝便予以批准，西汉更无此例。可是，是否因此便可下结论说，尚书权力已超过三公，三公只是"备员"呢？不可以。

首先，由于三公年纪大，资历深，统治经验丰富，重大政策、措施更多地仍由三公以及九卿出谋划策或集议，报皇帝批准。关于集议可参《东汉会要·职官四》。其中突出的例子，如安帝时大将军邓骘因军费不赡，"欲弃凉州，并力北边"，"乃会公卿集议"。开始"议者咸同"，后太尉府郎中虞诩说服太尉李修，以为当设法控制凉州，而不当放弃。"修善其言，更集四府（三公府加大将军府），皆从诩议"，事便施行。邓骘由是恶诩。当时邓骘握实权，但因三公等集议反对自己的建议，按制度只得服从。①

至于出谋划策，史书记载也不少。《后汉书·张奋传》：和帝初拜司空，上表"愿对中常侍疏奏。即时引见。复口陈时政之宜"。《徐防传》：和帝末拜司空，上疏对太学博士弟子的策试标准，提出修改建议，"诏书下公卿，皆从防言"。帝从之。②《安帝纪》：永初三年，"三公以国用不足，奏令吏人入钱谷，得为关内侯"。《鲁恭传》：安帝时拜司徒，以为孟夏判案，有碍农业生产，上疏请"其决狱案考，皆以立秋为断"，朝廷从之。《杨赐传》：灵帝时拜司徒，见太平道张角势力扩大，上书主采分化政策，"以孤弱其党，然后诛其渠帅，可不劳而定"。《傅燮传》：灵帝末，凉州兵乱不止，征发天下役赋无已，司徒崔烈"以为宜弃凉州"，

---

① 以上见《后汉书·虞诩传》。
② 又见《资治通鉴》卷四八永元十四年条。

遭到议郎傅燮激烈反对,并说:"烈为宰相,不念为国思所以弭之之策,乃欲割弃一方万里之土,臣窃惑之。"这话反映,直到东汉末,三公的职责仍然包括在重大政务上出谋划策。

其次,在人事上,总的来说,三公仍握有极大权力。除《东汉会要·选举》收录许多特诏三公以下举士的材料之外,即便东汉中期以后,也可以找到许多三公选举和劾奏的事例。《后汉书·鲁恭传》:和帝、安帝时两为司徒,"选辟高第至列卿、郡守者数十人"。《顺帝纪》:阳嘉元年诏"今刺史二千石之选,归任三司,其简序先后,情核高下,岁月之次,文武之宜,务存厥中"。《郎颛传》:顺帝时上书并诣对尚书曰:"今选举皆归三司……每有选用,辄参之掾属,公府门巷,宾客填集,送去迎来,财货无已。……选举之任,不如还在机密(尚书)"。《滕抚传》:质帝时为涿令,徐、扬"盗贼群起",刺史、太守败死,"三公举抚有文武才,拜为九江都尉……大破之"。《王畅传》:桓帝末年坐事免官,是时,政事多归尚书,桓帝特诏三公,"令高选庸(功)能。太尉陈蕃,荐畅清方公正,有不可犯之色,由是复为尚书"。这条材料虽反映尚书权重,但又可看出尚书是由三公选举的。而且此制早已存在。《陈忠传》:安帝时"司徒刘恺举忠明习法律,宜备机密,于是擢拜尚书"。《杜乔传》:桓帝初拜太尉,梁冀"属乔举氾宫为尚书",乔不肯。均其证。《党锢传序》:桓帝末收捕党人,经窦武谏,"皆赦归田里,禁锢终身,而党人之名,犹书三府"。[1] 所谓禁锢,指"勿令仕也"。[2] 勿令仕要书名于三府进行监督,反过来也就证明入仕必得通过三府。《蔡邕传》:灵帝时上疏,"三府选举,逾月不定,臣经怪其事……"《宦者吕强传》:灵帝末上疏虽提到当时选举"但任尚书,或复敕用(《通鉴》胡注:指'不由三公、尚书,径以诏书用之也')",可是他强调的是"旧典,选举委任三府",证明按制度仍应如此。而且实际上三公仍继续有选举之责。如《贾琮传》:为京兆令,就在吕强上书后不久,"交阯屯兵反,执刺史及合浦太

---

① 原作"王府"。此据《资治通鉴》卷五六永康元年条。
② 《后汉书·章帝纪》元和元年注。

守……灵帝特敕三府精选能吏,有司①举琼为交阯刺史"。如果联系上面引的桓帝特诏三公举尚书,便可看出,在重要人选上,仍得依靠三公。

以上为三公选举之例。劾奏材料更多。《后汉书·袁安传》:和帝时为司徒,时外戚窦宪专横,郡国长吏多其党羽,安与司空任隗"举奏诸二千石,又它所连及,贬秩免官者四十余人,窦氏大恨"。《李固传》:冲帝时拜太尉,"初,顺帝时诸所除官,多不以次。及固在事,奏免百余人"。《周景传》:桓帝时为司空,"是时宦官任人及子弟,充塞列位。景初视事,与太尉杨秉举奏诸奸猾,自将军牧守以下,免者五十余人。遂连及中常侍防、东阳侯侯览、东武阳侯具瑗,皆坐黜,朝廷莫不称之"。

再次,东汉尚书权力虽不断扩大,但基本上只是掌管文书上下(加上起草诏令),通过参与某些谋议,进行谏争,保证皇帝决策和所颁下律令、诏书之正确,以及进行某些劾奏(主要对中央、京师地区官吏),保证统治效率和质量。至于正常情况下根据律令和诏书,对中央特别是地方官吏关于财政、经济、司法等具体任务执行情况之监督、考核,年终受计,奏行赏罚,则仍属三公,尚书基本不管,也无法代替。《后汉书·文苑黄香传》:和帝时为尚书令,迁东郡太守,上书辞让,以为自己才干不足以"典郡从政","愿乞余恩,留备冗官,赐以督责小职,任之宫台烦事(王先谦集解引《通鉴》胡注:宫谓宫中,台谓尚书台。尚书出纳王命,故云宫台烦事)"。尚书和掌一郡全面政务的太守比,称"冗官",自然更无法与掌管全国政务的三公相比。

关于三公责任重大,与尚书不同,再举一例。《后汉书·安帝纪》:元初二年,"京师旱,河南及郡国十九蝗",诏曰:"……被蝗以来,七年于兹,而州郡隐匿,裁言顷亩。……三司之职,内外是监,既不奏闻,又无举正(指劾奏有关州郡官)。天灾至重,欺罔罪大。今方盛夏,且复假贷,以观厥后。其务消救灾眚,安辑黎元。"为什么专责三公呢?就

---

① "有司",《资治通鉴》卷五八中平元年六月径作"三府"。

因为他们的职责是"内外（中央和地方）是监"，本应主动了解情况上奏和进行处理或劾奏。不像尚书需等待天下文书上奏后，省读中发现问题，方行劾奏，文书未报上来，他们不负责任。特别是三公得直接监督州郡，料理救灾和安辑百姓诸事宜，以防饥民铤而走险。对值宿宫中的尚书来说，这既非其责任所在，也非其能力所及。黄香自称"臣香小丑，少为诸生"，不能"典郡从政"，却可"留备冗官"继续当尚书的道理就在这里。

总之，不但光武、明帝之时，即便章帝以后尚书权力更进一步扩大，仍然只是侵犯三公某些权力，三公并非备员，三公仍然是宰相，并未发生质的变化。《文献通考·职官三》按语说："当时尚书不过预闻国政，未尝尽夺三公之权也"，是有史料依据的。

三、关于夸大东汉尚书权力史料的辨正

有一些史料对前述论点不利，对其中主要的，略加考辨。

一个是仲长统的"三公之职，备员而已"。如上所述，东汉后期三公明明还保留着很大权力，为什么要说他们备员呢？我以为很可能是在为曹操专权张目。考《三国志》，建安十三年（208）曹操拜丞相，这是西汉末以来第一次置丞相，废三公。而据《后汉书·仲长统传》，仲长统经尚书令荀彧援引，"后参丞相曹操军事，每论说古今及时俗行事，恒发愤叹息，因著论，名曰《昌言》。……献帝逊位之岁，统卒"。曹操是十分猜忌的人，甚至以"腹诽心谤"定人罪，[①]而仲长统一直安然无恙，可见其"论说""发愤叹息"当合曹操意，至少也是不遭反对的。上面那段议论出自"法诫篇"，中心思想是主张给丞相大权，"政在一人"。为了证明丞相握大权之必要，一方面驳斥了"政在一人，权甚重也"的论调，曰"人实难得，何重之嫌"，实际很可能旨在吹捧曹操。另一面又强调如不让丞相拥有大权，外戚、宦官便会窃权，带来极大灾难。在这

---

① 参《三国志·崔琰传》注。

里,我分析他是故意先夸大汉光武以来三公之失权,然后把外戚、宦官之祸全归之于这一措施,来增强他这一论点的说服力,从而可给曹操专权制造舆论。这样的材料,我们怎么可以理解得太实呢? 当然,文中反对皇室与掌大权的家庭通婚,以防外戚之祸,与建安十八年汉献帝聘曹操三女为贵人的情况发生抵触,所以,很可能仲长统的这篇文章完成在这之前,亦即曹操根基尚未十分牢固,迫切需要支持包括舆论上的支持之时。

另一条材料是陈忠的"汉典旧事:丞相所请,靡有不听。今之三公,虽当其名,而无其实,选举诛赏,一由尚书,尚书见任,重于三公"。陈忠是安帝时人,说的又是当时的事,似乎应该可靠了,其实也不然。据有关史料,安帝一代,建光以前,邓太后"号令自出",[①]及安帝亲政,宦官与嬖倖(如江京、伯荣之类)"干错万机",[②]从没有一个尚书握过大权,为什么陈忠要歪曲事实呢? 我分析其主要目的是为三公鸣不平。当时太尉刘恺,与陈忠关系最好。陈忠当尚书,是刘恺推荐的;建光元年刘恺拜太尉,又是陈忠推荐的;[③]刘恺有所议论,陈忠也给予支持。[④]可到第二年,发生地震,先策免了司空陈褒。后又有"风雷之变,有司复以追咎三公",[⑤]也就是追究到太尉刘恺头上了。就在这时,陈忠上书反对,极力夸大尚书之权,以证明三公受责之无辜。这种言论,片面性很大,是不能理解得太实的。

特别要指出的是,我认为陈忠所谓大权归于尚书,实际上并非真指尚书,而是指皇帝。皇帝以尚书为工具,收揽了三公许多权力("今之三公,虽当其名,而无其实",是承上句"丞相所请,靡有不听"而来,指的是已无奏请"靡有不听"之实,并不是说三公是"备员"),可是出现灾异却要归咎三公,对此,陈忠表示了不同意见。至于只提尚书权重,

---

① 《后汉书·皇后纪论》。
② 《后汉书·陈忠传》。
③ 参二人《后汉书》本传。
④ 参《资治通鉴》卷五十。
⑤ 《后汉纪》卷十七延光元年。

正是用语高明之处，显得婉转一些，以免过于刺激安帝；而且他本人就是尚书仆射，表面承认侵夺三公之权，他人也无话说。

我这一看法的证据是：陈忠在讲完尚书权重、灾异不该责让三公之后，按理该讲如要责让，当责让尚书之类的话，可是他文笔一转，竟说："昔孝成皇帝以妖星守心，移咎丞相……（丞相）方进自引，卒不蒙上天之福（指成帝不久仍死去）……故知是非之分，较然有归矣。"据《汉书·翟方进传》及补注，荧惑守心，本该由皇帝当其灾，成帝听贲丽之言，移咎方进，迫其自杀。这时陈忠举这事劝安帝不必归咎三公，从文字上和上下语意看，实不能不得出他实际上认为尚书只是形式上权重，真正掌握"选举诛赏"大权，对三公奏请不再"靡有不听"，应对出现灾异负责的是安帝的结论。

不过，为什么安帝并未震怒呢？我分析原因有二。1.联系前后奏疏，可看出陈忠虽认为根据制度三公不该对灾异负责，本意却也不在责怪安帝，而在指斥宦官嬖倖和其他尚书弄权。如在这之前，发生水灾，陈忠便上书把它归咎于中使伯荣弄权，说："伯荣之威，重于陛下，陛下之柄，在于臣妾，水灾之发，必起于此。"为此建议安帝应"国政一由帝命，王事每决于己。则下不得逼上，臣不得干君。常雨大水，必当霁止，四方众异，不应为害"。可见他并无责怪安帝权重之意，相反是把灾异归咎于下逼上，臣干君，希望安帝更加集权。又如在上一奏疏讲完出现灾异，不应像成帝那样归咎三公的理由之后，又指出另一具体弊病："尚书决事，多违故典，罪法无例，诋欺为先，文惨言丑，有乖章宪。"这必当有所指。在这之前，陈忠有一个建议曾遭否决，对立面的尚书令祝讽、尚书孟布的意见由于宦官支持却得到批准。随后陈忠上书警告安帝"尚书纳言得无赵昌谮崇之诈（指西汉哀帝时尚书令赵昌陷害仆射郑崇）"。把这三件事联系起来，便可看出，陈忠很可能与尚书令祝讽等有矛盾，这次"尚书决事，多违故典"云云便是对他们的又一次攻击。不过，陈忠只指责这些尚书弄权，违背典法，并请求安帝"宜责求其意，割而勿听，上顺国典，下防威福"，对安帝并无责怪之意，相反,在讲了出现灾异,皇帝不当移咎三公之后,紧接着提出尚书弄权问题,正像将灾异归咎宦官嬖倖弄权一样,实减轻了安帝责任,再次起了缓和情绪的作用。这就是为什么陈忠上书未招来灾难的第一个原因。2.总的来说,陈忠仍是安帝宠臣,主要因为他在安帝与外戚邓骘等人斗争中,站在安帝一边,"数上疏陷成其(邓氏)恶",立下大功。大司农朱宠上书为邓氏鸣冤,陈忠复劾奏宠。所以,在邓氏垮台之后一两年内,他由尚书接连升仆射,升尚书令。这就是陈忠反对以灾异咎三公,而未招灾祸的另一原因。因为即便安帝对这一奏疏不满意,也得考虑他的大功;而别人因他正得宠,也不敢根据这一奏疏就进行弹劾。总之,陈忠此奏,有其复杂背景,且语言闪烁,含意暧昧,是不能仅从字面去理解的。

四、尚书与三公的关系

尚书权力扩大了,而三公又非备员,二者是什么关系呢?

应该说,尽管二者存在着权力的争夺、消长,基本上是相互配合,以保证封建统治机器更有效地运转的关系。这种配合最主要地就表现在前面已讲过的:在皇帝与三公疏远,不常见面的情况下,尚书已从西汉宫中单纯传递文书,仅由领尚书事辅政的机构,发展成除录尚书事外,全体尚书全都不同程度地参与某些谋议,进行谏争,实际上等于辅政的机构。① 而三公的参与谋议、决策之权虽日益受到侵犯甚至严重侵犯(不仅尚书,更主要是外戚、宦官),但制度上始终保存着,未被废除,因而继续得以参与某些重大政事的谋议和决策,特别是仍握有日常统治事务中对百官监督、考核、年终受计、奏行赏罚等权力,在这方面尚书干预不多(尚书多半是"承旨"对某些特殊情况进行劾奏)。所以三公、尚书,基本上是相互配合的。

试再举一例。《后汉书·左雄传》:顺帝时为尚书令。根据他的建

---

① 尚书、仆射称"辅政",见《后汉书·周举传》。

议,改革察举之制,郡国所举孝廉,"年不满四十,不得察举。皆先诣公府,诸生试家法,文吏课笺奏,副之端门,练其虚实,以观异能,以美风俗,有不承科令者,正其罪法"。所谓"副之端门",便是由尚书在宫殿之正南门端门进行复试。当时有个广陵孝廉徐淑,年龄未及举,复试中尚书郎"疑而诘之",将他"遣却郡"。据说这次察举有十几个郡太守"坐谬举免黜"。又《黄琼传》:为尚书令。对复试之制后来又有尚书主张废除,顺帝正想批准,琼上言"复试之作,将以澄洗清浊,复实虚滥,不宜改革","帝乃止"。

通过这两条材料,联系前引《胡广传》,我们可以看出:1. 左雄的建议是件大事,然并未经三公讨论,顺帝便下诏实行,这是尚书侵犯三公权力的一个典型表现。但胡广在驳议中振振有词地指责这次改革"不访台司,不谋卿士",又反映按制度,在正常情况下,是应通过三公的。2. 地方察举的孝廉,具体审核之权本归三公府。所以左雄改革后,依然在三公府试家法,课笺奏。这是审核、决定是否录取的最主要一关。估计在三公府考试不合格的,便不会允许参加复试。这是三公依然握有人事权的一个证明。3. 尚书复试这道程序本来是没有的。过去三公审核后便将录取者直接上报皇帝审核、批准。尚书权力扩大后,估计便由尚书代表皇帝审核。《胡广传》:"举孝廉,既到京师,试以章奏,安帝以广为天下第一。"注引《续汉书》:"故事,孝廉高第,三公及尚书辄优之,特劳来其举将。于是公府下诏书劳来雄(法雄,举胡广的太守)焉。"其所以言故事要三公、尚书并提,就因为三公文书到宫中要归有关尚书审核。而到下诏书劳来法雄又只提"公府",则因为下诏虽必经尚书,但直接掌管选举事务,和地方打交道,下诏书的是三公府,尽管三公府的诏书也是尚书下的。左雄的改革,便是将原来尚书在宫中审核三公文书,变为直接在端门和考生见面,当面复试。很显然,这是更有利于保证审核质量的。应该认为,虽然就三公权力言,上奏文书由尚书审核,比直接由皇帝审核批准,是受了侵犯,但从指导思想看,这一程序的出现,不是出于皇帝削弱三公的需要,而是为了保证皇的审核批准更加有利于封建统治。也正因此故,后来才会由尚书出面主张废除复试,顺帝开始竟准备批准;而黄琼反对废除的理由,也着眼于防止人才"虚滥"等。如果原来采用这一程序出于削弱三公的意图,后来出现的这些情况便不好解释。另外,尚书复试当主要检查是否有违反"科令"行为,至于家法、笺奏之考试是否合格,则多依三公府评阅。徐淑复试被诘,仅在年未及举,便是一证。这又说明三公在察举孝廉上权力还是不小的。

以上是个典型例子。从察举孝廉一事上,看到了州郡、三公、尚书(有时是录尚书事)三者的关系,以及各自的职责所在。尚书这一级,在西汉是领尚书事。领尚书事只两三个人,即便皇帝放手(如汉成帝),审阅宰相文书也不可能很详细,多半只限于人事,宰相还保有很大权力。而东汉,不仅录尚书事,而且尚书(分别或集议)也审核三公文书,提初步意见,就是说,这一级的作用比西汉有所加强,相应地三公权力便缩小了。不过,如上面例子所见,这种缩小,在当时"君臣不相接见,上下否隔"的条件下,①是不可免的,尚书这一级权力的扩大,是为了保证审批质量。也就是说,就三公和尚书这两级言,基本上是配合关系,二者缺一不可,而以三公为主。

关于三公与尚书的配合关系,东汉人早已觉察到,所以虽然也有人为三公鸣不平,嫌尚书权重,但尚书存在之必要却没有人否认。大量材料是二者并举,把它们视为东汉中央最重要的两个机构:

《后汉书·安帝纪》:永初三年诏,王国人才,"国相岁移名,与计偕上尚书、公府通调,令得外补"。

《李固传》:顺帝时对策曰,"今与陛下共理天下者,外则公卿、尚书,内则常侍、黄门(此处是以禁中为界限分内外)"。

《桓焉传》:顺帝时拜太傅,"建言宜引三公、尚书入省事"。章怀注"省,犹视也"。

---

① 见王鸣盛《十七史商榷》卷三七。

《陈蕃传》：桓帝时上疏，建议"尺一选举，委尚书、三公"。

《蔡邕传》：灵帝时上疏称，司隶校尉、州刺史对所属长吏"莫相举察。公府、台阁，亦复默然"。"台阁"，即尚书台。

《宦者吕强传》：灵帝时上疏，以为选举当归三府，与"尚书举劾"相配合。如不经三公、尚书，皇帝直接"敕用"，"三公得免选举之负，尚书亦复不坐，责赏无归，岂肯空自劳苦乎"。

第二节　东汉尚书的组织机构

一、东汉尚书机构的扩大

如上节所述，东汉初年，由于汉光武有意防范大臣，躬好吏事，极力揽权，作为工具的尚书机构逐渐扩大。一是尚书由西汉成帝时的五人五曹，增为六人六曹。二是新置尚书郎四人（俱见下）。

汉光武以后尚书机构进一步扩大，表现于两方面：一是尚书郎由四人增至三十六人，另一是尚书令史之设立。对前者，《宋书·百官志》说，"不知是何帝增员"，无法了解增设的原因。至于后者，幸亏《后汉书·韦彪传》给我们保存了宝贵材料。他在章帝时上书论及尚书人选说："往时楚狱大起，故置令史，以助郎职，而类多小人，好为奸利。今者务简，可皆停省。"所谓楚狱，指明帝时楚王英被劾谋反一事。"是时，穷治楚狱，遂至累年。其辞语相连，自京师亲戚、诸侯、州郡豪杰及考按吏，阿附坐死、徙者以千数，而系狱者尚数千人。"[1]明帝也是一个躬好吏事的人，这么多的案犯，其文书他要过问，需要有人保管；下诏处理，又得尚书郎起草。尚书郎忙不过来，设立令史帮忙，便是很自然的了。由此可见，令史之设，也是皇帝揽事过多，尚书事务繁忙的结果。正因如此，韦彪才会说："今者务简，可皆停省"，据说章帝"从之"。

---

[1]　见《资治通鉴》卷四五永平十四年。

不过由于政治格局已经形成,尚书事务一直很忙,大概不久令史便又恢复了。《后汉书·百官志三》注引《古今注》:"永元(和帝年号)三年七月,增尚书令史员",是其证。

总之,东汉尚书机构扩大,人数比西汉大大增加,主要原因就是皇帝揽权过多,造成事务繁忙,不得不以这种办法来适应新的形势和需要。这一状况,大体形成于光武、明帝之时,而由后来诸帝进一步发展、完备。

尚书机构在西汉属于少府。至东汉,由于权力、机构的扩大,虽仍未脱离少府,但只是"以文属焉"。^① 即制度上、名义上归属少府,实际上已等于独立机构,并且正式称为"尚书台",^②习惯也叫"台阁"^③。

二、东汉尚书的组织与职权

(甲)尚书令

设一人,是尚书台的长官。其职掌有不同记载。一是蔡质《汉官职仪》:"主赞奏。总典纲纪,无所不统。"按《广雅·释诂》:"赞,道也",与"唱"可互训。《汉书·郊祀志上》"伊陟赞巫咸"下注引孟康:"赞,说也。所以"赞奏"当指凡重要文书上奏,由尚书令唱读。此制沿自西汉。《汉书·霍光传》:与群臣连名奏废昌邑王。皇太后召见霍光等,昌邑王在座,"尚书令读奏曰……"即其证。至于"总典纲纪,无所不统",是指尚书台内的事情,并非泛指朝廷。《唐六典》卷一引《汉官仪》"尚书令、左丞,总领纲纪,无所不统";而《后汉书·百官志三》注补引蔡质《汉仪》作左丞"总典台中纲纪,无所不统"。三者联系起来,便可看出,无论尚书令还是左丞,其"总典纲纪,无所不统",都只是指"台中"。所谓纲纪,这里指法度。要努力使台中一切官吏都守法,并对任何违法行为进行劾奏,这就是"无所不统"。如《韩棱传》:为尚书令,外

---

① 《后汉书·百官志三》。

② 《初学记·职官上》注引《汉官》。

③ 参《十七史商榷》卷三七"台阁"。

戚大将军窦宪有权势，"尚书左丞王龙私奏记上牛酒于宪。棱举奏龙，论为城旦"。《桓彬传》：为尚书郎，与左丞、右丞"共酒食之会"，被告发为"酒党"，"事下尚书令刘猛。猛雅善彬等，不举正其事"。

关于尚书令职掌另一记载是《后汉书·百官志三》"掌凡选署，及奏、下尚书文书众事"。后半句好理解，指上奏和下达尚书收到和起草的文书，这是西汉"通章奏"更准确的表述。前半句则较难把握。"凡"有"非一""众"之义，参《经籍籑诂》卷三十下平声十五咸，也就是指一切、无例外。① "掌凡"的用法多见。如《后汉书·百官志二》太常丞"掌凡行礼及祭祀小事"；公车司马令"掌……凡吏民上章、四方贡献及征诣公车者"。"选署"可能是一词。"署"是"署置"，参《广雅·释诂四上》。"选署"即"选用署置"，汉代常用。如蔡质《汉仪》刺史六条问事中第四条"二千石选署不平"②即其例。东汉尚书从汉光武时起，渐掌选举，所以规定尚书令的职掌之一为官吏选署，是完全可能的。

尚书令职掌还有一记载是卫宏《汉旧仪》卷上"主赞奏，封下书"。和前两条比，内容仅多一"封"字。所谓"封"，指所下诏书置于布帛所制之囊中，由尚书令封闭加印。③ 这是下达文书中的一个步骤。《后汉书·钟离意传》：为尚书仆射，"独敢谏争，数封还诏书"。这是印封后又退还给皇帝，以示谏争。当时尚书令不在，④故仆射代其职。

归纳以上三条记载，尚书令的职掌便是：1. 将尚书收到的文书上奏皇帝，重要的亲自读奏。2. 将皇帝批下文书及诏书，经过印封，下达公卿大臣。3. 与三公配合掌官吏选署。4. 总管尚书台内部诸尚书、郎、令史是否遵守法度之监督，必要时进行劾奏。

（乙）尚书仆射

设一人，是尚书台的副长官。其职掌也有不同记载。《后汉书·

---

① 此"凡"，类似《左传》称"凡"者五十之"凡"，即凡例。
② 《后汉书·百官志五》注补引。
③ 参《王国维遗书》第九册"简牍检署考"。
④ 参万斯同《东汉九卿年表》永平三至六年。

百官志三》记的是"署尚书事。令不在,则奏、下众事"。后半部很好理解,正是他乃副长官的有力证明。前半部的"署"无疑不是"选署"之署,而应是"检署"之署,即"书署"之署。① 凡尚书文书下达前,得由仆射在文书的"检"(竹简或木简文书上所覆盖之无字的简或板)上,写上所给予者的姓名、官号,就叫署。仆射掌"署",令掌"封",大概是起个牵制、配合作用。

关于仆射职掌的另一些记载,最简明的是《宋书·百官志》所引应劭《汉官(仪)》"仆射、右丞掌禀(廪)假钱谷"。其他记载则都比这多一句,或作"主开封",或作"主封门",或作"主闭封",②因所记不一,且似非特别重要职掌,这里先不论。所谓廪假钱谷,当指掌管尚书台内官吏的俸禄、物资供应等事务③。这样便与尚书令总典台中纲纪,形成明确分工。

(丙)尚书左、右丞

各设一人。分别帮助令与仆射管理台中众事。《初学记·职官上》概括其职掌说:"丞,承也。言承助令、仆,总理台事。"《宋书·百官志》所引应劭《汉官(仪)》记得最清楚:"尚书令、左丞,总领纲纪,无所不统。仆射、右丞,掌禀(廪)假钱谷。"

关于左、右丞职掌的另一记载是《后汉书·百官志三》:"掌录文书期会。左丞主吏民章报及驺伯史。右丞假署印绶,及纸笔墨诸财用库藏。"所谓期会,指规定某事完成时间。《汉书·游侠陈遵传》:大饮宾客,不许中途离席。有一奏事京师的部刺史,不得已"突入见遵母,叩头自白,当对尚书,有期会状。母乃令以后阁出去"。此期会状,即规定对见尚书时间的通知,是文书的一种。如规定尚书各官吏在收到文书后,若干时间内必须处理完毕,届时左右丞来检查,这就是"录文书期

---

① 参《王国维遗书》第九册"简牍检署考"。
② 参孙星衍《汉官六种》,中华书局"四部备要"本。
③ 《后汉书·陈蕃传》:为太傅,录尚书事,打击宦官。宦官发动政变,执蕃,"蹋踧蕃曰:……复能……夺我曹禀假不?"则亦掌诸宦官之"禀假"。

会"。可见这一职掌旨在提高尚书台的统治效率，为左、右丞所共有。

至于分别职掌，左丞有二，一是"主吏民章报"，即对吏民上皇帝书（章），收到后通知（报）本人。这在《汉旧仪》卷上叫"报上书者"，比此处明确。另一职掌是直接管理"驺伯使"。驺是驺骑，伯使是台中侍候尚书等官的小吏。[①] 左丞因为协助仆射"总领纲纪"，所以对小吏可以直接处置，二者精神是一致的。右丞的"假署印绶"，不详。不知是不是指台中官吏出缺，临时代理（假署），[②]其印绶由右丞颁发？然而主"纸笔墨诸财用库藏"，则较清楚，指物资供应，和前一条材料可相互补充。

尚书丞，西汉成帝时设四人，汉光武减二丞，于是成为左、右二丞。

（丁）尚书

西汉成帝时有五曹五人，已见前，汉光武增为六曹六人。六曹之名，各说不一。由于东汉一代二百年，肯定其间曹名、职掌会有变化。然而今天保存的材料已将它们混杂在一起，很难分清，所以此处前期主要依卫宏《汉旧仪》《后汉书·百官志》，后期主要依应劭《汉官仪》、蔡质《汉官典职仪》，[③]除必要外，不再作具体考证。

吏曹：西汉叫常侍曹，东汉改。设尚书一人，"主丞相、御史事"。或作"主公卿事"，相去不远。但蔡质称常侍曹"主常侍、黄门、御史事"，则差距甚大（后者之御史乃一般御史，与前者之御史大夫不同）。揆之情理，既称常侍曹，蔡质之记载应更近事实。常侍等虽比较接近皇帝，可以口头建议或谏争，但作为正式手续，日后归入档案，仍需形诸奏章，常侍曹原掌这些人的奏章，似乎是可能的。大概后来变为主丞相和御史大夫事。汉光武防范大臣，这一职掌沿用为"主公卿事"。由于汉光武揽权，"时内外众官，多帝自选举"，[④]不能没有具体办事机

---

① 参《后汉书·钟离意传》注引蔡质《汉官仪》。
② "假署"也可能是"假、署"，指代理和正式署置。
③ 俱见孙星衍《汉官六种》。后文凡引用《汉旧仪》等书，不再出书名，但作"卫宏语""司马彪语""蔡质语"等。
④ 《后汉书·申屠刚传》。

构,常侍曹便承担起这一任务。时间久了,便将它改为"吏曹",和选举官吏的事务名实相合。其后随着尚书选举权的发展,不知在哪位皇帝时将其职掌也定为"典选举、斋祀",和吏曹之名更加吻合。吏曹还一度改称"选部"(蔡质语)。不过吏曹的选举是和尚书令掌"选署"相配合的,主要负责者当是尚书令。

二千石曹:设尚书一人,"主刺史、二千石事"。或作"主郡国二千石事",相差不远。这一职掌,和上述"主丞相、御史事"是相配合的,一主地方,一主中央,应是最早的职掌。至东汉后期,不知什么缘故,又变化为"掌中都官水火、盗贼、辞讼、罪眚"(蔡质语)。[①] 然而《晋书·职官志》在记大体相同的内容时,却把它们分配于两个曹,即二千石曹主辞讼,另提出一"中都官曹"主水火、盗贼。出现这种差别,我怀疑是《晋书·职官志》根据了另一种记载的《续汉书·百官志》,[②]而没有仔细考订的缘故。该记载的原文是:西汉成帝设五曹,"世祖又分增三公(曹)为二曹,其一曹主岁尽课州郡事。改常侍曹为吏曹,主选举、祠祀。民曹主缮治、功作、盐池、苑囿。客曹主护驾、羌胡朝贺。二千石曹主辞讼。中都官主水火、盗贼。与三公为六曹"。由于其中有"中都官主水火、盗贼",所以《晋书》补一"曹"字成为"中都官曹主水火、盗贼事"。其实原记载就是不对的。且不说这一记载全文与今本《续汉书·百官志》正文及注文有很大不同,把汉末职掌与光武时职掌全混在一起(这一混淆,参《宋书·百官志》自明),即便就这段文字言,如果仔细分析,中都官曹也是不存在的:

1. 按此文,三公曹已分增为二曹,既称一主岁尽课州郡事,则另一当仍主断狱,再加上吏、民、客、二千石,已为六曹,岂能再有一中都官曹?

2. 原文除"三公"因已分二曹,下面未加"曹"字外,其他吏、民、客、二千石下均有"曹"字,唯独"中都官"下无"曹"字,这不是说很可能

---

① 《宋书·百官志》引应劭《汉官(仪)》此句脱"中都官"三字,"眚"作"法"。
② 见《初学记·职官上》《太平御览·职官十》。

原文并无以"中都官"为曹之意吗？

3. 至于"中都官"下用一"主"字，我怀疑原材料并无此字，当作"二千石曹主辞讼、中都官水火、盗贼"，与今本《续汉书·百官志》注引蔡质《汉仪》基本相同，仅文字有些颠倒，末尾少"罪眚"二字。这里的"中都官"，"谓京师诸官府也"。[①] 后来的抄写者不明中都官之义，在理解上将"中都官"与"水火"断开，因为二者文气接不上，误认为"中都官"当指独立的一曹，便在原文"中都官"下妄增一"主"字，于是形成了今天《太平御览》等所见的字样。殊不知"中都官"在这里指官府，"中都官水火"是一完整意思，即二千石曹只管"中都官"的水火事的监督，而不管一般民间的水火事的监督，就像东汉的执金吾"掌宫外戒司非常水火之事"，离皇宫远一点地方的水火便不管一样。

以上三点，证明从来没有过中都官曹，它是后人妄增字，而《晋书·职官志》又毫不考订地加以沿用的结果。《通典·职官四》早已怀疑《晋书·职官志》说：既然汉代史料已记载二千石曹主中都官事，"则不应更有中都官曹也"，虽然理由有些笼统，未能探本索源，但大体是对的。

民曹：设尚书一人，"主庶民上书事"（卫宏语）。一作"主人庶上书事"（应劭语）。或作"主吏民上书事"（司马彪语）。从民曹之名推测，最初应作"庶民"（"人庶"当即"庶人"，亦即"庶民"，唐人避李世民讳改）。后来当因官吏上书，公卿、二千石等虽有专门的曹掌管，一般官吏并无着落，于是便归入民曹，职掌也改为"主吏民上书"。《后汉书·虞诩传》：顺帝时，"宁阳主簿诣阙，诉其县令之枉。积六七岁，不省。主簿乃上书曰：'……臣章百上，终不见省，臣岂可北诣单于以告怨乎？'帝大怒，持章示尚书，尚书遂劾以大逆"。可见下级官吏上书，还是很困难的。这里的尚书，或许就是民曹的尚书。民曹后来职掌也发生变化："典缮治、功作、盐池、苑囿、盗贼事。"（蔡质语）《唐六典》卷三

---

① 《后汉书·光武帝纪》注。

户部尚书下以为这是"兼主",即原职掌未取消,不知有无根据。

客曹:又叫主客曹,设尚书一人,"主外国四夷事"。汉光武又分客曹为二,即南主客曹,北主客曹。[①] 南、北界限为何,史不详。考汉光武晚年匈奴分为南北,南匈奴内附,并徙居西河郡;乌桓亦居塞内,布于缘边诸郡,而与其北方的鲜卑不同,客曹分南北,或许是以这一状况为依据的。不过光武以后大概又合并了。应劭说:"客曹掌羌、胡朝会,法驾出,护驾。"[②]这里只提一曹,已经不仅掌管文书,似已直接侵犯大鸿胪卿的权力,应该是东汉后期的职掌。

三公曹:西汉成帝时设立,有尚书一人,"主断狱事"。汉光武初,大概未设这一曹,所以《后汉书·百官志三》只说常侍、二千石、民、客四曹,"世祖承遵",而不及三公曹。下面又说:"后分二千石曹,又分客曹为南主客曹、北主客曹"。以后半句例之,前半句似当为"后分二千石曹为……曹",疑有脱字。《宋书·百官志》则说"光武分二千石曹为二",应理解为存在两个二千石曹,可是这在其他材料中毫无印证,似乎是从司马彪那句话敷衍而出的,难以为据。我怀疑由二千石曹分出的是三公曹。因为据《后汉书·陈忠传》,东汉确有三公曹,并主断狱,既然光武初年没有设立,后来他又分二千石曹为另一曹,这一曹又不是其他五曹中的任何一曹,则解释它为三公曹,是有理由的。

当然,这样解释也有不利材料,这就是前面在二千石曹部分提到的,《太平御览》等所引《续汉书·百官志》,它说的是汉光武分增三公为二曹,加上吏、民、客、二千石,共为六曹。既然如此,又岂能由二千石曹分出呢?我的看法是:这里称分增三公为二曹在光武之时,有讹误,分增应该在东汉中后期。理由是:1.此材料所记其他四曹职掌,如前所考,全不在光武之时,而是东汉中后期的,则记分增三公为二曹及职掌自不应例外。2.《后汉书·百官志三》注引蔡质《汉仪》《宋书·百官志》引应劭《汉官》都提到"三公尚书二人",没有一书说是光武时事,

---

① 此据《后汉书·百官志三》及《宋书·百官志》。卫宏、应劭、蔡质不言此区分。
② 《宋书·百官志》引。

相反,沈约认为这是"汉末"事,"与光武时异也"。如果这样,便与光武分二千石曹为三公曹说,毫无矛盾。三公曹分为二之后,一主岁尽课州郡事;一继续主断狱,也可能如蔡质所说是"典三公文书",因材料极少,已无法弄清了。

综上所述,尚书六曹,汉光武时是吏、二千石、民、南主客、北主客、三公;东汉中后期是吏、二千石、民、客和两三公曹。

对尚书上述职掌,要说明两个问题。

首先,尚书的职掌开始一般是按上奏文书者的身份加以分工的,如吏曹主公卿事,二千石曹主郡国二千石事等。然而到东汉中后期,却逐渐转向按任务的性质分工,如吏曹主选举、斋祀,民曹主缮治、功作、盐池等。这反映了尚书权力在扩大。尚书职掌如仅限于办具体事务,上下文书,自然是按上奏文书者的身份进行分工,来得简便;但如果权力逐渐扩大,要了解、研究文书内容,参与某些谋议,或进行某些谏争,甚至少数情况下不通过三公,直接将文书下达有关九卿或郡国长官执行,则必须按任务性质分工,方能将有关材料集中,从而便于研究、掌握,并避免各曹之间的重复,提高统治效率。三公曹之所以从西汉成帝时便按任务性质分工,主断狱,就因为其业务性十分强,掌握律令很不易,往往需世代治律之家充其任,如陈忠"世典刑法",居三公曹。其父陈宠为尚书,虽史未言居何曹,但从他屡上书言断狱事看,应该也是三公曹。宠曾祖父西汉末"以律令为尚书",当亦三公曹。^① 不这样分工,便不能有效地帮助皇帝审批这类文书。从史书记载看,皇帝征求他们意见或他们主动出谋划策,得到采纳的比较多。尚书其他各曹职掌模仿按任务性质分工之三公曹演变,是尚书权力发展的必然趋势,并为魏晋以后代替三公府准备着条件。

其次,尚书权力虽有发展,但与尚书令是有分工的。一般情况,就职掌范围内文书的接受,保管,省视,提出初步处理意见,当归尚书;然

---

① 见《后汉书·陈宠传、陈忠传》。

而将这一文书上奏皇帝，接受皇帝咨询，并在皇帝批准后，印封下达外朝，其权则在尚书令。《全后汉文》卷一四〇"无极山碑"载灵帝时太常耽等上书奏请造无极山神庙等事，开始和结尾均称"顿首上尚书"，然而后面却是"尚书令忠奏洛阳宫"，同日此奏由"尚书令下（太常耽等）"。蔡邕《独断》也明确说："群臣有所奏请，尚书令奏之。"这也就是说，各曹尚书只管一个方面事务，而尚书令则需掌握全面，因而必须统治经验丰富一些，往往由久次之尚书升任。

（戊）尚书郎

前面已讲，汉光武时新设尚书郎四人。可是卫宏《汉旧仪》卷上却说西汉尚书郎四人，"其一郎主匈奴单于营部，一郎主羌夷吏民。民曹一郎主天下户口、垦田、功作。谒者曹一郎，主天下见钱贡献委输"。《晋书·职官志》《初学记·职官上》《通典·职官四》皆从之。二者如何统一呢？我以为当系《汉旧仪》有错简，将东汉制度混了进去。理由是：

1. 流传广、错讹少的《史记》《汉书》，只有个别地方提到尚书郎。依尚书机构发展规律看，西汉尚书地位较低，权力很小，有了令、仆射、丞、尚书，一般说便不可能再设立更低一级的尚书郎；如果要设，起码也得在尚书机构发生变化的汉末成帝之时。可是《成帝纪》《百官公卿表》两处专门讲到成帝改制，均不及此事。沈约也注意到这一点说："汉成帝之置四尚书也，无置郎之文。"[①]会不会是班固漏记了呢？也不像。试看《成帝纪》单记"初置尚书员五人"，而不及丞（因本纪均言大事）；可是《百官公卿表》上却补上了"有四丞"。既然成帝改制特点是将尚书分曹，则怎会将分曹主事的尚书郎给漏掉呢？[②]

2. 尚书郎的职掌与汉成帝时的形势不合。沈约便说："匈奴单于，宣帝之世保塞内附，成帝世单于还北庭矣。一郎主匈奴单于营部，

---

① 《宋书·百官志》。
② 《史记》个别地方出现的尚书郎，当系以郎给事尚书所得称呼，实际仍是尚书，参《汉书·张安世传》。

则置郎疑是光武时,所主匈奴,是南单于也。"①这话很有道理。试再补充一点。《汉旧仪》说,另一郎"主羌夷吏民"。据《后汉书·西羌传》,西汉宣帝遣赵充国,元帝遣冯奉世对羌人"击破降之",自后数十年,到王莽时为止,边塞无事。在这一段时期包括成帝之时,羌人从未徙居内地,②则为何要在尚书台设郎主其事?特别是主其"吏",更无从说起。相反,东汉光武之时,马援破降羌人,"徙置天水、陇西、扶风三郡",居内地,这才产生设尚书郎主其吏民之必要。这是设郎当始于光武之时的又一证。由此可推定,其他两郎的设立时间,恐亦非西汉,而当在急于恢复财政经济的东汉初年。

3.《汉旧仪》流传甚久,错讹在所难免,将东汉制度混入,是有可能的。远的不说,该书在尚书郎四人及其职掌下面紧接着又记尚书郎另一事:"宿留台中,官给青缣白绫,或锦被、帷帐、毡褥、通中枕。太官供食,汤官供饼饵果实,下天子一等。给尚书郎伯二人,女侍史二人,皆选端正者从直。伯送至止车门还。女侍史执香炉烧薰,从入台护衣。"

这一段话和主要记东汉制度的蔡质《汉官典职仪》、应劭《汉官仪》同一内容,其文字几乎相同。而所记之事,均出于东汉。《后汉书·钟离意传》:药崧家贫,为尚书郎,入直台上,"无被枕枇,食糟糠"。明帝"每夜入台,辄见崧,问其故,甚嘉之。自此诏太官赐尚书以下朝夕餐,给帷被皂袍,及侍史二人"。可见给帷被,太官供食,给侍史系始于明帝,③西汉怎么可能已有其制?另外,即便就尚书郎四人及其职掌这一记载言,《北堂书钞·设官十二》《太平御览·职官十三》俱引作应劭《汉官仪》文(文字个别有出入),所以,根据前面的考证和理由,我认为,把《汉旧仪》这一记载,定为是应劭《汉官仪》的文字,误羼入其中,

---

① 《宋书·百官志》。
② 《后汉书·段颎传》:上书曰"昔先零作寇,赵充国徙令居内"。实际上赵充国只将羌人置于金城属国,在当时,"非内地也"。见《汉书·赵充国传》王先谦补注引王应麟语。
③ 《宋书·百官志》也记为东汉之事。

还是比较稳妥的,其内容说的是东汉初之事。这也就是说,设尚书郎四人,不在西汉,而在东汉初。

汉光武时所设尚书郎四人,后来增加到三十六人,见《宋书·百官志》引《汉官》。沈约说:"然则一尚书则领六郎也",不知是否可靠。尚书郎的职掌主要是"主作文书,起草",参《后汉书·百官志三》及集解。①《后汉书·周荣传》:尚书陈忠上书荐周兴为尚书郎,称他"属文著辞,有可观采",并批评当时"诸郎多文俗吏,鲜有雅才,每为诏文,宣示内外,转相求请……"由于负责起草诏文,所以必须日夜轮番在宫中值班。《钟离意传》:尚书郎药崧,"常独直台上"。《文苑黄香传》:拜尚书郎,"尝独止宿台上,昼夜不离省闼"。起草诏文之尚书郎数目的增加,以及昼夜值班,正是统治事务繁忙,以及皇帝主动下诏增多的反映。不过由于尚书郎见得着皇帝,所以除主要草诏外,有时也可进言,影响皇帝。如上面讲的黄香,便曾"数陈得失",得到皇帝欣赏,"赏赉增加"。《通典·职官四》注:王译为尚书郎,"台阁议奏,常依义据法,为三台之表",则又有参与通议之权。

(己)令史

前面已讲,东汉尚书令史是明帝兴楚王狱时开始设立的。据《后汉书·百官志三》及集解,令史共十八人,"后增剧曹三人",合为二十一人。任务是"主书",所以入选的人需通苍颉、史籀篇等字书②。不过,令史亦当善属文,因为按制度往往以令史补尚书郎,承担草诏之事。③

以上便是尚书台的组织机构。

最后,还要指出两个问题。

首先,东汉尚书各官职掌,就前期制度规定看(以卫宏《汉旧仪》所

---

① 尚书郎起草后,要"以草呈示令、仆,讫,乃付令史书之"。见《太平御览·职官十三》引《魏武集·选举令》。
② 《通典·职官四》引《汉官仪》。
③ "若郎不能为文书,当御令史。"见《太平御览·职官十三》引《魏武集·选举令》。

载为主,辅之以《后汉书·百官志》),除尚书令掌"选署"这一权力重要外,其他基本未脱接收、保管、传递文书的范围,就是说,按制度他们仍是皇帝的具体办事人员(包括起草诏文,亦属此性质),并没有规定要他们参与谋议、进行谏争和劾奏有关官吏等等,正因如此,他们地位低下,尚书令秩千石,仆射、尚书六百石,左右丞、郎四百石,令史才二百石,比公卿、二千石官相差甚远。可是他们实际上逐渐拥有这些权力,并形成不成文法。如前引《后汉书·郅寿传》侍御史何敞说,尚书是"机密近臣,匡救(事先谏争)为职"。侍御史是明习律令的,尚且如此说,其他可知。谏争如此,参与谋议、劾奏等权也日益被视为当然之事。宰相的权力就是在这种情况下遭受尚书侵夺的。

其次,如上所述,东汉中后期尚书职掌逐渐按任务性质分工,甚至不通过三公,直接将文书下达有关九卿或郡国长官执行。如前引"无极山碑",文书便由尚书令直接下太常,未经三公府。这虽反映了尚书进一步侵夺三公权力,然而就在这同时,尚书的权力也在遭受侵夺。原因主要是章帝以后,特别是殇帝时邓太后以女主称制以后,皇帝或太后平日居于后宫,很少见到外朝公卿大臣,[①]连虽在宫中,但离后宫还有距离的尚书台也很少到。史书记载东汉尚书多靠上疏向皇帝陈述意见,道理便在这里。正因此故,尚书台收到外朝文书,上奏皇帝时,往往不能面呈,而得由宦官小黄门传递。所以《后汉书·百官志三》称:小黄门"掌侍左右,受尚书事。上在内宫,关通中外及中宫已下众事"。本来由小黄门受尚书事为汉光武创立之制度。[②]当时汉光武"每旦视朝",小黄门等于当场收纳文书的随从,回宫后再交汉光武审批,根本谈不上弄权。可是等皇帝、太后很少见到群臣,连尚书见面也不多之后,皇帝或太后在审批小黄门送来的尚书文书时,除不受他人干扰,自己直接决定是否采纳尚书或公卿建议在东汉属于常制外,先后出现两种不正常情况。一种是外戚参与谋议。如窦宪、邓骘、梁冀,

---

① 参《后汉书·朱穆传》。
② 《后汉书·百官志二》。

"常居禁中","并侍帐幄,预闻政事"。[①] 另一种便是小黄门、中黄门、中常侍等宦官干政。《百官志三》中常侍:"掌侍左右,从入内宫","顾问应对";中黄门"掌给事禁中"。这些宦官的地位,和小黄门一样,极便干政,影响皇帝或皇太后的决定。不过这两股势力之所以权重,是和家族或个人得到一时的宠幸(外戚得皇太后宠幸,宦官得皇帝宠幸)联系在一起的,而主要并非出于制度规定。尚书权力受其侵夺,也是临时性的。等到外戚垮台,宦官宠衰,权力便又回到了尚书手中。

---

① 《后汉书·邓骘传》,王先谦集解。

第六章 魏晋的三公、尚书

魏晋南北朝是政治制度史上三公、尚书机构发展的一个过渡时期,即三公由东汉的宰相发展到隋唐,成为完全不与政事的尊崇之位;而尚书则由典掌枢机的小官,在隋唐时成为从实际到名义都是宰相机构的过渡时期。

第一节　曹魏(附蜀、吴)的三公、尚书

一、曹魏三公仍是宰相

《文献通考·职官三》按语说:"至魏晋以来,中书、尚书之官始真为宰相,而三公遂为具员。"说"魏晋以来",有些笼统,实际上至少曹魏,特别前期,即文、明二帝统治之时,三公不能认为是"具员"。

首先,这一时期从无尚书令、仆射被视为宰相,三公仍是当然宰相。

《三国志·华歆传》:拜太尉,称病乞退,魏明帝不许,派人"奉诏喻指"说,自己刚即位,"一日万几,惧听断之不明。赖有德之臣,左右朕躬。……君其力疾就会……将立席几筵,命百官总己,以须君到,朕然后御坐"。可见封拜规格极高,从诏文内容看(可参全文),辞语诚恳,决非虚与委蛇。所以华歆就职后,自称"备位宰相"。称三公为宰相或宰司者,还可见《三国志》崔林、蒋济各传。

《三国志·高堂隆传》:上书明帝"今陛下所与共坐廊庙治天下者,非三司九列,则台阁近臣,皆腹心造膝,宜在无讳"。《明帝纪》景初元

年注引《魏略》，董寻上书提到群臣，也说"三公、九卿、侍中、尚书，天下至德"，即仅以他们为最主要的代表。《王肃传》：上书明帝"可复五日视朝之仪，使公卿、尚书各以事进"。证明在当时人心目中，辅助皇帝治天下，三公、尚书都重要，和东汉李固所谓助皇帝治国"外则公卿、尚书"，没有显著区别。

《三国志·徐宣传》：拜尚书左仆射，极受信任，卒。诏书誉之为"柱石臣"，且说："常欲倚以台辅，未及登之，惜乎大命不永"。"台辅"即三公，可见是把三公作用看得重于尚书左仆射。

其次，这一时期三公基本上仍握有宰相权力。

《三国志·贾诩传》，拜太尉，文帝问曰："吾欲伐不从命以一天下，吴、蜀何先？"贾诩根据自己长期统治经验回答："臣窃料群臣，无备（刘备）、权（孙权）对，虽以天威临之，未见万全之势也"，主暂不讨伐，"先文后武"。文帝不听。"后兴江陵之役，士卒多死。"此议文帝不听，是皇帝刚愎自用问题，作为宰相而言，在这重大国事上是尽了责任的。

《三国志·钟繇传》：为太傅，上书请复肉刑。明帝诏曰："此大事，公卿群僚善共平议。"在一百多人的会议上，司徒王朗议，反对恢复，重要理由是：肉刑"惨酷"，长期废除，如果恢复，惨酷之声便会"宣于寇仇之耳，非所以来远人也"。与会者"与朗同者多"。明帝"以吴、蜀未平，且寝"。这又是王朗作为宰相，在这"大事"上高瞻远瞩，发挥了作用。

《三国志·董昭传》：以卫尉行司徒事，上书反对当时"合党连群，互相褒叹"，"往来禁奥，交通书疏，有所探问"之风。明帝"善其言"，专门下诏，将这类人视为"浮华不务道本者"，加以"罢退"，其中主要有诸葛诞、邓飏等人。这又是在官吏选拔标准上，宰相对巩固统治所进的极重要意见。

《三国志·文帝纪》：黄初五年，"有司以公卿朝朔望日，因奏疑事，听断大政，论辨得失"。这个有司，估计是尚书，在这时奏疑事，正为了发挥公卿，主要是三公与议政事之作用。

除议政权之外，关于监督百官执行权，基本上仍属三公。由于材料极少,我们找不到像汉代那样直接的记载,但可以从以下材料推出,即在曹魏,尚书始终只被看作近臣,起辅政作用,而非外朝执行政务的大臣。

《三国志·杜恕传》:明帝时上书建议"使侍中、尚书坐则侍帷幄,行则从华辇,亲对诏问,所陈必达,则群臣之行、能否,皆可得而知"。又在议论考课之制时上书说:"至于公卿及内职大臣,亦当俱以其职考课之也。"这里的"内职大臣",杜恕说他们的任务是"纳言补阙,无善不纪,无过不举",当指录尚书事、侍中一类官吏,起的同样不是日常监督百官执行的作用。

《三国志·王肃传》:拜太常,"时大将军曹爽专权,任用何晏、邓飏等(均任尚书)。肃与太尉蒋济、司农桓范论及时政,肃正色曰:'此辈即弘恭、石显之属,复称说邪!'爽闻之,戒何晏等曰:'当共慎之!公卿已比诸君前世恶人矣。'"弘恭、石显是西汉的佞幸,靠在元帝身边充当中书(尚书),传递文书而弄权,曹魏尚书职掌虽已有不少变化,但从王肃、曹爽的话看,基本上仍属近臣范围,还不能与公卿大臣相比。前引高堂隆的话将"三司九列"与"台阁近臣"对举,也是一证。

尚书既然仍属近臣,主要起辅助君主行使君权的作用,则日常监督中央之九卿、列卿,地方之刺史、郡守,执行政策、法令,统治全国的权力,自然基本仍在三公手中。《三国志·程晓传》:齐王芳时上书称当时治理国家的官吏,"外有公卿、将校总统诸署,内有侍中、尚书综理万机……"将"总统诸署"与"综理万机"对举,前者需执行或监督执行众务,十分明显。只不过因为当时三国鼎立,军事倥偬,三公九卿日常政务留下的记载很少罢了。

关于三公仍起宰相的监督作用,我们还可从另一角度看到。《三国志·崔林传》:明帝时为司隶校尉。孟康上疏推荐他为三公,理由是:"论其所长以比古人,忠直不回则史鱼之俦,清俭守约则季文之匹也。牧守州郡,所在而治,及为外司(指司隶校尉),万里肃齐,诚台辅之妙器,衮职之良才也。"前两条属于德的范围,这里不去管它。第三条指他治民有效,这从西汉以来是考验能否胜任宰相的重要条件。①因为只有本身当过郡国守相,方能胜任宰相,有效地监督他们治民。第四条指他铁面无私,敢于纠察百官之犯法者。② 这也为监督百官执行政策、法令之宰相所必需,没有这一条件,即便发现百官的违法行为,然不敢弹劾,同样不能称职。由孟康推荐的条件,也可推出,当时三公决非备员之官。

当然,据《三国志·徐邈传》,他曾说"三公论道之官,无其人则缺,岂可以老病忝之哉"。人们爱引用他的"论道之官"这个词,证明三公已为虚名。③ 实际上是对当时"论道之官"的含义并未理解。因为在当时人心目中"论道之官"仅指不理小事,然仍需行使宰相权力,辅佐皇帝治理国家,这和西汉陈平、丙吉的思想并无原则出入。试看下证。

《周礼·地官司徒》下"乡老"条郑玄注:"三公者,内与王论道,中参六官(即六卿)之事,外与六乡之教。"虽然具体解释与《周礼·考工记序》的"坐而论道,谓之王公;作而行之,谓之士大夫"之意并不相同,但却代表东汉末年糅合经书与现实为一的观念,即三公任务并非纯粹坐而论道。郑玄这一解释流行于魏晋,一直到晋武帝初年,李胤上书还在说"古者三公坐而论道,内参六官之事,外与六乡之教。④ 或处三槐,兼听狱讼;稽疑之典,谋及卿士"。⑤ 前一句即引郑玄注。后一句乃具体发挥。"或处三槐"两句乃指三公参与六卿之事;"稽疑之典"两句出自《尚书·洪范》,指天子与三公坐而论道,《洪范》原文中无"三公","卿士"主要含义与三公同,故李胤用了这典故。

《三国志·杨戏传》注引《襄阳记》:诸葛亮为丞相,自校簿书。杨颙谏曰:"古人称坐而论道谓之三公,作而行之谓之士大夫,故邴吉不问横道死人而忧牛喘,陈平不肯知钱谷之数,云自有主者……今明公

---

① 参《汉书·翟方进传、萧望之传》。
② 参《后汉书·百官志四》司隶校尉条。
③ 见李俊《中国宰相制度》,第 51 页。
④ 中华书局标点本《晋书》,"六乡"作"六卿",误。当据上引《周礼》郑玄注改。
⑤ 《晋书·李胤传》。

为治,乃躬自校簿书,流汗竟日,不亦劳乎!"杨颙这里引"坐而论道"的意思,显然不是要诸葛亮不处理政务,不监督百官,而只是请他休管琐碎之事而已。

很明显,也只有按这种观念来理解徐邈的"论道之官",方可解释他话的下半句"无其人则缺,岂可以老病忝之哉"。否则,仅仅坐而论道,老病之人充当不是正合适吗?关于这个问题,还可以从另一角度考察:《三国志·常林传》载林明帝时为太常。"时论以林节操清峻,欲致之公辅,而林遂称疾笃。拜光禄大夫。"上面说到的徐邈,虽然以老病为理由拒拜司空,但仍继续充任光禄大夫。考《后汉书·百官志二》及集解,汉晋光禄大夫掌"顾问应对""毗亮论道,献可替否",从字面看,也是"论道",可是为什么常林、徐邈虽辞三公,却并不拒绝此官呢?就因为光禄大夫是真的"养老疾,无职事"之散职,[①]而三公不是。

总之,通过以上两点,即三公的地位与权力,应该认为,在曹魏,至少前期,三公仍然基本上是宰相,并非具员。

二、曹魏三公权力向尚书进一步转移及其原因

必须看到,前引马端临的话,仍有其可取的地方,这就是曹魏时三公之权力比起东汉来,确实进一步削弱了。《三国志·高柔传》:"魏初,三公无事,又希与朝政。柔上疏曰:'……今公辅之臣……不使知政,遂各偃息养高,鲜有进纳,诚非……大臣献可替否之谓也。……自今之后,朝有疑议及刑狱大事,宜数以咨访三公。三公朝朔望之日,又可特延入,讲论得失,博尽事情……'帝嘉纳焉。"

从高柔的话分析,所谓"三公无事"云云,显然不是说三公处理日常事务,监督百官执行之权也没有了,而只是指宰相所应拥有的议政权,包括"献可替否"之权太少,所以高柔才着重就此事进谏。文帝嘉纳后,第二年便有所改进,允许公卿朝朔望日对大事论辩得失。[②] 不

---

① 《宋书·百官志》。
② 《三国志·文帝纪》黄初五年。

过,连议政权也得靠人上书去争取,这毕竟反映三公权力的进一步削弱。

现在的问题是:为什么魏初会出现这种现象呢?有人说,这是出于皇帝对三公不放心,有意削夺其权,交给尚书。可是魏初的三公并非东汉末的三公,如果说曹操对东汉末三公杨彪、赵温等人心存疑虑是正常的话,则文帝对魏初三公不放心,削夺其权,就不好理解了。高柔上书前任三公者前后四人:贾诩、钟繇、华歆、王朗。贾诩反对曹植,支持曹丕为帝,曹丕十分感激,所以一即位便以他为太尉。钟繇早在曹操时已充任魏国相国,曹丕当时便夸他"实干心膂"。华歆更是曹操派往汉献帝身旁的监视人,充任汉之尚书令,亲自捕捉汉伏皇后交曹操处死。王朗也早就投靠曹操,为魏国旧臣,曹丕时当上了御史大夫。[①] 这些人的命运已与曹魏王朝紧紧拴在一起,难道他们还愿意复辟汉朝吗?他们又没有军权,军权主要握在曹氏子弟、姻亲手中,[②]因而也没有篡位的可能,有什么必要故意削夺他们的权力呢?我认为,汉末魏初,三国之间的战争频繁,客观上迫使曹操、文帝曹丕全都大权独揽,即便稍后的明帝曹叡,也是"政自己出"。[③] 这是造成三公权力削弱最主要的原因。

如所周知,在汉末,曹操先为司空,后为丞相,大权便先后在这二府。以官吏选举言,便由这二府的东曹具体掌管。如毛玠为东曹掾"典选举。其所举用,皆清正之士……由是天下之士莫不以廉节自励",以至曹操叹曰:"用人如此,使下人自治,吾复何为哉。"[④]从语气看,显然包括了整个曹操统治地区的选举。等到建安十八年曹操封魏公,后又升魏王后,各项政务便又转到魏国来处理。魏国朝廷按汉制建立,为便于曹操大权独揽,如果说东汉末年全国文书仍有上三公府

---

① 以上分别参见《三国志》本传。
② 如曹休、曹真、夏侯尚等,参《三国志》各传。
③ 《三国志·明帝纪》注。
④ 《三国志·毛玠传》。

者的话，①那么这时文书便全送魏尚书台，提初步意见，中经秘书，②送曹操批准后，再发交相国、御史大夫等执行。这样，相国钟繇等虽也是亲信，但因为制度使然，特别又处在军务倥偬，事务需迅速决断，顾不得多方面征询意见之时，议政权自然削弱。

不仅如此，连执行权也有一部分受到侵夺。如官吏选举，汉末全归司空或丞相府东曹，连汉献帝尚书台应掌之事，也由它兼管。曹操的"令"，代替了皇帝的"诏"。及至成立魏国，原东曹掾属，转为尚书，继续掌选举。如毛玠，"魏国初建，为尚书仆射，复典选举"；徐奕，原为东曹属，一度任他官，"魏国既建，为尚书，复典选举"；常林，原为丞相东曹属，"魏国既建，拜尚书"；何夔，原为丞相东曹掾，"魏国既建，拜尚书仆射"。③ 他们把丞相府选举官吏的一套做法全部照搬到魏国尚书台来。这样一来，就其人选、权力说，虽没有变化，可是就制度说，却发生了一个很大变化，这就是新设立的、按汉代制度本应掌握官吏选举权（至少一部分）的魏国相国、御史大夫府，并没有同时得到这一权力。历史的原因使魏国尚书台基本掌握了官吏选举权。④

曹丕即位后，以至明帝之时，由于整个形势并无明显变化，客观上继续要求皇帝大权独揽，政自己出，因而曹操时一些三公与尚书权力的消长，也就基本沿用下来。所谓"魏初，三公无事"云云，正是这一现状的反映。由此可见，这并非源于君权、相权的矛盾，而是因为在当时只有这样做，才能适应形势，才对整个曹魏统治最有利。

附带一说，《三国志·文帝纪》黄初二年，"日有食之，有司奏免太尉"。"诏曰：灾异之作，以谴元首，而归过股肱，岂禹、汤罪己之义乎！其令百官各虔厥职，后有天地之眚，勿复劾三公。"人们喜欢引此证明曹魏三公已不复当宰相之任。其实，这个结论是得不出的。固然，《后

---

① 如"孔庙置守庙百石卒史碑"东汉桓帝时鲁相瑛所上文书，载《金石萃编》卷八。

② 参本书第九章第二节。

③ 分别见《三国志》各传。

④ 以后，仅司徒府掌中正品第，作为选举权的一部分，见下节。

汉书·陈忠传》记载他上书称当时"选举诛赏,一由尚书",又说"今者灾异,复欲切让三公",好像认为大权已归尚书,而灾异责任仍得三公承担,在为他们抱不平;因而魏文帝诏免三公灾异之责,似乎与之前后呼应,正好可用以证明这时名实相符,宰相已不是三公,而应是尚书。可是这里有疑问。1.诏书只说之所以免劾三公,是因为灾异本以谴责"元首"(皇帝),不该归咎他人,由此得不出三公已非宰相的结论。2.如说三公因无权故不承担灾异责任,那么为何不让被认为已是宰相的尚书长官承担责任,而是全不追究呢?3.诏书明明将三公视为"股肱",而与"元首"对举,则这个"股肱"不是宰相又是什么呢?所以我认为这一诏书主要反映的只是以下问题。

首先,魏文帝即位以后,沿曹操之旧,大权独揽,政自己出,三公主要监督百官执行律令和诏书,一个时期内参与议政不多,所以遇到灾异,为了表示自己是"禹、汤"之主,才下诏免除三公责任。这和我在第五章第一节所考证的陈忠的思想正好前后一致。这并不意味三公已无宰相之权。相反,在魏文帝心目中,三公仍是"股肱",只不过一个时期内咨询政事不多而已。正因如此,对随后高柔进谏,便"嘉纳焉",使三公议政权有所恢复。

其次,两汉天文历法比较发展,特别灵帝时刘洪乾象历推算日、月食,五星会合周期等,都相当准确,[①]所以魏文帝诏书免除三公灾异之责,可能还意味科学有了进步,人们并不十分肯定日食等灾异是出于三公施政的过错。

最后,黄初二年,太尉是贾诩,诩于魏文帝有恩,已见前述,所以此诏也有可能是为了保护贾诩。

总之,此诏颁布,与其说证明了三公已非宰相,不如说反映魏文帝政自己出,并已不太相信日食灾异,以为只要百官"各虔厥职",就可稳

---

① 乾象历,参陈遵妫《中国天文学史》第三册,第 1436 页。又黄初二年此诏下卢弼集解按语曰:"日月之蚀,推算可得,与政治无涉。魏文下诏罪己,不劾三公,诚为卓识。"也未涉及三公失权问题。

定统治,所以才免除三公责任,更妥当些。

当然,高柔进谏后,三公议政权有所恢复,但也得指出,有些权力落入尚书手中之后,再也没有恢复。

首先是官吏任用权。《三国志·傅嘏传》:文帝时论考课法说"方今九州之民,爰及京城……其选才之职专任吏部"。《卢毓传》:明帝、齐王芳时为吏部尚书、仆射,均"典选举"。明帝诏曰:"得其人与否,在卢生耳。"《夏侯玄传》:齐王芳时议曰"夫官才用人,国之柄也。故铨衡专于台阁,上之分也"。都证明这一权力后来一直掌握于尚书手中。

其次是接受全国上奏文书之权。后来再也找不到全国文书报三公府的记载,相反,几处提到全国文书的地方,全都与尚书台相关。如《三国志·徐宣传》:明帝时拜尚书左仆射,"车驾幸许昌,总统留(台)事。^① 帝还,主者奏呈文书,诏曰:吾省与仆射何异? 竟不视。"从上下语气看,这些文书是明帝出巡期间全国所报,因为明帝历来政自己出,所以一回洛阳主者要急急忙忙呈奏;然从文书已经仆射省阅推测,它们原来上报的地方应是尚书台。又同上卷二二评:"魏世事统台阁",当亦此意。《唐六典》卷一曾说东汉光武帝时"天下事(文书)皆上尚书",严格说只有经历了汉末曹操专权那段特殊历史时期,到曹魏王朝时才真正形成了这种制度。

当然,和官吏选举相比,尚书接受文书这一权力弹性很大。1. 他们可能仅起传递文书作用,什么谋划也不参与。2. 他们也可能对文书内容提出初步处理意见,然而并不执行,执行仍在三公府。3. 他们也可能不但参与谋划,而且撇开三公,将文书直接下达有关官吏,监督其

---

① 留事当即留台事。《三国志·杜畿传》:魏文帝时,以尚书仆射,"统留事"。可见"留事"均与尚书长官相关。又《文帝纪》黄初六年注引《魏略》载诏,司马懿以尚书仆射"录后台文书事",陈群以尚书令"录行(台)尚书事"。当时魏文帝准务临江讨伐孙吴,司马懿留许昌为后援,处理有关文书,故称"后台";陈群随车驾,则"录行尚书事",自当为"录行台尚书事"("尚"也可能是"文"字之误),而徐宣等之"统留事",也应为统留台文书事。只不过史料未见当时有"行台""留台"之名,但其意已含于当中。后来正式称"行台""留台",正是这一制度的延续。

执行。西汉尚书属第一类（领尚书事是大臣兼职，和一般尚书不同，这里不论）。东汉尚书属第二类，开始跨入第三类。而曹魏尚书虽基本仍属第二类，但因为接受的已是包括原来上三公府的全国文书，在形势要求事务迅速得到处理的情况下，除官吏选举已基本撇开三公府外，其他各方面事务由他们上奏，提初步意见，必要时皇帝批准后交他们直接下达有关官吏执行，也就成为不可避免的趋势。这样，第三类情况在曹魏逐渐增加，从而为西晋尚书台从议政到监督百官执行，全都基本取代三公府，成为宰相机构，准备了条件。

需再次强调的是：三公权力进一步削弱，表面看是为尚书所侵夺，实际上是皇帝大权独揽带来的后果。皇帝的指导思想只不过是在三国鼎立形势下，为了提高统治效率，加快统一步伐，感到事情由尚书办理，十分方便、顺手，并非有意去削弱三公权力。以明帝为例，"每有军事，诏书常曰：谁当忧此者邪？吾当自忧耳"。[1] 有一次亲自跑到尚书台，欲"案行文书"。尚书令陈矫曰："此自臣职分，非陛下所宜临也。若臣不称其职，则请就黜退。陛下宜还"。"帝惭，回车而反。"[2]这两条材料充分说明他心急如焚，连尚书的事也想代办。显然他不是猜疑陈矫，而是嫌尚书上奏文书太慢，想直接省阅，赶快处理而已。在这种情况下，遇到急事他怎么还能允许再保留三公府这一级，而不是由尚书一竿子插到底呢！这里并不存在猜忌三公，嫌其权重问题，而是三公制度本身，随着尚书台的发展，经过两汉几百年演变，到这时在许多事务上已逐渐在变成多余的层次，到了非改不可的时候了。

还需指出的是：同样是皇帝大权独揽，这时尚书权力的变化与东汉却不同。由于这时三公权力进一步削弱，尚书受到的牵制大大少于东汉，除重大事务皇帝还征询三公意见外，日常政事包括官吏选举全经尚书上奏，并提初步处理意见，虽然要经侍中平省，[3]最后还要经皇

---

① 《三国志·杜恕传》。
② 《三国志·陈矫传》。
③ 参本书第八章第三节。

帝审批,并仍得由三公监督百官执行,但尚书权力毕竟超出了东汉。

曹魏王昶《考课事》曰:"尚书、侍中考课:一曰掌建六材,以考官人。二曰综理万机,以考庶绩。三曰进视惟允,以考谠言。四曰出纳王命,以考赋政。五曰明罚敕法,以考典刑。"①王昶撰《百官考课事》在嘉平初年(249),是在经历了曹爽统治,进一步扩大尚书权力之后,所以其内容不但反映前期,而且应该也包含一部分后期,即齐王芳即位以后情况。王昶所提这五点考课标准,也就体现了尚书的职掌或权力。第一点指官吏选举。第三点指谏争。第四点指奏、下文书。第五点指刑狱。以上四点权力,东汉尚书都已不同程度地掌握,②此时只是量的变化。值得注意的是第二点"综理万机"这个提法,又见上引《程晓传》(亦嘉平中上书语),当指对各种上奏文书提初步处理意见。这在西汉本为领尚书事之责,东汉诸尚书对一部分文书实际上也握有这种权力,可是因为当时宰相地位甚高,"万机"历来被视为由他们辅佐皇帝综理,所以"综理万机"的提法始终未见于尚书。而曹魏后期却提出了,这正是尚书权力进一步扩大,预示其即将取代三公为宰相,在用语上、制度上的一个反映。

尚书权力的这一变化,导致它在统治机构中地位的提高,最后在组织上固定为两点。

一是尚书台正式成为独立机构。而在东汉,尽管只是"以文属焉",毕竟仍属少府。《宋书·百官志》将尚书放在九卿、列卿之后介绍,并且说"至汉初并隶少府,汉东京独文属焉",而不像《后汉书·百官志》将尚书列于少府属官之中,便是明证。所以《初学记·职官上》明确说:尚书"汉犹隶少府,魏晋已后,政归台阁,则不复隶矣"。

二是尚书官品提高。在汉代,尚书令秩千石,仆射及尚书六百石,左右丞及郎才四百石,不但不能与万石之三公比,就是和中二千石之九卿比,也相差甚远。而至曹魏,依新官品,尚书令、仆射、尚书与九卿

---

① 《三国志·王昶传》卢弼集解引《太平御览》卷二一二。
② 参本书第五章第一节。

同为第三品，班次且在九卿前面，见《通典·职官十八》。这表明经过几百年的发展，尚书的重要性已经超过九卿。

当然，也得指出，我们虽无法弄清《通典》所列魏官品，依据的究竟是哪个材料，但可以肯定，决非曹魏前期的制度。因为它与《三国志》所载曹魏前期诸臣的历官、升迁次序多不合。如《常林传》：文帝时由尚书"迁少府"。《曹爽传》注引《魏略》：桓范于明帝时由尚书"迁征虏将军"（《通典》征虏将军三品，班次且在少府之后）。《高堂隆传》：明帝时由侍中"迁光禄勋"（《通典》侍中三品，班次在尚书令前）。《曹爽传》注引《魏略》：毕轨于齐王芳初由中护军"转侍中、尚书，迁司隶校尉"（《通典》司隶校尉三品，班次在九卿后。中护军魏官品无，晋官品列于中领军之次。《通典·职官三》称侍中"旧迁列曹尚书，美迁中领、护、吏部尚书"，此亦不合）。《傅嘏传》：高贵乡公初为尚书，守尚书仆射，死，"追赠太常"。按追赠，多高于本官。如《陈泰传》：为尚书左仆射，死，"追赠司空（一品）"。《徐宣传》：为尚书左仆射，死，"追赠车骑将军（二品）"。而此处追赠之太常，班次依《通典》在尚书后，亦不合。

《通典》魏官品第一品中列有"诸国王、公、侯、伯、子、男爵"。考曹魏长期实行的爵制是：同姓有王、公（乡公）、侯（亭侯）、伯（亭伯）四等，而无子、男。异姓但有侯（县、乡、亭）一等。[①] 直到魏元帝咸熙元年（264），即禅位于晋之前一年，方决定恢复五等爵，加王，为六等。则《通典》此魏官品的时间，不得早于咸熙元年。[②] 按《晋书·职官志》引有《魏晋官品令》，《唐书·艺文志》载有《魏官品令》一卷，如杜佑依据的是这些法令，则这些法令的颁布时间亦当在咸熙元年以后。据《三国志·钟会传》注，引有《咸熙元年百官名》，可见司马氏代魏前夕，为

---

① 参《文献通考·封建考十一》。

② 又《通典》此魏官品第一品第一位为"黄钺大将军"，在三公前。考曹魏前期大将军但"假节钺"。称"假黄钺"，始于司马师，见《三国志·高贵乡公纪》正元元年条及《晋书·景帝纪》所引"天子诏"（《晋书·宣帝纪》称太和四年司马懿"假黄钺"。与《三国志》所记情况多不合，不可靠，当系晋人美化）。正式定名为"黄钺大将军"，当更在其后。此亦《通典》魏官品晚出一证。

笼络百官,采取了许多措施,则同时颁布官品令,将长期以来官制上的变化固定下来,主要是提高占据要职(如侍中、尚书、中书监令、中领护军等)诸司马氏心腹的官品,是完全可能的。如果这一推测不错,则《通典》这一官品,实际上与晋官品一样,是与尚书台长官已代替三公为宰相这一状况相适应的制度。当然,就尚书言,这也是曹魏前期尚书权力发展、扩大的结果。

三、蜀、吴之三公(丞相)、尚书

大体说来,蜀、吴全没有也不可能越出东汉的格局,即尚书权力逐渐扩大之趋势,但其速度在一个时期内却不如魏,也就是说,外朝之宰相还保留着较大甚至很大的权力。这是蜀、吴的特殊条件决定的。

在蜀,由于存在着外来地主政治集团和当地地主政治集团之间的矛盾,刘备又深知诸葛亮之才干与忠诚,以及儿子刘禅之无能,所以临终托孤,赋予丞相诸葛亮极大权力。同时后主刘禅及诸大臣(主要是外来地主政治集团的人物)也都明白,不如此,自己的统治便会垮台,蜀国也会灭亡。由于此故,才会出现"政事无巨细,咸决于亮"的局面,[①]使丞相府保留着较大权力。如官吏选举,在曹魏已全部转归尚书台,而蜀丞相东曹属杨颙却依然"典选举"。[②]

不过从诸葛亮既为丞相,而又"录尚书事",以及尚书令李严与诸葛亮一起"受遗诏辅少主"看,[③]尚书台仍为政本之地,只不过由于诸葛亮这一特殊人物的存在,受到丞相府的限制,权力扩展稍慢罢了。所以,等诸葛亮死,后主渐亲政后,情况便发生变化。诸葛亮的继承人蒋琬本为丞相留府长史,因为不够资格当丞相,便被拜为尚书令,"总统国事"。[④] 其后他先后迁大将军、大司马,但都"录尚书事",以执掌大

---

① 《三国志·诸葛亮传》。
② 《三国志·杨戏传》注。
③ 《三国志·李严传》。
④ 《三国志·后主传》。

权。① 琬死,继承人是费祎。费祎在蒋琬生前已先后拜尚书令、大将军录尚书事,这时又以此职执掌大权。② 至蜀国末年,虽大将军姜维地位最高,但"常率众在外,希亲朝政",而尚书令陈祗却"上承主指……深见信爱,权重于维"。③

由此可见,虽然由于材料太少,以致蜀国尚书的具体情况以及与外朝的关系,与曹魏相比更不清楚,但从上面讲的诸葛亮死后,录尚书事、尚书令权力越来越重,以及丞相府取消,三公无考,有可能取代丞相府的大司马、大将军府僚属又有限来推测,④很可能在蜀国灭亡前尚书文书已直下九卿,中间已没有相当于汉代三公的这一层次。

吴国又存在另一种特殊情况。如所周知,孙吴立国主要靠的是江东大族的支持,因而除了在经济利益上给予优待外(如复客制度等),⑤政治权力的分配上更需照顾。孙权设丞相,而不设曹魏权力较小的三公,即措施之一。当时江东大族为顾、陆、朱、张,均居公卿、将军等要职。特别是丞相,除第一任孙邵"史无其传",情况不明,《志林》作者晋代虞喜已感到奇怪外,⑥第二、三任就是顾雍与陆逊。顾雍是孙权极力依靠的辅佐。孙权为示笼络,作为君主,曾破格地"亲拜其母于庭",并用其为丞相前后达十九年,这也是空前的。⑦ 陆逊同样是孙权依靠的主要支柱,先后任大都督,上大将军,升丞相。⑧

这些丞相和魏初三公不同,权力比较大。《三国志·张昭传》:孙邵卒,众举昭为丞相,孙权不用曰:"领丞相事烦,而此公性刚,所言不从,怨咎将兴……""所言不从",即其建议孙权如不采纳之意。可见丞相议政权是较多的。如顾雍为丞相正是如此,本传称"其所选用文武

---

① 《三国志·蒋琬传》。
② 《三国志·费祎传》。
③ 《三国志·陈祗传》。
④ 以上参洪饴孙《三国职官表》。
⑤ 参唐长孺《三至六世纪江南大土地所有制的发展》。
⑥ 《三国志·吴主传》黄初四年注。
⑦ 《三国志·顾雍传》。
⑧ 《三国志·陆逊传》。

将吏各随能所任,心无适莫。时访逮民间,及政职所宜,辄密以闻。若见纳用,则归之于上,不用,终不宣泄"。当然,尚书权力也不小(如掌官吏选举)。[①] 顾雍同时还得"平尚书事",道理就在这里。不过由于丞相等外朝大臣握有颇大权力,致使尚书迅速发展受到限制。后来陆凯曾说:"先帝(指孙权)外仗顾、陆、朱、张,内近胡综、薛综,是以庶绩雍熙,邦内清肃。"[②]顾、陆、朱、张,指外朝大臣;薛综是尚书仆射、选曹尚书,胡综虽非尚书,然是侍中,且掌草诏,性质相近,[③]对他们用"内",可见仍属宫中近臣性质。《诸葛恪传》:领丹杨太守,有功,孙权"遣尚书仆射薛综劳军",称综"中台近官",亦其证。而劳军之事,也反映其地位不高。《金石萃编》卷二四"禅国山碑"记孙皓天册元年(275)众官排列次序,尚书令与尚书不但列在执金吾之后,而且也在屯骑校尉之后。《通典》魏官品,屯骑校尉乃第四品,此又证孙吴之尚书,其地位不如曹魏。

《三国志·陆凯传》注引《吴历》:孙皓宝鼎元年(266)左丞相陆凯与大司马丁奉等谋因皓谒宗庙之际,废之。旧制:拜庙需"选兼大将军领三千兵为卫","凯欲因此兵以图之,令选曹白用丁奉。皓偶不欲,曰:更选"。后改用左将军留平,留平不同意废皓,遂止。选曹当即选曹尚书,由此可见,尚书虽握官吏选举权,却受丞相支配。当然,就陆凯此事本身说,大概不可靠,故《资治通鉴》不用。但《吴历》作者胡冲,是吴国灭亡前的中书令,就丞相与尚书的关系言,他的叙述是不可能有很大出入的。

最后想说一下,黄大华《三国志三公宰辅年表》[④]中,蜀国列入了诸葛亮死后的尚书令,而魏、吴均不列入,予以区别对待,并不一概而论,实为卓识,是有其道理与根据的。

---

① 参《三国志·张温传》。
② 《三国志·陆凯传》。
③ 《三国志·薛综传、胡综传》。
④ 见《二十五史补编》第二册。

第二节 两晋的三公、尚书

一、曹魏后期促成宰相权力转移的主要原因

西晋是三公名义上仍保留宰相称呼,但实权已基本转移至尚书台,尚书台长官不但握有实权,而且在舆论上也开始被视为宰相的一个时期。大体上说,曹魏统治后期便是这一宰相权力转移的过渡阶段。促成这一转移的动力主要是统治集团内部的矛盾与斗争。

魏明帝死后,首先出现的是曹爽集团与司马懿集团之间的对峙与斗争。曹爽是大将军,本来位在太尉司马懿之上。为了进一步揽权,他的措施是:

1. 他原是"录尚书事",而司马懿不是。[①] 可是太尉之官是宰相,加上受遗诏辅政的名义,估计日常尚书所奏文书仍得请司马懿参商。于是经过谋士策划,曹爽"白天子,发诏转宣王为太傅,外以名号尊之,内欲令尚书奏事,先来由己,得制其轻重也"。[②] 太傅班次高于太尉,也高于大将军,这就是"外以名号尊之",可是太傅不是宰相,不负责日常政务(太尉虽议政权日益削弱,仍得监督百官执行,每日至太尉府处理事务),尚书日常奏事曹爽就可以不必找司马懿,自行专断。当然,司马懿有辅政名义,重大事情仍得与之共同商量,但毕竟削弱了其权力。

2. 将亲信何晏、邓飏、毕轨等皆用为尚书。"晏等依势用事,附会者升进,违忤者罢退,内外望风,莫敢忤旨。"[③]尚书权力越扩大,曹爽权

---

① 《资治通鉴》卷七四景初三年据《晋书·宣帝纪》,以齐王芳即位司马懿"录尚书事",可是第一,《三国志·曹爽传》但言爽录尚书事,而不及懿。第二,《齐王芳纪》升懿为太傅诏但言"统兵都督诸军事如故",如原已"录尚书事",此为有意削夺大权,照说至少《晋书》应把这算作曹爽罪名,可是《晋书》但言"欲使尚书奏事先来由己",而徙懿为太傅,其他均不及,却是何故? 第三,如懿曾录尚书事,陈寿决不敢在《三国志》中一字不及。可见《晋书》记司马懿录尚书事,是不可靠的。

② 参《三国志·曹爽传》及注。

③ 《资治通鉴》卷七四。

力也就相应扩大,他以为这样一来,在与司马懿斗争中地位也就更加巩固。这就是说,尚书权力的扩大,其指导思想,这时又转化为主要适应统治集团内部斗争的需要。

司马懿、师、昭当政后,由于曹氏与司马氏两集团之间的斗争仍在继续,他们在牢牢控制军权的同时,又继承了曹爽的手法,一面无不"录尚书事",另一面向尚书台陆续委派支持自己的力量。如司马懿推翻曹爽,杀掉三尚书何晏、邓飏、毕轨后,当年就委派卢毓、王基、袁侃替代他们。① 卢毓直接受曹爽打击,从尚书台赶出后被免官。王基虽曾为曹爽征辟,但似乎政见不和,被出为郡太守,一度停职,曾著文"以切世事"。袁侃虽与曹爽无甚矛盾,却是个"柔而不犯,善与人交"的"谦退"人物,谁当权便听谁的话;而且从弟袁亮"疾何晏、邓飏等,著论以讥切之",侃与亮关系甚好,过了几年亮也被任为尚书,二人总的说也属支持司马氏的力量。② 这些人当尚书、对录尚书事"得制其轻重"当然十分有利。后来尚书台又几经筛选,司马氏的姻亲如荀颙,③羊瑾④以及心腹死党裴秀、何曾、陈骞等,⑤均轮流入为尚书。这里特别要提到的是王沈。王沈本为侍中,是高贵乡公心腹。可是当高贵乡公攻司马昭,事前将此机密事告王沈后,他竟立即向司马昭告了密。由于他出卖主子,和司马氏命运已拴在一起,同年即"迁尚书"。⑥ 既然尚书是由这样一些人组成,司马氏为了消灭曹氏集团,给代魏作准备的需要,也就放心地使用这一机构,从而逐渐导致了尚书权力进一步向宰相权力转化。

关于曹魏后期尚书权力的扩大,试举二例:曹爽时孙礼任冀州牧,清河、平原二郡争界八年,孙礼根据地图,以为宜属平原。而曹爽信清

---

① 见万斯同《魏将相大臣年表》。
② 以上三人参《三国志·卢毓传、王基传、袁侃传》。
③ 《晋书·何曾传》。
④ 见《晋书·外戚羊琇传》。
⑤ 以上三人参《晋书·裴秀传、何曾传、陈骞传》。
⑥ 《晋书·王沈传》。

河郡官吏言,"下书云:图不可用……"孙礼上疏坚持己见,以为清河郡是"假虚讼诉,疑误台阁"。本来这种土地事务应归三公府处理,[①]可是此时只见地方官与"台阁"及录尚书事曹爽打交道,三公毫未干预,虽然这里因曹爽与孙礼本不和,又涉及司马懿支持孙礼,[②]事情本身或许没有很大普遍性,但仍反映尚书是在侵夺三公的监督百官执行权。再如司马昭为笼络、收买百官,于咸熙元年"改官制",实行五等爵。这样重大的一项制度改革,当时的三公竟未参与,完全由尚书仆射裴秀主持进行,也是尚书权力扩大之证明。

大概正由于尚书逐渐代替三公,包括掌监督百官执行之权,所以曹魏后期慢慢出现以下现象。

《三国志·王凌传》:拜车骑将军、扬州都督,与外甥兖州刺史令狐愚"并典兵,专淮南之重"。正始九年,即曹爽统治最后一年,"凌就迁为司空"。所谓"就迁",当指不去洛阳,就地(扬州治寿春)升司空。第二年曹爽诛死,司马懿又进王凌为太尉,继续留镇扬州。两年后方因谋起兵反抗司马氏被迫自杀。

《三国志·王昶传》:进位骠骑将军、荆州都督,以讨诸葛诞功,"迁司空,持节,都督如故",就是说继续留镇荆州(时州治徙新野)。

《三国志·邓艾传》:以征西将军、陇右都督伐蜀,立大功,刘禅投降,被拜为太尉。《钟会传》:以镇西将军、关中都督伐蜀,立大功,降姜维,与邓艾受封同时,被拜为司徒。可是蜀地尚未全部平定,二人均继续留镇,诏书也无征其还洛阳之文。

这些现象说明什么呢?我们知道,自汉以来,三公作为宰相需每日至三公府处理事务,所以除短期外出外,一般情况下都得任职京师。[③]曹魏王朝建立后,也从来没有一个三公不住在洛阳。然而这时

---

① 参见《汉书·匡衡传》。
② 以上见《三国志·孙礼传》。
③ 《资治通鉴》卷五八中平三年"遣使者持节就长安拜张温为太尉。三公在外始于温"。又见《通典·职官二》"三公总叙"。可是这已是汉末。

王凌、王昶为太尉、司空,可以连年停留外地,邓艾、钟会占了三公中的两个,也可以全不过问府务,而且在这段时期频频出现这种任命,这只能说明,三公大概连监督百官执行权也受尚书侵夺颇多,既然管事有限,作为荣誉头衔,用以尊崇外地功臣,也就是很自然的了。这正是三公日益与宰相权力分离的一个标志。

这里有个问题:在统治集团内部斗争中,为什么要控制尚书台,扩大尚书权力?三公威望高,影响大,如将心腹安插为三公,或笼络、收买原来的三公,扩大他们的权力来支持自己,不是作用更大吗?

原因有二:

首先,正因三公威望高,影响大,所以根据故事就得封拜历官久、资格老、功劳大的人,不能像尚书一样,可以随便提拔亲信充任。而这样的人,即便笼络、收买过来,也往往忸怩作态,指挥起来,不很方便。

试举一例。《晋书·王祥传》:魏时拜太常,高贵乡公为司马昭所弑,"祥号哭曰:'老臣无状。'涕泪交流"。可是同年即拜司空,后又转太尉,显然已投靠司马昭。然而当司马昭拜相国,封晋王,荀𫖮与王祥往见,𫖮劝祥下拜时,"祥曰:'相国诚为尊贵,然是魏之宰相。吾等魏之三公……安有天子三司而辄拜人者!……君子爱人以礼……'及入,𫖮遂拜,而祥独长揖"。早在高贵乡公之时已是"司马昭之心,路人所知也",[①]王祥当然知道司马昭提拔自己为三公的意图,自己在实际行动中也曾给予支持(如劝进为晋王等),但此时在形式、礼节问题上,却摆出一副骤看来似乎是曹魏"社稷臣"的面孔,[②]而和原为司马氏心腹,长期任尚书,刚刚升司空的荀𫖮不同。司马昭讲究的是实际,所以反而对王祥这一言行夸奖说:"今日方知君见顾之重矣。"不过,话又说回来,这毕竟意味使用王祥不像尚书那样得心应手。王夫之指出王祥的目的是"万一(司马昭)篡夺不成……可以避责全身,免于佐命之讨,

---

① 见《三国志·三少帝纪》注引《汉晋春秋》。
② 《读通鉴论》卷十第三十八条语。

计亦狡矣"。①虽然司马昭未必那么猜测,但宁愿多使用得心应手的尚书,也不愿扩大这类三公的权力,总是很自然的。因为万一他们的权力大了,有不驯服的表现,岂不是自找麻烦吗!

类似王祥的情况还可举出司马孚。据《晋书》本传,他是司马懿亲弟,早在魏明帝时已任尚书仆射。曹爽专权时,"不视庶事,但正身远害而已"。所以得升尚书令(当然也是曹爽与司马懿势力搞平衡的一个反映)。参与诛灭曹爽,故继续任尚书令,后又迁司空,转太尉,升太傅,飞黄腾达。他明明不反对司马氏篡魏,可是又每每以曹魏忠臣标榜。高贵乡公遭害,"孚枕尸于股,哭之恸,曰:'杀陛下者,臣之罪。'奏推主者。会太后令以庶人礼葬,孚与群公上表,乞以王礼葬,从之"。同时也不肯直接参与密谋。"宣帝执政,常自退损。后逢废立之际,未尝预谋。景、文二帝以孚属尊,不敢逼。"及晋武帝代魏,他一面接受了西晋最高官职太宰和邑四万户(在西晋占第一位)的安平王的封拜,另一面又执退位魏帝之手流涕曰:"臣死之日,固大魏之纯臣也。"像这样的人,司马师、昭虽然不可能不把他算作自己人,但他装腔作势,别别扭扭,怎能放心在两大集团斗争的紧要关头,赋予他以实权呢?

其次,自汉魏以来,由于三公品秩最高,如上所说,一般必得历官久,资格老,功劳多的人充任,因而相应产生一个问题,便是封拜时年龄越来越偏大,并多病体弱。试以曹魏第一任三公为例。太尉贾诩,拜时年七四;司徒华歆,拜时年六三。②司空王朗虽无年龄记载,但在他老师太尉杨赐中平二年(185)死前已拜郎中,除菑丘长,假定二十五岁,则至黄初元年,已六十岁,所以不久才会自称"老臣"。③在这三人之后,到魏亡为止,拜三公而又可直接推算出其时年龄的有:司徒董昭七五,太尉司马懿五七,司徒韩暨八十,司空高柔七二,司空王凌七七,司空司马孚七二,司空王祥七六,太尉邓艾七十,司徒钟会三九(会为

---

① 《读通鉴论》卷十第三十八条语。
② 据《三国志·贾诩传、华歆传》二人卒年推算。
③ 《三国志·王朗传》。

司马昭心腹,当时造反之迹未彰,故昭借灭蜀,立大功之机,对他不次拔擢,是一种极特殊情况),司徒何曾六六,司空荀颉七十,司徒司马望六一。有些三公虽不能直接推算出年龄,但有年老多病的记载。如满宠,以"年老征还,迁为太尉";赵俨,"老疾求还……迁司空";卢毓,本为尚书仆射,"疾病,逊位,迁为司空"。①

用此类人为三公,最初意图并非因为三公事务清闲,无权,用以安置老疾官吏,恰恰相反,是因为宰相要总管全国事务,即便魏初议政权削弱,但监督百官执行律令和诏书,处理财政、刑法等事务,仍极复杂,得其人与否,关系重大,需要找威望高,统治经验丰富的人充任。如魏文帝时,贾诩死后,钟繇继任太尉,"时司徒华歆、司空王朗,并先世名臣。文帝罢朝,谓左右曰:此三公者,乃一代之伟人也,后世殆难继矣"。② 可是能具备这些条件的人,往往是在历官已久,长期磨炼之后,到了老病之年。而且因为三公位子少,当时又无硬性规定致仕之制度,候补人也就越积累越多。如徐宣,任尚书仆射至六十八岁,明帝还在说"欲倚以台辅",徐宣等不及,死了。常林,任九卿至八十三岁,时论"欲致之公辅",他自己拒绝,不久死去。徐邈,任刺史、列卿至七十七岁,拜司空,不就,第二年死去。③ 这样一种趋势,也必然导致非熬到老病之年,难以考虑作为三公人选。《三国志·卢毓传》:明帝时为吏部尚书,有一次提出司徒人选四人,管宁年七七,韩暨年八十,常林年八三,崔林年约六七十,④明帝用暨,即其证。

三公年龄偏大,往往用老病之人带来的后果是:与统治者原来意图相反,一般不但不能提高统治效率,反而因老病、精力不济,难以承担重任,起不到宰相应起的作用。上节引徐邈辞司空之任命,以为"岂可以老病忝之哉",大概就是有感于这一弊端发出的叹息。所以早在

---

① 以上均见《三国志》《晋书》各传及注。
② 《三国志·钟繇传》。
③ 以上均见《三国志》各传。
④ 崔林年龄无考,此据其从兄崔琰年龄推算,见《三国志·崔琰传》。

曹魏前期,皇帝对三公虽十分信任,但紧急、麻烦的事慢慢便不找三公商量,而不得不向尚书咨询,甚至决策之后不经三公,由尚书直下九卿或地方长官办理。上节论述了曹魏尚书之权力为什么扩大,其实这也是原因之一,尽管并非主要原因。而到曹魏后期,在统治集团内部的斗争中,虽彼此都拉拢三公,但拉拢过来之后,也只是取其社会影响,[①]由于老病之故,已不能依靠他们办多少事。如《高柔传》:高平陵事件时任司徒,七十五岁,司马懿让他"假节,行大将军事,据爽(曹爽)营",且对他说"君为周勃矣",在这紧要关头,赋予兵权。可以推测,这是因为高柔已死心塌地归附司马氏。然而等大局稳定之后,高柔虽进封乡侯、县侯,并转太尉,可是再也看不到他替司马氏干什么事。及至诸葛诞举兵,高柔虽为太尉,不用说率兵出征,连司马昭亲自讨伐后留守洛阳之任务,也交给尚书荀颙,[②]而没有用他,因他已八十三岁,心有余而力不足了。这就是为什么曹魏后期统治集团内部斗争,需扩大尚书权力,而不是三公权力的又一原因。

二、西晋的三公、八公

在曹魏后期统治机构基础上建立起的西晋三公、尚书,因为前一时期二者之间权力的潜移默化,同样可以促进新的统治机器的有效运转,所以也就在王朝更新之际被固定了下来,形成故事或制度。先看三公。

早在汉魏,除三公外,有时还设太师、太傅、太保、大司马、大将军诸公,他们或单设,或设一部分。西晋建立,将他们合在一起,同时并置,称为"八公"。

八公分三类。太宰(即太师,避司马师讳而改)、太傅、太保为"上公",班次最前。其第一任,太宰司马孚,拜时年八五;太傅郑冲,拜时

---

① 《晋书·王浑传》:公孙宏曰"昔宣帝废曹爽,引太尉蒋济参乘,以增威重"。即一例。

② 《晋书·荀颙传》。

约年八十；①太保王祥，拜时八十。这三公是纯粹的尊崇之位，荣誉头衔。郑冲、王祥均因久病，甚至"阙朝会礼"，为御史所劾，当然更谈不上处理什么政务。司马孚无被劾记载，那是因为他是宗室之首，晋武帝叔祖父的缘故，他年龄比冲、祥大，估计无法上朝之事，只会更多。②"上公"的虚衔性质其后也同样十分明显。如卫瓘为司空，告老逊位，晋武帝批准，诏"进位太保，以公就第"。何劭于赵王伦篡位时拜太宰，"及三王（齐王冏等）交争，劭以轩冕而游其间，无怨之者"。原因之一就在于太宰是虚衔，对谁也无危害。③

第二类是大司马、大将军。也是荣誉头衔，④偏重于尊宠在地方上镇守，充任都督的官吏。开始班次，大将军在"三司"（即太尉等三公）下，见《晋书·职官志》。

大司马大概也在三司下，而不在其上，其证有三：1.晋武帝代魏前夕，宗室司马望由骠骑将军（二品）升司徒（一品），石苞由征东大将军继望为骠骑将军，三个月后武帝践阼，石苞迁大司马（曹魏自231年曹真死，即未再任命大司马，至此已三十四年），本来班次在后，一下子超居司马望之上，是不可能的。2.《晋书·石苞传》：长期镇守淮南，任都督扬州诸军事，进封乐陵郡公，受猜疑，免都督，"以公还第"。不久，晋武帝知其冤枉，又起用为司徒。有关部门反对说：苞前有过，"以公还第，已为弘厚，不宜擢用"。所谓擢用，也是司徒班次在大司马上之证。3.《晋书·职官志》所列晋初八公次序，大司马、大将军在最后（《宋书·百官志》同）。下面紧接着说："自义阳王望为大司马之后，定令如旧，在三司上。"司马望任大司马在泰始四年十一月，味《晋志》语气，也是在这之前大司马班在三司下，在这之后方恢复曹魏班在三司上之旧制。而且从当时有关人员之历官看，这一改变也完全可能：司马望于

---

① 泰始九年诏称冲"服王事"已"六十余载"。冲出身寒微，入仕较晚，如二十余岁入仕，则泰始元年约八十岁。参《晋书》本传。
② 以上见《晋书》各传。
③ 以上见《晋书·卫瓘传、何劭传》。
④ 齐王攸拜大司马，庾勇等八人说，这是"假台司虚名为隆宠"。见《晋书·庾勇传》。

泰始元年任司徒,三年转太尉。其后两次统军征吴,有功,可是太尉之上的"上公"为司马孚、郑冲、王祥占据,都无法动,[①]恰好将大司马石苞擢为司徒,有人持异议,于是就在石苞任命的同月,即泰始四年十一月,又任命司马望为大司马,同时定令改班在三司上。这样既解决了司马望无法再升迁问题,又使石苞擢为司徒,随即班在原官大司马下,让人感到晋武帝最初免他都督,"以公还第"的决定,并没有错识,从而一举两得。[②]

大将军地位几经变化,最后也班在三司之上。消灭赵王伦后,齐王冏、成都王颖、河间王颙依力量强弱,功劳大小,分别拜为大司马、大将军、太尉,即其证。[③]

第三类是太尉、司徒、司空,称"三司"。西晋承曹魏故事,年龄都偏大。试以晋武帝一代任三司者前后十五人为例,据《晋将相大臣年表》,参照有关材料,推算其拜时年龄:何曾六七,司马望六十,荀顗七十,裴秀四四,石苞七四,[④]郑袤八三,贾充五六,陈骞六三,司马伷二九,山涛七八,卫瓘六三,魏舒七五,石鉴七七。其中司马伷乃晋武帝亲弟,是特殊情况。裴秀本武帝心腹,故一直任尚书令。因被劾"交关人事"及"占官稻田",武帝既不愿降免其官,又不能不理,于是采拜司空的办法。对舆论说,已将他有实权、等于宰相的尚书令免去(这是要职,故立即用另一心腹贾充继任);对裴秀本人说,司空一品,是升官,可作一种抚慰。也就是说,裴秀是由于特殊原因而过早地离开繁重要职,担任清闲的司空的,亦非常例。[⑤]

除以上十三人,还有两人李胤及司马亮,难以推算准确年龄。但

---

① 《晋书·李胤传》:为司徒五年,"以吴会初平,大臣多有勋劳,宜有登进,乃上疏逊位"。可见高官之位有限,如不主动逊位,别人便无法"登进"。
② 以上参《晋书》各传及万斯同《魏、晋将相大臣年表》。
③ 见《晋书》各传。
④ 石苞与邓艾同年,公元264年魏灭蜀时邓艾乃"七十老公",见《三国志·邓艾传》,则泰始四年石苞拜司徒时七十四岁。
⑤ 参《晋书·裴秀传》。

据《羊祜传》，祜于五十二岁时上表让"开府如三司之仪"，称光禄大夫李憙、李胤、鲁芝"皆服事华发"，犹未蒙此选，自己岂敢接受。时在泰始八年。[1] 则李胤当时年龄至少得近六十，六年后被任命为司徒，当亦六十多岁。司马亮是司马懿第四子，弟司马伷太康四年死，年五七，则太康三年司马亮拜太尉时，至少也得五十七岁。

三司年龄偏大，相伴随的问题便是体弱多病。《晋书·郑袤传》：曹魏末年"疾病失明"，由太常拜散职光禄大夫。"寝疾十余年"后于泰始七年竟又被任命为司空。[2]《山涛传》：七十八岁时拜司徒，已不能站立，"使者乃卧加章绶"。"涛曰：'垂没之人，岂可污官府乎。'舆疾归家。"像这样一些人，怎么可能名实相符，处理宰相所应处理的日常繁重事务呢？

根据以上情况，再联系尚书权力的发展，便可断定，西晋三司的宰相权力（议政权、监督百官执行权）已基本失去，因而和前述五公尊崇之位、荣誉头衔之性质变得基本相同。《历代职官表》卷二案语说：虽八公并置，"然特假以名号，不必尽知国政"，是符合历史实际的。

不过，另一面又必须看到，三司与前述五公并不完全相同，有其特点：

首先，由于汉魏以来的影响和惯例，三司名义上始终仍被视为宰相。如郑袤为司空，人称"委以宰辅之任"。[3] 贾充为司空，庾纯与他口角，被认为"骂辱宰相"。[4] 山涛拜司徒，诏曰"授君台辅之位"。石鉴以右光禄大夫领司徒，"前代三公册拜，皆设小会，所以崇宰辅之制也。自魏末以后，废不复行。至鉴，有诏令会，遂以为常"。司马泰为司空，属吏丁绥曰"公为宰相……"张华为司空，张林田："卿为宰相，任天下事……"司马肜以太宰领司徒，死，博士蔡克议谥曰"肜位为宰相，责深

---

① 据万斯同《晋将相大臣年表》。
② 《晋书·刘寔传》：为太傅，惠帝时已"老病逊位"。几年后年近九十又被怀帝用为太尉。情况与郑袤略同。
③ 《晋书·刘毅传》。
④ 《晋书·庾纯传》。

任重"。王衍先后为司空、司徒,"虽居宰辅之重,不以经国为念"。又羊祜上表让"开府如三司之仪"说:这一优宠是"等宰辅正之高位",亦是一证。① 正因此故,当时风气是:虽已为尚书长官,如未登三司,仍算终生遗憾。如刘毅曾任尚书左仆射、州大中正,死,"武帝抚机惊曰:失吾名臣,不得生作三公"。华廙曾任中书监、侍中、尚书令,因得罪贾后,"故遂不登台司"。②

三司之所以继续称宰相,除历史影响和惯例外,还因为并不是所有三司全都精力不济,有的人仍可兼领尚书等职务。如《晋书·贾充传》:先为司空,尚书令如故,后转太尉,又录尚书事。又得晋武帝宠幸,"朝臣咸侧目焉"。对此,人们是决不会再去区分究竟是尚书,还是三司掌握宰相权力,而只会首先称官品高的司空、太尉为宰相。

其次,三司与其他五公更重要的一个不同之处是:仍保留着一部分宰相权力,并非纯粹尊崇之位。其中最明显的是司徒。《晋书·何曾传》:以太保"领司徒"。《梁王肜传》:为太宰,"领司徒"。既以上公领,显然重点不在尊崇,而在掌管有关政务。所以何曾后以年老乞逊位,晋武帝免去他领司徒之任,诏曰:"司徒所掌务烦,不可久劳耆艾。"③然同时却将他本官进为太宰(时已升太傅),体现了二者的区别。

《宋书·百官志》记载一条宝贵材料:"司徒若无公,……其府常置。余府有公则置,无则省。"因为余府僚属,仅为尊崇府公而设,实际政务不多,故无公即可撤;而司徒府有日常政务,其僚属有府公固需请示,无府公仍得自行处理。《晋书·王戎传》:拜司徒,"虽位总鼎司,而委事僚案"。可见即便有府公,僚属仍可自行处理政务。当然,作为司徒,而可不理府事,"间乘小马,从便门而出游",除反映王戎思想外,这也是司徒后来同样变成纯粹尊崇之位的征兆。

---

① 以上均见《晋书》各传。
② 《晋书·华廙传》。
③ 同时诏问荀勖"司徒处当得人,副远近之望,并治事见才,谁可也"。也反映司徒并非纯粹尊崇之位。见《太平御览·职官六》。

司徒府的政务最主要的便是按照九品中正制度，评定全国人才优劣，作为官吏任用、黜陟的一个根据。具体任务有二：一是选用和黜免全国州、郡中正。如《晋书·李含传》："司徒选含领始平（郡）中正。"《傅咸传》：任司徒左长史，以为豫州大中正夏侯骏"与夺惟意"，"乃奏免骏大中正"。另一任务是对州、郡中正所评定的人才品级，进行审核。《隐逸霍原传》：燕国人，刘沈为国大中正，"进原为二品，司徒不过"，乃否决之例。但即便司徒府通过，也只是取得出仕的一种资格，还不能立刻当官，要当官还得再经过吏部尚书或吏部郎的铨选。当然，反过来，如果没有司徒府的品第，吏部也无法铨选，因为官位必须与中正品第一致。《孔愉传》：为司徒左长史，"以平南将军温峤母亡遭乱不葬，乃不过其品"。于是温峤每次升官，都得皇帝"发诏"，①作为特例处理。这也就是说，在一般情况下，司徒府不过品，吏部便不能任用。这反映了封建统治机构的互相牵制，防止舞弊，旨在保证官吏选用的质量。同时也说明了司徒这一权力的重要性，以及虽无司徒而其府也要常置的必要性。②

附带一说，司徒府中直接掌管上述政务的官吏有二：一是上面已经一再提到的司徒左长史，职掌是"差次九品，铨衡人伦"③。西晋潘尼曾说："此职执天下清议，宰割百国。……悠悠群吏，非子不整，嗷嗷众议，非子不靖。"④评价还是很高的。另一个是左西曹掾、属。周馥为司徒左西曹属，司徒王浑夸他"主定九品，检括精详，臣委任责成，褒贬允当……"⑤左西曹掾属的意见当报司徒左长史审查，而最后总于司徒。上举左长史傅咸奏免豫州大中正夏侯骏事，史称"司徒魏舒，骏之姻属，屡却不署。咸据正甚苦，舒终不从，咸遂独上。舒奏咸激讪不直，

① 参《世说新语·尤悔》第九条。
② 《通典·礼二十》记晋惠帝时司徒王浑奏劾太子家令虞浚等"亏违典宪，宜加贬黜"，集中反映司徒在评定人才优劣，确定官吏黜陟方面的权力。
③ 《通典·职官二》。
④ 《艺文类聚·人部十五》"答傅咸诗序"。
⑤ 《晋书·周馥传》。

诏转咸为车骑司马"。可见左长史的意见必须经司徒署名同意,方得上奏,傅咸独上不合制度,司徒提出弹劾,便得转官。

司徒除以上最主要的政务外,史书上还有劝课州郡农桑的记载。《晋书·石苞传》:拜司徒,奏曰"州郡农桑未有赏罚之制,宜遣掾属循行,皆当均其土宜,举其殿最,然后黜陟焉"。晋武帝诏曰:"古者稼穑树艺,司徒掌之。今虽登论道,然经国立政,惟时所急。……今司徒位当其任,乃心王事,有毁家纾国,乾乾匪躬之志。其使司徒督察州郡播殖……若宜有所循行者,其增置掾属十人……"在汉代,劝课农桑,派吏督察,本为丞相或司徒分内之责,而这时却要专门奏请,证明司徒本已失去这一权力。石苞之所以奏请,大概因为他遭到误会被免扬州都督,以公还第后,又起用为司徒,为了表示心中对晋武帝并无芥蒂,而故意多揽一些本可不揽之事。正因此故,晋武帝才会在诏中夸他夸得十分过火,以表示对他此举的满意。总之,双方是通过此事在暗中对话。至于司徒这一权力是否能长久坚持下去,则是另一回事。《温峤传》:东晋初上奏:过去"司徒置田曹掾,州一人,劝课农桑,察吏能否,今宜依旧置之"。可见石苞之后,这一制度不知什么时候已经罢去。

此外,《宋书·百官志》曰:郡国"汉制岁遣上计掾史各一人,条上郡内众事,谓之阶簿,至今行之"。沈约写此《志》在南朝齐、梁之时,既称"至今行之",两晋自不会例外。《晋书·王浑传》:拜司徒,晋惠帝"尝访浑元会(元旦大朝会)郡国计吏方俗之宜",可见沈约所说上计,虽然不见得仍像汉代那样由司徒受计,但总和司徒有些关系,所以皇帝才会咨询王浑。

《晋书·刘毅传》:晋武帝时孙尹上表称司徒魏舒"所统殷广,兼执九品,铨十六州论议"云云,虽然"所统殷广"四字很空泛,是他故意含混其词,夸大魏舒事务繁忙,以便为年龄相仿的刘毅受压制,不被起用喊冤,但联系前面的考证,却足可证明司徒确与其他诸公不同,决非纯粹尊崇之位,尽管基本上已不能算宰相。

至于太尉与司空,保留宰相权力不如司徒多,但仍与其他五公不同。如裴秀拜司空,"创制朝仪,广陈刑政,朝廷多遵用之,以为故事。在位四载,为当世名公"。①荀颙迁太尉,"都督城外牙门诸军事";贾充迁太尉,伐吴之役,诏用为"使持节,假黄钺,大都督,总统六师"。②虽然任都督与握有太尉的宰相权力不是一回事,纯粹虚衔也可有此任命,但这种任命毕竟说明西晋太尉与东汉太尉"掌四方兵事功课"之权力,仍有关系。

《晋书·周颙传》:晋元帝时王敦攻入建康,问王导曰:"周颙、戴若思南北之望,当登三司,无所疑也。"导不答。又问"若不三司,便应令、仆邪?"又不答。王敦便说:"若不尔,正当诛尔。"果然把二人杀掉。周、戴二人都很能干。从王敦将"三司"与"令仆"并列,以及不用便杀掉的言行看,"三司"必非纯粹尊崇之位,而是想拉过来委以重任之意。《温峤传》:晋元帝时,除官不拜,"苦请北归"。"诏三司、八坐议其事。"也证明直到东晋,"三司"仍参与一些政务。

三、西晋的尚书台——宰相机构

西晋尚书台已经基本上形成宰相机构,尚书台长官已基本上相当于汉代三公,是国家宰相,表现于以下三方面。

1. 尚书已经不仅作为近臣,在宫中与皇帝议政,而且代替三公监督百官执行各项决定,处理日常政务。《晋书·刘颂传》:晋武帝太康年间上疏说:"秦汉已来,九、列执事,丞相都总。今尚书制断,诸卿奉成,于古制为重,事所不须。然今未能省并,可出众事付外寺,使得专之,尚书为其都统,若丞相之为。惟立法创制,死生之断,除名流徙,退免大事,及连度支之事,台乃奏处,其余外官皆专断之,岁终台阁(阁)课功校簿而已。……于今亲掌者动受成于上,上之所失,不得复以罪下,岁终事功不建,不知所责也。"

---

① 《晋书·裴秀传》。
② 以上见《晋书·荀颙传、贾充传》。

这是一条非常宝贵的材料。首先,将西晋的尚书与秦汉的丞相并举,只字不提这时的三司。这是三司已基本失去宰相权力的有力证明。其次,从刘颂语气看,尚书不但等于秦汉丞相,而且权力超过他们,进而侵犯了诸卿权力。本书第二章第二节中已说过,西汉初年实行无为而治,宰相不管小事,主动奏请的大事也不多。平日诸卿和地方长官依据变动较少的律令、诏书独立处理政务,宰相仅定期派掾史检查,特别是年终进行考课,奏行赏罚。这样,诸卿、地方长官权力较大。这大概就是刘颂所说的"九、列执事,丞相都总"。但自汉武帝以后,随着生产发展,社会进步,国事日趋繁忙,皇帝(有的通过辅政大臣)直接处理政务增多,因而促成了东汉、曹魏尚书的发展。它不但逐步取代三公及三公府,而且天下文书皆上尚书。尚书经常佐助皇帝对文书做出反应,形成决定,交诸卿和地方长官执行的结果,便削弱了他们像汉代那样依据律令、诏书独立处理政务之权。刘颂所说的"今尚书制断,诸卿奉成,于古制为重""亲掌者动受成于上",当即此意。他所要求的除立法创制等大事仍由尚书奏处,"其余外官皆专断之,岁终台阁课功校簿",实际等于建议恢复西汉宰相与诸卿之关系,只不过以尚书或台阁取代了丞相而已。这就又从尚书与诸卿的权力分工上,进一步证明尚书台已是宰相机构。

关于刘颂这一建议,还有类似材料印证:

《晋书·裴秀传》:为司空,"以尚书三十六曹统事准例不明,宜使诸卿任职,未及奏而薨"。三十六曹,或作三十五曹,"置郎二十三人,更相统摄"。这些尚书郎在东汉主要任务是起草诏令,而从曹魏起,起草诏令之权转归中书,[1]尚书郎"非复汉时职任",[2]主要任务变成分曹接受天下文书,处理日常各类事务。八王之乱时,嵇含言于长沙王乂曰:"今都官、中(兵)、骑(兵)三曹,昼出督战,夜还理事,一人两役,内

---

① 参本书第九章。
② 《通典·职官四》。

外废乏。"①可见各曹日常事务很多，才会如此紧张。这三十六曹是从曹魏二十五曹发展来的，按裴秀"统事准例不明"的意思，很可能各曹之间分工不明，特别是与诸卿之间分工不明。实际上即指此三十六曹所统之事已侵犯诸卿权力，于是主张把权力交还诸卿，用这一办法来解决矛盾。这与后来刘颂的建议大体相同。

《晋书·荀勖传》载勖曾议论说"若欲省官，私谓九寺可并于尚书"。这是和裴秀、刘颂正好相反的一种解决诸卿与尚书分工不明的办法。从当时实际看，荀勖的意见更符合统治需要。因为西晋尚书台仍设在宫中，收受、保管天下文书，而诸卿则是外官；皇帝处理政务，无论是商议或交付执行，自然是找尚书最方便，何况如上所述，自曹魏后期以来，尚书往往以亲信充任。

试以度支尚书为例，《晋书·杜预传》：是外戚，"明于筹略"，甚得武帝信任，拜度支尚书，"乃奏立籍田，建安边，论处军国之要。又作人排新器，兴常平仓，定谷价，较盐运，制课调，内以利国，外以救边者，五十余条"，武帝"皆纳焉"。他"在内七年，损益万机，不可胜数"。《张华传》：支持晋武帝伐吴，为其心腹，"及将大举，以华为度支尚书"。其诏曰："一年不收，使公私俱匮，不唯天时，乃人事有不尽也。故总要者，正在度支尚书也。其以散骑常侍、中书令张华为度支尚书。"（此见《太平御览·职官十五》引《晋起居注》）如前所述，自汉以来，钱谷、财赋、仓库之事本归大司农掌管，自曹魏开始设立度支尚书，至此不但几乎侵犯了大司农的所有权力（如杜预），而且在皇帝心目中，度支尚书是这一方面事务之"总要者"，地位也超过了大司农。既然如此，怎么可能重新把度支尚书已握之权交回大司农，而不是如荀勖所议，考虑并九寺于尚书呢？当然，实际上由于种种原因，二者并没有合并，但大体趋势则是九寺权力日益为尚书侵夺，成为纯粹事务机构。

通过刘颂关于不满"尚书制断"，而为诸卿争权的论述，反过来也

---

① 《通典·职官四》。

就更加证明尚书在西晋确已基本代替了三司。

2. 尚书台已经有权独立地颁下文书,指挥政务。这种文书叫尚书符。而在西晋以前却没有见过。《后汉书·杨震传》:为太尉,外戚耿宝荐中常侍李闰兄于震,曰"李常侍国家所重,欲令公辟其兄,宝唯传上意耳"。震曰"如朝廷欲令三府辟召,故宜有尚书敕","遂拒不许"。这里的尚书敕,据上下文义,决非尚书台自己颁布之文书,而只是作为办事机构,替皇帝草拟、颁下的诫敕。①《丁鸿传》尚书敕作"台敕",情况同。

晋代尚书符则是根据政务需要和皇帝批准的原则,由尚书台自行起草、颁下的文书。《通典·礼二十》:晋惠帝时司徒王浑劾奏太子家令虞潘等八人子弟婚娶"亏违典宪","请台免官,以正清议"。因事涉礼典,于是"尚书符下国子学处议"。同书《礼十三》:尚书符下太常,规定国学"经置博士一人"。《晋书·荀奕传》:东晋初"将缮宫城,尚书符下陈留王(曹魏后代),使出城夫",侍中荀奕提出异议,与尚书张闿等互相驳难。结果"诏从"奕议,尚书符便失效,这是符不同于诏之明证。《殷仲堪传》:东晋末为荆州刺史,尚书下符"以益州所统梁州三郡人丁一千番戍汉中"。殷仲堪"奏之曰:……苟顺符指……恐公私困弊,无以堪命"。最后"朝廷许焉"。这里虽无"诏从之"之句,但由于殷仲堪所上的是"奏",所以所谓"朝廷许焉",当亦采下"诏"形式,将尚书符废除。

《宋书·礼志二》载有宋文帝时皇太子监国有司仪注。其中的符仪和其前所引的笺仪、关事仪不同,并无"关门下位""尚书官署"等手续,但称"事诺"(文书已经皇太子批准),"明详旨申勒,依承不得有亏,符到奉行",显然是尚书台为执行皇太子批示,而自行草拟、颁下的文书。当然,这是宋初仪注,时间较晚,但如考虑到宋初"因循"晋礼,并未创新,②则用这符仪来理解晋制,应该相去不会很远。此有一证。

---

① 诫敕为汉帝所下文书形式之一,见《后汉书·光武帝纪》建武元年注。
② 参《通典·礼一》。

《通典·礼十五》记东晋康帝立，"准礼将改元。尚书（符）下侍御史、太常主者、殿中属，应告庙，其勒礼官并太史，择吉日，撰祝文，及诸应所用备办。符到奉行"。由于这段话是节文，所以公文用语只剩下了最后的"符到奉行"，可以想象，全文格式与宋初符仪大概是差不多的。

尚书台独立下符反映什么问题呢？

如所周知，汉代丞相、三公指挥全国政务都通过奏请皇帝下诏令来进行。如"孔庙置守庙百石卒史孔龢碑"[①]所载，汉代这一诏书共分三部分。前为司徒吴雄、司空赵戒关于为孔庙置百石卒史的奏请全文，包括援引鲁相瑛给三公府的报告。第二部分为诏书本文，应为尚书手笔。最后一部分当为三公府收到诏书后所附下行之辞，如"承书从事下当用者""如诏书，书到言"等即是。这种情况，汉简中亦有印证。[②] 这就是说，汉代宰相不单独下文书。这在全国交通联系少，郡国事务多自行决断，因而九卿、列卿事务也不太繁忙的条件下，是很自然的、行得通的。魏晋以后，社会进步，郡国权力削弱，中央对地方事务的干预逐渐增多，[③]这时宰相指挥中央和地方政务如果仍然得一一奏请下诏书，就会很烦琐而不方便。于是针对某地、某部门的某项具体事务，只要已有律令、诏书的原则规定，宰相机构根据其精神自行下文书指挥，不再奏请，至多呈报备案的做法，便由无到有，由少到多，不可遏止。[④] 这是社会进步，中央集权加强，在统治事务上的必然反映。

在晋代，不但尚书台，其他机构也有同样变化。如《晋书·刘毅传》：青州籍官吏石鉴等奏曰："前被司徒符，当参举州大中正。"《五行志上》：齐王冏拜大司马辅政，"坐拜百官，符敕台府……不一朝觐"。可见不但司徒下符，大司马也可下符。《王羲之传》：东晋为会稽内史，与谢安书曰："自吾到此……兼以台司及都水、御史行台文符如雨，倒

---

① 《金石萃编》卷八。
② 参《汉简研究文集》，甘肃人民出版社1984年版，第260—262页。
③ 这是就制度上中央与地方的关系而言，至于实际上某些都督、刺史权重，不遵行制度者颇多，是另一回事。
④ 唐制，"大事则听制、敕，小事则俟省符"。可为侧证。见《唐六典》卷二十三。

错违背,不复可知。"证明都水使者、御史也同样下符。同传与殷浩书:"复被州符,增运千石,征役兼至。"是各州刺史指挥郡国也用符。当然,现存材料见到最多的是尚书符,这正是尚书台已成为处理全国政务的宰相机构的证明。

3. 尚书长官在名义上也开始被视为宰相。《晋书·贾充传》:为尚书令多年,"自以宰相为海内准则"。侍中任恺用计将他出为秦、凉二州都督,充"自以为失职",荀勖曰:"公,国之宰辅,而为一夫所制,不亦鄙乎。"《傅咸传》:王戎为仆射兼吏部,傅咸奏劾曰"戎备位台辅,兼掌选举"云云。按"台辅"自汉以来一直指三司,等于宰相之义。如山涛拜司徒,诏曰"授君台辅之位";王浑为司徒,称"居台辅"。① 所谓"台"(非繁体尚书臺之"臺"),指天上星宿。同书《天文志上》:"在人曰三公,在天曰三台。"所以王戎被称"台辅",亦尚书长官被视为等于三公,已成宰相之证。《冯纨传》:张华任幽州都督,"威德大著,朝论当征为尚书令",为冯纨所间,未果;而《张华传》则作"朝议欲征华入相",可见前之尚书令即此处之"相"。晋武帝在"荀勖守尚书令诏"中也说:"周之冢宰,今尚书令。"② 以上材料所反映的观念,为汉魏所未见,是曹魏后期至西晋,尚书逐步基本取代三公,指挥和处理全国日常政务,地位、权力和宰相越来越接近、相等的必然结果。

不过必须看到,尚书长官和汉代宰相相比,从西晋开始,又有自己的特点。首先一个特点就是尚书令、仆射与诸尚书、丞、郎的关系,和汉代丞相或三公与僚佐、掾属的关系很不相同。《晋书·卫瓘传》:拜尚书令,"以法御下,视尚书若参佐,尚书郎若掾属"。反过来也就证明实际上他们并非参佐、掾属,卫瓘行为不符合正常制度。如所周知,掾属之辟除、黜免,其权皆在诸公及开府府主,二者且有"君臣"关系,③而

---

① 以上见《晋书·山涛传、王浑传》。
② 《全晋文》卷六。
③ 《晋书·羊祜传》:不应曹爽之辟,曰"委质事人,复何容易"。《向雄传》:吴奋为郡太守,雄为主簿,晋武帝认为他们是"君臣"。

尚书、丞、郎均由大臣、吏部提名，经皇帝批准任免，令、仆射无权直接干预，左丞还拥有监督、弹劾包括令、仆射在内的"八座"之责，和掾属大不相同。

至于参佐如长史等，虽地位高于掾属，亦经皇帝批准任免，但一则他们官品较低，在汉代公府长史秩千石，而三公万石，在西晋长史六品，三公一品，相去甚远；而尚书与令、仆射同为三品，仅班次稍后，因而权力相差也就不可能很大。① 二则，也是更重要的一点，参佐名义上就是属官、佐官。《汉官仪》便说：三公长史"号为毗佐三台，助和鼎味"。② 《晋书·羊祜传》：曾为征南大将军，参佐刘绘等自称"昔以谬选，忝备官属"。因而凡涉及府中事务，均需通过府主批准，方能实行或上奏。③

而尚书并不是令、仆射的掾属，处理有关政务有很大独立性，虽受令、仆射的监督，实乃同僚，地位基本相等，所以可以一起构成"八座"。谢灵运《晋书》：八座"参摄百揆，出纳王命，古元、凯之任也"。④ 《齐职仪》曰："舜举八元八凯，以隆唐朝，今号八座为元、凯，谓贤能用事，义如昔也。"⑤ 八元、八凯事见《左传·文公十八年》，均为贤人，并无高下与主佐之分。这种比喻，决非偶然。所以，八座有时共同商议，行使宰相之权。

西晋尚书机构的这一特点本源于汉代尚书台。但当时只因尚书台设在宫中，原来又是具体办事机构，所以很自然官吏均由皇帝任免，不允许也没有必要让令、仆射对尚书、丞、郎握有像三公对僚佐、掾属的权力。到西晋，尚书台基本演化成了宰相机构，这一特点便被沿袭了下来。

西晋尚书台作为宰相机构另一个特点便是在处理日常政务时，尚

---

① 以上官品均见《通典·职官十八、十九》。
② 《太平御览·职官七》。
③ 参前引司徒左长史傅咸奏劾州大中正，必须经司徒署名一事。
④ 《太平御览·职官九》。
⑤ 《太平御览·职官八》

书拥有很大独立性，令、仆射只能监督，而不能直接干涉。

《晋书·山涛传》：为吏部尚书十余年，"每一官缺，辄启拟数人，诏旨有所向，然后显奏，随帝意所欲为先。……众情不察，以涛轻重任意。或谮之于帝，而涛行之自若"。从上下语气，特别是从众人怪罪山涛看，显然，中间尚书令、仆射并未干预，即吏部尚书是直接向皇帝奏请，并按其批示任用官吏。《杜预传》《食货志》：为度支尚书，咸宁年间晋武帝诏："今年霖雨过差，又有虫灾……深以为虑。主者何以为百姓计，促处当之。"作为"主者"，杜预立即上疏提出建议，"朝廷从之"。从上下语气看，尚书长官也未参与。《任恺传》：为吏部尚书，与尚书令贾充结怨，然"选举公平，尽心所职"，在官吏任用上未受贾充影响。贾充后靠捏造事实，"遣尚书右仆射、高阳王珪奏恺，遂免官"，证明长官起的只是监督作用。其后任恺为光禄勋，贾充又指使人弹劾恺，"事下尚书，恺对不伏。尚书杜友、廷尉刘良……知恺为充所抑，欲申理之，故迟留而未断，以是恺及友、良皆免官"。这时西晋尚设有三公尚书掌刑狱，杜友又曾任廷尉，①所以"事下尚书"当即事下三公尚书杜友，从他与廷尉可将案子拖延不审推断，尚书令对他们的审判事务也不能直接干涉，而只能像上述尚书右仆射奏免吏部尚书那样，向皇帝弹劾他们，杜友等免官，当即此故。

总之，西晋尚书行使权力与令、仆射的关系，和汉代诸曹掾属甚至长史凡事必通过丞相、三公的关系是不同的。

西晋尚书台的第三个特点是：处理较重要而疑难的政务，往往通过"八座"集议进行，特别重大军国要务，还需入后宫与皇帝当面讨论决定。

所谓八座，或指尚书令、仆射和六曹尚书，或指尚书令、左右仆射和五曹尚书。据说东汉已开始有这一称呼，最早见应劭《汉官仪》。②

---

① 《晋书·刑法志》。

② 《初学记·职官上》、《唐六典》卷一、《太平御览·职官十一》引。

可是不但《后汉书》，连《三国志》中也见不到这一称呼。① 所以似乎可以这样推定：即便诸书所引《汉官仪》无误，也只是尚书台中习惯用语，在政治上作用还不大。而在西晋，八座不但常见，而且地位大大提高。

《晋书·庾旉传》：晋武帝逼齐王攸就国，博士庾旉等上表谏。武帝览表，"大怒，事下有司"。尚书朱整等奏："请收旉等八人付廷尉科罪"。接着廷尉刘颂"又奏旉等大不敬，弃市论，求平议"。于是"尚书又奏请报听廷尉行刑"。这时尚书夏侯骏谓朱整曰"国家乃欲诛谏官！官立八座，正为此时，卿可共驳正之"。整不从，骏"乃独为驳议"。左仆射魏舒、右仆射下邳王晃"从骏议"。武帝览奏及驳议后，将它们"留中七日"，方下诏免庾旉等死，仅予以除名。这一条材料说明以下问题：

1. 再一次证明刘颂之"尚书制断，诸卿奉成"的话是不错的。武帝览庾旉等谏表后"事下有司"之"有司"，就是有关尚书，所以下面紧接着有尚书朱整等之奏请。以下过程是：付廷尉科罪之奏请立即得到批准。廷尉审理人犯后希旨提出"弃市论，求平议"。尚书在平议后表示同意，"奏请报听廷尉行刑"，同时又附上少数人之驳议。结果武帝采取折中办法了案。这样一件事涉八名博士（六品）生死的大案，三司完全未参与。作为九卿之一的廷尉，是依尚书朱整等奏请，方才接到案子；而提出迎合武帝之判决后，又经尚书平议、驳议；等最后武帝拍板决定，弃市已改为除名，面目全非了。诸卿权力为尚书侵夺，体现得很清楚。

2. 对廷尉的判决，由于案子重要，尚书台进行平议的当即八座。当时尚书令是卫瓘，②很可能他和几位尚书同意廷尉判决，所以尚书台才会奏请报听廷尉行刑；少数尚书不同意，夏侯骏写了驳议，左、右仆射全都支持，于是也一并上奏。所谓驳议，其制始于汉代。蔡邕《独断》记载："其有疑事，公卿百官会议。若台阁有所正处，而独执异意

---

① 仅《三国志》卷二二传评中有"八座尚书"，可那是西晋陈寿用语，不足为据。
② 据《晋将相大臣年表》。

者,曰驳议。"不过这时平议、驳议仅在"八座"中进行,对晋武帝审批这么一件大案,提供最后一次参考意见,作用、权力之大,十分明显。

以上是疑难大事由八座商议、相互驳难,然后上奏由皇帝审批。也有另一种情况。《晋书·赵王伦传》:篡位。齐王冏等起兵讨伐,义阳王劝赵王伦心腹中书监孙秀"至尚书省与八座议征战之备,秀从之。使京城四品以下子弟年十五以上,皆诣司隶,从伦出战"。后一句当即孙秀与八座共同商议做出的决定。可是这样一个比处理官吏重要得多、关系到赵王伦统治存亡的征战大事,为什么仅由中书监与八座商议就可作出决定呢?原来这不是正常制度,而是因为赵王伦"素庸下,无智策,复受制于秀","伦之诏令,秀辄改革","秀之威权振于朝廷,天下皆事秀而无求于伦"。所以孙秀与八座上述决定,在当时条件下实际上无异于皇帝与宰相共同商议做出,只不过孙秀名义上毕竟不是皇帝,又要甩开赵王伦,不愿让八座入宫商议,才不得不屈尊去尚书台罢了。这也就是说,如按正常制度,这类征战大事应由皇帝与八座商定。

关于上述疑难大事由八座商议,上奏皇帝审批;特别重大军国要务则由皇帝与八座一起商定的制度,还有以下证明:

《晋书·石勒载记》:称帝,下书曰:"自今有疑难大事,八坐及委丞、郎赍诣东堂,诠详平决。其有军国要务须启,有令、仆、尚书随局入陈,勿避寒暑昏夜也。"石勒逐步汉化,此制当仿自西晋。其前一部分和《庾翼传》吻合,所谓"诠详平决",最后还得上奏待批。后一部分则与《赵王伦传》事精神一致,"随局入陈"即入王宫陈述、讨论,由于事情特别重要,所以丞、郎不参加,且"勿避寒暑昏夜"。全都反映了八座在这种情况下行使了宰相职权。

《宋书·百官志》:"晋西朝八坐、丞、郎,朝晡诣都坐朝,江左唯旦朝而已。八坐、丞、郎初拜,并集都坐,交礼。迁,又解交"。"都坐",《通典·职官四》作"都省",与各曹对举,乃指共同议事、行礼之地。"朝",并不是朝见皇帝。《周礼·考工记·匠人》:"外有九室,九卿朝焉。"郑注:"九室,如今朝堂诸曹治事处。"孙诒让正义引戴震云:"外九室,盖九卿省其政事处也。"又说:诸卿"于九室朝其属吏,而治其职事,故亦通谓之朝"。① 据此用法,这里的朝,主要当指尚书官吏早晚两次至"都坐"相互会见,并议事、治事。一日竟需朝见两次,这也从一个侧面反映八座集议政事制度的存在。②

《晋书·明帝纪》:东晋初平定王敦叛乱,太宁三年诏"大事初定,其命惟新。其令太宰、司徒已下,诣都坐参议政道,诸所因革,务尽事中。"由于处理日常政务已转至尚书台,所以太宰、司徒官品虽高,要商议政事便得"诣都坐",与八座一起讨论。此制当沿自西晋,亦八座集议政事形成制度之明证。

至于八座等初拜及迁官之"交礼""解交",据宋人庞元英考证,交礼指对拜,"迁日又集,对拜而去,谓之解交也",③这虽和八座集议无关,但却从又一个角度表明他们相互以及与丞、郎之间并非主佐、君臣关系,与汉代宰相机构不同,故附述于此。

通过以上西晋尚书台的特点,可以看出,令、仆射的权力当时虽然有些分散,不算集中,但因为就整个尚书台说已经总管全国政务,既握议政权,又有监督百官执行权,甚至使"诸卿奉成",成了宰相机构,所以他们逐渐名义上也被视为宰相,便是不可避免的了。

西晋尚书台已基本成为宰相机构,尚书长官已基本相当于宰相,还有一个侧证。傅咸在"答辛旷诗序"中说:"尚书左丞弹八座以下,居万机之会,斯乃皇朝之司直,天台之管辖。"④尚书左丞在汉代并没有这个权力,为什么这时增加了这个权力呢? 恐怕原因就在于八座权力扩大,令、仆射基本等于宰相,所以要专门赋予台内左丞以弹劾权,从而保证八座的统治质量和效率。

---

① 郡县也可称"朝",参《日知录》卷二四"上下通称"。
② 《资治通鉴》卷一二八大明二年胡注:"(北)魏之都坐……即唐之政事堂。"同上卷一二九大明八年胡注:"都座,谓尚书八座会坐之所,犹今之都堂(此指宋元丰改官制以后之尚书都省)也。"
③ 《文昌杂录·补遗》。
④ 《初学记·职官上》。

四、东晋的录尚书事

东晋三公、尚书的基本格局,与西晋同。但由于统治阶级内部力量对比发生变化,以及受玄风清谈的进一步影响,又具有自己的特点,录尚书事权力之扩大,称宰相,即其一。

在西晋虽沿曹魏旧制,有录尚书事一职。但是并不常设,晋武帝在位二十六年,有十年未设录尚书事。其后也是时设时废。更重要的是,录尚书事权力并不很大。这是因为平吴以前,晋武帝"躬亲万机",①尚书众事多直接过问、处理,录尚书事虽预谋议,但当时还有门下省官吏"评尚书奏事",②侍中还极得宠信,③录尚书事只是其中之一,权力很不集中。

关于这一点,还可从武帝前后所任命的三名录尚书事的情况见到。武帝即位最早任命的一名录尚书事是王沈。他靠出卖高贵乡公,投靠司马氏而得信用,然到这时,就地位说,只是二品骠骑将军,在他前面尚有诸公,均位极一品;就信任说,他也赶不上裴秀、贾充、荀勖。之所以单用他录尚书事,首先当因他"才识通洽"。④ 裴秀既已为尚书令(不久贾充亦任仆射),荀勖又是中书监,让王沈录尚书事,也可使参谋议,用其所长。其次,也是更重要的原因,如以诸公录尚书事,所提意见晋武帝否决起来不很方便,裴秀等人资历又不够"录",而王沈正好填补这一空白。同时自曹爽、司马懿父子录尚书事以来,这一职务总揽大权,超过君主,晋武帝以位望稍差的王沈担任,恐怕也有意要借此降低这一职务的地位、规格。王沈死后,干脆将它取消,或亦此意。因而,在晋武帝这种指导思想下,王沈不可能专握大权,是十分清楚的。

---

① 《晋书·山简传》。
② 同上。
③ 参《晋书·任恺传、王济传》。
④ 《晋书·王沈传》。

晋武帝任命的第二个录尚书事是贾充。贾充本极得信任，位尚书令八年，升司空后仍继续担任不变。有次武帝病重，有人劝贾充：如武帝死，当支持齐王攸（贾充女婿）为帝（亦即不支持惠帝），"充不答"，等于默许。武帝病愈听说这事，因贾充过去于己有恩，仅"夺充兵权"，"寻转太尉，行太子太保，录尚书事"，[1]亦即免除了尚书令之职。这是表面上升官，实际上夺权。因为尚书令是实的，要总管尚书台，而录尚书事有很大弹性，如他对尚书文书提的建议皇帝不予理睬，便等于虚衔。从贾充此后政治上无大建树，特别在伐吴问题上屡遭武帝斥责看，他的录尚书事权力同样是不大的。

武帝第三个录尚书事是汝南王亮。他的才干有限，但辈分很高，是晋武帝叔父。之所以会让他迁太尉，录尚书事，是因为晋武帝为稳固太子（惠帝）的地位，将弟弟齐王攸（任司空、侍中、太子太傅，居于未来辅政大臣地位，被怀疑有可能代太子继帝位）排挤出京师后，要借汝南王亮的辈分、资历，抚慰宗室和群臣的不满（所以同时以他"领太子太傅"，暗示他是代替齐王攸的。他辈分高、资历深，别人很难说话）。[2]在这种情况下，任命录尚书事只是一种姿态，当时有能干的卫瓘为尚书令，本不指望汝南王亮在录尚书事任上有多大作为。

总之，从晋武帝一代各种情况分析，当时的录尚书事是远不能与曹魏后期相比的。武帝以后，八王乱起，军权最重要，录尚书事时废时置，居于可有可无之地位，也就不奇怪了。

东晋情况则不同。如所周知，门阀制度一般说始于魏晋，至东晋前期达到高峰。晋元帝便是靠南北高级士族，特别是琅邪王氏之支持而登位的。"王与马，共天下"的格局形成之后，尽管此后皇权几经挣扎，但东晋前期基本是"号令威权多出强臣"，[3]"幼主在位，政归辅

---

① 《晋书·贾充传》。

② 参拙文《八王之乱爆发原因试探》，载《北京大学学报》1980 年第 6 期。

③ 《宋书·王敬弘、何尚之传论》。

臣"，①而由王、庾、桓、谢四族相继控制朝政。就政治制度言，便是极力发挥录尚书事的作用。上面已说过，从汉代以来，领、录尚书事制度便是有弹性的。如皇权伸张，领、录尚书事权力大小就得视君主委任程度而定。晋武帝躬亲万机，并参用其他近臣（如侍中、中书监令等），录尚书事权力便很有限。反之，君权不振，如东晋那样，大臣通过充任录尚书事，以"辅政"名义操纵朝政，就是最名正言顺的。东晋录尚书事制度出现以下变化：

1. 东晋前后存在百三年，录尚书事除很少几年因特殊原因（如资历不够，无合适人选等）空缺外，一直设立，没有中断。② 这和西晋是不同的。

2. 在制度上明确规定录尚书事权力是"职无不总"，见《宋书·百官志》《通典·职官四》。这也是以前所未见的。同时录尚书事名目增加。如资历、声望等稍逊，则称"录尚书六条事"。这正是录尚书事制度比过去发展的一个反映。

康帝时何充"让录表"曰："咸康中分置三录，王导录其一，荀崧、陆晔各录六条事。"据此沈约说："然则似有二十四条，若止有十二条，则荀、陆各录六条，导又何所司乎？若导总录，荀、陆分掌，则不得复云导录其一也。其后每置二录，辄云各掌六条事，又是止有十二条也。十二条者，不知悉何条。"③沈约这段话共分四句。依第一句，他推算出录尚书所录当为二十四条。由于这在史书上找不到印证，他自己也不相信，于是在第三、四句中又推算出录十二条之说，并且提出"不知悉何条"，看来是肯定十二条说正确了。可是他忘了如果死抠数字，又如何把十二条与王导录其一，荀、陆各录六条事那句话统一起来呢？

对何充表文，胡三省有另一种解释，见《资治通鉴》卷八九注。他根据《通典·职官四》小注引何充表文荀、陆"各录六条事"作"各录二

① 《宋书·王敬弘、何尚之传论》。
② 参万斯同《东晋将相大臣年表》。
③ 以上均见《宋书·百官志》。

条事",又根据东晋尚书止有五曹之记载,以为"各录六条"之"六"是讹字,当依《通典》作"二",王导录其一,荀、陆各录其二,共五条,认为就是录尚书五曹之事。如脱离其他条件孤立地看,此说甚雄辩。可是仔细一分析,又不然。首先尚书五曹事,分别由三人分掌,则如何解释录尚书事"职无不总"这一权力呢?其次,明帝太宁三年王导、荀崧、陆晔三人录尚书事之时,王导是司徒(一品),比荀、陆二人之光禄大夫(三品),官品、声望都要高得多,怎么可能王导只录其一,而荀、陆反各录其二?再次,东晋后来一直设有录尚书"六条"事,这与尚书五曹又如何统一?

其实,沈约、胡三省都是过于注意数字之计算,先入为主,而把何充的意思给复杂化了。何充的意思本很简单,只不过说三录中王导是一录,即录尚书事;另二录为荀崧、陆晔,则称"录六条事"。之所以有此区别,当因前者位望高于后者。也就是说,原意根本不存在二十四条、十二条的问题。沈约因为只想到计算数字,所以不但不从这方面考虑,相反在上面引文的第二句中驳斥了此说,其实如果就三录言,王导为总录,荀、陆各分掌其一,为什么不可以说"导录其一"呢?关于这一看法,还有以下证明。

《晋书·刘聪载记》:大定百官,"以其子粲为丞相,领大将军、录尚书事,进封晋王……刘延年(时为太宰)录尚书六条事"。胡三省说:"录尚书六条事始见于此";后来又说"录六条事,在录尚书之下,是必魏晋之间先有是官,聪承而置之也"。[①]

《晋书·穆帝纪》:即位年幼,皇太后临朝,用会稽王昱、蔡谟辅政。因昱为抚军大将军(班次稍后之二品)、谟为左光禄大夫(三品),位望稍逊,故俱"录尚书六条事"。至哀帝兴宁元年欲以桓温辅政,直接命为"录尚书事",当因桓温原系太尉,又加大司马(一品)之故。[②]

《晋书·会稽文孝王道子传》:太元八年,谢安已录尚书事多年,威

---

① 以上分别见《资治通鉴》卷八九、卷九七注。
② 参《晋书·哀帝纪》。

望极高,道子方二十岁,入仕不久,然又是孝武帝母弟,故"录尚书六条事"。及谢安死,便进为"录尚书事"。

录尚书六条事究竟起于何时,已不可考。上引胡三省语,可备一说,不过东晋此制发展,与录尚书事一起,频频行用。至于六条何所指,更缺乏材料。傅畅《晋故事》:西晋张华为光禄大夫,"尚书七条事皆咨而后行"。[①] 东晋庾亮"经关尚书七条"。[②] 南朝梁代沈约亦"关尚书八条事"。[③] 可见条数似也不固定。以汉代州刺史"六条问事","非条所问即不省"之意推测,[④]所谓录六条(或关、咨七条、八条),当指尚书台(省)几项重大事务,除录尚书事以外,还要让"录尚书六条事"或其他官吏来过问,以保证统治质量。由于最早定下的是"录尚书六条事"之务,以后虽条数有时变为七条、八条,但因大致内容未变,习惯仍沿旧名叫录尚书六条事,这里似乎并没有什么深奥的道理在内。

3. 从具体人选看,高级士族借助录尚书事制度控制朝政之性质,便更为清楚。

首先,到淝水之战为止,东晋前后录尚书事者共十三人,[⑤]除苏峻叛乱,攻入建康,纯属自封不计外,凡皇族二人,高级士族十人,无一寒门。

其次,皇族二人中,西阳王羕是晋元帝故意安插以分高级士族之权的,明帝死后便被庾亮等搞掉。会稽王昱在政治上"无济世大略",所以他虽被高级士族的一派推出录尚书事,以对抗高级士族的另一代表人物桓温,但后来桓温仍支持他为帝(即简文帝)。他继位后,"拱默守道",还表示可让位给桓温。可见,他录尚书事,实际上主要代表的是高级士族,而非皇族。[⑥]

---

① 《太平御览·职官八》。
② 《宋书·百官志》。
③ 《梁书·沈约传》。
④ 《后汉书·百官志五》刘昭注补。
⑤ 据《东晋将相大臣年表》。
⑥ 以上见《晋书·简文帝纪》。

再次,就高级士族言,除晋元帝时之荀组过江后虽无实力,因资历深(原来已是司徒),而录尚书事外,其余录尚书事(不是录尚书六条事)者六人,无不为握有实力之高级士族主要代表人物。如琅邪王氏之王导、王敦;颍川庾氏之庾冰;谯国桓氏之桓温;陈郡谢氏之谢安。只有庐江何充算不上拥有多大实力,[①]然他是王导外甥,又有才干,王导、庾亮都向成帝极力推荐他接替自己。[②] 可见实际上何充在政治上是代表他们的。

至于庾氏最主要代表庾亮仅监中书,未录尚书事,则有其特殊原因:明帝刚死时,庾亮资历尚浅(历官最高仅三品),无法与王导相比;同时其妹作为皇太后临朝听政,庾亮不要这一名义也可掌握朝政,所以"录"归了王导。其后又遭苏峻之乱,他引咎自责,请出外镇自效,当然谈不上再录尚书事。而到各种条件具备,成帝征他"为司徒,扬州刺史,录尚书事"时,他又想在收复中原上立功,"固辞"(于是才用其弟庾冰以及何充参录尚书事),不久为后赵石虎所败,病死。如果庾亮多活几年,对胡战争又有功,可以肯定,按他的身份和地位,迟早会回京师录尚书事的。[③]

4. 更重要的是:东晋录尚书事不仅在制度上,而且在实际政治中,握有大权,被称作宰相。《晋书·王导传》:东晋初为"侍中、司空、假节、录尚书、领中书监",用羊鉴讨伐叛乱失败,上疏称"臣受重任,总录机衡,使三军挫衄,臣之责也。乞自贬黜"。在好几个官衔中单提"总录机衡",是录尚书事负实际政治责任之证。《何充传》:上面已说,王导、庾亮曾向成帝推荐他,原话是:"何充器局方概,有万夫之望,必能总录朝端,为老臣之副",如能用他,"社稷无虞矣"。也是仅把录尚书事与社稷安危联系在一起,与上条材料互相呼应。不久,何充录尚

---

① 以庾冰和何充之资历言,开始大概只是录尚书六条事。《晋书·何充传》、《资治通鉴》卷九六俱称二人"参录尚书事",或即此意。《宋书·百官志上》记东晋荀崧、陆晔各录尚书六条事,而《晋书》但记二人录尚书事,可见《晋书》往往疏略。

② 《晋书·何充传》。

③ 以上参《晋书·庾亮传》。

书事，"以社稷为己任"，便被视为"宰相"。后来"充以卫将军褚裒皇太后父，宜综朝政，上疏荐裒参录尚书（裒未就）"，再次证明了录尚书事握有"综朝政"之权。《资治通鉴》卷九六：咸康五年庾冰与何充"参录尚书事"，"冰既当重任，经纶时务，不舍昼夜，宾礼朝贤，升擢后进，由是朝野翕然称之，以为贤相"。《晋书·会稽文孝王道子传》：谢安死，成为"总录"，称"相王"，统治腐败。后加其子司马元显录尚书事，"道子更为长夜之饮，政无大小，一委元显。时谓道子为东录，元显为西录，西府车骑填凑，东第门下可设雀罗矣"。也证明"政"在"录"之手。不久元显"讽礼官下议，称己德隆望重，既录百揆，内外群僚皆应尽敬"。"于是公卿皆拜。"又从礼仪上抬高了录尚书事之地位。

以上四点表明，东晋录尚书事制度得到了发展，原因就是势力强大的高级士族控制朝政的需要（东晋后期司马道子父子虽系皇族，情况有些特殊，但到安帝即位，他们借录尚书事把持朝政，性质与过去的高级士族无异）。

尚书令、仆射与录尚书事是什么关系呢？

除很少几年，如孝武帝宁康元年至三年，录尚书事空缺，尚书令王彪之与仆射谢安"共掌朝政"外，[①]一般说，大权都握在录尚书事手中。原因是东晋君权不振，而录尚书事均为高级士族主要代表人物，尚书令、仆射虽亦高级士族，然位望稍差，无法与之抗衡。

《晋书·陆玩传》：为尚书令，与录尚书事王导共事八九年，玩无所作为，不敢开罪王导，即所谓"率由旧章，得免祇悔"（史臣曰）。《孔愉传》：为尚书左仆射，上表论政事，录尚书事王导怀疑讥讽自己，于"都坐"质问愉，"愉欲大论朝廷得失，陆玩（尚书令）抑之乃止"。后愉又反对王导用赵胤为护军，"导不从"，"由是为导所衔"。这是令、仆射屈从于录尚书事之证。《江虨传》："为仆射积年，简文帝（指会稽王昱）为相（指录尚书事），每访政事，虨多所补益。"可见有了录尚书事，仆射便处

---

① 《晋书·王彪之传》。

于次要、辅助地位。

《资治通鉴》卷百九隆安元年：琅邪王珣前为左仆射，由于孝武帝已从高级士族手中收回大权，珣甚受"委任"，被用来对抗录尚书事会稽王司马道子。及孝武帝暴死，继位者安帝是白痴，大权便全部转归道子，王珣表面上虽升尚书令，实际上已"失势"，只得"循默而已"。这时王恭、殷仲堪举兵反对道子，道子问珣"二藩作逆，卿知之乎"。珣曰"朝政得失，珣弗之预，王、殷作难，何由可知"。此事清楚说明有录尚书事之时，尚书令权力的大小决定于君权的强弱。由于东晋君主像孝武帝这样握有大权乃属个别现象，[①]可以推测，绝大多数情况下，尚书令、仆射当像王珣这样受录尚书事支配，只不过一般高级士族录尚书事操纵朝政要隐蔽一些，有时还得照顾与其他高级士族的关系，看得不很清楚，不像司马道子这样赤裸裸罢了。

五、东晋尚书台的一个变化

东晋尚书台仍为宰相机构，处理全国日常政务，但许多文案多转归寒族出身、社会地位低微的尚书令史来承办，这是魏晋玄学、清谈风气影响于政治上层建筑的一个结果。

尚书台的上述变化，从西晋太康特别是惠帝以后便已开始。《晋书·陈頵传》：东晋初议曰"诸僚属（指晋元帝僚属）承西台养望余弊，小心恭肃，更以为俗；偃蹇倨慢，以为优雅"。西台，即西晋时洛阳尚书台。养望，当指培养名望，也叫"修望"。[②] 当时风气逐渐形成谁能雅咏玄虚，放浪形骸，"仕不事事"，[③]谁就可以成为名士，取得声望。这种人陈頵、熊远称之为"白望"。可是选拔人才却总是"先白望而后实事"。他们进入尚书台后便带来了陈頵所指出的习气，用东晋初应詹的话说

---

① 参拙文《试论东晋后期高级士族之没落和桓玄代晋之性质》，载《北京大学学报》1985 年第 3 期。

② 《晋书·熊远传》。

③ 《晋书·裴頠传》。

便是"望白署空,显以台衡之量;寻文谨案,目以兰薰之器"。① 所谓"望白署空",是指对送来的文书不看内容,便在预先留下的空白处署名画行。这种玩忽职守的行为受到高度赞赏,而"寻文谨案"即认真审阅文书,却被视为小器(兰、薰均小草)。

《晋书·卞壸传》:东晋初拜尚书令,"勤于吏事","于诸大臣而最任职",然"为诸名士所少",阮孚讥之曰:"卿恒无闲泰,常如含瓦石,不亦劳乎。"此风后来进一步发展,《宋书·王敬弘传》:刘宋初为尚书仆射,"关署文案,初不省读。尝豫听讼,上(宋文帝)问疑狱,敬弘不对。上变色问左右:'何故不以讯牒副仆射?'敬弘曰:'臣乃得讯牒读之,政自不解。'"当时离晋亡方数年,王敬弘入宋前已出仕约四十年,此风无疑沿自东晋。可见发展到东晋后期,有些人不但不愿看文书内容便"望白署空",而且连文书内容也看不懂了。

当然,王敬弘一类人这样做,也是以一定的统治经验为依据的,这就是被认为奉行陈平、丙吉当丞相不问具体事务的指导思想。② 可是陈平、丙吉或起自民间,或出身小吏,熟悉社会、人民情况,对具体统治事务十分了解,然后才能管好大事,而王敬弘等人出身甲族高门,沉溺清闲生活,丝毫不知民情,具体事务不愿办或办不了,又哪里谈得上在大事上有何作为!

不过,尚书台是宰相机构,是全国文书上下的枢纽,如果官吏全都不肯勤于吏事,则整个封建统治机器如何运转呢?

首先必须看到,上述风气只存在于八座、丞、郎这些高级士族垄断的官吏中。至于寒族出任的令史,他们没有高级士族特别是第一流士族凭门第就可入仕的资本,不但不敢轻视吏事,相反,要比门阀制度没有高度发展以前,更加勤奋地磨炼自己治理文书的本领,更加认真地承办具体事务。不这样,统治机构中便没有他们的地位。这就是说,从西晋末到东晋一代,虽然尚书丞、郎以上官吏"仕不事事"者日益增

---

① 《昭明文选》卷四九"晋纪总论"注引。
② 参本书第二章第二节。

多，但文书照样办理，统治机器依旧运转，原因是令史把相当多的事务承担过去了。所以《梁书·何敬容传论》曰："魏正始及晋之中朝，时俗尚于玄虚，贵为放诞，尚书丞郎以上，簿领文案，不复经怀，皆成于令史。逮乎江左，此道弥扇。……望白署空，是称清贵；恪勤匪懈，终滞鄙俗。"

据《宋书·百官志》，东汉尚书台才有令史二十一人，至西晋正令史达百二十人，书令史达百三十人，增加了十几倍。东晋统治区大大缩小，可是令史数目或减或增，大体未变。为什么西晋令史增加这么多，而东晋也不削减呢？从一个方面说，正好反映尚书台已基本成为宰相机构，要处理全国文书，统治事务繁重，不得不大大增加下级办事人员。另一方面特别就东晋言，恐怕也因为尚书丞郎以上逐渐对文书和具体事务不复经怀，不得不维持大量令史，以弥补其缺，保证统治机器之运转。

《南史·萧思话附萧琛传》：南齐时为尚书左丞，反对对尚书郎行杖罚，启曰："郎有杖起自后汉，尔时郎官位卑，亲主文案，与令史不异。故郎三十五人，令史二十人，是以古人多耻为此职。自魏晋以来，郎官稍重。……不应官高昔品，而罚遵曩科。所以从来弹举，虽在空文，而许以推迁（指延缓执行）。或逢赦恩……便得息停。"他建议此后"其应行罚，可特赐输赎，使与令史有异……"通过这段话可看出：1. 魏晋以后尚书郎地位提高，而令史地位卑下，故郎官行杖罚便受到抵制，要求免除，以与令史区别。这正是门阀制度发展在官制、法制上之反映。《颜氏家训·涉务》曾专门提到东晋以后尚书郎以上均为士族："晋朝南渡，优借士族；故江南冠带，有才干者，擢为令、仆已下，尚书郎、中书舍人已上，典掌机要。"这与萧琛的话正相吻合。2. 魏晋以后令史一直主文案，而尚书郎在汉代虽因"位卑"而"亲主文案"，后来地位提高，似已不再主文案。这与前引《何敬容传论》的话又是一致的。3. 尚书郎既不主文案，则令史数目必然增加。当然，尚书令史西晋以后大量增加，主要当由于尚书台基本演化成宰相机构之故，但郎官不主文案也为原因之一,萧琛的话便是侧证。

上面已讲,东晋以后门阀制度的高度发展,本已迫使寒族不得不注意掌握承办文书之本领、处理具体事务的能力,而充任尚书令史后,由于尚书郎以上对这些又不很经意,因而得到大量磨炼的机会,对尚书台的一套法令、制度、惯例、程序等以至有关部门、地区的情况,都越来越熟悉,尚书台的日常政务许多都靠他们经办。他们不但愿意办,而且也办得好。《颜氏家训·涉务》曰:晋朝南渡,江南士族多数迂诞浮华,不涉世务,"至于台阁令史……并晓习吏用,济办时须,纵有小人之态,皆可鞭杖肃督,故多见委使,盖用其长也"。这里提到委任令史原因有二,一是他们能干,二是他们是小人(指寒族、平民),事情办不好可行鞭杖,迫使他们不敢玩忽职守,而出身士族的郎官却很难这样对待。后一点,上引萧琛的话正好是其注脚。

总之,东晋以后,由于多方面原因,令史在尚书台中起了颇为重要的作用。可以说离开他们,整个封建统治机器便无法运转。不过另一面又必须看到,他们也仅是治理文书,承办具体事务而已。他们的政治、社会地位还很低,不掌握实权。全台及各曹实权仍属八座及丞、郎。令史治理的文书和承办的事务要经过这些人署名或审核(哪怕不少是"望白署空",走形式)。这是东晋君权不振,门阀制度高度发展,寒族命运完全受士族支配这一特点在宰相机构上的反映,南朝君权加强,情况才有变化。

大概也正因为东晋掌权的高级士族逐渐对具体统治事务不甚经意,而承办这些具体事务,了解各种矛盾的令史又没有实权,因而尚书台也就因袭多,变革少,就制度言,和西晋很少不同。

附带还要解释一条材料,《隋书·百官志》:

> 自晋以后,八座及郎中多不奏事。天监元年诏曰:"自礼闱陵替,历兹永久。郎署备员,无取职事。糠粃文案,贵尚虚闲,空有趋墀之名,了无握兰之实。曹郎可依昔奏事。"自是始奏事矣。

这段话究竟如何理解?是否意味在这以前尚书郎以上完全不管尚书

台事务？这里的一个关键是搞清"奏事"的含义。

应劭《汉官仪》曰："尚书郎含鸡舌香，伏奏事，黄门郎对揖跪受，故称尚书郎怀香握兰，趋走丹墀。"①有时直接见皇帝奏事。《三辅决录注》曰：田凤为尚书郎，"容仪端正，入奏事，灵帝目送之"，②是其证。而且按制度本应直接给皇帝奏事，否则便不必含香握兰。同时从含香推测，奏事不仅指交上文书，而且也应该包括当面口头报告。大概因为奏事十分紧张辛苦，③从西晋末开始，高级士族便不再愿承担这项任务。《南齐书·幸臣传论》说：这些"冠冕搢绅，任疏人贵，伏奏之务既寝，趋走之劳亦息"。除了"任疏"是从南朝君权伸张的角度出发，与东晋情况不同外，所说士族冠冕由于"人贵"而不愿伏奏、趋走，东晋当不例外。此外，尚书郎不亲主文书，不熟悉内容，因而也无法当面奏事，恐亦原因之一。由此可见，所谓晋以后尚书郎以上多不奏事（主要指尚书郎，梁武帝诏只字未提八座可证，因八座上奏一般不必趋墀握兰），并不意味完全不理政务，而仅仅指不面见皇帝奏事而已。只有这么理解，才能解释以下材料。

《宋书·百官志》：在东晋，八座、丞、郎每日需至"都坐""旦朝"。旦朝就为了在一起议事、治事。《宋书·王弘传》记有刘宋初八座、丞、郎关于同伍犯法，士人应否受惩之议论，当沿东晋之制，是其证。《南史·王俭传》：南齐时为尚书令，"当朝理事，断决如流。每博议引证，先儒罕有其例，八坐、丞、郎，无能异者。令史咨事，宾客满席，俭应接铨序，傍无留滞"。此事时间虽稍晚，而且王俭以处理吏事为乐，和一般高级士族也不同，但它说明只要八座、丞、郎愿意理事，即便"多不奏事"，任务还是很重的，这一基本状况，东晋相去当不远。

《晋书·陆玩传》：晋成帝时为尚书令，自称"端右机要，事务殷

---

① 《初学记·职官上》。
② 同上。
③ 《后汉书·冯豹传》：拜尚书郎，"每奏事，未报，常俯伏省阁，或从昏至明。肃宗闻而嘉之，使黄门持被覆豹"。

多"。《顾和传》：康帝时迁尚书仆射，"以母老固辞，诏书敕喻，特听暮出朝还（本应入台城后十日一还）……寻朝议以端右之副不宜处外（指每日回家），更拜银青光禄大夫，领国子祭酒"。这里有机密问题，恐怕也因仆射事务殷多，需在台城内随时处理解决。上面提到的王俭，本被允许住台城外，"三日一还朝"，可是因为"尚书令史出外（台城外）咨事"，"往来烦数"，于是诏俭回台城，"月听十日出外"，[①]便是一证。《晋书·王彪之传》：孝武帝时迁尚书令，仆射谢安每曰："朝之大事，众不能决者，咨王公无不得判"，也表明令、仆射需判事。

尚书郎的事情按规定也不少。上面一再提到令史咨事，《南史·王俭传》还记载：王俭"每上朝，令史恒有三五十人随上，咨事辩析，未尝壅滞"，而从不及郎官。这当因郎官不亲奏事，不主文书，因而也就无法向令、仆射咨事，而只得委任令史。不过，这并不意味按制度郎官无权过问这些事。《南齐书·张绪传》：刘宋时为尚书仓部郎，"都令史咨郡县米事，绪萧然直视，不以经怀"。此各曹文书首先应经郎官过目之证。《宋书·顾琛传》：刘宋初为尚书库部郎，文帝举行宴会，"有荒外归化人在坐"。当时刚打完败仗，武库空虚，文帝忘此事，问琛"库中仗犹有几许"，既问而悔，及听"琛诡答：有十万人仗"，是故意虚报，夸大实力，"甚喜"。此郎官得熟悉本曹具体事务之证。《南齐书·百官志》：各曹重要而麻烦的事情，"应须命议相值者，皆郎先立意，应奏黄案及关事，以立意官为议主"。所谓议主，当指在八座、丞、郎集议上做主要发言人，可见虽然不直接治理文书，按制度也不轻松。当然以上三条材料均宋、齐之事，不过因为南朝多沿东晋制度，彼此相去不会很远。

《晋书·王国宝传》：出身第一流高门太原王氏，东晋后期"除尚书郎。国宝以中兴膏腴之族惟作吏部，不为余曹郎，甚怨望，固辞不拜"。其所以不愿为余曹郎，就因为余曹郎所掌司法、税收、粮仓、武库等事

---

① 《南史·王俭传》。

务辛苦烦琐,而西晋以来甲族高门争的是"职闲廪重"。^① 然而另一面,此事也正好说明东晋尚书郎按制度除不主文书外,大概管琐事还不少,在贵势子弟心目中并非美选,否则王国宝便不必固辞。这也就是说,前述东晋尚书郎以上对具体统治事务不复经怀,只是风气,是就总的趋势而言,并不是制度,并不意味尚书郎以上全都如此,在前期甚至不能认为基本如此。一句话,不能理解得太实。

如果以上看法不错,据此便可推定梁天监元年诏,仅只要求尚书郎重新恢复主文书,亲自奏事的制度而已,它和记载在这之前尚书郎以上依然管尚书台一些事务的史料并不矛盾。《梁书·臧盾传》:梁武帝时"迁尚书中兵郎,盾美风姿,善举止,每趋奏,高祖甚悦焉"。这是所谓尚书郎"奏事"之清楚记载。同书《张率传》:为扬州别驾,"未尝留心簿领。及为别驾奏事,高祖览牒问之,并无对,但奉答云'事在牒中。'高祖不悦"。这虽非尚书郎奏事,却反映"奏事"时自己不熟悉文案内容是不行的。由此也可约略推出从西晋末起一些注重清谈的士族,为什么位尚书郎却不愿奏事的原因。

---

① 《晋书·阎缵传》。

第七章　南北朝的三公、尚书

第一节　南朝的三公、尚书

一、南朝的三公

和东晋前期高级士族操纵朝政相比,南朝的最大特点便是高级士族的进一步没落、寒族的逐渐兴起,以及与之相适应、实际政治中君权的伸张。三公与尚书的某些变化,都和这些特点分不开。

首先便是三公、八公(已很少任拜)进一步成为尊宠之位。但表现形式与魏末晋初不同。早在东晋,三公、八公因病不能任事之人已很少见,一般由两种人充任。一种是功高望重的大臣,特别是高级士族的主要代表人物。如王导(司徒、太傅)、桓温(太尉、大司马)、谢安(司徒、太保)、陶侃(太尉、大将军)、郗鉴(太尉)等。这些人有的年龄虽大,但任命时全都肩负重任。其中陶侃任命后依然是荆、江等八州都督,镇江陵;郗鉴任命后依然是徐、兖等州都督,镇广陵,都不在京师。这是三公为尊宠之位,可丝毫不承担朝政之明证。

另一种人是皇族,有的年纪还很轻。如琅邪王岳(即康帝)拜司徒时年十八,会稽王道子拜司徒时年二十一等,从统治经验上说,都不具备拜三公的条件。在这里,拜三公纯粹为了尊宠皇族,就会稽王道子的情况言,恐怕还有借以与掌管朝政的高级士族、宰相谢安平衡权力的意图在内。

以上两种形式在南朝都处于继续发展中。

就后一种形式言，在正常情况下，一般是为了借以提高皇族声望，以保证他们更有效地履行所兼实职之职责。如宋代彭城王义康，以司徒录尚书事；齐代豫章王嶷，以司空兼中书监、扬州刺史；梁代临川王宏，以太尉领扬州刺史；陈代安成王顼，以司空兼尚书令等均是。

　　《宋书·王弘传》：出身琅邪王氏，用阴谋手段消灭了刘裕顾命大臣徐羡之等人，[①]攫取了司徒、录尚书事、扬州刺史之职，成为宋文帝辅政大臣。可是因为自东晋以来高级士族特别是第一流高门已经没落，而刘宋君主、皇族又握有实权，于是经过范泰等一些人的警告与劝谏，[②]王弘当政仅两年多，便不得不借口大旱，"引咎逊位"，降为卫将军（二品）、开府仪同三司，而把司徒（一品）让给了彭城王义康，变成二人并录尚书事。由于卫将军位在司徒之下，加上义康对"并录"不满，"意常怏怏"，王弘只得"每事推谦，自是内外众务一断之义康"。[③] 在这里司徒基本是虚衔（形式上司徒府仍掌评定人才九品事），握实权的是录尚书事，二者不同；可是由司徒来录尚书事就比由位望低的虚衔来录尚书事，更容易控制住大权，南朝（主要宋、齐）三公往往为皇族，[④]便服务于这一目的。特别因为南朝皇族本非高门，在高级士族影响大，基础厚的社会里，要加强皇权，与高级士族抗衡，想法尽快让皇族升迁，直至位居三公，以提高社会声望，就更有必要。试看以下历官之对比。

　　晋武帝几个岁数稍大的儿子：最宠爱的秦王柬，咸宁初拜左将军（三品，班次稍后），十几年后于太康十年方转镇西将军（三品，班次稍前）。楚王玮，大约也在咸宁初为屯骑校尉（四品），十几年后于太康十年迁镇南将军（三品）。淮南王允，咸宁三年拜越骑校尉（四品），十几年后于太康十年迁镇东大将军（二品）。

　　南朝则不同。宋武帝次子庐陵王义真，东晋末拜安西将军（三

----

① 参拙文《晋恭帝之死和刘裕的顾命大臣》，载《北京大学学报》1986 年第 2 期。
② 《宋书·范泰传》。
③ 以上又参《宋书·王昙首传》、彭城王义康传》。
④ 参万斯同《宋、齐、梁、陈将相大臣年表》。

品），三年多以后于永初二年即升司徒（一品）。彭城王义康，永初元年进号右将军（三品），①三年多以后于元嘉元年升骠骑将军（二品），元嘉六年更升司徒。在齐朝，临川王映，建元元年为平西将军（三品），四年后于永明元年升骠骑将军。竟陵王子良，建元元年为冠军将军（三品），五年以后兼司徒，又三年于永明五年"正位司徒"。②

可见南朝皇族之升迁，要比晋武帝时快得多。而且因为急于提高皇族声望，有的年纪很小，已拜三公。如上述庐陵王义真为司徒时才十五岁，而且"轻动无德业"，③哪里谈得上什么给六十岁的宋武帝当辅弼，出谋划策呢？更可笑的是，宋孝武帝时新安王子鸾以北中郎将，"兼司徒"，"礼仪并依正公"，④当时他才八岁！

在南朝，另一种用三公、八公尊宠功高望重异姓大臣的形式，则出现新的特点。在东晋，除末年刘裕、刘道怜乃低级士族掌大权后自封外，其余拜三公、八公者均皇族和高级士族，无一寒门。⑤而到南朝，寒族崭露头角了。在齐代，母为女巫的王敬则，"以劳历驱使"的陈显达；在梁代，先为里司，后为油库吏的陈霸先，世为西蜀酋豪的侯瑱；在陈代，为"邑里雄豪"的侯安都，"恒使僮仆屠酤为事"的徐度等，都先后以功勋卓著，不但升高官，而且拜三公。⑥固然，在高级士族面前，他们有时自卑。如陈显达，"自以人微位重，每迁官，常有愧惧之色"，谓其子曰："麈尾扇是王、谢家物，汝不须捉此自逐。"⑦可是在政治上彼此毕竟平起平坐了。在某些时候，如齐明帝建武年间，甚至三公仅王敬则、陈显达二人，一个高门也没有。

在南朝，三公、八公任用上的这个变化，一方面反映了随着社会经

---

① 此军号据《昭明文选》卷六十任昉"齐竟陵文宣王行状"。
② 以上俱见《晋书》《宋书》《南齐书》各传。
③ 《宋书·庐陵王义真传》。
④ 《宋书·始平王子鸾传》。
⑤ 陶侃西晋末已任只有门地二、三品方能充任的郡中正，实际上已升士族。见《晋书》本传。
⑥ 以上六人，俱参《南齐书》《梁书》《陈书》本传。
⑦ 《南齐书·陈显达传》。

济发展,寒族在逐渐兴起;另一方面也起了鼓励寒族为王朝效力,以及客观上提高寒族声望、社会地位的作用。《南齐书·王俭传》:齐高帝"曲宴群臣数人,各使效伎艺,褚渊弹琵琶,王僧虔弹琴,沈文季歌子夜,张敬儿舞,王敬则拍张。① 俭曰:'臣无所解,唯知诵书。'因跪上前诵相如封禅书"。这段记载十分可贵。赵翼在《陔余丛考》"六朝重氏族"条引用大量材料证明当时"士庶天隔",可是必须明白,一般说那都是寒族仅充任中下级官吏之风气,如果升迁至三品以上高官,情况便有所不同。此处高级士族褚渊、王僧虔、王俭与寒族出身的张敬儿、王敬则配合得很融洽,一起构成一幅歌功颂德之画面,便是一证。而且这时张、王二人都只是二、三品官吏,还不是三公!

《南史·王敬则传》:"后与王俭俱即本号开府仪同三司。时徐孝嗣于崇礼门候俭,因嘲之曰:'今日可谓连璧。'俭曰:'不意老子遂与韩非同传。'人以告敬则,敬则欣然曰:'我南沙县吏……逮风云以至于此。遂与王卫军同日拜三公,王敬则复何恨。'了无恨色。朝士以此多之。"此事虽反映高门对致位高官的寒族犹存轻蔑之意,然而他无力抗拒,毕竟"同日拜三公",被视为"连璧",平起平坐。而对王敬则之态度,"朝士以此多之"句,又表明在当时条件下王敬则可以不必谦虚,可以采取手段回敬王俭的侮辱,因为他已不是一般寒族,而是"三公"。

这种以虚衔三公,鼓励寒族的办法,后来也用于笼络、收买投降过来之北朝贵族、官吏。《梁书·元法僧传》:本北魏宗室,为徐州刺史、都督,自立为帝。魏军讨伐,降梁,授司空。时法僧仍守徐州,司空当然是优宠之位。

由于已成虚衔之三公、八公制度具有各种妙用,所以虽无实权,仍被广泛推行,并成为统治阶级各阶层一生奋斗的最高理想。《南齐书·王融传》:出身琅邪王氏,"自恃人地,三十内望为公辅"。《梁书·沈约传》:历尚书仆射、令,"久处端揆,有志台司,论者咸谓为宜,而帝

---

① 拍张,一种舞蹈,见周一良《魏晋南北朝史札记》,中华书局 1985 年版,第 230 页。

终不用。……（徐）勉为言于高祖，请三司之仪，弗许，但加鼓吹而已"。梁武帝因对沈约有憾，所以有意压抑，然而此事反过来恰好又证明三公虽无实权，在政治上仍有很大意义。

二、南朝录尚书事权力之削弱

《唐六典》卷一："后汉尚书称台，魏晋以来为省。"《通典·职官四》："宋曰尚书寺，居建礼门内，亦曰尚书省。"但比它们时间早得多的南齐王珪之的《齐职仪》则说："魏晋宋齐并曰尚书台。"[①]比它们稍早的《五代史志》也说："梁陈后魏北齐隋则曰尚书省。"[②]（按：此句不见于今《隋书·百官志》。）以理推之，魏晋宋齐当是"台""省"混用而基本仍称"台"时期，反映了尚书机构这一阶段性质的巨大变化，梁陈以后方正式固定称"省"。兹从《齐职仪》之说。

南朝尚书台的第一个变化便是和君权伸张相反，由于各王朝特别是宋、齐统治集团内部斗争尖锐，宰相的权力和东晋相比，逐渐削弱。

主要表现为录尚书事权力之削弱。

在刘宋初期，沿东晋之制，录尚书事权力很大，只不过从宋文帝起，和东晋孝武帝的手段一样，在人选上将高级士族换成了皇族。《宋书·彭城王义康传》：王弘死，独自以司徒录尚书事，称"宰辅"，又称"相王"。得宋文帝信任，"专总朝权，事决自己，生杀大事，以录命断之。凡所陈奏，人无不可，方伯（刺史）以下并委义康授用，由是朝野辐凑，势倾天下"。胡三省注："义康录尚书，故谓其命为录命。"[③]这是过去所未见的，可以说是正常情况下录尚书事权力发展的顶峰。然自这一相权与君权矛盾逐步尖锐，宋文帝果断地把彭城王义康势力消灭之后，情况迥异。《宋书·江夏王义恭传》：义康下台后，义恭被宋文帝委任为司徒（后升太尉），录尚书事，"小心恭慎，且戒义康之失，虽为总

---

① 《初学记·职官上》引。
② 同上。
③ 《资治通鉴》卷一二三。

录,奉行(君主)文书而已,故太祖安之"。孝武帝即位,权抓得很紧,一开始仅拜义恭为太尉"录尚书六条事",而不是"录尚书事",以降低其规格。不久又示意义恭主动提出废除录尚书事制度。其后除孝武帝死一度恢复了三个月录尚书事,以及宋末萧道成篡位前因已掌握全部大权而自封录尚书事外,二十多年中一直维持这种状况。

南齐二十多年中,录尚书事也只存在过短暂的三次。一次是齐高帝以褚渊拥立功大,过去固辞司徒,故遗诏单拜他为录尚书事,成为江左以来特例。然这只是荣宠,大权全在继位的武帝手中,且四个月后褚渊即死去。[①] 第二次是西昌侯萧鸾(即后来的明帝)通过宫廷政变杀死皇帝郁林王后,掌握全部大权,自封为骠骑大将军,录尚书事。当时海陵王为帝,"起居皆咨(鸾)而后行。思食蒸鱼菜,太官令答无录公命,竟不与"。这里录尚书事完全控制了皇帝,不属正常情况,且四个月后即因萧鸾篡位而废除。[②] 第三次与第二次情况略同,是雍州刺史萧衍起兵推翻东昏侯统治,掌握一切大权,拥立和帝后,自封大司马,录尚书事,皇帝完全由他摆弄;同样四个月后篡齐自立,齐亡。[③] 前后三次设录尚书事,时间加在一起才一年,即便全属正常情况,影响也不足道。

梁代存在五十五年,如不计侯景攻入建康后自封录尚书事,也只有末年敬帝即位前承制时,王僧辩因掌握大权自封太尉录尚书事七个月,和敬帝即位后陈霸先因掌握大权自封丞相,录尚书事一年,一共不到两年,且无一属于正常情况。

陈代存在三十二年,仅安成王顼(即后来的宣帝)在文帝死后掌握大权,拜司徒,录尚书事两年半,时废帝柔弱,顼总管一切,基本上也不属正常情况下皇帝与录尚书事的关系。

---

① 《南齐书·褚渊传》。

② 以上参《南齐书·海陵王纪》。

③ 以上参《南齐书·和帝纪》

王鸣盛曾说:"南朝官录尚书事权最重。"[①]但是根据上面材料便知,除宋初彭城王义康以前近二十年可当此语外,自此以后录尚书事即遭猜忌,权力遭到削弱,就整个南朝看,可以说自宋孝武帝以后基本上已废除,这与东晋是大不相同的。至于录尚书事在某些时候设立,都是权臣自封,作为篡位前之过渡,其权力重则重矣,均与正常官制无关。如果当时这些权臣自封为别的什么官,这些官也会握有同样大的权力。

三、宋、齐尚书令、仆射的特殊地位

南朝尚书台的另一个变化是在录尚书事权力削弱以至废除之时,尚书令、仆射之权力比过去有所扩大,其宰相之称呼便进一步被人们承认。

《宋书·沈演之传》:迁侍中,领右卫将军。宋文帝谓之曰"侍中领卫,望实优显,此盖宰相便坐,卿其勉之"。这宰相便指尚书令,所以下面说"转吏部尚书,领太子右卫率,虽未为宰相,任寄不异也"。时在元嘉二十年,尚设有录尚书事,此称出自皇帝之口,证明已是相当一般的称呼。《王景文传》:始安王休仁原为司徒、尚书令、扬州刺史,后辞去扬州刺史,此职委任王景文。景文不愿接受,宋明帝手诏劝说,"司徒以宰相不应带神州,远遵先旨(指辞去扬州刺史)……卿若有辞,更不知谁应处之。"此处又是皇帝称尚书令为宰相。《南史·王俭传》:拜尚书令,"当朝理事,断决如流"。褚渊笑谓俭曰:"观令判断甚乐。"俭也以此自诩,"谓人曰'江左风流宰相,惟有谢安'。盖自况也"。这又是尚书令处理日常政务,并以宰相自居之证。《徐勉传》:范云与勉,梁武帝时先后为尚书仆射,才干杰出,"后知政事者莫及,梁世之言相者称范、徐云"。是仆射也称宰相。

不过在宋、齐两代的统治集团内部激烈斗争中,尚书令、仆射虽然

---

① 《十七史商榷》卷五八。

声望不及录尚书事,仍遭猜忌。《宋书·孝武帝纪》:即位后猜忌大臣,下诏曰"尚书百官之元本……丞、郎列曹,局司有在。而顷事无巨细,悉归令、仆,非所以众材成构,群能济业者也。可更明体制,咸责厥成"。自彭城王义康废杀以来,录尚书事已经削弱,所以孝武帝下诏防止尚书令、仆集权,几个月后大概觉得这还不够,如前所述,他又废省了录尚书事。

《宋书·王景文传》:妹为皇后。迁尚书左仆射,领扬州刺史。害怕权盛招祸,求解扬州刺史。宋明帝开导说:"人居贵要,但问心若为耳。"过去袁粲"作仆射领选,而人往往不知有粲。粲迁为令,居之不疑。今既省录(指尚书事),令便居昔之录任……粲作令来,亦不异为仆射。人情向粲,淡淡然亦复不改常。以此居贵位要任,当有致忧兢理不?"这段话充分反映刘宋后期皇帝对宰相的要求,这就是不揽权,不要誉。史称袁粲"爱好虚远,虽位任隆重,不以事务经怀"。[1] 这样的宰相,对性好猜忌的宋明帝来说,还能不满意并推以为典范吗?不过,由于王景文出身第一流高门琅邪王氏,又与会稽孔觊并称当时的"南北之望",声名在外,所以明帝开导归开导,猜忌仍然猜忌。三个月后,明帝病重,"虑一旦晏驾,皇后临朝,则景文自然成宰相(指尚书令),门族强盛,藉元舅之重,岁暮不为纯臣。……乃遣使送药赐景文死……"这里担心他会升尚书令不是赐死的惟一原因,但确是重要原因。如果王景文只有外戚、门第、声望等条件,而官位甚低,明帝便未必会把他放在心上。

类似情况亦见于《南史·王晏传》。他于齐明帝时为尚书令,因不是宗室,本来并非猜忌的主要对象。可是他极力揽权,"事多专决。内外要职,并用周旋门义,每与上争用人"。所谓"周旋",当指亲密往来之人;[2]"门义",当指门生义故,有党羽之意。他已经位居宰相,还要到处安插亲信,抓权,在猜忌心极重的齐明帝之世,怎么能有好下场呢?

---

① 《南史·袁粲传》。
② 参周一良《魏晋南北朝史札记》,第204页。

果然不久便被处死。

由于尚书令、仆射揽权遭猜忌，也就出现了以下现象。《宋书·何尚之传》：于宋文帝后期和孝武帝时先后为仆射、尚书令。值彭城王义康废杀之后，"秉衡当朝，畏远权柄，亲戚故旧，一无荐举，既以致怨，亦以此见称"。"畏远权柄"的事例之一见于同书《徐湛之传》。湛之为仆射，"时尚书令何尚之以湛之国戚（母为公主），任遇隆重，欲以朝政推之。凡诸辞诉，一不料省。湛之……又以事归尚之，互相推委。……尚之虽为令，而朝事悉归湛之"。这种畏远权柄的态度，正是当时宰相权重会遭到猜忌这一政治气氛的产物。上面提到的袁粲，之所以当尚书仆射、令"不以事务经怀"，据《南史》本传，并非性格如此，而是因为"惧倾灭"而"故自挹损"。《南齐书·徐孝嗣传》：齐明帝时为尚书令，"爱好文学，赏托清胜。器量弘雅，不以权势自居，故见容于建武（明帝年号）之世"。这一态度当亦吸取了他的前任王晏覆灭的教训。

由上可见，宋、齐两代尚书令、仆射的权力比东晋虽有所扩大，但也不能估计过高。原因就是受到君权的有力制约，特别由于统治集团内部尖锐斗争、残酷屠杀的影响，往往只是"奉行文书"，也就是一般仅拥有宰相的监督百官执行权，至于议政权，除了为君主独断专行所侵夺外，不少是被中书、门下两省，[①]以及一些"佞幸"分去了。

这里有两个问题要解释一下。

1. 赵翼在"江左世族无功臣"一文中[②]讥讽当时高级士族当宰相，"不过雍容令、仆，裙屐相高"。其实这得具体分析其产生的原因，不可一概而论。因为如上所述，有些人是在皇帝"亲览朝政，不任大臣"，[③]位居宰相而不畏远权柄，便有可能遭猜忌，受屠戮情况下，而"雍容令、仆，裙屐相高"，虽属被迫，却可以避免无谓招祸。这与易代之际，为门户计，不敢与权臣抗衡，故作姿态，不预世事，是不可同日而语的。

---

① 参本书第八、九章。
② 见《廿二史札记》卷十二。
③ 《宋书·恩幸传》。

2. 史书记载，宋、齐"佞幸"掌权，宰相往往等于挂名。这也得具体分析。

首先要看到"佞幸"只是侵夺了宰相的某些议政权，不是全部议政权，而且主要是有关人事方面的权力。《宋书·恩幸传》记载孝武帝最宠信、权力最大的戴法兴、巢尚之，但言"凡选授、迁转、诛赏大处分，上皆与法兴、尚之参怀"，即其证。至于重大军事、政治、经济等方面决策，仍多采纳宰相、大臣的建议。如孝建元年分荆州等置郢州，治所应在何地，录尚书事义恭主巴陵，尚书令何尚之举出充分理由，以为宜在夏口，"上从其议"。[①] 像这样一类问题，恩幸是很少插手的。[②] 而且即便人事大权，也只是皇帝一时恩宠，并不合乎官制。《资治通鉴》卷一二九记前废帝时佞幸戴法兴等专制朝权，吏部尚书蔡兴宗"每奏选事"，他们"辄点定回换，仅有在者"，于是"兴宗于朝堂谓义恭、师伯曰：'主上谅暗，不亲万机；而选举密事，多被删改，复非公笔，亦不知是何天子意。'数与义恭等争选事，往复论执，义恭、法兴皆恶之，左迁兴宗新昌太守"。时义恭为录尚书事，颜师伯乃仆射。这条材料表明，除了皇帝，只有录尚书事和尚书长官可参与人事选用，其他人都不合法。所以蔡兴宗敢于发牢骚、争执（当然这一点在高门中是罕见的），而法兴等也把他没办法，只得调开了事。这就是说，宰相的用人权是经常的，而"恩幸"的权力则是一时的。恩幸得宠时势倾天下，失宠时权力仍在宰相手中。因而从整个宋、齐政事言，仍得承认宰相还是握有一定议政权的。

其次，监督百官执行亦即奉行文书权仍在尚书令、仆射手中，少数几个"佞幸"名不正，言不顺，是无法干预的。《南史·恩幸传》：齐代茹法亮得武帝宠幸，尚书令王俭"常谓人曰：我虽有大位，权寄岂及茹公"，这里的"权寄"便是就某些议政权，特别用人权而言。这与他每日

---

① 《宋书·何尚之传》。
② 《南齐书·文惠太子传》：齐武帝"晚年好游宴，尚书曹事亦分送太子省视"。可证在这之前常直接审批尚书文书，恩幸权力便受影响。

"判断"尚书中政务,奉行文书,"傍无留滞",并以此自诩为"江左风流宰相",毫不矛盾。

由以上两方面可见,宋、齐两代尚书令、仆射权力虽受侵夺,但还不能认为是挂名,他们在统治机构中仍然十分重要。只有如此,才能解释为什么尽管有了"佞幸",皇帝仍然会猜忌尚书令、仆射,而有的尚书令、仆射也要畏远权柄,如果权力尽在"佞幸"手中,这类问题就无从产生了。

四、梁代宰相制度的特点

南朝尚书台发生的又一变化主要出现在梁代。由于侯景乱梁前差不多近五十年中,梁武帝统治比较稳固,皇位和王朝频繁更迭的现象停止,皇帝对宰相(以及宗室)的猜忌、防范也就大为减少。一个有力的证明就是和宋、齐害怕宰相威望和地位的提高相反,天监七年官制改革,将尚书令、仆射由宋、齐的三品,分别提高到十六班(相当于正二品)、十五班(相当于从二品),超过了原来同品的侍中、中书令。至陈代,更把尚书令提高到一品。[①] 这样便把长期以来的矛盾:"秩轻于衮司(三公),而任隆于百辟",[②]基本解决了。也就是说,宰相的权力、责任和它的品位基本得到了统一,和两汉相去已不远。这是尚书台(省)作为宰相机构长期发展的必然结果,当然,也有可能同时受到了北魏孝文帝改革所定职令的影响。[③]

在这种情况下,宰相的人选和行使权力的制度也发生某些变化。

一方面,由于当时的高门甲族,虽在宋、齐两代统治集团内部激烈斗争中,受到一些打击,但打击不重,依然门族强盛,社会影响大,基础雄厚,因此梁武帝即位后,为了拉拢他们,巩固王朝统治,往往委以宰相之位。特别是尚书令,近五十年中先后共七人,即王亮、谢朏、沈约、

---

① 以上参《隋书·百官志上》。
② 见《昭明文选》卷五八"褚渊碑文"。
③ 该职令中尚书令、仆射的官品正好是正、从二品,见《魏书·官氏志》。

王莹、袁昂、何敬容、谢举。① 除沈约，无不为著名高门。其中琅邪王氏、陈郡谢氏就占了四人。沈约门第虽弱，但他是佐命功臣，可资弥补。至于尚书仆射，除皇族萧渊藻外，十六人中高门亦占大多数，其中王、谢二族仍达五人。②

但另一方面，在东晋后期高级士族已经衰落的基础上，加上宋、齐两代皇帝猜忌的巨大影响，以及重玄轻儒风气之流弊，当宰相"皆文义自逸"，③忽视吏事之习，仍很厉害。如尚书令中的王、谢四人：王亮"少乏才能，无闻时辈"，齐末为吏部尚书，"外若详审，内无明鉴……当世不谓为能"。王莹自齐末已"守职而不能有所是非"，入梁，但"居官恭恪"而已。谢朏梁初为司徒、尚书令，"素惮烦，及居台铉（司徒），兼掌内台（尚书令），职事多不览，以此颇失众望"。谢举于梁代"屡居端揆，未尝肯预时政，保身固宠，不能有所发明"。④

在这种情况下，梁代宰相分成两类：一类在内省参与政事；⑤一类不但一般不预议政，连尚书省日常政务也听其不理，仅取其声望和社会影响。《南史·徐勉传》：先后为尚书右仆射、仆射，当时尚书令是年纪大、名望高的袁昂，开始还有琅邪王氏中的王份、王暕相继任左仆射，可是只有徐勉一人在内省参与"机务"（他又是侍中），"尽心奉上，知无不为。……禁省中事，未尝漏泄"。"勉虽骨鲠不及范云，亦不阿意苟合，后知政事者莫及，梁世之言相者称范、徐云。"这里提到的范云，《梁书》《南史》有传。他在徐勉以前天监初年为吏部尚书、右仆射，当时尚书令为王亮，左仆射为沈约，可是也只有他一人参与"机务"。

在范云死后，大致与徐勉同时参与机务的还有周舍。他始终没有尚书令、仆射之名，官位稍低，先后为尚书吏部郎、太子右卫率、右卫将军、侍中（为十一、十二班，相当于四品），可是却得到梁武帝赏识。《南

---

① 见《梁将相大臣年表》。
② 同上。
③ 《梁书·何敬容传》。
④ 以上分别见《梁书》《南史》各传。
⑤ 内省，参本书第八章第一节。

史·周舍传》:"常留省内,罕得休下。国史诏诰,仪体法律,军旅谋谟,皆兼掌之。日夜侍上,预机密二十余年,未尝离左右。……初,范云卒,金以沈约允当枢管,帝以约轻易,不如徐勉,于是勉、舍同参国政。……两人俱称贤相。"

当然,也得指出,梁代所谓"当枢管""参国政",实指经常在内省给皇帝处理日常政事当参谋,多半是直接代替皇帝审批文书,大体相当于汉代的"内辅"大臣(领尚书事),或唐代的"内相"(翰林学士),宋、齐佞幸(如戴法兴、刘系宗等)所获得的基本便是这一权力。如前一再论述,这种"贤相"尽管往往实权极重,但如无尚书令、仆射头衔,不能指挥尚书省和全国政务,仍然不能算是名正言顺的宰相,周舍便是如此。

相反,尚书令、仆射纵然未"当枢管",但因既有监督百官执行权,又有必要时的议政权,就像西汉有了领尚书事之后的丞相一样,仍得承认他是宰相。至于他有权而不行使,"文义自逸",那是另一回事。如沈约,在徐勉、周舍同参国政时先后为尚书仆射、令,《梁书》本传称他"及居端揆,稍弘止足……用事十余年,未尝有所荐达,政之得失,唯唯而已"。尽管他志在保官,唯唯诺诺,但仍得承认他"用事十余年"。这一看法,通过下例可以进一步证实。

在周舍、徐勉死后,代替他们在内省参与机密的主要是朱异。据《南史》本传,他也一直没有尚书令、仆之名。"自周舍卒后,异代掌机密,其军旅谋谟,方镇改换,朝仪国典,诏诰敕书,并典掌之。……在内省十余年,未尝被谴。"但他不是宰相。开始徐勉还活着,作为尚书仆射,主持着尚书省和全国政务,是宰相。徐勉之后则有何敬容。何敬容出身高门庐江何氏,然与一般高门作风不同。先为尚书右仆射,"时仆射徐勉参掌机密,以疾陈解,因举敬容自代,故有此授焉"。后升尚书令,"久处台阁,详悉魏晋以来旧事,且聪明识达,勤于簿领,诘朝理事,日旰不休。职隆任重,专预机密……""自晋宋以来,宰相皆文义自逸,敬容独勤庶务,为世所嗤鄙。"①这里提到他也参与机密,但主要负责尚书省事,史称"自徐勉、周舍卒后,外朝则何敬容,内省则(朱)异。……二人行异而俱见幸"。②然二人中只有何敬容是名正言顺的宰相。③

当然,还得看到,仅"当枢管",预机密,而无尚书令、仆头衔,虽非名正言顺的宰相,但毕竟权重,是和参与机密的尚书令、仆互相配合,发挥作用的。这一配合如用上引"内省""外朝"来说明的话,则大体说来,情况如下:

最早内省先后为范云(散骑常侍)、周舍(中书通事舍人)、徐勉(兼中书通事舍人);外朝为范云(仆射),范云死,后由沈约(仆射、令)勉强充当,而以徐勉(吏部尚书)辅之。

中期内省为周舍(兼中书通事舍人)、④徐勉(侍中);外朝为徐勉(仆射)。

后期内省为朱异(兼中书通事舍人)、何敬容(侍中);外朝为何敬容(仆射、令)。⑤

这一配合,是梁代宰相制度的一个特点。关于内省(门下省、中书省等)官吏,因本书第八、九章还要专门论述,此处不赘。这里想研究的是,名正言顺的宰相如前所述在梁代分为两类,比宋、齐看得清楚,它说明什么问题呢?

它说明在高级士族腐朽无能之后,由于社会影响大,基础厚,王朝为了笼络他们,争取其支持,仍不得不以他们的代表人物担任高官要职,直到宰相;但却可听任其"文义自逸",在治国经邦上对之不抱过高

---

① 《梁书·何敬容传》。
② 《南史·朱异传》。
③ 《通典·职官三》原注将朱异视为宰相,这是杜佑的标准。实则朱异只能算"内相",参本书第一章第二节。
④ 参见本书第九章第三节。
⑤ 以上只是大体配合,时间并非完全衔接,内省、外朝亦非紧紧相对。如中期内省为周舍,外朝参与机密者,则空缺了很长一段时间,方由徐勉补上等。

要求,而把保证统治质量的希望寄托在另一些有才干、敢负责的人身上,由这些人来真正履行宰相职责。王亮、王莹、谢朏、谢举、袁昂是前类代表:范云、徐勉、周舍、朱异是后一类代表。何敬容就其出身门第言,当属前一类;然就思想行为言,又接近后一类。

　　高级士族门第声望高与不善吏事、忽视吏事之间的矛盾,宋、齐王朝已经发觉。前述尚书仆射王敬弘看不懂文书,史称宋文帝"甚不悦",其后"虽加礼敬",但"不以时务及之"。① 琅邪王氏另一极负盛名的王球,拜尚书仆射,极不负责,"朝直至少"。录尚书事江夏王义恭主"以法纠之"。何尚之劝曰:"球有素尚……公应以淡退求之,未可以文案责也。"宋文帝也说:"诚知如此,要是时望所归。昔周伯仁(指东晋周颛)终日饮酒而居此任,盖所以崇素德也。""遂见优容。"②这和梁武帝对谢朏等人态度,可说前后如出一辙。但是二者又有一重大差别,这就是宋、齐两代用以代替高级士族参与机密和议政的,往往是寒族出身的"佞幸",而且这种代替并不经常、固定;而梁武帝重用的则是低级士族(如范云、徐勉、朱异)或高级士族中之明习吏事者(如周舍、何敬容),③并且比较经常、固定。之所以会出现这一变化的原因当是:

　　1. 宋、齐两代统治集团内部斗争激烈。皇帝猜忌的对象虽主要是宗室,但对士族仍存有戒心。而寒族社会地位低微,在"士庶天隔"的社会里,与士族,特别高级士族关系疏远,委之以政,比较放心,梁武帝时统治比较稳固,所以不存在宋、齐皇帝的顾虑。

　　2. 宋齐恩幸和近臣的行为表明:寒族虽擅吏事,但儒学修养、封建道德一般甚差。掌权、得宠后往往贪污受贿,胡作非为;更严重的是,有些人还在暴君之朝,助纣为虐,正如《南齐书·幸臣传论》所说:"况乎主幼时昏,其为谗慝,亦何可胜纪也。"梁武帝推翻齐东昏侯,进

---

① 《南史·王敬弘传》。
② 《南史·王球传》。
③ 参周一良《论梁武帝及其时代》,载《中华学术论文集》。

入建康,将"佐成昏乱"的恩幸茹法珍等三十一人全部诛死,①当即反映了对他们的痛恨。当然,士族中也有这类人,但比较起来,毕竟要少一些。

3. 宋武帝刘裕虽出身低级士族,然已经没落,且是武人,故皇族的文化素养、封建礼教观念一般说比较差,"闺门无礼"为其突出反映,②可以说气质与寒族出身的恩幸十分接近,所以双方一拍即合。齐代皇族兰陵萧氏,自刘宋时因联姻帝室上升为高门后,文化素养虽有所提高,③但就诸帝,特别是武、明二帝言,变化并不大,他们在刘宋时基本上仍以武功、吏事显,所以继位后宠任恩幸之习仍很厉害。梁武帝则不同。他虽也出身兰陵萧氏的一支,但文化素养极高,早在齐代已与著名文人王融、谢朓、沈约等七人并列竟陵王子良"西邸八友",便是明证。此外,经学、史学、书法、佛学的水平也都不低。④ 所以,作为皇帝,为了统治之巩固,他虽和宋、齐诸帝一样重视吏事,但另一面文化素养又决定他自觉不自觉地要抛开寒族,信用同样擅长吏事,然而气质相近的某些士族来参与政事。⑤

梁武帝在信用宰相上和宋齐不同这一特点,也反映在尚书省的另一改革上。本来,尚书省的都令史用寒族充任,权力不小。《南史·陆慧晓传》:出身高门吴郡陆氏,迁吏部郎。"吏曹都令史历政来咨执选事,慧晓任己独行,未尝与语。帝(齐明帝)遣主书单景俊谓曰:'都令史谙悉旧贯,可共参怀。'慧晓谓景俊曰:'六十之年,不复能咨都令史为吏部郎也。上若谓身不堪,便当拂衣而退。'"这条材料表明皇帝对士族高门的才干不甚放心,主动提出要他依靠都令史,这在东晋是不

---

① 《南史·恩幸传》。
② 见《廿二史札记》卷十一"宋世闺门无礼"、卷十二"齐梁之君多才学"。
③ 分别见《廿二史札记》卷十一"宋世闺门无礼"、卷十二"齐梁之君多才学"。
④ 参周一良《论梁武帝及其时代》,载《中华学术论文集》。
⑤ 《颜氏家训·涉务》:"举世怨梁武帝父子爱小人而疏士大夫。"实则梁武帝重用者多为低级士族,如朱异之类"寒士",而很少有寒族,《南史·恩幸传》载,梁代只有一个权力并不大的周石珍,即其一证。

可能想象的,而为宋、齐所特有。

在宋、齐,由于已用君主专断代替了东晋高级士族操纵朝政,因而士族与令史的相互关系在尚书机构中,以及在其他机构中,也发生了变化。宋、齐王朝为了争取高级士族之支持,名义上依然让他们充任尚书令、仆、丞、郎,可或是对他们存有戒心(特别对令、仆),或是出于对他们统治才干的轻视,在实际上,皇帝处理政务,上面主要依靠的是佞幸参与议政,下面则主要指望令史有效地具体贯彻执行,对士族的要求并不高。除陆慧晓一例,还可举出谢超宗。他出身陈郡谢氏中不得意的一支,被视为"寒士"即低级士族。宋末为尚书殿中郎,一次讨论秀才考试给分标准,与都令史骆宰意见不同,超宗的主张亦有特色,但竟不予考虑,"诏从宰议",①支持了都令史。

《宋书·颜师伯传》:孝武帝时,吏部尚书有二,为陈郡谢庄、琅邪王昙生,均第一流高门。有人举寒人张奇为公车令,"上以奇资品不当,使兼市买丞,以蔡道惠代之"。令史潘道栖、褚道惠等八人竟敢"抑道惠敕,使奇先到公车,不施行奇兼市买丞事",被孝武帝发觉,结果庄、昙生免官,道栖、道惠弃市,其他六令史鞭杖一百。此事说明,在这一场合,令史实际操纵了吏部,尚书形成挂名(从庄、昙生仅免官看,肯定未参与此事,承担的是作为长官而不知情之责)。他们甚至敢于压住皇帝的敕,可见平时弄权已到了何等严重程度,哪会把尚书放在眼里?而且令史尚且如此,都令史一定更加厉害。

大概有鉴于此,梁武帝于天监九年下诏进行改革曰:"尚书五都(指五名都令史),职参政要,非但总领众局,亦乃方轨二丞",由于作用很重要,所以决定"革用士流"。并把都令史地位定为"视奉朝请"。奉朝请在晋、宋是门地二品充任的清官,且官品第六。"视奉朝请",这对原来约为八品的浊官都令史地位来说,是不小的提高。梁武帝还委派太学博士刘纳等五人来兼任都令史,他们"并以才地兼美,首膺兹

_____

① 《南史·谢超宗传》。

选"。① 这一措施和前引天监元年诏反对尚书郎"糠秕文案",要求"曹郎可依昔奏事",把落入令史手中权力收回,角度虽不同,指导思想是一样的,与梁武帝在宰相人选上信用低级士族,或明习吏事之高级士族,而排斥寒族出身的佞幸与政的特点是一致的。

五、南朝的尚书上省、下省

大约从南朝开始,尚书机构出现上省、下省的区别。如所周知,东晋南朝的宫城又叫台城。后来城分三重,②其最内一重包括禁中,③尚书上省也设于此。《资治通鉴》卷百二七:元嘉三十年清晨,太子刘劭发动政变,率兵冲入最内一重宫城禁中"合殿",时宋文帝正与尚书仆射徐湛之议事,遇弑。"江湛直上省",闻喧噪声,藏匿,为劭兵搜出杀害。胡注以此"上省"为侍中上省,实误。据《宋书·江湛传》:当时他已转吏部尚书,不当在侍中省值宿。且《刘劭传》已说劭"遣人于崇礼闼(尚书上省)杀吏部尚书江湛";④而《王僧绰传》更明说:"及劭弑逆,江湛在尚书上省。"此尚书上省在最内一重宫城内,离禁中不远之证。

尚书下省,本叫尚书下舍。按《周礼·宫伯》"授八次、八舍之职事"。注引"郑司农云:庶子卫王宫,在内为次,在外为舍"。又说"玄谓:次,其宿卫所在,舍,其休沐之处"。这类"舍",不知东汉是否已叫"下舍"。但至晚在晋代设于清宫城内之诸官府已有"下舍"。《晋书·赵王伦传》:中书令、义阳王威"自崇礼闼走还下舍"。《建康实录》卷十隆安六年"尚书下舍灾",均其证。南朝"尚书下舍"开始称"尚书下省"。《宋书·江夏王义恭传》:为录尚书事,本住台城外东府。刘劭弑宋文帝,"疑义恭有异志,使入住尚书下省"。而《刘劭传》则作"住尚书下舍"。这首先说明尚书下舍已称尚书下省,其次还说明此下省当在

---

① 以上俱见《隋书·百官志上》。

② 六朝宫城建筑,参朱偰《金陵古迹图考》第四章,商务印书馆 1936 年版;又参刘淑芬《六朝建康城的兴盛与衰落》,载台湾《大陆杂志》六十七卷四期。

③ 参本书第八章第一节。

④ 崇礼闼,考证见周一良《魏晋南北朝史札记》,第 162 页。

台城内,方便于对义恭进行控制,所以用"入"字。

同样情况见于《宋书·始安王休仁传》。休仁为尚书令,住东府。明帝要杀他,"乃召休仁入见。既而又谓曰:'夕可停尚书下省宿,明可早来。'其夜,遣人赍药赐休仁死"。为防意外,明帝力疾"乘舆出端门",休仁死,乃复入。端门乃台城最内一重宫城太极前殿南门。这里的"入见"本指入禁中见明帝。后改为宿尚书下省赐死,而明帝又出端门坐镇,则此下省必在最内一重宫城之外,台城之内。类似例子还有《南齐书·王俭传》:为尚书令,"诏俭以家为府",即在台城外理事。"俭三日一还朝,尚书令史出外咨事"。后"上以往来烦数,复诏俭还尚书下省,月听十日出外"。《梁书·范云传》:为吏部尚书,侍宴,梁武帝命两弟呼云为兄,"二王下席拜,与云同车还尚书下省,时人荣之"。侍宴当在禁中,而还尚书下省需坐车,距离必不近。此齐、梁尚书下省在台城中,而又离禁中颇远之证。

南朝尚书下舍开始称尚书下省,又出现"尚书上省"之名,这意味着什么问题呢?

我以为恐和尚书机构的发展有关。即尚书台发展成宰相机构之后,事务逐渐繁杂,人员往来频繁,继续密迩禁中,很不方便。同时依旧制,官吏家属可入住,[①]从晋代起,八座门生可随入,[②]对于宫禁来说,也不安全。可是东晋高级士族势力强大(八座、丞、朗多由他们充任),君权不张,这种状况便延续了下来。然从南朝刘宋起,君权伸张,而且统治集团内部斗争逐渐剧烈(如宋文帝与录尚书事彭城王义康的君相之争),便不能允许这种状况继续存在下去。尚书有"上省"之名,下舍开始称下省,大概便是在这一背景下出现的。

这一变化,有着实质意义。

我们知道,在东汉,尚书台离禁中很近。《后汉书·钟离意传》:药崧为尚书郎,在尚书台值宿,明帝"每夜入台,辄见崧"。这是明帝所居禁中

---

① 参《陈书·徐陵传》。
② 参《宋书·顾琛传》。

（当为王宫）与尚书台相距不远之证。《晋书·惠帝纪》永兴二年"尚书诸曹火，烧崇礼闼"，崇礼闼离禁中不远，则尚书诸曹所在地和东汉相同。

而从分尚书上省、下省之后，尚书台分成为两个机构。

尚书上省当即原来的"都坐"及附属具体办事机构，①仍留在禁中附近。《文选》卷四六"王文宪集序"："出入礼闱"，李善注引《十洲记》："崇礼闼即尚书上省门。"可见尚书上省仍在崇礼闼内原尚书台、尚书诸曹旧地。《梁书·陆杲传》："迁尚书殿中郎。拜日，八座、丞、郎并到上省交礼，而杲至晚，不及时刻，坐免官。"《宋书·百官志上》称晋宋尚书各官交礼在"都坐"，现称"上省"，是二者为一之证。如本书第六章第二节所述，都座是八座、丞、郎议事之地，是宰相机构的主体部分，日夜有人值班，以便出现紧急情况可及时向禁中皇帝报告或接受指示、咨询。前引刘宋江湛夜间"直上省"，任务当在于此。

《梁书·武帝纪下》大同六年诏："经国有体，必询诸朝，所以尚书置令、仆、丞、郎，旦旦上朝，以议时事，前共筹怀，然后奏闻。……自今尚书中有疑事，前于朝堂参议，然后启闻。"也是存在这一任务的证明。所谓"前于朝堂参议"之"前"，当即意味禁中之"前"。这里的"朝堂"，应是上省的主要组成部分——都坐。与尚书诸曹相对言，叫都坐（《通典·职官四》叫"都省"）；从八座、丞、郎每日相互朝见言，则叫"朝堂"。尚书令之所以叫"朝端""朝右"（后演化为"端右""端揆"；②仆射则一般称"端副"，有时也与令的称呼相混），就因为他在朝堂中居于端首之地，③在尚书诸官之右。随着尚书台发展成宰相机构，百官商议政事也从旧百官朝会殿（汉代原在司徒府④）移至尚书都坐或朝堂进行，⑤因

---

① 参本书第六章第二节。
② 端揆，即"端朝握揆"之意，见《陈书·江总传》。
③ "端首"，指尚书令，又见《魏书·广阳王嘉传》。
④ 见《后汉书·百官志一》"司徒公"下刘昭注补。
⑤ 西汉宫城中本另有"朝堂"，见"西都赋""西京赋"（《昭明文选》卷一、二）。可能东汉成为尚书治事之地。《后汉书·袁安传》三公九卿"诣朝堂，上书谏"，与尚书接受章奏之权正合。《周礼·匠人》"外有九室九卿朝焉"，郑注：九室，"如今朝堂诸曹治事处"，此"诸曹"应即尚书诸曹。魏晋以后，此朝堂便成为百官商议政事之地。

地在尚书省,估计习惯仍由尚书令或仆射居首座主持,于是"朝端""朝右"之"朝",范围自然慢慢扩大,兼指百官。两晋南北朝尚书令官品远比诸公、从公低,而称"朝端""朝右",道理便在这里。所以,朝堂有时也叫"尚书朝堂",见《陈书·侯安都传》。又同书《徐陵传》尚书省"在台城内,下舍门中有阁道……通于朝堂",据上下语气,此朝堂自亦是尚书朝堂。上引梁武帝诏之"朝堂",同。

尚书上省除主要是都坐或朝堂外,还设有一些附属具体办事机构。如《通典·食货三》梁尚书令沈约上言:"尚书上省库籍惟有宋元嘉以来,以为宜检之日,即事所须故也。"此证上省还设有藏刘宋元嘉以来黄籍仓库,以便都坐研究这类问题时,可及时查检资料。

南朝尚书机构分上、下省更重要的一个变化是:原来设于最内一重宫城中,与"都坐"邻近,也处在崇礼闼内的尚书诸曹,包括两百多名令史,移出这重宫城,称尚书下省,也径称尚书省。从尚书诸曹所迁移的地址即过去值宿时的"休沐之处"——下舍言,则称尚书下省,或沿旧称,仍叫尚书下舍。《南史·恩幸司马申传》:"尝昼寝于尚书下省,有乌啄其口。"是尚书诸曹迁来后,下舍或下省仍保留"休沐之处"的作用。从尚书诸曹是宰相机构,具体执行各项政务言,习惯去掉"下"字,径称尚书省。

《资治通鉴》卷一三九齐郁林王时,萧鸾为尚书令。主、相矛盾尖锐。杜文谦建议郁林王"勒兵入尚书,斩萧令"。此"尚书"即"尚书台"。大概这时萧鸾不敢去禁中附近的上省,只在下省理事,故杜文谦如此献策。胡注"尚书省在云龙门内",误。按云龙门齐代为台城最内一重宫城东门。《南齐书·郁林王纪》萧鸾"率兵自尚书(台)入云龙门……比入门,三失履",后上殿弑郁林王。既称"入",尚书台或下省自在云龙门外。从当时情况看,尚书台由萧鸾控制,在这里杀掉过好几名郁林王心腹,按理说,也不可能处在最内一重宫城云龙门内的禁中附近。《南史·张弘策传》:梁天监元年齐东昏侯余党混入台城,"至夜烧神兽门……贼又进烧尚书省及阁道、云龙门",后被击退。按神兽门即神虎门，是齐最内一重宫城西门，与云龙门相对。叛乱者并未攻入这重宫城，仅烧其西、东二门，则尚书省自当在云龙门外。"阁道"，即下省通云龙门内朝堂之道。同书《侯景传》：攻入建康，围台城久，城内"乃坏尚书省为薪"。台城内官署颇多，尚书省既被拆屋取薪，以理推之，亦不当在禁中附近。《资治通鉴》卷一七〇光大元年：陈废帝即位，尚书令安成王顼、仆射到仲举、中书舍人刘师知同受文帝遗诏辅政，"师知、仲举恒居禁中，参决众事。顼与左右三百人入居尚书省"。师知忌顼，"谋出顼于外"，殷不佞受命，"驰诣相府（胡注：是时以尚书省为相府），矫敕谓顼曰：'今四方无事，王可还东府经理州务。'"此尚书省，从上下语气，从安成王顼可率左右三百人入居，从殷不佞由禁中受命后"驰诣"，亦不当在禁中附近。所有上述材料中的尚书省，应该就是下省。

《陈书·徐陵传》：

> （徐孝克）入为都官尚书。自晋以来，尚书官僚皆携家属居省。省在台城内下舍，门中有阁道，东西跨路，通于朝堂。（在阁道以东建筑）其第一即都官之省。西抵阁道，年代久远。

这条材料说明：1.尚书省在台城内原尚书下舍处。2.由尚书省西至尚书上省的朝堂，有阁道联结。按阁道即复道，见《史记·叔孙通传》"乃作复道"下引韦昭注。是一种架空的通道，往往联结两座宫城，而超越宫城城墙。同上书：汉惠帝作阁道，是联结长乐宫、未央宫。《汉书·孔光传》：汉哀帝时有阁道，沟通北宫与未央宫。蔡质《汉典职仪》：[1]东汉建阁道，沟通南宫与北宫。《资治通鉴》卷五九中平六年：宦官段珪等劫太后与少帝等，在南宫"从复道走北宫，尚书卢植执戈于阁（阁）道窗下，仰数段珪，珪惧……"既称"仰数"，可证阁道确是架空的。南朝的阁道联结尚书省（下舍）与朝堂，正好反映尚书省（下舍）在最内一重宫城东门云龙门外。而由尚书省至朝堂，中隔宫城城墙。为了执行政

---

[1] 《后汉书·光武帝纪》建武元年注引。

务方便和禁中安全,尚书诸曹要移出这重宫城;同时为了统治需要,使尚书上省之朝堂与具体办事之尚书诸曹随时可以联系,不受宫城关闭影响,又架设了阁道。3.尚书省(下舍)中办理具体政务,故尚书各曹包括都官曹(省)俱设在这里。

关于尚书诸曹移于下省即尚书省,还有一些材料。如《梁书·到洽传》:为御史中丞。"旧制,中丞不得入尚书下舍,洽兄溉为左民尚书……左丞萧子云议许(洽)入溉省……"《通典·食货三》:梁尚书令沈约上言,"下省"有"左人(民)曹",设东西二库藏东晋黄籍。这些都是诸曹包括左民曹在下省之证。又前引《南齐书·王俭传》:为尚书令,住台城外,因"尚书令史出外咨事……往来烦数",诏俭还尚书下省。此证令史咨事,或也在下省进行。

《梁书·徐勉传》:长期任尚书仆射,侍中,知政事。后"以疾求解内任(当指侍中),诏不许,乃令停下省,三日一朝,有事遣主书议决"。这里"三日一朝"可能有二义:一指作为仆射三日一至尚书上省,与诸尚书等朝见,商议政事;一指作为侍中,上省事毕后,入门下省并至内殿朝见武帝,参与机密、决策。这是因徐勉有病所给予的优待,按制度他本应在上省或门下省值宿,每日上朝,侍从武帝。在徐勉停于下省不朝之时,所谓"有事遣主书议决"之主书,乃梁武帝身旁小吏,亦叫主书令史,常用以传达命令。[①] 徐勉此事,反映了梁武帝对他的宠幸,同时也说明下省与皇帝距离较远,而尚书上省则较近。

第二节　北朝的三公、尚书

自西晋灭亡,中原先后沦于"五胡十六国",即主要是各少数族贵族、上层及其所建政权统治之下。这些政权的政治制度虽全不同程度地进行着汉化,然又不可避免地反映了本民族一些特色。北魏王朝建

---

① 《梁书·王骞传》武帝"遣主书宣旨";《张缅传》武帝"遣主书封取郡曹文案";《贺琛传》武帝大怒,"召主书于前,口授敕责琛"。

立后,也不例外。甚至孝文帝改革中太和十七年所定第一个职令,胡汉杂糅色彩,仍很明显。直到太和二十三年改定第二个职令,依魏晋、宋齐之制进一步改革,汉化方较彻底。陈寅恪先生说:"北魏在孝文帝太和制定官制以前,其官职名号,华夷杂糅,不易详考;自太和改制以后,始得较详之记载。"①宰相制度虽然情况有所不同,汉化较早,但与整个政治制度之变化大体还是一致的。所以下面主要论述太和以后之制,必要时溯及太和以前。"后齐制官,多循后魏",②故放在一起介绍。北周官制特殊,兹从略。

一、北魏的三公和公卿集议制度

如所周知,北魏、北齐王朝全是鲜卑族与汉族贵族、官僚、大地主联合进行统治,而以鲜卑族为主的政权。他们之间政治、经济利益基本一致,但又有矛盾、斗争,特别是民族隔阂,始终或隐或现,不同程度地存在着。君权一直十分强大。这些都对整个政治制度,包括宰相制度,起着重大影响。

首先考察北魏三公、八公。

北魏三公、八公不仅是尊宠之位,和南朝比,参与朝政较多,往往握有实权,有时连"录尚书事"这个名义都可省去。

《魏书·高祖纪》:死前,"诏以侍中、护军将军、北海王详为司空公,镇南将军王肃为尚书令,镇南大将军、广阳王嘉为尚书左仆射,尚书宋弁为吏部尚书,与侍中、太尉公禧,尚书右仆射、任城王澄等六人辅政。"③ 顾命宰辅曰:'粤尔太尉、司空、尚书令、左右仆射、吏部尚书……'"《世宗纪》:"帝居谅暗,委政宰辅。"这"六辅"的明显特点是鲜卑贵族与汉族官僚混合,而以鲜卑贵族为主。其中鲜卑贵族又包含三代。广阳王嘉辈分最高,为任城王澄之从叔,而任城王澄又是咸阳王

---

① 《隋唐制度渊源略论稿》三"职官"。

② 《隋书·百官志中》。

③ 其实宋弁死于孝文帝之前,孝文帝下顾命诏时并不知道。但史书上习惯仍称"六辅"。

禧、北海王详的从叔；然禧、详又于孝文帝为亲弟，血缘关系最近，所以六辅中禧又是"宰辅之首"。① 之所以要安排这么多人，恐怕一个重要指导思想就是为了吸收多方面的代表人物，以保证统治集团内部，特别是鲜卑贵族内部的团结、稳定。因为自道武帝以来，拓跋氏宗族蕃衍，势力强大，固然因受与汉族存在民族隔阂的制约，鲜卑贵族一般说是支持皇权的，但如照顾不周，权力分配不当，也有可能分裂。特别是迁都、汉化，引起矛盾较多，更得考虑这一问题。

《魏书·王肃传》：受遗诏为尚书令辅政，"禧兄弟并敬而昵之，上下称为和辑。唯任城王澄以其起自羁远，一旦在己之上，以为憾焉。每谓人曰：'朝廷以王肃加我上尚可，从叔广阳，宗室尊宿，历任内外，云何一朝令肃居其右也。'"值得玩味的是，元澄寻劾王肃谋叛，"辄下禁止"，查无实据，"咸阳、北海二王奏澄擅禁宰辅，免官归第"。② 表面看来，元澄仅只对王肃位在己上不满，实际上恐主要是对元禧、元详兄弟，特别元禧位居首辅不满。因为元澄早被文明冯太后赏识，视为"宗室领袖"，③元嘉也颇有声望，"广阳之世，嘉实为美"，④才干、功勋都远超过元禧兄弟。何况王肃既是"羁远"，又是汉人，即便任尚书令，也对他们的权力、前程起不了多大阻碍作用，怎么可能真心以他为攻击目标呢？正因如此，元澄才会"辄下禁止"，即不通过首辅元禧兄弟，擅自下令，不把元禧兄弟放在眼里；同时，劾奏元澄擅禁宰辅的，只有元禧、元详，而没有元嘉，反映元嘉至少也是用消极态度，抵制对元澄的打击，二人当属同一势力。不过，他们毕竟是宗室中一派的代表，所以元禧等虽将元澄免官，但转眼间便不得不重新委任他为外州刺史、都督；而王肃反而调离尚书令的位子，一年半后，元嘉即升尚书令，并继续担任了六年。⑤ 而元澄在高肇势力瓦解后，也被推为尚书令。

———————————

① 《魏书·咸阳王禧传》。
② 《魏书·任城王澄传》。
③ 同上。
④ 《北史·太武五王传论》。
⑤ 参《魏将相大臣年表》。

以上不同势力的这类矛盾，孝文帝在世时应已有所觉察。所以虽然早知元澄有才干，功劳大，有一次元澄立大功，孝文帝还曾"顾谓咸阳王(禧)等曰：汝等脱当其处，不能办此"，[①]可是却一直不肯予以不次拔擢，元澄官位最高不过尚书仆射。[②]《资治通鉴》卷一四二永元元年胡注："按史官称任城王澄之才略，魏宗室中之巨擘也。太和之间，朝廷有大议，澄每出辞，气加万乘而轶其上。孝文外虽容之，内实惮之……"这是极有见识的。对元澄不敢大用，就是"内实惮之"的一个明证。

相反，元禧既无大功，而且孝文帝也明知他"在事不长"，只因是亲弟，很早就拜为长兼太尉、太尉。特别值得注意的是，孝文帝有一次在便宴上"从容言于禧等：我后子孙，邂逅不逮，汝等观望辅取之理，无令他人有也"。[③]"汝等观望辅取之理"句，疑文有讹脱，但联系上下文，以及元禧后似以此为依据进行谋反活动，大意当是：如孝文子孙不肖，元禧等便可自立为帝，无令"他人"夺去。这个"他人"是谁呢？就当时的力量对比来说，不可能是汉族高门，也不可能是异姓鲜卑贵族，而只可能指宗室中的其他各支。

孝文帝既怀有这种指导思想，所以他安排顾命的宰辅不但很多，而且也很巧妙。就鲜卑、汉族言，人数是四比二，位次是相互搭配，最高一等是三公，鲜卑二；第二等是尚书令，汉人一；第三等是仆射，鲜卑二；第四等是尚书，汉人一。而就鲜卑言，能干而较疏远的元嘉、元澄担任事务繁杂的仆射，官位低；亲近而才干差的元禧、元详位居三公，元禧且为首辅，握有决策大权。孝文帝以为，这样一来，既照顾了各方面关系，争取了宗室元嘉、元澄等势力和汉族高门的支持，又保证了皇权归于自己子孙或兄弟之手，不致令"他人"所有，算盘是很精细的。

---

① 《魏书·任城王澄传》。

② 《魏书》本传称"征为中书令，改授尚书令"。当作"改授尚书"，方与前后历官相合。《资治通鉴》卷一三八永明十一年条正作"尚书任城王澄"。

③ 以上俱见《魏书·咸阳王禧传》。

虽然实际情况并未完全照孝文帝预计发展(如不久元澄免官,王肃调开,宋弁早已死去,元禧谋反赐死等),这里不拟具体探讨,我只想以此说明,北魏宰相制度也受到统治集团内部力量对比关系的影响,其所以除尚书令、仆射外,三公也往往握有实权,道理便在这里。

当然,孝文帝所定六辅,名义上都称宰辅,其实大体相当于西汉受遗诏辅政的诸大臣。严格说,其中应分两类:一类是尚书令、仆射,相当于汉代的三公。他们既受遗诏辅政,参与商定大政,又要直接掌管尚书省政务,监督百官执行,是真正的宰相。另一类则是三公等一般辅政大臣,他们因没有录尚书事名义,只是一般参与商定大政,在天子谅暗时和上一类大臣一起代行皇权,前引"帝居谅暗,委政宰辅",当即此意。其中首辅又负主要责任,权力最重。《魏书·于烈传》:为领军,"咸阳王禧为宰辅,权重当时",派家僮向于烈索要羽林军作仪仗队。烈拒绝说"天子谅暗,事归宰辅,领军但知典掌宿卫,有诏不敢违,理无私给"。元禧大怒说:"我是天子儿、天子叔,元辅之命,与诏何异"。烈回答"若是诏,应遣官人所由,遣私奴索官家羽林,烈头可得,羽林不可得"。元禧"遂议出之",乃授恒州刺史,烈"以疾固辞"。在这里于烈仅以未派官人为理由拒绝给羽林,对于"元辅之命,与诏何异"的话,并未驳斥,等于默认,只不过要他转化为"诏",正式下达而已。同时对于一个官居从二品的领军将军,元禧也可以任意出之。这些都证明首辅权力之重。这正是孝文帝之所以这样安排的目的所在。

可是另一面又必须看到,元禧并未录尚书事,并不直接管全国政务。他的任务正如西汉辅政大臣一样,是有弹性的。[①] 对尚书省上奏文书,大多数为自己能力、胆略所不及的,便可以照样批准,以后出了问题,责任也在上奏的尚书令、仆。故史书称元禧"虽为宰辅之首,而从容推委,无所是非"。[②] 然而对内容熟悉的文书,如人事,却可以点定更换,利用首辅地位加以干预,将领军于烈出为刺史,也属这类。宣武

---

① 参本书第四章第二节。
② 《魏书·咸阳王禧传》。

帝恶元禧等"专擅",①亦指人事。

以上两类辅政大臣不互兼领,恐怕是孝文帝有意安排的。有的学者认为六人中四人为尚书职,则元禧、元详必录尚书事,只不过未有"录"名而已,②大概是只从制度上推定,而没有考虑到当时具体情况,体会孝文深意。因为如果元禧、元详实录尚书事,首先,二人才能有限,直接过问尚书省各方面繁杂政务,乱加指挥,会影响统治效率。其次,也是更重要的一点,这样做就将经常、直接干预元嘉、元澄的统治事务,加剧彼此矛盾,破坏辅政大臣班子的稳定,这更是孝文帝所不取的。所以六辅中元禧、元详未有"录"名,决非偶然,而是孝文帝有意不让他们直接过问尚书省事,好在他们可以首辅资格(元详虽非首辅,但位居司空,发言权仅次首辅)对某些大事特别是人事加以审批、控制,足以保证政权不致为"他人"所有,在孝文帝看来,也就达到目的了。

再举一例。宣武帝因元禧等"专擅",于是暗中定计,以武力迫使"诸公各稽首归政"。③后来元禧谋反,失败,北魏中央政局出现了一特殊局面:宗室受打击、压抑,外戚高肇(高句丽人)由仆射升尚书令专权。两支势力进行了尖锐斗争。④可是这只是一股历史支流。在强大的鲜卑宗室、异姓贵族面前,高肇社会基础薄弱,完全是靠宣武帝信任,方暂处上风。延昌四年,宣武帝暴卒,未留遗诏,正好高肇又率兵出征在外,同党王显等声望太低,又无兵权,于是宗室势力通过侍中、领军将军于忠(鲜卑异姓贵族),先后杀掉王显、高肇,又把大权夺了回来。这时孝明帝才六岁,无法掌握朝政。据《于忠传》,是由太尉、高阳王雍(孝文帝弟)"入居西柏堂(行大朝会礼之太极正殿西堂,在禁中附近),省决庶政";任城王澄拜尚书令"总摄百揆"。"百官总己以听于二王。"⑤一个月后,清河王怿、广平王怀(均孝文帝子)又分别拜司徒、司

---

① 《魏书·于烈传》。
② 严耕望:《北魏尚书制度考》,载《历史语言研究所集刊》第十八本。
③ 参《魏书·于烈传、彭城王勰传、张彝传》。
④ 参《魏书·高肇传、彭城王勰传、北海王详传、京兆王愉传、清河王怿传、东平王匡传》。
⑤ 《魏书·肃宗纪》。

空。于是又构成了宗室的三代:元澄辈分最高,元雍次之,元怿、元怀又次之。另外还有汉族高门郭祚是尚书左仆射。由于侍中于忠的特殊地位,[①]半年以后上述班子又换元怿为太尉,元怀为司徒,元澄为司空,不久元雍为太师,元澄以司空领尚书令。尚书左仆射为疏远宗室元晖,右仆射为汉族李平。宗室仍然是三代。虽然前一班子,和孝文帝顾命之六辅情况有些不同,名义上宰辅仅元雍、元澄二人;可是到后一班子,元怿、元怀全都和元雍一样,加上外戚胡国珍,"入居门下,同厘庶政"。[②] 这些都表明,北魏三公、八公,往往握有实权。

还需看到的是,在北魏,元怿、元怀、元雍这些三公、八公,即便没有宰辅名义,也往往参与一些朝廷大事之商议,因为北魏一直盛行公卿集议,作为宰相制度的补充。

《魏书·源贺传》:献文帝拟传位于京兆王子推,时源贺为太尉,正都督诸军屯漠南,"乃驰传征贺。贺既至,乃命公卿议之",因公卿一致反对,传位事作罢。

《魏书·任城王澄传》:孝文帝拟南伐,"引澄及咸阳王禧、彭城王勰、司徒冯诞、司空穆亮、镇南李冲等议之。……禧等或云宜行,或言宜止。高祖曰:众人纷纭,意见不等,朕莫知所从"。他决定采集中辩论方式:"任城与镇南为应留之议,朕当为宜行之论,诸公俱坐听得失,长者从之。"经过辩论,"司空亮以为宜行,公卿皆同之。……驾遂南伐"。

《魏书·高祖纪》:太和十七年"帝临朝堂,引见公卿已下,决疑政,录囚徒"。十八年对百官考绩。诏曰"……各令当曹考其优劣,为三等。六品以下,尚书重问;五品以上,朕将亲与公卿论其善恶……"

《魏书·穆亮传》:拜司空,领太子太傅,"后高祖临朝堂,谓亮曰:……晋令有朔望集公卿于朝堂而论政事,亦无天子亲临之文。今因卿等日中之集,中前则卿等自论政事,中后与卿等共议可否……"这

---

①　参本书第八章第五节。
②　《魏书·外戚胡国珍传》。

条材料更说明公卿集议似乎定期举行。后来孝庄帝时,尔朱荣"奏请番直,朔望之日引见三公、令仆、尚书、九卿及司州牧、河南尹、洛阳河阴执事之官,参论国治,经纶王道,以为常式"。① 大概就是依据北魏这一旧制提出的,而不可能是他的首创。

《资治通鉴》卷一四八:孝明帝时,任城王澄奏求重北边镇将之选,"诏公卿议之"。廷尉少卿袁翻提出具体建议。

这种公卿集议,最后形成决议时,与会者还得署名。《魏书·游肇传》:孝明帝时为尚书右仆射。"及领军元叉之废灵太后,将害太傅、清河王怿,乃集公卿会议其事。于时群官莫不失色顺旨,肇独抗言以为不可,终不下署"(通鉴胡注:"不下笔署名也"),是其证。

为什么北魏盛行公卿集议呢?

表面看来,和前述三公往往握实权一样,是模仿两汉的制度,因为两汉公卿百官集议颇为盛行,②实际上则反映了拓跋氏进入封建社会不久,原始社会末期各部落大人、氏族酋长参与部落联盟重大决策的风气,尚一定程度地残存着,特别是宗室和异姓鲜卑贵族势力颇为强大,于是便和汉代某些制度一拍即合,除宰相制度中三公、八公不少握有实权,参与朝政外,决定大事往往召公卿集议,也就是很自然的。试看道武帝晚年,竟废除已采用多年的晋代尚书制度,明元帝时又先后"置八大人官……总理万机"和"六部大人官",便可明白当时拓跋鲜卑的"大人"势力何等强大。③ 其后,由于大势所趋,尚书制度虽恢复,但公卿集议始终是一个重要补充。

如《魏书·崔浩传》:拜太常卿,反对发兵与刘宋开战。太武帝本从其议。后因公卿集议主出兵,"世祖不能违众,乃从公卿议"。前述献文帝拟禅位一事,竟特地将远在漠南的太尉源贺召回平城参加集议,公卿不同意,事便作罢。又《陆凯传》:为黄门侍郎,"高祖将议革变

---

① 《魏书·尔朱荣传》。
② 参《西汉会要》卷四十、四一;《东汉会要》卷二二。
③ 以上参《魏书·官氏志》。

旧风,大臣并有难色。又每引刘芳、郭祚(均汉族)等密与规谟,共论时政,而国戚谓遂疏己,怏怏有不平之色。乃令凯私喻之曰:'至尊但欲广知前事,直当问其古式耳,终无亲彼而相疏也。'国戚旧人意乃稍解"。所谓"疏己",便是指和他们商议时政不多,对他们不重视。从孝文帝不得不专派人抚慰,表示决不厚彼薄此,再联系为南伐和迁都事,孝文帝一而再,再而三召集公卿大臣讨论,进行说服,①而且即便这样,后来仍爆发了一部分宗室、贵族的叛乱,便可看出,公卿集议的盛行,决非碰巧采用了汉代制度,而是出于当时统治集团内部力量对比的需要。

通过以上孝文帝死前安排"六辅",宣武帝死后先后出现的领导集团和公卿集议制度,想说明的一个主要意思是:北魏社会的特点,决定了三公、八公和两晋南朝三公、八公日益虚衔化有所不同,往往握有实权,具有汉代辅政大臣的色彩,可以说是延缓了它们虚衔化的过程。这对北魏王朝统治的巩固,起了重大作用。

在东魏、北齐,鲜卑亲贵势力也很强大。高欢与高澄一方面打击他们的贪污聚敛行为,以缓和人们的愤怒;同时打击是有限度的,在官位和权力上又往往优遇、照顾,对他们笼络、拉拢,②所以统治比较稳定,为齐代魏奠定了基础。可是自齐文宣帝起,二十多年中,统治集团内部矛盾加剧。文宣帝猜忌宗室。弟高浚、高涣,"皆有雄略,为诸王所倾服,帝恐为害",俱杀之。③ 临终,又以常山、长广二王(高演、高湛)"位地亲逼,深以后事为念",遗诏仅以尚书令杨愔(汉族)、疏远宗室平秦王归彦、侍中燕子献(汉族)、黄门侍郎郑颐(汉族)辅政。④ 由于名义上权力主要交给杨愔,而真正有实力的诸勋贵右丞相斛律金、太师可

---

① 《参魏书·任城王澄传、东阳王丕传、李冲传、于烈传》。
② 参《北齐书·尉景传、孙腾传、高隆之传、司马子如传》。《杜弼传》:揭发"诸勋贵掠夺万民",高欢答曰:"诸勋人身触锋刃,百死一生,纵其贪鄙,所取处大,不可同之循常例也。"这便是北齐诸帝的指导思想。
③ 《北齐书·永安简平王浚传》。
④ 《北齐书·杨愔传》。

朱浑道元、太保贺拔仁、大司马高演、司徒高湛等,均非"执政",激起了不满和疑虑,杨愔等虽采取妥协措施(本拟将演、湛全出为刺史,后留演为太师、录尚书事),仍无济于事,连平秦王归彦都倒向二王。二王发动了政变,贺拔仁、斛律金均亲自参与,杨愔等被全部消灭。① 当然,这里存在鲜卑勋贵与汉族官僚的矛盾,正如《资治通鉴》卷一六八胡注所评:"杨愔受托孤之寄,不能尊主庇身者,鲜卑之势素盛,华人不足以制之也。"可是从宰相制度言,在鲜卑势力强大条件下,没有吸取孝文帝置"六辅"的经验,恐怕也是激化矛盾的原因之一。

二、北魏、北齐的尚书省长官是宰相

北魏虽然三公、八公往往权重,但它是建立在全国政务归尚书省,而不是归三公府处理的制度基础之上的。也就是说,沿用的基本是晋制,而不是汉制。所以宰相机构仍是尚书省,尚书省长官乃是当然宰相。

《魏书·广陵王羽传》:孝文帝对诸尚书说,"尚书之任,枢机是司,岂惟总括百揆,缉和人务而已(《资治通鉴》卷一三九这两句作'非徒总庶务,行文书而已'),朕之得失,实在于斯"。所以,他"虑有令、仆暗弱,百事稽雍"。② 因而"尚书奏案,多自寻省"③。这是尚书省总庶务,行文书,皇帝极端重视之证。《外戚高肇传》:得宣武帝信任,拜尚书令,"既当衡轴,每事任己……延昌初迁司徒,虽贵登台鼎,犹以去要,怏怏形乎辞色,众咸嗤笑之"。从高肇继续得到宣武帝信任,甚至擅录囚徒,清河王怿告发这是"人君之事,今乃司徒行之,讵是人臣之义",宣武帝仍"笑而不应";④后又被委任为大将军、大都督率大军伐蜀来推测,他当司徒肯定要参与议政。可是他为什么要怏怏呢? 恐怕就因为

---

① 《北齐书·杨愔传》。
② 《魏书·李冲传》。
③ 《魏书·高祖纪下》。
④ 《魏书·清河王怿传》。

尚书令直接总管全国政务,处理各类文书,监督百官执行,在他看来,更便于弄权。所谓"要",实即此意。而迁司徒,因未带"录尚书事"名义,又不是辅政大臣,虽仍得皇帝信任,对弄权毕竟有些不便。也就是说,宣武帝本来是抬举他,使登台鼎,以提高其声望,然而他却对便于弄权的岗位难于忘情。这也就是为什么"众咸嗤笑之"的原因。这并不意味北魏司徒已纯粹是不预政事的虚衔,高肇迁司徒是失宠,是宣武帝有意剥夺他实权,这不仅因为随后受信任的事实证明并非如此,而且如果那样,高肇就应是畏惧,而不是怏怏,而众人也应是高兴,而不是嗤笑。不过这条材料却清楚表明尚书令是"要"任,尚书省总理全国政务。一般不录尚书事、不领尚书令、不带辅政名义的三公,虽然往往参与政事,就实权言,是无法与之相比的。

《北齐书·祖珽传》:拜尚书左仆射,"势倾朝野"。斛律光恶之,谓诸将曰:"边境消息,处分兵马,赵令尝与吾等参论之。盲人(祖珽眼盲)掌机密来,全不共我辈语,止恐误他国家事。""赵令"指前尚书令赵彦深。这说明北齐大政握在尚书令、仆射手中,斛律光虽是左丞相,如尚书令、仆射不找他参论,便不预政事。当时类似情况还有太师冯翊王润、太尉兰陵王长恭、司徒广宁王孝珩等。

可见,在北魏、北齐,尚书省长官是当然宰相。《魏书·济南王匡传》:与尚书令高肇争执,被劾为"诬毁宰相"。《广阳王深传》:上书提到尚书令城阳王徽,说他"一岁八迁,位居宰相"。《于忠传》:拜尚书令,领崇训卫尉,"侍中、领军如故"。元雍劾奏他"忠秉权门下,且居宰执,又总禁旅,为崇训卫尉,身兼内外,横干宫掖"。门下指侍中,总禁旅指领军,则"宰执"必指尚书令,分得十分清楚。《资治通鉴》卷一六七:北齐文宣帝时"高德政与杨愔同为相"。高德政是右仆射,杨愔是尚书令,此二者乃宰相之证。《北齐书·封隆之附孝琰传》:"祖珽辅政",孝琰"尝谓祖珽云:'公是衣冠宰相,异于余人。'近习闻之,大以为恨"。珽乃尚书左仆射,是当时人即以仆射为宰相。

录尚书事地位、权力更超过尚书令、仆射。《魏书·任城王澄附子顺传》：高阳王雍为录尚书事，自称"天子之相"。《于忠传》：宣武帝暴卒，宗室、鲜卑贵族推元雍、元澄主政，而高肇党羽王显、孙伏连则"密欲矫太后令，以高肇录尚书事"，此录尚书事当握实权之证。《城阳王徽传》：孝庄帝时"录尚书事，总统内外。……每入参谋议，独与帝决。朝臣有上军国筹策者，并劝帝不纳"，当时有尚书令临淮王彧，是录尚书事权重于尚书令。

不过，在北魏录尚书事似乎一般不能直接过问吏部用人之事。《任城王澄附子顺传》：除吏部尚书，兼右仆射，录尚书事高阳王雍欲用一人为廷尉评，"频请托顺，顺不为用。雍遂下命用之，顺投之于地"。二人发生争执，元雍说：自己是录尚书事，自可用人。元顺回答："未闻有别旨令殿下参选事"，表示"当依事奏闻"。元雍态度竟软了下来。证明只有特旨允许，录尚书事才能直接过问吏部之事。类似情况亦见于《李神俊传》：孝庄帝时拜吏部尚书，尔朱荣"曾补人为曲阳县令，神俊以阶县（悬）不用。荣闻大怒，谓神俊自树亲党，排抑勋人"。当时尔朱荣是录尚书事，且掌握军国大权，没有制度或故事为依据，李神俊是决不敢抗拒的；而尔朱荣不提自己有合法的用人权，只攻击对方用人惟亲，也是一个反证。

但是到了北齐，用人也在录尚书事所"录"范围内。《北齐书·王晞传》：文宣帝时常山王演录尚书事，"新除官者必诣王谢职，去必辞"。王晞把这叫作"受爵天朝，拜恩私第"。如果录尚书事不过问选事，决不会流行这种风气。《资治通鉴》卷一七〇：北齐武成帝时，和士开录尚书事，吏部尚书冯子琮为右仆射，仍摄选。子琮"自以太后亲属，且典选，颇擅引用人，不复启禀，由是与士开有隙"。此事《北史·冯子琮传》还记载"时内外除授，多由士开奏拟"。虽然后者也不是正常现象，因为按制度应由吏部尚书拟定名单，和士开已侵夺了其权力。不过不管怎样，通过以上材料，特别是关于冯子琮"擅引用人，不复启禀"的话，却足可证明，北齐录尚书事是直接过问选事的。同书《孝昭帝纪》：

文宣帝时除并省尚书令,①后还邺,"文宣以尚书奏事多有异同,令帝(孝昭)与朝臣先论得失,然后敷奏。帝长于政术,剖断咸尽其理,文宣叹重之"。后转司空,录尚书事;又除大司马,仍录尚书事。"性颇严,尚书郎中剖断有失,辄加捶楚,令史奸蠹,便即考竟。"当时文宣帝溺于游宴,"帝忧愤表于神色。文宣觉之,谓帝曰:'但令汝在,我何为不纵乐?'"

这条材料表明,首先,录尚书事是以长于政术的人充任。其次,录尚书事直接管理尚书省务,对郎、令史可以捶楚、处死。再次,从高演任录尚书事前已"与朝臣先论定得失,然后敷奏"推测,任录尚书事后处理日常重要政务的方式,亦当如此。所谓"朝臣"之"朝",即每日至尚书都省上朝之朝。朝臣当指诸令、仆、尚书、丞、郎。此录尚书事权重之证。最后文宣帝说"但令汝在,我何为不纵乐",又反映录尚书事是皇帝的主要辅佐,有他总理国事,所以皇帝可以轻松地享乐。《隋书·百官志中》载:北齐在制度上明确规定尚书省设录尚书一人,"位在令上,掌与令同……""录、令、仆射,总理六尚书事"。录尚书事之编制固定于尚书省,这一制度为过去所未见,而和前述高演任录尚书事直接管理尚书省务一事完全吻合,它一方面反映录尚书事之职权已由历来具有弹性的性质,演化成实实在在掌管全国统治事务;另一方面,由于这一变化,尚书省长官既有令、仆,又有录尚书事,同编制于一省,职掌又相同,叠床架屋,十分累赘,隋唐以后废除录尚书事,是有道理的。

三、北魏、北齐尚书机构的发展变化

值得注意的是,由于北朝尚书省长官是当然宰相,逐渐又出现以下变化:

1. 尚书省长官有时成为荣宠之位,并不负实际责任。在北魏末

---

① 由于高欢最早建大丞相府于并州(晋阳),由此奠定代魏基础,故北齐王朝建立后,于并州、邺都各设一套统治机构。并省尚书令在并州理事。

年,尔朱荣进入洛阳,掌握一切军政大权,孝庄帝不得不先后委任他为尚书令、录尚书事,可是他却住在晋阳,不可能处理日常政务,显然二者都只是荣宠之位。东魏大权一开始便掌握在高欢父子手中,真正"共知朝政"的是其亲信尚书左仆射司马子如、右仆射高隆之等邺中四贵,^①则不但孝静帝是傀儡,凡宗室西河王悰、汝阳王暹等先后拜录尚书事、令、仆等官者,也都只能是挂名,是对皇族的抚慰。《魏书·元晖业传》:东魏时以宗室迁太尉,录尚书事,"以时运渐谢,不复图全,唯事饮啖,一日三羊(《北齐书》同传作'一羊'),三日一犊",乃无权颓废之证。北齐也有突出例子。《北齐书·琅邪王俨传》:乃武成帝之爱子,先后拜为尚书令、录尚书事,可是他当时才十岁,不可能处理政务,完全是为了对他表示荣宠。之所以要以录尚书事、令、仆为荣宠之位,恐怕就因为自西晋以来三公、八公作为荣宠之位,人们习以为常,委任后震动不大,而录尚书事等这时按制度真正握有实权,为士人所企慕,所以于三公、八公外,给予这类头衔,可表示特殊优遇。这并不意味录尚书事等已成虚衔,恰恰相反,正是长期以来北朝这类官吏握有宰相实权,声望甚高的反映,只不过采取了一种特殊方式来表现而已。

2. 和南朝一样,尚书省已分为上省、下省。《魏书·崔鸿传》:宣武帝时"议定律令于尚书上省"。《文苑卢观传》:孝明帝时"与太常少卿、光禄大夫王诵等在尚书上省撰定朝仪"。上省当在禁中附近,前殿以南。^②

尚书下省或下舍一般即称尚书省,南朝如此,已见上节。《北齐书·神武纪下》:以清河王亶为大司马,"居尚书下舍而承制决事焉"。《资治通鉴》卷一五六中大通六年引此"尚书下舍"作"尚书省",可证北朝习惯称呼与南朝同。而且下省或尚书省已离开禁中附近,与南朝亦同。

《魏书·张彝传》:第二子仲瑀上封事,排抑武人。"神龟二年二

① 参见《北齐书·司马子如传、孙腾传》。
② 参本书第八章第一节。

月,羽林、虎贲几将千人,相率至尚书省诟骂,求其长子尚书郎始均,不获,以瓦石打公门,上下畏惧,莫敢讨抑。遂便持火,虏掠道中薪蒿,以杖石为兵器,直造其第,曳彝堂下……"千余人攻打尚书省,而统治者不予理会,如果尚书省仍在禁中附近,前殿以南,是不能想象的。不过尚书省仍在宫城以内。《魏书·尔朱世隆传》:为尚书令,"正月晦日,令、仆并不上省,西门不开。忽有……家奴告省门亭长云:'今旦为令王借车牛一乘,终日于洛滨游观。至晚,王还省。将车出东掖门,始觉车上无褥,请为记识。'时世隆封王,故呼为令王"。家奴的话证明尚书省在东掖门内,而东掖门正是宫城门。《孙绍传》:"迁右将军、太中大夫。绍曾与百僚赴朝,东掖未开,守门候旦",是其强证。

北齐邺城情况相同。《北齐书·鲜于世荣传》:以领军将军判尚书右仆射事,"在尚书省检试举人。为乘马至云龙门外入省北门,为宪司举奏免官"。既不允许骑马至云龙门外,则尚书省必在宫城中,因为宫城外里坊中是不存在骑马之禁令的。而且邺城之云龙门与北魏洛阳作为宫城东门的云龙门不同,[①]乃是禁中所在宫城东门。《恩幸和士开传》:武成帝死,太尉高叡,大司马高润,侍中、尚书左仆射元文遥等,坚持要胡太后将恩幸侍中、尚书右仆射和士开出为外任,太后不肯,在前殿发生争执。"明日,叡等共诣云龙门,令文遥入奏之,太后不听。"这个云龙门便是禁中所在宫城东门,因太后如不至前殿召见群臣,必在内省、后宫,所以才仅让元文遥入奏,因他是侍中,有权进入,而高叡等不是。《杨愔传》:高演拜录尚书事,"于尚书省大会百僚",于坐中捉住尚书令杨愔,随即"拥愔等唐突入云龙门……送愔等于御前"。此亦尚书省在云龙门外之证。可见尚书省虽在宫城中,却不在禁中附近。

尚书分为上省、下省之原因恐怕和南朝大体相同,即因为孝文帝改制,尚书省作为宰相机构,进一步固定,机构扩大,政务繁杂,所以不可能再像汉魏那样置于禁中附近,而只能仿效宋、齐,分为上、下省。

---

① 参见《水经·穀水注》。

上省大概就是尚书都坐（或都堂、都厅）及其附属办事机构。前引尚书上省或用于议定律令，或用于撰定朝仪，而《魏书·元匡传》记宣武帝时元匡为度支尚书，与尚书令高肇、太常刘芳等考议度量衡制于"都坐"，争吵不休。按度量衡亦制度、法式的一种，和律令、朝仪性质相同，所以这里的"都坐"，恐即前述"上省"，与南朝同。由此似可推定：北朝尚书省因是宰相机构，需经常颁下各种法令、制度，有的可在下省由各曹拟定，咨令、仆后上奏；而涉及面宽，重要而又有争议的，便在上省（准确说，是都坐）由八座或更多官吏集议后上奏。

此外，上省大概和南朝一样，也是八座、丞、郎（北齐当包括录尚书事）每日相互朝见和议事之地。《魏书·元顺传》：孝明帝时录尚书事高阳王雍于"都厅""召尚书及丞、郎毕集"，当众责问吏部尚书元顺。《北齐书·酷吏宋游道传》：魏孝庄帝时尚书令临淮王彧在"尚书都堂"召集右仆射以下百余人，面斥左中兵郎中宋游道；东魏孝静帝时高澄录尚书事，"于尚书都堂集百僚，扑杀子贞（兖州刺史李子贞）"。这些地方的"都厅""都堂"即"都坐"，也叫"都省"。如《北史·斛律光传》：任北齐左丞相，被杀。尚书左仆射祖珽"使二千石郎邢祖信掌簿籍其家。珽于都省问所得物……"录尚书事、尚书令、仆射由于处理政务地点是都省，慢慢本人亦被称为都省，见《隋书·百官志中》。《北齐书·外戚胡长仁传》：拜尚书令，"每上省……省务既繁，簿案堆积，令史欲咨都座，日有百数"。"省"，应是上省，令史当是下省各曹令史，"都座"，指尚书令，亦即"都省"。

不过，南朝尚书上省的主要组成部分——都坐、都省，与朝堂乃一地，这在上节已经证明。此处再举一例：《南史·王俭传》载俭为尚书令，"每上朝，令史恒有三五十人随上，咨事辩析……"这和胡长仁情况几乎相同，但"每上省"作"每上朝"，朝即朝堂，省即都省，是南朝二者为一地之又一证。然而在北朝，二者虽相隔不远，却似已分为二地。《北齐书·斛律光传》：为左丞相，无实权。"光入，常在朝堂垂帘而坐。

祖珽不知,乘马过其前。[①] 光怒,谓人曰:此人乃敢尔。"斛律光未带尚书省任何头衔,而可以垂帘坐于朝堂,祖珽当时是尚书左仆射,却过朝堂而不入,当系上都省理事,则二者明非一地。又《儒林张雕传》:为侍中,"尝在朝堂谓郑子信曰:向入省中,见贤家唐令处分极无所以,若作数行兵帐,雕不如邕,若致主尧、舜……则邕不如我"。唐令即唐邕,时为尚书令;郑子信大概是尚书郎中,[②]唐邕处分事务之"省",应是都省,此朝堂与都省分开而又相隔不远之又一证。隋唐尚书省全部移出宫城,另设于皇城中;而唐代大明宫含元殿前仍保留东西朝堂,[③]二者相距甚远,过去朝堂属于尚书省的痕迹便完全消失。

3. 具体执行政务之诸曹尚书及所属曹郎的渐趋完备。对经过长期发展的宰相机构来说,这是必然的。在三国鼎立时期曹魏五曹尚书、二十五曹郎基础上,西晋初发展成六曹尚书、三十五曹郎。[④] 东晋偏安,尚书、曹郎俱减少。南北对峙,宋、齐均六曹尚书、二十曹郎。梁、陈大体相同。北魏尚书及曹郎屡屡发展变化,[⑤]至北齐形成六尚书、二十八曹郎。[⑥] 这就是:吏部三曹,殿中四曹,祠部五曹,五兵五曹,都官五曹,度支六曹。和隋唐以后的吏、户(民)、礼、兵、刑、工六部二十四司相比,大体上吏部相同,五兵即兵部,都官即刑部,度支即户部。殿中与祠部共九曹,打乱后基本上组成礼部与工部。说"大体上""基本上",就因为所属各曹,彼此还有分合变化。如北齐吏部尚书统吏部、考功、主爵三曹,而隋代由于沿后周之制,设置大量勋官(上柱国、柱国等),所以除保留三曹外,又新增司勋一曹,这就是变化。再如北齐殿中、祠部两尚书下统九曹,隋代将殿中尚书下之仪曹,祠部尚书下之祠部、主客二曹,另外加上都官尚书所统膳部,共四曹,组成礼部;又

---

① 禁中附近本不许骑马,但祖珽是瞎子,或许是特殊优待。
② 参《北齐书·郑颐传》。
③ 见徐松《唐两京城坊考》卷一、《唐六典》卷七及注。
④ 此据《宋书·百官志》。《晋书·裴秀传》作三十六曹。
⑤ 参严耕望《北魏尚书制度考》,载《历史语言研究所集刊》第十八本。
⑥ 《通典·职官四》。

将祠部尚书剩下的虞曹、屯田、起部三曹，另加上都官尚书下拨来的水部，也是四曹，组成工部，都设尚书，这就是分合。此外，隋代还取消了一些曹名，将其职掌转归他曹。尽管如此，应该说，隋代沿用的基本是北齐之制。① 由于吏、户、礼、兵、刑、工六尚书制，后代直到清末一直没有变化，所属曹郎，除户部、刑部外，也一直沿用，证明这一分工很适合封建统治需要。则和这一分工最接近的北齐之制，也应是两汉魏晋南北朝诸曹尚书及所属曹郎发展过程中，相对说来最完备的阶段。

这决非偶然，乃统治经验长期积累的结果。如南朝宋、齐都官尚书下有功论曹郎，功论即官吏考功，因由基本掌刑狱的都官尚书管辖并不合适，北齐改属吏部尚书，后代便一直沿用。② 再如宋、齐吏部尚书下有比部曹郎，比部主法制，比字当取律例相比况之义，由吏部尚书管辖自亦不妥，北齐改属都官尚书，后代也沿用了很长一段时期。③ 再如历代都有封爵之事，而无专官主之，北齐首设主爵曹郎，④于是成为定制。又如曹魏设有虞曹郎，掌山川、园囿、田猎诸事。东晋康帝、穆帝以后至宋、齐，可能因为门阀制度确立，世家大族势力强大，公开占领山泽，封建王朝暂时让步，表面上没有废除私占山泽之禁令，但罢除虞曹，放任不管。⑤ 至梁、陈，随着世家大族之没落，又恢复了虞曹。北魏、北齐同样不取南朝宋、齐之制，也设置了虞曹，从而使这一机构在尚书省中进一步固定下来，而一直沿用到清末。

---

①　陈寅恪：《隋唐制度渊源略论稿》三"职官"。

②　参《历代职官表》卷五"宋齐梁陈"案语。

③　参《历代职官表》卷十三"三国"案语。

④　《通典·职官五》"司封郎中"下以晋代尚书左右主客曹当之，称北齐改为主爵郎中；但《唐六典》卷二"司封郎中"下仅溯源于北齐主爵郎中。

⑤　世家大族占领山泽，参唐长孺《南朝的屯、邸、别墅及山泽占领》，载《历史研究》1954 年第 3 期。晋康、穆帝以后至南朝宋、齐均不设虞曹，见《宋书·百官志》《南齐书·百官志》。

第八章　两汉魏晋南北朝的门下

第一节　"门下"之义和禁中范围的演变

一、汉代的"门下"含义和禁中范围

在汉代,门下本是一个泛称。《汉书·扬雄传赞》:大司马、车骑将军王音,"召以为门下史"。《隽不疑传》:暴胜之为直指使者,"门下诸从事,皆州郡选吏"。《后汉书·吴良传》:"初为郡吏……门下掾王望……谄称太守功德。"《酷吏黄昌传》:拜宛令,杀"门下贼曹"。《舆服志上》:"公卿以下至县三百石长导从,置门下五吏:贼曹、督盗贼、功曹……主簿、主记(主记室史)……"这些地方的"门下",均义同官府衙门之下。其官吏专门掌管官府的内勤事务,以区别于专门掌管外勤事务的各曹。如上引门下五吏,贼曹、督盗贼(即门下督)负责官府、长官的保卫;功曹负责人事;主簿负责众务;主记室史负责录文书期会,以提高官吏的统治效率。门下官吏多半是长官的亲信。《后汉书·袁安传附袁祕传》:"为郡门下议生,黄巾起,祕从太守赵谦击之。军败,祕与功曹封观等七人,以身扦刃,皆死于阵,谦以得免……"注引谢承《后汉书》曰:"封观与主簿陈端、门下督范仲礼、贼曹刘伟德、主记史丁子嗣、记室史张仲然、议生袁祕等七人,擢刃突陈,与战并死也。"此事证明甚至在战争时门下官吏也侍从、保卫长官。

门下的这种用法,战国已然。《墨子·号令》:守城除城上、城内安排将军、吏卒外,在郡守官府大门中也配备吏卒,由门尉主其事。此

外，"诸门下朝夕立若坐，各令以年少长相次，且夕就位，先右(上)有功、有能，其余皆以次立。五日，官各上喜戏，居处不庄，好侵侮人者一(次)"。孙诒让说："此谓察诸门下侍从、吏人之事。"这里的门下，和汉代的门下是一脉相承的。

这种泛义的门下，适用于宫殿，便指宫门之下、禁门之下。凡入值宫殿，掌管宫内内勤事务(政治、宿卫、生活等)的官吏，在汉代一般均可属门下范围。[①]《汉书·司马迁传》：在报任安书中，司马迁自称"仆与李陵，俱居门下"。考李陵年轻时曾为建章宫监，"监诸骑"；[②]司马迁则仕为郎中，守卫宫殿。全属宫内内勤事务。"俱居门下"是都在宫内服务之意。门下是泛指，和上引车骑将军、郡太守官府门下的用法相同，只不过这是宫门之下而已。在这个意义上，恐怕尚书、丞、郎等如称之为"居门下"，也是可以的。由于材料少，我们找不到具体例子，可是并不意味不可以这样用，因为在两汉直接史料中同样也找不到将侍中、黄门郎与"门下"相联系的例子。可见，如果就泛义言，则侍中、黄门郎以至尚书、建章宫监、郎中等等，都可称门下官吏；之所以材料少，当因两汉之门下一语多用于公卿以下，特别郡县官吏，而极少涉及皇宫的缘故。如果就后代特定含义，即以侍中、黄门侍郎为省之正副长官的门下言，应该说，整个两汉都没有产生(尽管已有其某些职掌的萌芽)，否则直接史料中是不可能没有侍中、黄门郎与门下相联系的痕迹的。

为了更清楚了解汉代宫殿的泛义门下，还需联系介绍当时宫门出入的制度。

宫门又叫禁门，不许官民随便出入，需要有"籍"或"门籍""引籍"，卫兵方放行。《汉书·元帝纪》注引应劭曰："籍者，为二尺竹牒，记其年纪、名字、物色(相貌、身材特征等)，县之宫门，案省相应，乃得入也。"这里"宫门"指宫之外门——司马门。"籍"适用于两种人。一种

---

① 光禄勋、卫尉、少府等虽掌宫中内勤事务，因是九卿，身份特殊，不属泛义门下。
② 《史记·李将军列传》。

是一般百官。《汉旧仪》卷上："皇帝起居仪，宫司马（门）内，百官案籍出入。"《周礼·宫正》注引郑司农云："几其出入，若今时宫中，有罪，禁止不得出，亦不得入；及无引籍，①不得入宫司马殿门也。"贾公彦疏："先郑引今时者，谓汉法；言引籍者，有门籍及引人，皆得出入也。"所谓"引人"，指引导入宫殿的人。京都外朝百官，有籍于门，定期朝见皇帝，案籍即可自行出入；而非京都官，临时召见，无门籍，出入宫门便得有引人。《汉书·龚胜传》：本为县令，因病去官，经人推荐，"征为谏大夫，引见；胜荐龚舍……有诏皆征"，是其证。"引见"，即由引人引见。《史记·梁孝王世家》："梁之侍中、郎、谒者，著籍，引出入天子殿门，与汉宦官无异。""汉宦官"即为宦于汉之官，意同汉百官；②所谓"引出入"，即由引人引导出入。梁官吏本王国官，地位低于汉官，这时竟与汉官一样出入宫门，所以特为表出。

"籍"所适用的另一种人，即在宫中理事、服务、值宿的官吏（也可以说就是泛义的门下官吏）和一般人员。《后汉书·百官志二》："凡居宫中者，皆有口籍于门之所属宫名两字为铁印文符，案省符，乃内之。"这段话文有脱误，据胡广《汉官解诂》，③大意是，在宫中掌管各种内勤事务的人，除皆有口籍，案省出入外，有的还得同时持有木符，符相合，方许出入。④《汉书·元帝纪》初元五年："令从官给事宫司马中者，得为大父母、父母、兄弟通籍。"这是对侍从官吏的优遇，连他们的祖父母等也允许出入宫门。《魏相传》：奏封事称，霍光死，子侄等握大权，"光夫人显，及诸女，皆通籍长信宫（师古曰：通籍，谓禁门之中皆有名籍，

---

① "引籍"又见《史记·外戚世家》，汉武帝找到同母异父姊，载车中驰还，"直入长乐宫，行诏门著引籍……"

② "汉宦官"之释，见裘锡圭"说宦皇帝"，载《文史》第六辑。

③ 《艺文类聚·职官五》《初学记·职官下》《太平御览·职官二八》所引，文字互有出入。

④ 为何口籍之外又要铁印木符，原文未言及。疑口籍但许入司马门，如进入特殊地区及后宫，则得另持木符。刘敦桢《中国古代建筑史》第49页说："汉代'宫'的概念是大宫中套有若干小宫，而小宫在大宫（宫城）之中各成一区……"此说是。《汉书·京房传》：请求"通籍殿中，为奏事，以防壅塞"。京房本已是郎官，在司马门应有门籍或口籍，现在又请求"通籍殿中"，则此"殿中"必为一小区。不过用木符或许乃东汉之制，西汉不详。

恣出入也），或夜诏门出入，骄奢放纵，恐寝不制"。这又表明允许什么人有籍，是关系宫廷安危的事。所以，不管是一般百官或宫中官吏，如有罪，便不得入宫。《酷吏严延年传》注引"张晏曰：故事，有所劾奏，并移宫门，禁止不得入……"《窦婴传》：本为詹事，因病免，太后憎婴，"除婴门籍，不得朝请"，是其侧证。[1]

由此可见，在汉代提到宫门或禁门出入制度，一般都是指宫城外门——司马门。司马门内全部地区称宫中，也称禁中。《三辅黄图》卷六："汉宫中谓之禁中，谓宫中门阁有禁，非侍卫、通籍之臣不得妄入。"[2]大体上秦及西汉初"禁中"主要指"后庭"地区的观念，虽已开始，尚未固定。[3]这恐怕是因为当时"后庭"地区和汉武帝以后不同，在

---

[1] 《汉书·江充传》：举劾贵戚近臣，奏可。"移劾门卫，禁止无令得出入宫殿。"《金日磾传》：霍氏反，日磾子安上"传禁门闼，无内霍氏亲属"。《佞幸董贤传》："尚书劾贤……禁止贤不得入出宫殿司马中。"均其证。

[2] 程大昌《雍录》卷二"公车司马门"条也认为"自司马门内则为禁中。……禁者，有所禁止也"。又日本《令义解》卷五宫卫令："凡无籍应入禁中……"清原夏野释"禁中"曰："谓门籍以内也。"《令集解》此条后惟宗直本"释云：门籍之内，总云禁中"。按，日本大宝养老律令，乃仿唐律令编成。清野、惟宗二人时代虽有先后，均不晚于我唐朝，注释时参考的也是我唐律令格式之注释书。所以这里的令文及注释，是可以看作唐制的。据《唐律·卫禁》及疏议，唐"宫城门"（顺天门，后改承天门）并无门籍，门籍始于顺天门北的嘉德门（称"宫门"），这是与汉制宫城门（司马门）即有门籍，是不同的。但就门籍以内总称禁中这一点言，却可作为我们理解汉代泛义禁中范围之参考。程大昌的根据，或即在此。《后汉书·张禹传》："邓太后以殇帝初育，欲令重臣居禁内，乃诏禹舍宫中……五日一归府。""禁内"当即"禁中"，由于张禹决不可能入居后（妃）宫，所以尽管东汉"禁中"已主要指后（妃）宫地区，但这里的"禁内"或"禁中"，仍保留泛义，指司马门以内的"宫中"。

[3] 《史记·李斯列传》：二世"乃不坐朝廷见大臣，居禁中"。《汉书·樊哙传》：汉高祖"卧禁中……独枕一宦者卧"。《爰盎传》：文帝时皇后与慎夫人"在禁中，常同坐"。这些"禁中"都应指后庭。可是也有一些"禁中"似非此义。这是因为西汉"禁门"之称颇泛。《霍光传》：将废昌邑王，太后"诏诸禁门毋内昌邑诸臣"，可证禁门颇多。昌邑王罪名之一是"引昌邑从官、驺宰、官奴二百余人，常与居禁闼内敖戏"。此"禁闼内"也不像后庭。《严助传》：以中大夫侍中，直宿于"承明之庐"即承明殿，被称为"出入禁门腹心之（接下页）

政治上地位还不突出,还未成为政治重心地区的缘故。① 而这和后代特定含义的门下机构汉代尚未出现,凡在宫中掌内勤事务官吏一般可称"居门下",也是一致的。

随着汉武帝亲总万机,大权独揽,后来又"游宴后庭,公卿不得入",② 后庭地位变得十分突出,③ 和处理政事联系到了一起。东汉多幼主,(后妃)宫是皇太后主政之地,前后延续时间更长,于是禁中逐渐

(接上页)臣"。《孙宝传》:称尚书令郑崇是"禁门内枢机近臣"。此"禁门内"也非后庭。因承明殿在石渠阁外,未央宫前殿之北(《三辅黄图》卷三、卷六),与后庭各为一地(《文选·西都赋》)。而尚书令非诏也不得入后庭。由于禁门义泛,故禁中也有泛义。《孔光传》:领尚书事,休假回家,"或问光温室省中树皆何木也,光嘿不应"。温室乃殿名,则此"省中"(即禁中,见《独断》),当指温室殿这一小区。《京房传》:请求"通籍殿中",恐怕也可写成"通籍省中"。《史记·袁盎传》:文帝幸上林苑,与皇后、慎夫人一起"坐郎署"(此据《资治通鉴》卷十三),中郎将袁盎依礼"引却慎夫人坐。慎夫人怒,不肯坐。上亦怒,起,入禁中。盎因前说曰……"据上下语气,此"禁中"似为上林郎署附近某一殿中。《冯唐传》:文帝辇过郎署,中郎署长冯唐对语直率,"上怒,起,入禁中,良久,召唐让曰……"我们虽不知未央宫中郎署位置,但郎中令并不负责后宫宿卫,而是掌司马门内其他全部宫殿门户安全,其下分若干郎署,冯唐之郎署应为其中之一,郎署长地位又颇低,则此郎署一般不可能正好在后庭旁,而应在某一小区禁门附近。所以文帝可以起入禁门内殿中(即"禁中"),怒气平息后再召冯唐责问。如此"禁中"是后庭,上述诸问题便不好解释。《汉旧仪》卷下:掖庭令至"后庭"找出"当御"妃子,"尽去簪珥,蒙被入禁中"。此"禁中"即皇帝所在殿中,可能在后庭,也可能在后庭以外。《汉书·朱云传》:陈咸为御史中丞,元帝时"群臣朝见",咸事后将帝与丞相议论朱云的话告诉了他本人,被劾"漏泄省中语"(《陈万年传》)。此"省中"乃指未央宫前殿殿中。《后汉书·舆服志上》:皇帝出巡,属车八十一乘,"最后一车悬豹尾,豹尾以前比省中"。则省中即禁中甚至可在宫外。当然,以上材料有的稍晚,可是如果西汉末"禁门""禁中(省中)"仍未完全脱去泛义,则汉初不固定指以"后庭"为主的地区,似可能性更大。

①　汉武帝以前,皇帝定期上朝理政,汉武帝前期依然未变。《汉书·张汤传》:"每朝奏事,语国家用,日旰,天子忘食,丞相取充位。"

②　《初学记·职官上》。

③　后庭即后妃所居宫殿地区,见本书第九章第一节。

仅主要指后(妃)宫地区。《汉书·百官公卿表》记载中朝官曰："侍中、左右曹、诸吏、散骑、中常侍,皆加官……侍中、中常侍得入禁中。"这便意味其他中朝官,以及尚书、三署郎等不能进入这个"禁中"。蔡质《汉仪》曰："侍中旧与中官俱止禁中。武帝时侍中莽何罗挟刃谋逆,由是侍中出禁外,有事乃入,毕即出。王莽秉政,侍中复入,与中官共止。章帝元和中,侍中郭举与后宫通,拔佩刀惊上……由是侍中复出外。"这里的"出外",决非出司马门外,只是剥夺了与宦官相同的、留止后(妃)宫地区之权,但仍在司马门内即宫中值宿,与其他中朝官、尚书、三署郎等一样。所谓"有事乃入,毕即出",当即此意。

证明禁中主要指后(妃)宫地区更有说服力的材料是《后汉书·何进传》。他欲尽罢宦官统领禁省,而以三署郎代之,"(何)太后不听曰:中官统领禁省,自古及今,汉家故事,不可废也。且先帝新弃天下,我奈何楚楚与士人共对事乎"。① 禁省即禁中。按三署郎"皆主更直执戟宿卫诸殿门",②"诸殿门"即司马门以内所有宫殿门户(不是宫城门,宫城门由卫尉率军队宿卫),则此何太后所说原非三署郎宿卫,而由中官统领之"禁省",自然只可能是后(妃)宫地区。《后汉书·百官三》注引《献帝起居注》:"帝初即位,初置侍中、给事黄门侍郎员各六人,出入禁中,近侍帷幄,省尚书事。……旧侍中、黄门侍郎以在中宫者,不与近密交政。诛黄门(指袁绍等诛宦官)后,侍中、侍郎出入禁闼,机事颇露,由是王允(时守尚书令)乃奏比尚书,不得出入……"此处的"禁闼",意同"禁省""禁中"。特点便是"近侍帷幄"。当时献帝才九岁,需人照看,所谓"近侍帷幄",自应在后(妃)宫地区。总之,以上材料表明,大体从汉武帝游宴后庭之时开始,"禁中"逐渐主要用以指范围较小的后(妃)宫地区。这就是狭义禁中。

禁中的后一含义,魏晋以后广泛沿用,而又略有变化,东晋南北朝最明显。

---

① 又参《资治通鉴》卷五九中平六年。
② 《后汉书·百官志二》。

二、魏晋南北朝的门下省与禁中范围

前已讲，东晋南朝之宫城叫台城，原来城有两重，后来增为三重。禁中便在最内一重宫城内。《南齐书·徐孝嗣传》：明帝时为尚书令。"帝疾甚，孝嗣入居禁中，临崩受遗托重……永元初辅政，自尚书下省出住宫城南宅，不得还家。"他是尚书令，本在宫城内尚书下省理事。尚书下省在最内一重宫城东门（云龙门）外，故"入居禁中"当入云龙门内，[①]方能临崩受托。及东昏侯即位，他自然得从禁中回尚书下省，本来休沐当回家，但因是辅政，政务繁忙，便只能出住宫城南宅。《梁书·吕僧珍传》：武帝时为领军将军，加散骑常侍，在秘书省值班。"性甚恭慎，当直禁中，盛暑不敢解衣……"自曹魏以来，秘书省便称"内阁"，在王宫附近，"职近日月"，[②]所以这里称"当值禁中"。而且也只有在这个地区值班才有必要"盛暑不敢解衣"，否则史称台城周围八里，离中心区远的地方，是没有这个必要的。

北朝禁中情况略同。《魏书·彭城王勰传》：遭陷害，被宣武帝召，"意甚忧惧，与妃诀而登车。入东掖门，度一小桥……宴于禁中。至夜皆醉……俄而……武士赍毒酒而至"。东掖门是宫城东便门，今其内另有"禁中"，此北魏禁中也仅指宫城内一部分地区之证。《北史·冯子琮传》：北齐武成帝时，迁散骑常侍，"奏门下事"。武成帝病死，先恒侍疾身旁的宠臣尚书仆射和士开"秘丧三日"，子琮问其故，士开回答怕大臣发生变故。子琮恐他矫遗诏将录尚书事赵郡王叡、领军娄定远出为外任，或夺禁卫权，因劝说："公不出宫门已经数日，升遐之事，行路皆传，久而不举，恐有他变。"这里的宫门，应是王宫宫门或禁中之门，而不是宫城外门（如神武门等）。因为和士开是仆射，本应定期在宫中尚书上、下省值宿、办公，数日不出宫城外门是没有什么奇怪的。

---

① 参本书第七章第一节。

② 《太平御览·职官三一》引魏王肃"论秘书表"。同书引鱼豢《魏略》"秘书为内阁"。《资治通鉴》卷一三〇，泰始元年胡注："秘书省……在禁中。"

同时录尚书事高叡也在宫城内尚书上、下省理事,领军娄定远则掌宫廷警卫,他们均与和士开不和,如果和士开不对他们也保密和封锁消息,并不出禁中之门,便决不可能秘丧三日,质问他的便不仅是一个负责门下事务的冯子琮,而且冯子琮也用不着担心他矫遗诏。此北齐禁中也仅指宫城内一部分地区之证。

南北朝的禁中具体包括些什么地方呢?

一般包括后(妃)宫、王宫和内省地区。

后(妃)宫是皇后、嫔妃寝息之地,一般地处宫城北方。《周礼·内宰》"宪禁令于王之北宫"下郑注:"北宫,后(妃)之六宫。"孙诒让正义:"古者宫必南向,王路寝在前,谓之南宫。……后(妃)六宫在王六寝之后,对南宫言之,谓之北宫。"后代宫廷建筑虽未尽依从"周礼"模式(如东汉之南宫、北宫即仅从地理方位上区别,而与王宫、后[妃]宫之南北无干),但就每一宫城言,后妃居处之地则大体都在王宫之北,而与"周礼"精神吻合。

王宫在后(妃)宫以南,皇帝往往在这里处理政事,接见群臣,审批文书。一般也住在此地。它由一组宫殿组成。如北魏王宫中有显阳殿,皇帝常居于此,见《资治通鉴》卷一五〇普通六年胡注;同时也在这里召开重要会议,商讨政事(同上普通五年)。又如北魏迁都洛阳前王宫中皇信堂是"中寝",安昌殿为"内寝"。[①] 孝文帝也在这里"引见公卿"。[②]《南史·齐东昏侯纪》:昏暴,臣下发动政变。宫城宿卫军内应,"夜开云龙门(最内一重宫城东门)",政变者"勒兵入殿"。"是夜,帝在含德殿,吹笙歌作女儿子。卧未熟,闻兵入,趋出北户,欲还后宫。清曜阁已闭",为人所杀。这条材料说明:1.含德殿与"后宫"非一地,而东昏侯在此寝息,无疑是禁中王宫的一个殿。2."后宫"在王宫之北,而以"北户"、清曜阁为出入通道。这和前述王宫、后(妃)宫方位正合。

内省大约在后(妃)宫以前,王宫附近。门下省、中书省等便设在

① 《魏书·高祖纪下》。
② 《魏书·元丕传、元祯传》。

这里，也有可能与皇帝诸寝（殿）交错建置。之所以称"内"，是对王宫前面地区而言，其界限当即王宫地区的宫门。[①]《魏书·甄琛传》：除散骑侍郎，领给事黄门侍郎，"委以门下庶事，出参尚书，入厕帷幄"。"出参尚书"，当指至尚书都坐或朝堂商议政事，因在王宫宫门以外，故称"出"。"入厕帷幄"，当指在门下省随时接受皇帝咨询，或径直侍从皇帝，因在王宫宫门以内，故称"入"。《北齐书·斛律光传》：为左丞相，祖珽为尚书右仆射，"光入（最内一重宫城），常在朝堂垂帘而坐。祖珽不知，乘马过其前。光怒……。后珽在内省，言声高慢，光适过，闻之，又怒"。和朝堂比，"内省"之"内"，当指王宫宫门以内。

《魏书·高阳王雍传》：孝明帝即位，"诏雍入居太极西柏堂，咨决大政"，当时侍中、领军于忠因有迎立大功，擅权。元雍后上表曰："臣初入柏堂，见诏旨之行，一由门下。"自己作为辅政大臣，本应"保护圣躬，温清晨夕"，然因于忠阻碍，"限以内外，朝谒简绝。皇居寝食，所在不知"，形成"出入柏堂，尸立而已"。考西柏堂当即太极西堂，[②]在最内一重宫城内，在前殿西侧，与朝堂相距不远。因而以它为"外"的"内"，又是"皇居寝食"之地，自指王宫。而门下省则应设在王宫附近，方能对居太极西堂的元雍，"限以内外"。这种限制，决非生活问题，主要是这样一来，元雍见不到皇帝和胡太后，因而任何建议和奏请，都得通过门下省官吏上下，受他们摆布。所谓"出入柏堂，尸立而已"，实际含义正在于此。当然，于忠之专权并非正常现象，[③]但却可说明门下省设于禁中，不简单是地理方位、官府建筑问题，而是与它的权力、作用紧密相关的。《资治通鉴》卷一四二永元元年：齐东昏侯即位，顾命大臣六人"更直内省，分日帖敕"。胡注："内省在禁中……"是南朝内省在禁

① 以清代例之，此王宫宫门即乾清宫门，门内称"内廷"，略等于此处"禁中"。见《日下旧闻考》卷十三"国朝宫室"乾清门。
② 曹魏以后的太极殿与东、西堂是各自独立的建筑，与汉代前殿内设东西厢之制不同。东、西堂在太极殿的东、西两侧，参刘敦桢《中国古代建筑史》，中国建筑工业出版社 1981年版，第 50 页。
③ 参本章第五节。

中王宫附近之证。

关于门下省的地理方位,还可举一证:

《资治通鉴》卷一四八:魏宣武帝得病,夜间突然死去。当时未设尚书令、录尚书事等宰相,得宣武帝宠幸的司空高肇又已率军征蜀,于是"侍中、中书监、太子少傅崔光,侍中、领军将军于忠,(太子)詹事王显,(太子)中庶子代人侯刚迎太子诩于东宫,至显阳殿。王显欲须明行即位礼,崔光曰:'天位不可暂旷,何待至明!'……于是,光等请太子止哭,立于(显阳殿)东序;于忠与黄门郎元昭扶太子西面哭十余声止。光摄太尉,奉策进玺绶,太子跪受,服衮冕之服,御太极殿,即皇帝位。光等与夜直群官立庭中,北面稽首称万岁"。二日后,广平王怀(宣武帝弟)"扶疾入临,径至太极西庑,哀恸。呼侍中、领军、黄门、二卫,云:身欲上(太极)殿哭大行,又须入(王宫)见主上",遭崔光拒绝,乃还。同日,于忠与门下议,使元雍、元澄为宰辅,"奏皇后请即敕授"。而王显因本是医生,常出入后(妃)宫,"与中常侍孙伏连等密谋寝门下之奏,矫皇后令,以高肇录尚书事,以显与勃海公高猛(肇侄)同为侍中。于忠等闻之,托以侍疗无效,执显于禁中。……庚申,下诏如门下所奏……"

以上材料说明:1.门下省离王宫很近,所以宣武帝夜间一死,主要官吏侍中崔光、于忠,黄门郎元昭都立即得到消息,可以从东宫迎太子,并自由活动于显阳殿、太极殿之间。2.广平王怀在太极殿西庑声称欲上殿哭大行,并"入见主上",则此"入"当指入王宫,或即显阳殿。此证王宫(显阳殿等)与太极殿一带有内外之别。3.门下省与后(妃)宫距离也不很远,所以当王显与宦官孙伏连等勾结,想乘门下之奏送入后(妃)宫待批之机,加以压制,鼓动皇太后另行任命执政大臣时,于忠等轻易地便在禁中抓到了他,密谋很快被粉碎。五年以后,侍中元叉等之所以能幽禁胡太后,①当然有种种机缘,但门下省的地理方位也

---

① 参见《资治通鉴》卷一四九普通元年。

是起了作用的。

以上南北朝的后(妃)宫、王宫和内省,所在地区总称便是"禁中"。

如前所述,在汉代,和泛义禁中相适应,凡在司马门以内宫城中掌管内勤事务的官吏,一般都可称"居门下"。而两晋南北朝特定含义的"门下省"官吏却不同,它只和狭义禁中相适应,仅指在王宫宫门,即禁中之门以内,管理"殿内、门下众事"的官吏。

为了更好地理解门下省,还要介绍一下处在最内一重宫城中,然又在禁中以外的前殿与朝堂。

前殿即正殿,有时也称"路寝"。依《周礼》,是王六寝之一,乃王宫的一个重要组成部分。但因按"后五前一"原则,它本处在六寝的最南方,而在后代宫廷建筑中,又把它进一步突出,与其他诸寝(殿)形成一段距离,于是等于脱离王宫、禁中而独立。① 前殿正名,各朝不尽同。西汉叫未央宫前殿。东汉叫崇德殿,在南宫;后修北宫,叫德阳殿。从曹魏开始,一般都称太极殿。皇帝在这里举行即位大典,进行大朝会、元会,②死后停放梓宫。曹魏还在太极殿两侧,修建了独立建筑:太极东、西堂,作为处理日常政务,接见群臣之地。

朝堂大约在前殿左右,③或在其南。《水经·灅水注》:魏孝文帝太和十六年在平城"破安昌诸殿,造太极殿、东西堂及朝堂",是前殿与朝堂相邻近之证。《魏书·郭祚传》:"故事,令、仆、中丞驺唱而入(最内一重)宫门,至于马道。及祚为仆射,以为非尽敬之宜。言于世宗,帝纳之,下诏:'御在太极,驺唱至止车门;御在朝堂,至司马门。'驺唱不入宫,自此始也。"按止车门在端门(太极前殿南门)之南,④乃最内一重宫城南门。司马门乃整个宫城外门,止车门在其北。由此可推测,朝

---

① 以清代太和殿与乾清宫门内"内廷"之关系,大体可以想象当时之制。参见《周礼正义》"内宰""宫人"。

② 参见《后汉书·礼仪志中》注引蔡质《汉仪》。

③ 《资治通鉴》卷五十永宁元年胡注,及卷一六二太清三年胡注。

④ 《文选·魏都赋》张载注:"文昌,正殿名也。""文昌殿前值端门。端门之前,南当南止车门。"

堂应在太极前殿南方,似乎还隔着一段距离,与南朝不同。

如本书七章一节考证,朝堂本尚书朝堂,亦即尚书都坐;后来又成为公卿百官商议政事之地。有时(多在朔、望)皇帝亲临,又是公卿、尚书等朝见皇帝,共同讨论奏案的场所。史书记载,许多重大建议或决策,往往在这里做出。

《晋书·张华传》:杨骏诛,"将废皇太后,会群臣于朝堂,议者皆承望风旨……遂废太后为庶人"。《赵王伦传》:篡位,兵败遭擒,"梁王肜表伦父子凶逆,宜伏诛。百官会议于朝堂,皆如肜表。遣尚书袁敞持节赐伦死"。《魏书·高祖纪下》:太和十七年"临朝堂,引见公卿已下,决疑政,录囚徒"。太和十八年,准备迁都,"临朝堂,部分迁留";同年对百官考绩,"帝临朝堂,亲加黜陟"。《任城王澄传》:上表追叙宣武帝对百官黜陟,"五品以上,引之朝堂,亲决圣目;六品以下,例由敕判"。《皇后传》:孝明帝年幼,胡太后临朝听政,"亲策秀孝、州郡计吏于朝堂"。总之,朝堂与日常政事之关系,比起前殿来,更为密切。在魏晋,朝堂亦即都坐,与具体办理政务的尚书诸曹本来都在前殿附近,南北朝时尚书诸曹迁出云龙门外,称尚书下省或尚书省,只剩下朝堂或尚书都坐及其附属具体事务机构,仍留在前殿附近或其南方,称上省。[①]而与内省(主要是门下、中书)配合,辅佐皇帝,治理国家。

兹将以上东晋南北朝宫廷建筑、机构画示意图如下:

后(妃)宫		禁		苑
内省	王		宫	内省
前殿				
西堂			东堂	
朝堂				

总之,和汉代狭义禁中主要指后(妃)宫地区相比,东晋南北朝禁

---

① 参本书第七章第一节。

中似乎王宫地位更为突出。诸帝多在王宫理事。内省则作为辅佐机构发挥作用。加上禁中以外的前殿、朝堂,共同组成政治中心地区。东晋南朝还在它们周围修建了一重宫城,以便与台城内其他地区更明显地区别开来。同时,非常明显,置于内省地区的门下省,已不再是汉代泛义的门下,而是与中书省、尚书省等并举,特定含义的门下省了。

门下为什么会从泛义向特定含义的门下省演变呢?

主要当是尚书台向宰相机构发展的结果。

如上所述,在汉代,宫中官吏(如侍中、尚书)职掌虽有区别,但基本上全属内勤,供皇帝驱使,所以往往作为一个整体,与司马门以外负责外勤,执行政务的公卿对举。自东汉中后期至魏晋,尚书脱颖而出,逐渐向宰相机构,向承担外勤事务(如直接向九卿、地方长官下达政务等)转化,其性质已和原宫中内勤官吏不同。可是尚书台仍设在宫中,大体分布在前殿附近或以南地区。因此,为了保证统治质量,提高统治效率,皇帝便从原宫中内勤官吏中挑选侍中等来评省尚书奏事,帮助自己审批这类文书,逐渐成立了专门机构;或者另设新的机密机构,分担尚书一部分要务。前者便是特定含义的门下省,后者便是中书省。并且很自然被置于王宫附近、与尚书台隔开的内省地区,以备皇帝随时咨询和指挥。

这样,正像西汉中朝官与三公有内外之别,东汉尚书与三公(某些时期是宦官中常侍等与尚书、三公)有内外之别一样,门下、中书与尚书虽同在宫中,而且是同在最内一重宫城中,也有了内外之别。这种格局,是中国专制主义中央集权政治中枢机构的基本格局,是皇帝享有至高无上权力,而又存在种种矛盾(如皇帝,特别是依嫡长继承制继位的皇帝,才干多半较差等)的情况下,为了保证整个封建统治质量,最合适的、不可避免的一种格局。

总之,特定含义的门下省的出现,是和尚书台性质的变化紧密相关的,是专制主义中央集权政治中枢机构基本格局的一个新的体现。

最后,考证一下门下省出现的时间。

《初学记·职官下》：“门下省，自晋以来名之。”《唐六典》卷八说得更明确：“初，秦汉置侍中曹，无台省之名，自晋始有门下省。”这一判断是对的。《三国志·钟会传》注引王弼传曰“正始中，黄门侍郎累缺……议用弼”。时曹爽专权，用王黎，黎死，又用王沈，“弼遂不得在门下，晏（吏部尚书何晏）为之叹恨”。此处之“门下”或许仍是泛义，但把黄门侍郎与门下联系在一起，过去尚未见过，这与西晋门下省中包括给事黄门侍郎恐怕是一脉相承的。《世说新语·方正》第十六条注引王隐、孙盛“不与故君相闻议”：西晋初，向雄为黄门侍郎，吴奋“为侍中，同省，相避不相见”。“同省”，《晋书·向雄传》作“同在门下”。此西晋初门下已设省，具有特殊含义之证。又，《三国志·张燕传》注引《晋惠帝起居注》记惠帝时有“门下”通事令史张林，门下如非独立成省，是不可能存在冠以“门下”的小吏“通事令史”的。另外，《通典·礼四一》“皇后为亲属举哀议”：东晋尚书王彪之议“自中朝迄于中兴……至尊为内族于东堂举哀，则三省从临；为外族及大臣于朝堂举哀，则八座、丞、郎从临”。《晋书·礼志中》：东晋元帝为温峤不拜散骑侍郎，建武元年诏“其令三司八座、门下三省，外内群臣，详共通议……”这两条材料中的内外关系，完全一致，是前之“三省”即后之“门下三省”，并且其制始于“中朝”。当时元帝刚即位，也不可能不沿旧制。此西晋不但门下设省，且机构已发展、扩大之证。

总之，《初学记》主张自西晋以后方设门下省，是有根据的。

第二节　汉代的侍中寺——门下省的前身

一、汉代侍中的发展阶段

隋唐以前，门下省的发展大致经历了三个时期。两汉，是第一个时期，即萌芽时期。

上节已讲，如果就后代特定含义，即以侍中、黄门侍郎为省之正副长官的门下而言,整个两汉都没有产生,有的仅仅是某些职掌的萌芽。这些萌芽的职掌是什么呢? 为了讲清楚这个问题,不得不扼要介绍一下后代门下省的主要官吏——侍中、黄门侍郎、散骑常侍等在汉代的发展情况。由于侍中材料最丰富,所以就以侍中为主,加以分析。

它们的发展在两汉大约可分四个阶段。

第一阶段:汉武帝以前。

《汉旧仪》卷上:"丞相初置吏员十五人,皆六百石,分为东西曹。东曹九人,出督州,为刺史;西曹六人,其五人往来白事东厢,为侍中,一人留府曰西曹,领百官奏事。""东厢",当指未央宫正殿东厢,与"留府"相对。《史记·张丞相附周昌传》:为御史大夫,反对废太子,"廷争","吕后侧耳于东箱听"。韦昭曰:东箱,"殿东堂也"。① 箱即厢。群臣朝会于正殿,一般奏事则在东厢。卫宏这段话疑有讹误。因为既称"出督州",必在汉武帝元封五年设十三州之后,而这时早已没有丞相府的侍中了。不过,它仍是至今有关侍中得名由来的最早记载。应劭说得更清楚:"侍中,本秦丞相史,往来殿中,故谓之侍中。"② 认为侍中本秦丞相史,而不是汉武帝以后之制,大概是对的。"中"就是"殿东堂",就是"殿中"。至西汉,由丞相史之侍中引申出一般官吏入宫侍奉的制度。应劭又说:"入侍天子,故曰侍中。"③ 当即反映这一变化。

但是西汉武帝以前之侍中与秦丞相史不同,即基本上不参与政事,仅只在生活上侍奉皇帝。这也是无为而治方针的一个反映。据《史记·佞幸列传》,孝惠帝时以郎官侍中者"皆冠鵔鸃,贝带,傅脂粉"。往往由贵族官吏子弟充任。如留侯张良子辟强,年十五为侍中;霍去病以皇后姊子身份,年十八为侍中。甚至如列侯金日磾两子赏、建,年八九岁,"俱侍中,与昭帝略同年,共卧起"。④ 设立这种侍中,重

---

① 此东堂乃一般宫室建筑中之东堂,与曹魏以后之太极东堂不同。《尔雅·释宫》郝懿行义疏"中为大室。东西序之外为夹室,夹室之前小堂为东西厢,亦谓之东西堂"。
② 《汉官仪》卷上。
③ 《汉书·百官公卿表》注引。
④ 《汉书·金日磾传》。

要目的之一就是对贵族官吏的优遇、拉拢。由于西汉初侍中"皆加官"，[①]人数不限，所以以之优遇贵族官吏子弟并不影响当时侍中基本任务的完成。

他们的基本任务是什么呢？就是"分掌乘舆服物，下至亵器虎子（便壶）之属"。据说"武帝时孔安国为侍中，以其儒者，特听掌御唾壶，朝廷荣之"。[②] 可见，均与政事无关，仅限于生活上侍奉皇帝。这种任务之确定，大概和开始由一些佞幸如籍孺、闳孺之流充任侍中有关。虽然这些佞幸由于得到宠幸，史书也有"公卿皆因关说"[③]之记载，可是既然连皇帝当时全都无为而治，他们即便关说，政治作用也有限了。

第二阶段：汉武帝至西汉末。

随着汉武帝改变西汉初年以来无为而治政策，挑选了一批有才干，多智谋的士人充任侍中等近臣，实际上作为重大决策之参谋、顾问，侍中逐渐参与政事，后来又进入中朝官行列，与散骑、中常侍等一起，在政治上发挥了重要作用，这在本书第四章第一节中已介绍。需略加申述的是，由于侍中、中常侍可以进入主要指"后庭"的禁中，[④]所以也就往往起了其他中朝官不能起的作用。《汉书·史丹传》：元帝时为侍中。元帝病重，有废太子（成帝）之意，皇后、太子等"皆忧，不知所出"。"丹以亲密臣，得侍视疾。候上间独寝时，丹直入卧内，顿首伏青蒲上（谏）……太子由是遂为嗣矣。"这便是一个突出例子。顺便一说，上节引《汉仪》称汉武帝时因莽何罗谋逆，侍中出禁外，直到王莽时始复入，可是据史丹此事及金日磾两子与昭帝共卧起之例，恐怕侍中得入禁中之制昭帝时已恢复。第二阶段，侍中之所以在政治上能起不小作用，且地位日益贵重，[⑤]如果没有这一特殊身份，便是不可想象的。

---

① 《汉书·百官公卿表》。
② 《汉官仪》卷上。
③ 《史记·佞幸列传》。
④ 见《汉书·百官公卿表》。
⑤ 《汉书·金日磾附金敞传》：将死，成帝拜其子涉为侍中，"使待幸绿车，载送卫尉舍"。注引李奇曰："辇绿车，常设以待幸也。临敞病，拜子为侍中，以此车送，欲敞见其荣宠也。"

后来侍中被选为门下省长官,应该说,其基础是在这一阶段奠定的。

第三阶段:东汉初至灵帝侍中寺设立。

经过一、二阶段之发展,侍中之主要职掌至东汉从制度上固定为"掌侍左右,赞导众事,顾问应对"。[1] 蔡质《汉仪》称:侍中"选旧儒高德,博学渊懿,仰占俯视,切问近对"。[2] 这两条材料说明:

1. 就职掌说,"侍左右"犹言侍从,是泛指。"赞导众事"为其内容之一,多限于按制度、礼仪处理日常侍从时出现之有关事宜,意义不大。所以最主要职掌应是"顾问应对"或"切问近对"。"仰占俯视"则是形容"切问近对"的。"占"一作"瞻"(见《通典》),均通(占,可作对天象占候解,与仰字相合)。"顾问应对"又可分学术和政治两类。《通典·职官三》注:"桓帝末侍中皇蝉参乘。问貊[插]何法,不知所出;又问地震,云不为灾。还宫,左迁议郎。"这是回答不出学术知识问题而降官。《后汉书·儒林戴凭传》:汉光武时"拜为侍中,数进见,问得失。帝谓凭曰:侍中当匡补国政,勿有隐情"。《鲁恭传》:和帝时"迁侍中,数召燕见,问以得失,赏赐恩礼宠异焉"。《张驯传》:灵帝时"擢拜侍中……多因便宜,陈政得失,朝廷嘉之"。这便是政治方面的"顾问应对"。

2. 就人选说,西汉经验是,为能履行上述职掌,必须挑选学识渊博的儒生充任侍中。《后汉书·李固传》:顺帝时上书称"见诸侍中,并皆年少,无一宿儒大人可顾问者,诚可叹息"。是顾问者本应为宿儒之证。

照说,将西汉,特别是第二阶段的经验固定为上述制度,侍中权力本应进一步发展,可是实际上由于以下原因,就总体言,侍中权力在这一阶段反而削弱了。这些原因首先是,西汉侍中等中朝官参与谋议,尚书只是具体办事机构,而到东汉,尚书机构权力逐渐扩大,尚书集议代替了西汉的中朝议。不但三公权力受侵夺,侍中等权力也受侵夺。其次,由于特殊条件,东汉宦官权力日益发展。西汉的中常侍已由士

---

[1] 《后汉书·百官志三》及注引《汉仪》。

[2] 同上。

人改为宦官充任，①侍中于章帝以后又不能自由出入狭义之禁中。②而且和尚书掌管一些具体政务不同，如果女主临朝或皇帝不常出后宫，侍中便无所事事，成为闲散之职。他们"掌侍左右"的特殊地位基本为宦官所代替。

关于第三阶段侍中权力削弱，地位下降，可举下例：

《后汉书·李固传》：上书称"今与陛下共理天下者，外则公卿、尚书，内则常侍、黄门"，而不及侍中。后来又上书说："侍中杜乔，学深行直，当世良臣，久托疾病，可敕令起。"当侍中而可长久托病，其为冗散之职可知。《刘陶传》："三迁尚书令，以所举将（指原察举他的郡太守）为尚书，难与齐列，乞从冗散。拜侍中。以数切谏，为权臣所惮。"切谏就是上引汉光武所说的"匡补国政"，确是"顾问应对"的主要内容，可是这是有弹性的，有胆量可以切谏，无胆量也可以沉默，所以敢于切谏与官之冗散并不矛盾。

当然，这一阶段侍中比较复杂，有时权力仍很重。如《后汉书·窦宪传》：章帝死，窦太后临朝，"宪以侍中，内干机密，出宣诰命……兄弟皆在亲要之地"。《邓骘传》：和帝死，邓太后临朝，邓骘为车骑将军，邓悝虎贲中郎将，邓弘、邓阊"皆侍中"。"殇帝崩，太后与骘等定策立安帝。"可是这种权力并非来自侍中，而是来自外戚身份，来自他们得到太后信任，可以自由出入或"常居禁中"，参与"定策"。拜侍中，只是为使他们行动更加方便而已。其实，如前所引，自章帝元和以后侍中已复出禁外，他们这时仍居禁中，这事本身也说明是一种特殊情况。一般侍中，没有这种外戚身份，恐怕仍不得居禁中，因而也参与不了多少谋议，权力与窦宪等是无法比的。

总之，一般说，这一阶段是侍中的沉滞期。史书往往见到侍中只不过给皇帝讲经、校经，③也是一个方面之反映。

---

① 见《后汉书·百官志三》。
② 见《后汉书·百官志三》"侍中"下注引蔡质《汉仪》。
③ 参《后汉书·桓郁传、贾逵传、刘宽传、伏湛附伏无忌传、杨赐传》。

第四阶段：侍中寺设立以后。

《通典·职官三》："门下省，后汉谓之侍中寺。"原注："嘉平六年改侍中寺。""嘉"当系"熹"之讹，熹平是灵帝年号。这有侧证。《后汉书·五行志一》："灵帝光和元年，南宫侍中寺，雌鸡欲化雄。"《灵帝纪》略同。这是《后汉书》有关侍中寺唯一的记载，正好在熹平六年之后，决非偶然。又《通典·职官三》原注引《汉官》：侍中"无员，侍中舍有八区，论者因言员本八人"。未记时间。可是《初学记·职官下》《唐六典》卷八同样文字，却俱记为"灵帝时"事，与熹平六年也大体一致。按侍中舍，即侍中寺，东汉之时寺、舍通。《周礼·宫正》："次舍之众寡。"郑注："舍，其所居寺。"贾疏："云舍其所居寺者，寺即舍也。"是其强证。关于侍中寺的另一处，也是最后一处记载，见于《汉官仪》。原文是："尚书令、侍中上东西寺及侍中寺。"①同样未记时间。不过作者应劭，著《汉官仪》在汉献帝之时，②这与灵帝设侍中寺并不矛盾。由此可见，说侍中寺始于灵帝，是有根据，可以成立的。在这以前，大概只有侍中曹或侍中署。《唐六典》卷八注："初，秦汉置侍中曹，无台省之名。"《汉旧仪》卷下："以呼召侍中以下署长。"或其证。

由侍中曹或署改侍中寺，说明什么问题呢？

第一，自汉代起，九卿官府谓之寺。③直到西晋，依然有"九寺"之名。④故少府亦称寺，其下则有署，有室，有监，有台等。侍中"以文属焉"。⑤灵帝设侍中寺，很可能意味从此让它脱离少府寺，变成平行机构。从官秩上也有反映。据《后汉书·百官志三》，侍中"比二千石"。可是注引《汉官秩》，以及《初学记》《太平御览》《唐六典》所引同书，却或"千石"，或作"比二千石"。考《后汉书·百官志三》"中常侍，千石。本注曰：……后增秩比二千石"。既然中常侍已增秩比二千石，侍中怎

①　《初学记·职官下》引。
②　《后汉书·应劭传》。
③　参《日知录》卷二八"寺"。
④　《晋书·荀勖传》。
⑤　《后汉书·百官志三》。

么可能仍为千石呢？所以我怀疑《汉官秩》所记大概与上述中常侍情况同，即原千石，后增为比二千石。不知什么缘故，以上各书分别引了一半，于是出现了差异。如果这一推测不错，则侍中升为比二千石当与改侍中寺同时，以便充当新独立机构之长官。

第二，在侍中寺设立以前，侍中一直没有固定编制。应劭、司马彪、沈约都称东汉侍中"无员"。令人不能不考虑的是：恰好从灵帝起发生了变化。《初学记·职官下》说得最清楚：侍中"西汉无常员……东汉初无常员，至灵帝时，侍中舍有八区，论者因言员本八人"。这个"员本八人"，最早见蔡质《汉仪》①及应劭《汉官》，②二书均成于灵帝熹平六年之后，③可见徐坚的叙述是不错的。又《献帝起居注》④记献帝时侍中置六人，虽与八人之数不合，却证明编制确已固定。这些应该都是设立侍中寺的结果。除此之外，作为"寺"，大概原属少府寺的某些官吏，也拨归侍中统率。由于材料太少，我们无法知道具体是哪些官吏，但据《献帝起居注》，似可推定，或许给事黄门侍郎当时已属侍中寺。因为这条材料记载献帝之时曾"改给事黄门侍郎""为侍中侍郎"；《唐六典》卷八注叙述同；《初学记·职官下》虽无"献帝"字样，却称在东汉，"后又改为侍中侍郎，寻复旧。自魏及晋"云云，证明三者所记是一件事。为什么要改"侍中侍郎"呢？考给事黄门侍郎本来文属少府，很可能熹平六年以后它已改隶侍中寺，献帝时想通过改名，以体现新的隶属关系，后因此名与侍中易混，于是"寻复旧"。总之，设立侍中寺，其与旧侍中曹的另一区别，便是侍中编制在历史上第一次固定，且下面有了属官。

第三，设立侍中寺更主要的是意味从此侍中、黄门侍郎的职掌出现了重大变化：由生活上侍奉，学术上充当顾问，政治上泛泛地参与谋

---

① 《后汉书·百官志三》注引。

② 《通典·职官三》注引。

③ 蔡质《汉仪》有"灵帝末，梁鹄为选部尚书"句（《后汉书·百官志三》尚书"分为四曹"下注引），则书必著于灵帝死、得谥号之后。应劭《汉官》著于建安年间，见《后汉书》本传。

④ 《后汉书·百官志三》注引。

议或谏诤,发展到固定的、具体的"省尚书事"。

二、东汉侍中寺的主要职掌

本来,早在西汉已有中朝官(左右曹、诸吏等)平省尚书奏事。[1] 可是当时尚书是具体办事机构,仅负责上下文书,对文书内容基本不参与意见,所以所谓平省尚书奏事,实际上是平省外朝宰相经过尚书奏上之文书。正因如此,当东汉光武帝审批三公文书,扩大了尚书权力,让他们具体参与某些谋议之后,便把有关中朝官给省掉了。[2] 自此以后,未见再有平省尚书奏事的制度。这一段时期,尚书日益侵夺三公之权,而本身却很少受到具体监督;即便有,如外戚、宦官干预,也没有固定为官制。唯一一个例外记载是《后汉书·朱穆传》,他在桓帝时面奏:"臣闻汉家旧典,置侍中、中常侍各一人省尚书事,黄门侍郎一人传发书奏,皆用姓族。自和熹太后以女主称制,不接公卿,乃以阉人为常侍,小黄门通命两宫,自此以来权倾人主,穷困天下,宜皆罢遣,博选耆儒宿德,与参政事。"按照这个说法,似乎从西汉,起码从东汉初起,侍中等已平省尚书奏事。其实,仔细研究一下,便会发现朱穆这段话存在问题。

首先,他说自和熹太后之后方以阉人为中常侍,可是同传记载他前不久上疏却说"故事,中常侍参选士人,建武以后,乃悉用宦者"。二者出入不小,而后者与其他记载(如《汉官仪》等)合。特别是汉光武时议郎卫宏作《汉旧仪》记"中常侍,宦者,秩千石……"则其制肯定早于和熹太后之时。其次,他说自和熹太后方用小黄门通命两宫,但据其他材料,早在汉光武之时小黄门已受重视,代替西汉中朝官受尚书事,见《后汉书·百官志二》,可知这一制度朱穆也没说对。

为什么朱穆提到制度常出错呢?我想一则大概因为这次他是面奏,凭记忆不可能准确;更重要的是因为他进奏目的不在介绍具体制度,而重点在强调过去士人有权,而现在宦官用事,"穷困天下",借此

---

[1] 参本书第四章第一节。
[2] 《后汉书·百官志二》本注:"旧有左右曹……上殿中主受尚书奏事,平省之。世祖省。"

证明恢复"汉家旧典",罢遣宦官之合法合理。在这种情况下,对他提到的另一制度,即置侍中、中常侍各一人省尚书事,由于得不到其他材料的印证,自然也就不能信以为实。也就是说,自东汉起,只有尚书收受三公等文书后,提出初步处理意见,交皇帝审批的故事,而没有侍中一类官吏省尚书事之制度。固然,《汉官仪》卷上有尚书郎奏事明光殿,"黄门侍郎对揖跪受"之记载,汉光武还令小黄门受尚书事,可是这些毕竟是"受",与"省"不是一回事,权力要小得多。

然而到东汉末年,与设立侍中寺的同时,很可能侍中的职掌出现"省尚书事"。其证有二。

首先,前引《献帝起居注》称帝初即位,"初置侍中、给事黄门侍郎员各六人。出入禁中,近侍帷幄,省尚书事"。① 这个"初",从上下语气看,并不包括"出入禁中"以下内容,而仅限定在"员各六人"上。《后汉书·献帝纪》即位"初令侍中、给事黄门侍郎员各六人",即其强证。可是"省尚书事"又确是东汉以来从未见过的新职掌。当时董卓废少帝,酖何太后,朝廷比较混乱,不可能创立新制,所以侍中"省尚书事",极大可能是十几年以前灵帝设侍中寺时定下来的,献帝只是沿用。但因已消灭宦官,侍中恢复了章帝以前"出入禁中,近侍帷幄"的身份,"省尚书事"的权力自然比灵帝时扩大。

其次,上说灵帝时侍中固定为八人,这是过去从未有过的。之所以要固定,联系侍中舍或寺在历史上第一次分为八区,我以为很有可能是为了使侍中分别平省尚书诸曹郎的奏事。② 固定了员数并分区,方能更有效地平省。

为什么汉灵帝要设侍中寺呢?

最主要原因当与尚书台的发展有关。第五章已说,东汉三公仍为宰相,尚书权力是逐步扩大的。本来,皇帝主要为了提高统治质量和效率,独揽大权,而分配尚书收受并审阅包括三公在内吏民所上文书,

---

① 据《通典·职官三》,这六名侍中还掌殿内众事,即所谓"殿内、门下众事皆掌之"。
② 不知和尚书台的"八座"有没有关系?待考。

尚书地位很低，根本没有料到他们会发展到出现取代三公之势态。然而这些势态慢慢出现了。如前所述，陈忠所说的"选举诛赏，一由尚书，尚书见任，重于三公"，虽然不能理解太实，但毕竟反映尚书权力已不可低估。在这种情况下，发展到灵帝时，设立侍中寺，在官制上进行某些改革，试图以侍中（或许还有黄门侍郎）平省尚书奏事，旨在避免或减少诏令、措施出错，保证统治质量，是有可能的，这也反映了整个封建统治阶级意志。汉献帝即位以及魏晋以后，统治集团几经变化，之所以都沿用此制，并将侍中寺扩大为门下省，道理便在这里。这是尚书台机构、权力发展之后的大势所趋。汉灵帝并不是一个好皇帝，可是他在熹平六年左右确在官制上搞了一些改革。如熹平六年信任侍中祭酒乐松、贾护，引诸生能为文赋者，待以不次之位；第二年即光和元年，又置鸿都门学，"其诸生皆敕州郡、三公举用辟召，或出为刺史、太守，入为尚书、侍中"，不过遭到"士君子"的反对。① 另外，《通典·职官四》称"汉初尚书虽有曹名，不以为号。灵帝以侍中梁鹄为选部尚书，于是始见曹名"。这些都与侍中、尚书有关。所以要说灵帝不但设侍中寺，而且有可能试图使侍中"省尚书事"，是可以理解的，并不奇怪。当然，他又十分宠幸宦官，由侍中来省尚书事多多少少会触动他们的利益，因而新制究竟实行到什么程度，还值得怀疑。不过，不管怎样，从西汉初的侍中，发展到东汉末年的侍中寺，前后四百年，终究把后代门下省的轮廓给勾画出来了；特别是"省尚书事"这一极重要职掌的规定，更为门下省的建立、存在、发展，指明了基本方向。

第三节　两晋的门下省

一、三国时期的侍中寺问题

东汉末年所创侍中寺及省尚书事制度，尽管《三国志》等最早的史

---

① 以上参见《资治通鉴》卷五七。

料中未见记载,但曹魏以及蜀、吴似已沿用。其证如下。

《宋书·百官志》:"魏晋散骑常侍、侍郎,与侍中、黄门侍郎共平尚书奏事,江左乃罢。"曹魏之时散骑之职是独立的,不像西晋隶属门下省。① 但将曹魏侍中、黄门侍郎放在一起,记其职掌为"共平尚书奏事",联系上节引《献帝起居注》及考证,恐怕还是可以推定:这是因为沿用了东汉制度,它们共属于一个机构——侍中寺或省的缘故。这也有侧证。《三国志·杜恕传》:魏明帝时为黄门侍郎,"不结交援,专心向公,每政有得失,常引纲维以正言,于是侍中辛毗等器重之"。之所以要提得到侍中器重,当因侍中是同一机构长官。《诸葛亮传》:上书称"侍中、侍郎郭攸之、费祎、董允等,此皆良实,志虑忠纯……愚以为宫中之事,事无大小,悉以咨之……"据《董允传》,时为黄门侍郎,而攸之、祎为侍中。可见蜀国侍中与黄门侍郎关系也极密切,须知在给皇帝的正式奏书中称黄门侍郎为侍郎,三国仅此一见,正所以表明此侍郎乃属于侍中下的侍郎,不至于误会为别的侍郎。《文帝纪》:延康元年魏国"置散骑常侍、侍郎各四人",此侍郎乃散骑侍郎。《钟会传》注引其母传:"中书令刘放、侍郎卫瓘、夏侯和等家皆怪问……"此侍郎乃中书侍郎。这两处侍郎之正式官名,均因涉前面同省长官而省略,则诸葛亮上书时侍中与黄门侍郎当亦属一个机构。

《三国志·华歆传》注引华峤《(华氏)谱叙》:魏明帝时华表"年二十余为散骑侍郎。时同僚诸郎共平尚书事,年少,并兼厉锋气,要召名誉,尚书事至,或有不便,故遗漏不视,及传书者去,即入深文论驳。唯表不然,事来有不便,辄与尚书共论尽其意,主者固执,不得已,然后共奏议。司空陈群等以此称之"。这是两汉魏晋南北朝史料中关于省尚书事情况比较具体的记载,虽只是散骑之事,却可由此推定上引《宋书·百官志》所说侍中、黄门侍郎之事当亦可靠,省尚书事的制度曹魏前期确实存在。《三国志·程晓传》:齐王芳时上疏"今外有公卿将校

———————

① 参见《初学记·职官下》。

总统诸署,内有侍中、尚书综理万机……""综理万机",自汉以来均指处理日常政务,往往用以指三公、尚书之职掌,而程晓将它与侍中联系在一起,恐怕也是从侍中拥有省尚书事之权力的角度出发的。①《是仪传》:孙权之时,迁偏将军,守侍中,"入阙省尚书事,外总平诸官(事),兼领辞讼……"证明吴国侍中权力甚至超出了省尚书事。

由上可见,三国时期曹魏以及蜀、吴应该沿用了东汉侍中寺一类机构。它们是西晋门下省的直接前身。

当然,也得指出,曹魏侍中政治上所起主要作用,并不在省尚书事,而在侍从左右所参与的谋议和谏诤。《三国志·辛毗传》:魏文帝时拜侍中,"帝欲徙冀州士家十万户实河南。时连蝗民饥,群司以为不可,而帝意甚盛"。辛毗求见,表示反对。"帝曰:'吾不与卿共议也。'毗曰:'陛下不以臣不肖,置之左右,厕之谋议之官,安得不与臣议邪!臣所言非私也,乃社稷之虑也……'帝不答,起入内;毗随而引其裾,帝遂奋衣不还,良久乃出,曰:'佐治(辛毗字),卿持我何太急邪?'毗曰:'今徙,既失民心,又无以食也。'帝遂徙其半。"这是一个在历史上常被引用的典型材料,十分形象地反映了侍从左右、参与谋议、进行谏诤的目的、效果与情况,而且点明侍中是"谋议之官"。关于曹魏侍中谋议或谏诤的事例还可参见《刘晔传》《董昭传》《高堂隆传》《鲍勋传》《苏则传》《和洽传》《卢毓传》等。

之所以在曹魏,侍中的谋议和谏诤更加重要,首先因当时三国鼎立,军事、政治上重大措施之正确与否,关系到王朝的统一大业和统治巩固至巨,所以作为近臣的侍中任务偏重于这些方面的谋议和谏诤,而非平省尚书之日常奏事,②是很自然的。《吴主传》建安二十五年注引《吴书》:孙权派沈珩使魏,见文帝。珩有智谋,归,将了解的情况报告说:"臣密参侍中刘晔,数为贼设奸计,终不久悫。臣闻兵家旧论,不恃敌之不我犯,恃我之不可犯,今为朝廷虑之:……"反映敌国所最担

---

① 侍中与尚书称"综理万机",又见《太平御览·职官十》引王昶《考课事》。
② 这时省尚书日常奏事主要当归黄门侍郎,参本书第九章第二节。

心的也是侍中等在这方面的谋议。

其次，也是更重要的原因，是曹魏前期文、明二帝全都大权独揽，政自己出，不少事务并非由尚书奏请，往往是自上而下，经中书省草诏，下达尚书、三公执行；而且即便臣下奏请，皇帝也刚愎自用，任情改定。① 在这种情况下，为保证军事、政治等重大措施之正确，关键首先在于参与谋议诸臣之尽心，特别是敢于对错误决策进行谏诤。当然，在这一方面公卿、尚书都负有责任，但侍中等作为专门侍从左右的"谋议之臣"，更负有直接责任。很明显，这比省尚书事来得重要。前引辛毗之谏，即其著例。所谓迁徙士家"群司以为不可"，无疑也包括尚书，但文帝不听，只有靠辛毗提出此乃社稷之虑，引裾强谏，迁徙数目方得以减半。《三国志·苏则传》：文帝时为侍中，文帝准备向敦煌求径寸大珠，以问则，对曰："若陛下化洽中国，德流沙漠，即不求自至，求而得之，不足贵也。"文帝"默然"。后来文帝行猎，苏则从，因失鹿，文帝欲杀有关小吏，则谏，"帝曰：'卿直臣也。'遂皆赦之。然以此见惮……左迁东平相"。这两件事都不大，但却反映当时侍中的主要职掌，并以此减少了皇帝的错误。

《三国志·卢毓传》：拜侍中，明帝大治宫室，侍中高堂隆多次切谏，语甚直，"帝不悦"。毓进曰："臣闻君明则臣直，古之圣王恐不闻其过……近臣尽规，此乃臣等所以不及隆。"毓"在职三年，多所驳争"，升吏部尚书。这里高堂隆是切谏，卢毓则是婉言劝谏。所谓"驳争"，驳，当指省尚书事后提出之驳议；争，则当指对皇帝谏争。卢毓又提出"近臣尽规"，明帝在诏中还赞他"进可替否"，总之全表明当时皇帝大权独揽，刚愎自用，促使侍中等职掌偏重于谋议和谏诤，这和东汉末年规定侍中等主要"省尚书事"，是有所不同的。

同时还需指出，正由于文、明二帝大权独揽，事必躬亲，急于提高

---

① 如魏文帝嫌鲍勋抗颜直谏，借小罪将他下狱，廷尉判刑，轻则罚金二斤，重也只有徒刑五年，三公都替勋求情，文帝不听，竟诛之。见《三国志·鲍勋传》。

统治质量和效率,甚至想亲自案行尚书文书,①所以大概也不会允许侍中等省尚书事制度健全地推行,再增加一个层次。《三国志·徐宣传》:为左仆射,明帝巡许昌,宣"总统留事"。"帝还,主者奏呈文书,诏曰:'吾省与仆射省何异?'竟不视。"这表明至少这时尚书文书经仆射省后即送皇帝,当中并无侍中等这一级。

至于曹魏后期,曹爽、司马氏父子先后掌大权,直接控制尚书,拉拢公卿,扩大势力,皇帝是傀儡,因而侍从皇帝的侍中等,往往只能传授经典,或在一起讨论经义,吟诗作赋,②同样也谈不上省尚书事了。

只有到了西晋,特别是全国统一之后,尚书已演化为宰相机构,东汉设立侍中寺的指导思想,方才在门下省基本落实。

二、晋代的门下三省

本章第一节所引"门下三省",究竟是哪三省?

我以为或即门下省、散骑省和侍中省。

门下省,西晋设立,本章第一节已证明,兹再举二例。《晋书·荀勖传》:"门下启通事令史伊羡、赵咸为舍人,对掌文法。"荀勖反对说:"门下上称程咸、张恽,下称此等,欲以文法为政,皆愚臣所未达者。"按上下文意,"门下"当俱指具体机构,而非泛指。《淮南王允传》:赵王伦为允围在宫中,"伦子虔为侍中,在门下省,密要壮士,约以富贵。于是遣司马督护伏胤领骑四百从宫中出……"此门下省自亦设于宫中一具体机构。《通典·职官十九》:晋官品第七品有"门下、中书通事舍人"(即上条启改令史为舍人之舍人),第八品有"门下、中书主事通事",第九品有"门下、散骑、中书、尚书、秘书令史"。按《通典》所载当据贾充等所撰《晋官品令》,③乃西晋之制。通事舍人等俱冠以"门下""中书""尚书"等,中书、尚书俱为具体机构——省或台,门下亦必相同。特别

---

① 参本书第六章第一节
② 参《三国志·三少帝纪》。
③ 参《九朝律考·晋律考下》。

是第九品将"门下""散骑"并列,散骑时隶门下,更可证此处之"门下"必非泛称,乃指具体之"省"。

散骑省:西晋隶于门下省。《唐六典》卷八注:散骑诸官"虽隶门下,别为一省。潘岳云'寓直散骑之省'是也"。[①] 上引《晋官品令》,散骑与中书、尚书、秘书并列,也是独立设省之证。此省官吏主要有散骑常侍、散骑侍郎各四人,还有给事中,无常员,见《唐六典》卷八注。

侍中省:这是一个难于确定的机构,因为有关史料未见西晋有这一省名。可是根据以下迹象,又可推测西晋似应有这一机构。首先,东汉侍中寺,曹魏既然沿用,侍中在魏晋又是显官,则一般说侍中寺或省之名不当轻易废除。其次,南朝有侍中省之名。《宋书·二凶传》:"义恭诸子住侍中下省。"《资治通鉴》卷一二七元嘉三十年胡注:"侍中省有上省、下省,上省在禁中";"侍中下省在神虎门外"。《南齐书·萧惠基传》:"时直在侍中省。"《梁书·陆襄传》:"以襄直侍中省。"《陈书·袁宪传》:"诏复中书侍郎,直侍中省。"联系东汉侍中寺的存在,由此可推定,两晋不当没有侍中省。再次,北朝魏孝文帝改革前,似乎设有侍中省。所以《资治通鉴》卷一二六元嘉二十九年胡注:魏太武帝末年"盖以尚书、侍中、中秘书为三省"。当时汉化模仿的是两汉魏晋之制,则据此推定西晋有侍中省,似亦不无道理。

现在的问题是:如存在侍中省,则与门下省的区别何在?我以为,在西晋,区别就在门下省所置官吏为侍中、给事黄门侍郎、舍人、主事、令史。掌管侍从左右,省尚书事等等,限于汉魏以来侍中、给事黄门侍郎本身的事务。而侍中省则不同,所置隶属侍中的机构,职掌是有关宫中、殿中生活方面事务。由于这些事务卑微、琐碎,无关大局,有关官吏地位又不高,所以其机构、人员,虽官志、史传均不载,但有的仍可考证而得。例如,《唐六典》卷十一、《通典·职官八》俱称曹魏设殿中监,晋宋因之。掌殿中亲近供御之事。[②] 然《宋书》《晋书》均不载。这

---

① 又见《通典·职官三》。
② 参《历代职官表》卷三七"三国"案语。

个机构我以为即属侍中省。其证有二。首先,殿中监所掌卑微之事,与西汉初侍中所掌相近,魏晋将这一机构归侍中统率是很自然的。《宋书·百官志》于侍中职掌称"殿内、门下众事皆掌之",而于给事黄门侍郎则作"与侍中俱掌门下众事"。殿内即殿中,黄门侍郎之所以不提掌殿内事,决非偶然,当因西汉以来它从不管生活供奉之事,因而西晋也不属侍中省。换言之,据此可推断,具体掌殿内众事之殿中监,应属侍中省。其次,《隋书·百官志中》记北齐门下省属官有殿中监四人,《唐六典》《通典》同。当时侍中省已并入门下省,这可作为殿中监与侍中关系密切,在这之前有可能属侍中统率的一个侧证。

以上是西晋,至于东晋、刘宋侍中省所属机构则比较清楚。《宋书·百官志》在记载侍中、侍郎之后紧接着说:"公车令,一人……;太医令,一人……;太官令,一人……;骅骝厩丞,一人;自公车令至此,隶侍中。"按宋志用语,凡言"隶",俱指隶属某一机构,而非指长官。如在侍中之前记"武库令……至今隶尚书库部;车府令……隶尚书驾部……"在中书各官下记通事舍人,"直阁内,隶中书"。在秘书各官下记著作郎"魏世隶中书。……元康中改隶秘书,后别自为省,而犹隶秘书"。由此可断定"隶侍中"必指隶侍中省。

又宋制多沿东晋,侍中省各属官多亦如此。如公车令,西晋属卫尉,东晋省卫尉,恐即改属侍中省。太医令,西晋属宗正,东晋省宗正,"而太医以给门下省,宋齐太医令丞隶侍中",[①]东晋虽非隶侍中,然亦相近;而且这里"给门下省"(《通典》作"属门下省")与"隶侍中"对举,更可证"侍中"乃"侍中省"。骅骝厩丞,西晋称"令"属太仆。太仆"过江之后,或省或置,哀帝时省,骅骝为门下之职,宋齐因之"(《通典》作"太仆既省,故骅骝厩为门下之职")。这里的骅骝厩丞也可能隶侍中省,即"门下之职"作泛义理解,因侍中省为"门下三省"之一,将隶侍中省说成是门下之职,也不是绝对不允许的(故作"为……之职",而不言

"隶")。

　　总之,从西晋特别是东晋、刘宋材料可清楚看出侍中省与门下省的不同特点。为了证明西晋确有可能并置侍中省与门下省,试再举一例。《晋书·裴頠传》:为贾后亲戚,拜侍中,"迁尚书左仆射,侍中如故。……俄复使頠专任门下事,固让,不听"。頠又上表,以为这是"崇外戚之望,彰偏私之举","历观近世……多任后亲,以致不静"云云。这里令人不解的是他早已拜侍中,甚至迁尚书左仆射,等于副宰相,侍中如故,他全都不"固让",为什么这时要固让呢?问题就出在"专任门下事"上。所谓专任门下事,当是与兼任侍中省事对比而言。西晋侍中四人,按制度每人既应侍从左右,顾问应对,省尚书事等,又需兼管殿内众事(主要生活侍奉)。前者为门下事,后者为侍中省事。不过由于种种原因,也不排斥有时有的侍中专任门下事,另外一些侍中则专任侍中省事。《贾模传》:贾后专权,"欲委任亲党",乃以从弟模为侍中,"模乃尽心匡弼,推张华、裴頠同心辅政。数年之中,朝野宁静,模之力也"。他便是专任门下事。裴頠"固让"时说"贾模适亡,复以臣代",是其证。很显然,专任门下事要比和其他侍中一起分别兼任门下事和侍中省事,权力大得多。[1] 裴頠固让,原因盖在于此。这也就是说,裴頠固让,如用存在侍中省去解释,正好吻合。这是西晋侍中省为门下三省之一的又一侧证。

　　整个两晋,门下三省一直未变。[2]

三、晋代门下三省的职权

　　如果不计散骑省一度握有草诏之权,则门下最主要的职权便是:1."备切问近对,拾遗补阙";2."平尚书奏事"。[3] 而二者之所以能真正

---

[1]　《唐六典》卷八"侍中"下称:东汉有侍中祭酒,曹魏省。南齐"又以高功者一人为祭酒,掌诏令、机密"。疑西晋之"专任门下事",相当于后来侍中祭酒的地位与权力。

[2]　《太平御览·职官一》引桓温集略表:"愚谓门下三省、秘书著作,通可减半。"是东晋门下三省尚存之证。

[3]　俱见《晋书·职官志》"侍中"条。

在政治上起作用，又以侍从于皇帝左右为前提。

"切问近对，拾遗补阙。"此即东汉之"顾问应对"。[①] 但东汉"顾问应对"分学术、政治两方面，这时增加"拾遗补阙"，便使政治性质突出了。换言之，这两句也就是指谋议与谏诤。散骑各官"掌规谏"，[②]虽偏在谏诤，亦属此类。这一职权，有时在政治上起极大作用。《晋书·冯纨传》：晋武帝时为侍中。帝病重，朝野希望以齐王攸为继位人，攸素薄中书监荀勖及纨，二人恐攸得立，"有害于己"，"乃使纨言于帝曰：'……太子其废矣。……宜遣（攸）还藩（离开京师），以安社稷。'帝纳之"。齐王攸因此气愤而死。同上：冯纨"疾张华如仇"，朝论欲以华为相（尚书令），"纨从容侍帝，论晋魏故事，因讽帝，言华不可授以重任，帝默然而止"。同书《裴颀传》：为侍中，专任门下事，甚恶赵王伦。伦向贾后求录尚书事，又求尚书令，颀与中书监加侍中张华"固执不许"，伦遂不得用。再如上引贾模为侍中，则将张华、裴颀推为辅政大臣。

由此可见，通过"切问近对，拾遗补阙"，门下官吏甚至有时左右了皇位继承和宰相、辅弼大臣人选，作用之大，于兹可见。其实，在某种意义上可以说这也就是汉魏以来宰相的议政权。只不过侍中等并不具体掌管日常政务，一般说是消极地等待皇帝咨询，不像录尚书事、尚书令可根据手头政务，在觐见皇帝时主动提出各种奏请，议政权更广泛；而且侍中等又无对百官的监督执行权，所以还算不得宰相，用辛毗的话，仍然只是"谋议之臣"。

"平尚书奏事"，亦即东汉之"省尚书事"。上面的"切问近对，拾遗补阙"固然有时权很重，可任务是空泛的。如果皇帝很少咨询，谏诤又不宜经常进行，便会无所事事。有了"平尚书奏事"，门下官吏的权力方才进一步落实，从而对尚书奏事的质量——是否符合整个统治利益，真正地、经常地起到监督作用。

《晋书·山简传》：晋武帝初年，"黄门侍郎王恂、庾纯始于太极东

---

① 《全晋文》卷六晋武帝"以何劭为侍中诏"，称他有"拾遗、顾问之才"。

② 《晋书·职官志》。

堂听政,评尚书奏事,多论刑狱,不论选举"。对此,山简反对,以为应着重评论选举,"朝廷从之"。此门下甚至对尚书日常用人之文书,亦可平省之证。《王济传》:武帝太康年间为侍中,时济父王浑为尚书仆射,"主者处事或不当,济性峻厉,明法绳之。素与从兄佑不平,佑党颇谓济不能顾其父,由是长同异之言。出为河南尹……"所谓"明法绳之",不是说王济对尚书主者直接惩罚,而是指通过"平尚书奏事",揭发其违法处,或将文书退回,或连同原文书一并送皇帝审批。① 这种场合,由于武帝往往照准,亦即将尚书奏事驳回,于是便被说成是对署名画行的尚书长官王浑的难堪,成为一条罪名"不能顾其父"。

可是这里有可疑处:1. 如果王济果然给王浑造成难堪,那么首先发脾气的应是王浑,然而传文一字不提王浑的不满,只说王济与王佑不和,佑党抨击王济云云,并且还冒出一句"由是长同异之言",即出现不同评论、议论之意,可见实际上王济的行径究竟算不算"不能顾其父",还是值得怀疑的。2. 侍中本来就要平省尚书奏事,如果"明法绳之"被视为对尚书长官的压抑,则在"以孝治天下"的西晋,王济岂敢如此毫无顾忌地履行职责? 从另一方面说,王浑既为仆射,又怎么可能以王济为侍中? 因为如果王济屈法纵容,岂不是又犯下另一罪名:对皇帝不忠? 3. 从传文看,似乎佑党攻击之后,王济便被"出为河南尹",然据《资治通鉴》卷八一太康六年条晋武帝信王佑言,"由是疏济,后坐事免官",可见并非立即免去王济侍中之职。如果王济履行职责确被认定为"不能顾其父",即便武帝未免其官,王济自己也会立即辞职,然而事实是他继续留任了一段时期。

以上三个疑点,只有用以下道理方可讲通。即在西晋,门下官吏平尚书奏事,一般说并未被看成是故意跟尚书过不去,相反,除了有利君主审批外,恐怕在制度上也视为是在帮助尚书长官把关,使上奏文

---

① 《宋书·礼志二》:东晋成帝咸和五年,"有司奏读秋令。兼侍中、散骑侍郎荀弈、兼黄门侍郎、散骑侍郎曹宇驳曰:'尚书三公曹奏读秋令仪注。……臣等谓:可……依故事,阙而不读。'诏可"。或许这就是门下省平省尚书事之一例。

书中他们审署时没有注意到的某些错误,得到及时纠正,以免执行后造成危害,要尚书长官承担责任。亦即门下平尚书奏事对宰相是有利的。正因如此,父亲王浑当仆射,才会以儿子王济当侍中;[①]王济才敢严格执法,而王浑并不以为意,也没有抱怨之言;王佑出于个人恩怨,大概抓住王济在处理中确实有过头之事,进行攻击,然而舆论并不一致;武帝虽信王佑之言,然也没有可将王济免官的过硬理由;而王济也很自信,并不辞职。仔细分析起来,王济此事倒是了解西晋门下官吏平尚书奏事制度,及其与尚书关系的宝贵材料。

除了"切问近对,拾遗补阙"和"平尚书奏事"外,还必须看到,这两个职权要真正发挥作用,使建议为皇帝采纳,除建议本身的质量和皇帝的政治素质外,一般情况下,很大程度得靠门下官吏能否侍从于皇帝左右,反复给皇帝以影响。"专任门下事"的侍中,便取得这一优越地位。其他侍中和门下官吏侍从左右,议政的机会则要少些,因而权力也就无法与之相比。

《晋书·任恺传》:晋武帝时为侍中,"性忠正,以社稷为己任,帝器而昵之,政事多咨焉。……恺恶贾充之为人也,不欲令久执朝政,每裁抑焉。充病之,不知所为"。时贾充是尚书令,所以任恺之"裁抑"当有二义:一是通过"切问近对,拾遗补阙",在武帝咨询政事时故意反对贾充谋议,鼓动武帝予以摈弃;一是通过"平尚书奏事",故意挑贾充所上尚书奏事之毛病,予以驳回。如所周知,贾充是武帝的亲信、红人,之所以竟会被任恺裁抑而又不知所为,就因为当尚书令后,日常政务繁忙,与武帝疏远,减少了对他的影响;而任恺却"总门下枢要,得与上亲接"。要使任恺无法裁抑,首先必得让他不再侍从左右,而与武帝疏远。开始贾充"承间言恺忠贞局正,宜在东宫,使护太子"。武帝虽采纳这一建议,用恺为太子少傅,可是因这是闲职,所以"侍中如故",使"充计画不行"。后来是靠推荐任恺为政务繁忙的吏部尚书,使他不可

---

① 南朝仍有此种任命。如《宋书·何偃传》:为侍中。"时(父)尚之为司空、尚书令,偃居门下,父子并处权要……"

能再带侍中衔,"侍觐转希",贾充等"承间浸润",方才摆脱"裁抑",将他搞倒。由此可见,侍从左右对侍中和门下官吏来说,是何等重要!

必须指出,和上一点相联系,门下官吏的权力大小还决定于君权的强弱。虽侍从左右,而君权不张,门下权力也就有限。《晋书·孔坦传》:成帝时为侍中,帝"每幸丞相王导府,拜导妻曹氏,有同家人,坦每切谏。……及帝既加元服,犹委政王导,坦每发愤,以国事为己忧,尝从容言于帝曰:'陛下春秋已长……宜博纳朝臣,咨诹善道。'由是忤导,出为廷尉,怏怏不悦"。当时大权在丞相王导手中,皇帝无力贯彻自己的意志,侍中谏诤便只会招来打击。东晋前期,"王与马,共天下",高级士族迭掌朝政,之所以看不到门下官吏起多少作用,原因就在于此。

两晋门下官吏除了以上最主要、政治性极强的职权,按规定其他还有大驾出,侍中负玺、陪乘、护驾、骑从;皇帝登殿,侍中与散骑常侍对扶;[①]"公卿上殿,(侍中)称制、秉笏、陪见";[②]此外便是前面提到侍中省的生活侍奉等。但因基本都沿自汉代,并非门下省的政治特色所在,在历史上所起作用都不大,故此处不备述。

第四节　南朝的门下省

一、南朝门下省组织机构的变化

南朝门下省机构的变化如下。

第一,散骑省从门下分出,独立,称集书省。《初学记·职官下》:晋初,散骑常侍"选望甚重,与侍中不异。自宋以来,其任闲散,用人益轻,别置集书省领之"。集书省中还设散骑侍郎、给事中、奉朝请。常侍、侍郎还另有"通直""员外"之目,均沿晋制。集书省与门下省是平行机构。《宋书·长沙景王道怜传》:孝武帝诏"自今三台五省,悉同此

---

① 参《晋书·职官志》。
② 《通典·职官三》。

例"。《南齐书·王琨传》:"三台五省皆是郎用人。"《通典·职官一》:"五省,谓尚书、中书、门下、秘书、集书省也。"是集书省与门下省地位相等之证。其所以称"集书省",本意是"言掌图书文翰之事",[①]这是由东晋掌章表诏命的散骑职掌演化而成。[②] 不过大概受中书省发展之影响,集书诸官后来主要还是"掌侍从左右,献纳得失",[③]而且由于种种原因,成为闲散之职。

第二,门下省与侍中省合而为一,一般称门下省,有时亦称侍中省。其证如下。

首先,前引《宋书·百官志》,公车令、太医令、太官令、骐骥厩丞俱隶侍中省,另有门下省掌谋议、谏诤、省尚书事等事务,而《隋书·百官志上》记载梁陈之制,"公车、太官、太医等令,骐骥厩丞"已隶于门下省,亦即生活侍奉等职掌与政治性质之职掌合在一省。这当意味原来的侍中省已不复存在(至于门下省因兼掌生活侍奉等,有时依旧习惯被叫侍中省,是另一回事)。

其次,《南齐书·百官志》载:"侍中呼为门下",给事黄门侍郎"世呼为小门下",这或许也是侍中省、门下省合而为一的一种反映。因为在各自为省时,有的侍中专掌侍中省生活侍奉等"殿内众事",虽亦属门下三省官,但毕竟与政治性质的门下省职掌不同,一般不称门下,以免混淆。这就像两晋散骑虽属门下三省,其官吏也不称"门下"一样。侍中一般既不称门下,则黄门侍郎虽专属"门下"省,自亦不得称小门下,只有在这两省合而为一之后,方会出现这种称呼。这似乎意味刘宋后期两省合一已经开始。[④]

---

① 《初学记·职官下》。

② 参本书第九章第二节。

③ 《隋书·百官志上》。

④ 《南史·王悦之传》宋末"以为侍中,在门下尽其心力。掌检校御府、太官、太医诸署。……按覆无所避……于是众署共咒诅,悦之病甚……"依《宋书·百官志下》太官、太医俱隶侍中省。而此处王悦之掌其事却称"在门下尽其心力",或许这就是侍中省合并于门下省之一证。

不过这里有个麻烦问题需得考证一下：在上引《南齐书·百官志》中"公车令""太官令""太医令""内外殿中监""内外骅骝丞"，是放在尚书省所属武库令、车府令之后，材官将军之前记载的，表面看来，与宋代不同，它们已改隶尚书省，果如此，自是侍中省并于尚书省，而不是侍中、门下两省合一。然而仔细研究，便会发现，很可能是《南齐书·百官志》这一部分有错讹，公车令等五个机构本应隶门下省。其证有三：

1. 依《南齐书·百官志》记载尚书省附属机构之体例，如武库令下称"属库部"，车府令下称"属驾部"，材官将军下称"属起部，亦属领军"（均与《宋书·百官志》同），唯独公车令等一连五机构不言所属，这是奇怪的。

2. 当然，按排列顺序，此五机构后紧挨着材官将军，似乎可以材官将军之隶属为隶属，可是，依《宋书·百官志》，材官将军"主工匠土木之事"，本身又是将军，所以隶属"营宗庙宫室"的起部，以及领军将军，是合理的。而公车令等五机构，任务各殊，有的（如太官、太医）与起部相去极远，又不是武官，怎么可能隶属起部或领军呢？而且材官将军下称"属起部，亦属领军"者，是因为起部有事则置，无事则省。材官将军主工匠土木，有了营造宗庙宫室的任务，设了起部，便归起部统率，以保证土木建筑之完成，事毕起部省，则转隶领军将军，这很容易理解。然而有什么必要太官、太医等也照样隶属呢？如果说，领军将军掌宫城保卫，五机构隶属于它，还勉强可通的话，那么有了营造宗庙宫室的任务，毫不相干的五机构又转隶尚书起部，便十分荒谬了。

3.《唐六典》《通典》没有一处提到这五机构魏晋南北朝曾属尚书省，而记它们分别属门下或侍中的地方却有多处。据《隋书·经籍志》《唐书·艺文志》，在隋唐，不但萧子显《南齐书》，连王珪之《齐职仪》等书也都存在，如果南齐此五机构确曾改隶尚书省，《南齐书·百官志》记载也与今本同，则徐坚等人以及杜佑，是决不会忽略的。这就是说，很可能《南齐书·百官志》古本此处，与今本不同。

根据以上三点，我认为，侍中省与门下省的任务，因为长官都是侍中，大约刘宋末、南齐初其统率关系已时常相混，后来便被合而为一。从此西晋的门下三省便只剩下一省。《南齐书·百官志》中公车令等五机构本来放在侍中、黄门侍郎之后，亦即门下省中叙述，如同隋志所记梁陈之制一样，但后来不知什么时候（估计在赵宋以后）出现错讹，五机构混入了尚书省，于是形成目前不伦不类的样子。根据今本，不加分析，便认定五机构在南齐隶属尚书省，是不妥的。又，五机构，据《宋书·百官志》《隋书·百官志》，宋、梁、陈都只有四机构，南齐志多出"内外殿中监各一人"（《唐六典》《通典》则作各八人），原因不明，但上节讲西晋侍中省掌殿内众事，所属可能有殿中监，如果南齐这一机构确属侍中统率，则又给上述推断补充了一个侧证。

二、南朝门下省职权的发展变化

第一，南朝门下省职权的一个重大发展，便是诏令通过门下，由门下审署和下达的职权进一步制度化。在这之前，曹魏、西晋并无此制。《三国志·辛毗传》：为侍中，敢谏诤。魏明帝时中书监刘放、令孙资"见信于主，制断时政，大臣莫不交好，而毗不与往来"。子敞劝他"和光同尘，不然必有谤言"。毗曰："就与刘、孙不平，不过令吾不作三公而已，何危害之有？"从二人对话，辛毗对刘、孙的轻蔑，能做到的只是不与往来而已。以毗的鲠直，如果当时中书监、令起草下达之诏令，要经过侍中审核，辛毗是决不会轻易放过，而不行使驳回诏令之权的。《唐六典》卷九："魏中书典尚书奏事，若密诏下州郡及边将，则不由尚书"，证明一般情况下诏令是由中书下尚书，没有侍中这一关。

西晋大体相同。严可均《全晋文》载西晋诸帝拜侍中或涉及侍中职权之诏三道，一曰"以谏诤为职"（卷二），一曰"侍帷幄，尽规左右"（卷三），一曰"拾遗顾问"（卷六），一个字也没提到下达诏令把关事。至于散骑常侍、给事中之诏，其内容更与下达诏令毫不相干。当时诏令大概经中书或散骑起草后，①便下达尚书，而不经门下。专任门下事之侍中如有不同意见，其权力在于形成诏令之前参与商讨，坚持异议。如发展到草成诏令，已由中书下达尚书阶段，门下便无能为力，只能事后进行谏诤了。也正因如此，迄今能找到的西晋诏令，没有一个以"门下"发端，而是多和两汉一样，冠以"制诏"二字。"制诏"一般说是向宰相机构下达诏令的用语，并且使用这两个字本身，就意味着这一文书已是正式诏书，这和后来要经过门下审署方成诏书的制度是不同的。

东晋开始发生变化。《唐六典》卷八注引东晋明帝时庾亮让中书笺曰："方今喉舌之要，则任在门下。"《艺文类聚·职官四》引《颜含别传》：颜髦（按《晋书》作髦，是）为侍中，"大司马桓公（温）叹曰：廊庙之望，喉舌机要"。《宋书·殷景仁传》：刘宋初年让侍中表更说"喉唇之任，非才莫居"，把侍中职权主要视作"喉唇之任"。这和魏晋大不相同。所谓"喉舌之任"，指出纳王命，最早见于《诗经·大雅·烝民》。东汉往往以尚书当之，故李固于顺帝时对策说"尚书亦为陛下喉舌。……尚书出纳王命，赋政四海……"西晋尚书成为宰相机构之后，纳奏虽经门下，而草诏、出诏全在中书，所以门下仍无"喉舌"之称，只有约自西晋末或东晋起，出诏亦经门下，门下与尚书的关系大体相当于东汉尚书与三公的关系，②方才会出现这个称呼。《文馆词林》卷六六六晋元帝诞皇孙大赦诏："门下：朕以不德……其大赦天下。"这是目前发现中国古代最早的一道冠以"门下"二字的诏书，是出诏需经门下之证，门下的"喉舌"之称，正是以这一制度为前提的。

为什么出诏经过门下始于东晋，或者自东晋起初步得到发展呢？可能和当时统治集团内部矛盾有关。

如所周知，东晋初年"王与马，共天下"。琅邪王氏，不但有王敦为都督、刺史，拥兵上流；而且有王导以司空，录尚书事，领中书监，操持

---

① 参本书第九章第二节。

② 之所以说"大体"，是因为准确说，东汉尚书台负责草诏，魏晋以后此权归中书，门下一般无此权。

朝政。① 录尚书事是宰相，且由下而上文书多经他平省、决断。同时领中书监又"内综机密"，②于是由上而下的诏令又得让他参与谋议或通过他（作为中书省长官）审署下达。这样，内外大权都在王氏兄弟手中。可是对此局面，晋元帝并不甘心。一方面为求王氏兄弟支持，登上皇帝宝座，不得不发布了上述任命；另一面，在脚跟逐渐站稳之后，便又对他们加以防范、限制。对王敦，先后以谯王承为湘州刺史，戴渊为征西将军、都督，刘隗为镇北将军、都督，名为讨胡，"实御敦也"。对王导，则抑损其权，渐加疏远。史书不载抑损的具体事实，但我想由于尚书、中书两省大权均在王导手中，元帝对他的抑损，大概便是通过门下省：很可能是发挥门下官吏早已具有的省尚书事之权，以限制录尚书事的作用；同时创立诏令下达经过门下审核的办法，以限制中书监。后者之所以必要，当因王导作为中书监及录尚书事，参与机密，所提建议，元帝一般均予采纳，草诏下达尚书执行，可是在渐生隔阂之后，元帝对此做法不放心了。由于琅邪王氏潜势力很大，对其建议又不便轻易拒绝，于是便采用了这一依靠门下官吏把关的办法。这一办法很巧妙。表面上是针对皇帝诏令，实际上往往是指向当时为诏令内容出谋划策的中书监、录尚书事。这一意图虽无直接史料，却可通过以下材料求其大概。首先是元帝一代侍中先后共九人，③七人都是反对王氏或支持皇权的力量。刘隗，反对王氏，见下。纪瞻、戴邈、陆晔，均南方士族，与琅邪王氏有矛盾；戴邈兄戴渊是元帝倚以防御王敦的主要将领，后被敦杀；陆晔与弟玩"兄弟事君如父，忧国如家"，陆玩还毫不客气地拒绝与王导联姻。荀邃出身颍川大族，当时这一族许多人都比较圆滑，但却与王氏保持一定距离，基本上仍支持皇权。④ 祖约，乃祖逖之弟，甚得元帝信任，后为豫州刺史，王敦举兵，曾归卫京师。熊远出

----

① 参田余庆《释王与马，共天下》，载《中国史研究》1979 年第 3 期。
② 《晋书·王敦传》。
③ 据《东晋将相大臣年表》。
④ 参《晋书》荀邃、组、奕、崧各传。

身寒族,元帝"每叹其忠公",王敦则"惮其正而有谋"。剩下两人,邓攸在王敦打入建康后代周颉为护军将军,当靠拢了王敦,但在这之前,于晋元帝与琅邪王氏矛盾渐趋表面化的太兴三年,被用为侍中、吏部尚书,且与元帝心腹刁协等"素厚",表面看来是忠于皇室的。至于王彬,虽为琅邪王氏一员,却与元帝有亲戚关系,后来曾面责王敦"谋图不轨"。① 这些人被用为侍中决非偶然,我们有理由认为这是经过选择,用来或准备用来限制王导权力的力量。

其次,更明显的是,晋元帝一直以心腹刁协为尚书仆射、令,估计也是限制录尚书事王导权力的一着棋子,刁协"为王氏所疾",②这是主要原因之一。同时更重要的是以另一心腹刘隗为侍中,密谋对付王氏兄弟。后来王敦举兵,"以诛隗为名",时隗已拜镇北将军、都督,可是王敦在疏中仍说"刘隗前在门下……潜毁忠良,疑惑圣听,遂居权宠,挠乱天机,威福自由……"③可见王氏兄弟最恨的是他当侍中时的所作所为。事实也是这个阶段他出谋划策最多。《魏书·司马叡传》记"叡侍中刘隗言于叡曰:王氏强大,宜渐抑损",即其一例。

根据以上两点,推定诏令经过门下下达的办法多半始于东晋初年,是有理由的,因为它符合晋元帝的意图,和选拔侍中,限制、防范王氏兄弟等措施,精神完全一致。

不过,东晋一代这一办法并没有稳定下来,据《文馆词林》,直到东晋末年依然诏令前"制诏""门下"并用,④也就是说,并不一定经过门下下达,从现存史料看,只有从南朝开始,方才进一步制度化。《文馆词林》中保存南朝诏书共二十九道,没有一道不冠以"门下";特别是《隋书·百官志上》记载,在陈代,皇帝用人,由专人"作诏章草奏闻,敕可,黄纸写出门下。门下(审署后)答诏,请付外施行。又(呈皇帝)画可,

---

① 以上九人俱参见《晋书》本传。
② 《晋书·刁协传》。
③ 《晋书·王敦传》。
④ 东晋诏共二十五道,用"制诏"者二十一,用"门下"者四。

付选司行召”，程序十分清楚。

诏令经过门下下达的主要指导思想，虽然如上所述，在其创立之时很可能是晋元帝为了用以限制王导的权力，但这是一个时期内统治集团内部矛盾尖锐所诱发的特殊动机，就整个东晋南朝（以及北朝）的一般情况说，主要目的恐怕还是为了通过门下的把关，保证所下诏令能更符合整个统治阶级的利益。试举三例。

《资治通鉴》卷一〇三咸安二年：晋简文帝遗诏“大司马（桓）温依周公居摄故事”，又曰“少子可辅者辅之，如不可，君自取之”。诏书经过门下，“侍中王坦之自持诏入，于帝前毁之。……曰：天下，宣、元之天下，陛下何得专之”。“帝乃使坦之改诏曰：家国事一禀大司马，如诸葛武侯、王丞相故事。”这样，便继续维持东晋各大族势力的基本平衡，防止了可能因王朝更代而发生的政局混乱。

《弘明集》卷十二：桓玄篡晋称帝，颁下“许沙门不致礼诏”。诏书经过门下，侍中卞嗣之、给事黄门侍郎袁恪之、门下通事令史马范不同意，启请桓玄重新考虑，桓玄坚持己见，这样，诏书四下，门下启奏四上，前后花了二十多天时间，最后门下方才通过。卞嗣之表示“臣暗短不达，追用愧悚，辄奉诏付外，宣摄遵承”。卞嗣之等原启请不同意诏书的主要理由是为了维护皇帝至高无上的尊严，不许存在任何例外，所谓“率土之民，莫非王臣，而以向化法服，便抗礼万乘之主，愚情所未安。拜起之礼，岂亏其道，尊卑大伦，不宜都废”。同样是从整个统治阶级利益着眼的。

《资治通鉴》卷一二九大明三年：宋孝武帝派兵攻竟陵王诞于广陵，城陷，杀三千余口，“上（诏）聚其首于石头（城）南岸为京观，侍中沈怀文谏，不听”。后又“诏士族杂婚者皆补将吏。士族多避役逃亡，乃严为之制，捕得即斩之，往往奔窜湖山为盗贼。沈怀文谏，不听”。这两件事都没明言诏书经过门下，但从前述东晋以来门下制度的发展大势把握，应是经过了“喉舌”门下省的。其所以未见封回诏书，而仅见事后谏诤之记载,当因南朝(以及北朝)封还诏书的制度并未固定下来。[1] 侍中等对诏书持异议,是封还,还是一面下达,一面谏诤,则因人而异。在南朝(主要宋、齐),由于以下两个条件,不但没有封还诏书记载,连事后谏诤也少见。1. 由于历史条件使然,南朝君主虚心纳谏者少,刚愎自用者多,动辄屠戮忤意者,宋孝武帝更为突出,像沈怀文这样敢于多次顶撞直谏的人,[2]可以说是凤毛麟角。2. 南朝侍中、黄门侍郎等清望官往往用以优遇王、谢等高级士族,他们但求保全门户,使子弟平流进取,坐至公卿,不肯采用封还诏书这种激烈手段。所以沈怀文虽系事后谏诤,但从其内容旨在反对孝武帝的残暴行为看,和实行诏书经过门下制度的主要指导思想,即保证所下诏令符合整个统治阶级利益,是一致的。

第二,南朝门下省职权发展的另一特点是,过去已存在的平省尚书奏事,被进一步固定,落实在仪注上。关于这一方面材料,主要见于《宋书·礼志二》所载仪注。[3] 这一仪注(公文程式)虽标为宋文帝东巡"皇太子监国"所用,其实,除某些用语外,和平日皇帝未外出时的仪注应是相同的。在这一仪注中,尚书所奏文书,需送门下官吏审署,已成定式。试举"关事仪"为证,原文如下:

> 某曹关:"太常甲乙启辞,押:'某署令某甲上言:"某事云云。"请台告报如所称。'主者详检相应,请听如所上。事诺,别符申摄奉行。谨关。"

> 年月日

> 右关事仪准于黄案。年月日右方〔下〕,关门下位;年月下(日?)左方下,附列尚书众官署。其尚书名下应云"奏"者,今言"关",余皆如黄案式。

---

① 至唐代门下省有给事中专掌制敕宣行、封驳,其制方定。参《历代职官表》卷十九"六科给事"隋、唐部分。

② 参《宋书·沈怀文传》。

③ 又见《通典·礼三一》。

对此关事仪试作以下解释。

"某曹关。"某曹指尚书某曹；关，指关皇太子，等于奏天子。以下为所关内容，直到"谨关"二字为止。

"太常甲乙启辞，押。"甲乙，为汉魏南北朝间一种用语。《通典·礼十八》东晋王堪六礼辞并为赞颂仪"某官甲乙白奏"，"甲乙使某献酒"，均其证。意指某甲、某乙，参《资治通鉴》卷五一阳嘉元年胡注。这里指太常寺官某甲、某乙。"押"，即押字，署名，南北朝流行，可能战国已开始，见《日知录》卷二八"押字"条。下面从"某署令……"至"……如所称"，乃太常甲乙报告的内容。尚书某曹按制度可能要附上太常启辞原件，所以连押字也记了下来。

"某署令某甲上言：某事云云。"某署令，指太常寺所属某官署长官，如太史令、太祝令等。下面的"某事云云"，是某署令上言之内容。

"请台告报如所称。"是太常寺官某甲、某乙在引用某署令关于某事之上言后，请求尚书台批示的公文用语。"告报"，批准之意。《释名·释书契》"上敕下曰告"；《后汉书·安帝纪》"长吏被考竟未报"下李注"报，谓断决也"，是其证。"如"，从也，见《左传·宣公十二年》"有律以如己也"杜注。这里指根据，按照。"称"，举也，见《尚书·牧誓》"称尔戈"下孔传。全句意思是：请尚书台依据所举事实、理由，予以批准。

"主者详检相应。"这以下是尚书某曹向皇太子说的话。《说文·言部》："详，审议也。"《尔雅·释诂》："应，当也。"全句意思是：经有关负责人审查，认为太常的请求与制度（政策）相符合。

"请听如所上。"《广雅·释诂一》："听，从也。"同上《释诂四》："许，听也。"全句意思是：请按照太常所举事实、理由，予以批准（听许）。

"事诺，别符申摄奉行。""事"，文书。"诺"，批准。天子批准曰"可"，皇太子以下批准则曰"诺"，以示区别。"符"，指尚书符。"申"，重也，见《尔雅·释诂》，再三之意。《尚书·皋陶谟》"天其申命用休"；《汉书·文帝纪》"勒兵申教令"，均与此处"申摄"之申，用法相同。摄，引持也，见《说文·手部》，段注"凡云摄者，皆（有）整饬之意"。《汉书·陈余传》张耳"摄使受笞",颜注"摄,谓引持之"。摄使亦即饬使。全句意思是:此文书如蒙批准,将另下尚书符,强调、命令有关部门奉行。

"谨关"与"年月日"后面一段文字,是仪注编者的说明。[①]

"黄案",是尚书上奏皇帝的一种公文名称。

"关门下位。"关,通也,见《史记·佞幸列传》"关说"下索隐。"位",指公文上留下的空白官位,有关官吏读了公文,表示同意,在这地方署名,则叫"署位"。这句意思是:送交门下有关官吏署位。

"附列尚书众官署。"署,指所署之名。

另外,"年月日右方"下面疑脱一"下"字,与后面的"左方下"相应。事实上无论尚书或门下官吏所署之名,均在年月日左、右方下面。又,"年月下"之"下",疑为"日"字之讹,与上面"年月日"相应。此"下",当本在上面"右方"之下,因多处涉"下"字,而错讹致此。

这样,这段文字前半部的大意便是:关事仪的格式系依照黄案而定。文书卷面所记年月日左方下面,列举尚书众官之署名,然后送交门下,由门下有关官吏在年月日右方下面之空白官位处署名,再上关皇太子批准(后半部意思显豁,不赘)。

总起来看,以上关事仪反映的关系共三层:某署令报告太常寺为其一。太常寺报告尚书台为其二。尚书台某曹经尚书众官署名上关皇太子为其三。其中第三层,必须先关门下,由门下有关官吏署位后,再上关皇太子(如为黄案,则上奏皇帝)。所谓关年月日右方下之门下位,也就是把门下省平省尚书奏事的职权,固定、落实在公文程式上。《宋书》所载其他仪注关门下位情况同。这就意味着,从此尚书各种奏事,无一例外地全得经过门下省平省署位。由于关事仪及其他仪注刘宋以前从未见过,[②]仪注编者提到所据以为准的"黄案""启事"时,口气

---

① 下面一部分参拙文《高昌官府文书杂考》,载《敦煌吐鲁番文献研究论集》第二辑,北京大学出版社 1983 年版。

② 蔡邕《独断》载有若干仪注,但过于简略。

也不像时间离得很远,所以,就关门下位这一点言,很可能是在"元嘉之治"中,①从公文程式上进一步固定下来的,构成了南朝门下省职权发展之又一特点。

以上即南朝门下省职权的主要变化。

在南朝,侍中是不是宰相?

我以为不是。主侍中是宰相,所根据的材料不外以下三条:

1.《宋书·王华传》:为侍中,"及王弘辅政,而弟昙首为太祖所任,与华相埒,华尝谓己力用不尽,每叹息曰:宰相顿有数人,天下何由得治!"其实,这不足为据。首先,此处记载有误。《谢晦传》:在江陵起兵,移檄京邑,揭发王弘、昙首、华陷害自己和徐羡之、傅亮的罪行,中有一条便是王华"常叹宰相顿有数人,是何愤愤,规总威权,不顾国典"。可见王华这话矛头所向不是王弘、昙首,而是徐羡之、傅亮;自称宰相,实系抬高身价,以便争夺大权,所以谢晦骂他"规总威权,不顾国典",是不能看得太实的。其次,退一步讲,即便在王弘辅政时王华又说这话,也只是他的自我安慰,不能算作侍中是宰相之证据。除了根据我前面提出的宰相标准,侍中不具备监督百官执行权外,前面已讲,侍中职掌很杂,不一定都参与机密,而且即便参与,当时也并不认为就是宰相,因为按制度还有全面参与机密、谋议的录尚书事、尚书令、仆在。《王昙首传》:与王华同为侍中,"昙首为上所亲委,任兼两宫。彭城王义康……以昙首居中,分其权任,愈不悦"。然而王昙首、谢弘微俱在侍中任上病死后,宋文帝却说:"谢弘微、王昙首年逾四十,名位未尽其才,此朕之责也。"如果侍中是宰相,岂能说"未尽其才"呢?②

---

① 元嘉中,宋文帝与宰相彭城王义康之间矛盾激化。在这之后,为防宰相专权,加强门下对尚书奏案之审署,是很有可能的。

② 《廿二史考异》卷三六"王华传"下钱大昕便指出:宋文帝时范泰、王球,孝武帝时王彧、谢庄、阮韬、何偃等为侍中,"初未预参机密","官职之随人重轻,自昔然矣"。他的话并不全对,如这时尚书长官必为宰相,决不因人而异;可是对侍中说,却是适合的,正所以表明侍中尚未固定为制度上的宰相。

2.《沈演之传》：为侍中、右卫将军，宋文帝"谓之曰：侍中领卫，望实优显，此盖宰相便坐，卿其勉之"。这条材料同样不足为据。以为这说明文帝视侍中为宰相，是误解了文意。所谓"便坐"，即非正坐。《后汉书·鲁恭传》注"便坐，于便侧之处，非正室也"。可见文帝意思并非说侍中就是宰相，而是说它离宰相极近，相差只在一阶，所以才会说"卿其勉之"，要他好好干，争取升宰相。也正因此故，同传下文称沈演之立功，"转吏部尚书，领太子右卫率。虽未为宰相，任寄不异也"。意即虽未升为宰相，还是受宠任的。如果侍中是宰相，便应当说"虽去宰相之职，任寄不异也"。当然，这条材料毕竟还是说明侍中是宰相便坐。《梁书·王峻传》："无趋竞心，尝与谢览约，官至侍中，不复谋进仕。"据此《通典·职官三》以为这说明侍中"颇为宰相"。这也是误解了文意。如果官至宰相再不求进仕，那还有什么可值得称道的，要在本传中专门记上一笔呢？其实，这用宋文帝的话来解释，却再妥帖不过。即侍中是宰相便坐，如热衷仕宦，便得为升宰相（尚书令、仆）奋斗；如无趋竞心，官至侍中，便会急流勇退，不谋进取，如王峻、谢览这样。因为这种人在当时并不多见，所以要记入列传。这样一解释，一切全都圆融无碍，反过来也就更加证明侍中不是宰相。

3.《梁书·王训传》：迁侍中，入见梁武帝。帝问何敬容曰："褚彦回年几为宰相？"敬容对曰："少过三十。"帝曰："今之王训，无谢彦回。"《通典·职官三》也把这话引作侍中"颇为宰相"的材料，同样是误解了文意。首先，梁武帝这话是预言，等于说王训"当无谢彦回"，因为王训"美容仪，善进止"，吸引了他。所以早在王训十六岁时，召见后，梁武帝便"目送久之，顾谓朱异曰：可谓相门（祖王俭，尚书令；父王暕，尚书左仆射）有相矣"。当时王训尚未入仕，谁也不会把所谓"相"看作真的宰相，只能视为预言、赞美。这次也是如此。因为王训不久死去时才二十六岁，如果武帝确认为侍中是宰相，则和"少过三十"为宰相的褚渊相比，便当说"今之王训，远过彦回"，而不是"无谢"。看来梁武帝的观念当和宋文帝相同，即视侍中为宰相"便坐"，王训不到二十六岁已位侍中,则升宰相只是几年中的事,所以才会说"无谢"。其次,从有关史料看,除了"文章之美,为后进领袖"外,在梁代政治上没看到王训起任何作用,似乎他当侍中后,未被咨询什么政事,即便按杜佑自定的宰相标准("以他官参掌机密"等),[①]王训也不合格。

第五节　北朝的门下省

一、魏孝文帝改革以前的北朝门下省

北朝于魏孝文帝改革以前,很早已仿汉制设立了门下省。《魏书·张衮传》"皇始初,迁给事黄门侍郎"。《崔玄伯传》皇始元年"为黄门侍郎,与张衮对总机要,草创制度";"太宗即位,命玄伯居门下,虚己访问……玄伯病笃,太宗遣侍中宜都公穆观就受遗言"。《崔逞传》太祖时"居门下省"。《燕凤传》"太祖即位,历吏部郎、给事黄门侍郎"。《封懿传》太祖时"除给事黄门侍郎"。《王宪传》"皇始中……为本州中正,领选曹事,兼掌门下"。《穆观传》"太宗即位,为左卫将军,绾门下、中书,出纳诏命"。《拓跋屈传》"太宗时居门下,出纳诏命"。《娥清传》太宗时"拜给事黄门侍郎"。以上材料不但说明魏道武帝已立门下省,而且反映当他晚年和明元帝一代废罢尚书省三十六曹时,门下省一直存在,职掌也演化成"出纳诏命"。

散骑常侍的设立,略晚于侍中与黄门侍郎(《魏书·官氏志》系于天兴元年),同样不但没有废罢过,而且在魏初成为仅次于侍中的亲近显官。《魏书·罗结传》"太宗时,除持节、散骑常侍、宁南将军、河内镇将。世祖初,迁侍中、外都大官,总三十六曹事"。《丘堆传》"太宗即位,拾遗左右,稍迁散骑常侍。……世祖监国临朝,堆与太尉穆观等为右弼"。《长孙翰传》"太宗即位,迁散骑常侍,与磨浑等拾遗左右,以功

---

① 参本书第一章第一节。

迁平南将军"。《车路头传》"及太宗即位,拜为散骑常侍,赐爵金乡公,加忠意将军……路头优游不任事,侍宿左右,从容谈笑而已。……性无害,每至评狱处理,常献宽恕之议,以此见重于朝。……卒……赠侍中"。《穆崇传》太祖时,"赐爵历阳公,散骑常侍。后迁太尉,加侍中"。《陆俟传》世祖时"转为使持节、散骑常侍、平西将军、安定镇大将。……征还,拜散骑常侍。出为平东将军、怀荒镇大将。……征俟还京……复除散骑常侍。……(以镇压盖吴起义之功)迁内都大官。安定卢水刘超等聚党万余以叛……诏以本官加都督秦、雍诸军事,镇长安。……遂平之。世祖大悦,征俟还京师,转外都大官,散骑常侍如故"。

由以上材料可见,散骑常侍作为本官之前后历官,或作为加官所加之本官,官位都不低;特别是陆俟一例,立功累累,官至都督,军号四平将军(约二品),竟前后五为散骑常侍,更证明它在当时应是显职。

散骑侍郎之设立又晚于常侍,但也在魏道武帝天兴年间,见《魏书·官氏志》。同书《张济传》"太祖爱之,引侍左右……拜散骑侍郎",是其证。

散骑诸官不知是否隶门下省。《官氏志》称天兴年间设散骑常侍、待诏等官,"常侍、待诏侍直左右,出入王命";①又称"置内官员二十人,比侍中、常侍,迭直左右";太宗永兴元年"置麒麟官四十人,宿直殿省,比(散骑)常侍、侍郎"。再联系上引常侍"拾遗左右"等记载,可以肯定,即便当时他们不隶门下省,也是和门下官吏性质相近,侍从于皇帝左右的近臣。

给事中情况与散骑诸官同。也始于太祖之时,见《魏书·贾彝传》。《古弼传》:为尚书令,"入欲陈奏,遇世祖与给事中刘树(下)碁,志不听事。弼侍坐良久,不获申闻"。可见给事中也是左右近臣。

---

① 中华书局标点本,此句前有"谓之八国"四字,并下连"常侍",然后句断。此不从。据《通典·职官四》"尚书省"条下"后魏天兴元年,置八部大夫……以拟八座,谓之八国"。与《官氏志》句几乎全同,可见当"谓之八国"下句断。

由于材料甚少，这一时期门下省其他制度均不甚清楚。《通典·职官三》以北魏宰相乃侍中，证据是北魏"尤重门下官，多以侍中辅政，则侍中为枢密之任"；"宜都王穆寿、广平公张黎并以侍中辅政"。《历代职官表》卷二据此也说：北魏"门下省独膺钧衡之寄，故侍中称为宰相"。然而仔细探讨一下，便会发现杜佑的结论，材料很不充足，甚至可以说是断章取义。

首先，据《魏书·世祖纪》太平真君五年"皇太子始总百揆。侍中、中书监、宜都王穆寿，司徒、东郡公崔浩，侍中、广平公张黎，侍中、建兴公古弼，辅太子以决庶政"。其中崔浩是司徒，而非侍中；穆寿不仅是侍中，而且还是中书监。单强调以侍中辅政，不妥。

其次，当时皇太子只是"副理万机"，而不是总理万机，这四人是辅助他练习行使君权，故只能称"东宫四辅"，[①]"保傅东宫"，[②]总理万机的仍是太武帝，因此即便不论崔浩身份，也难以据此得出侍中是宰相的结论。

再次，如果我们不限此事，把范围扩大，就现有材料看，同样得不出上述结论：

1.《资治通鉴》卷一一五义熙五年：魏明元帝即位，"诏长孙嵩与北新侯安同、山阳侯奚斤、白马侯崔宏、元城侯拓跋屈等八人坐止车门右，共听朝政，时人谓之八公"。《魏书·官氏志》则称之为"八大人"，"总理万机"。这五人除崔宏"居门下"，可能是专任侍中外，长孙嵩官居司徒，安同位安远将军，奚斤行左丞相，拓跋屈行右丞相，都不是门下官吏。

2.《魏书·崔浩传》：为博士祭酒，袭爵白马公。明元帝晚年诏皇太子临朝听政，"司徒长孙嵩、山阳公奚斤、北新公安同为左辅……浩与太尉穆观、散骑常侍丘堆为右弼"。奚斤时仍行左丞相，安同安远将军未变，则这一次皇太子听政，辅政大臣中一个侍中也没有。散骑常

---

① 《魏书·古弼传》。
② 《魏书·张黎传》。

侍虽可能是门下官吏，但同传又记明元帝评丘堆并"无大用"，只因"在公专谨"，才用为右弼，是个搭配的角色，和"尤重门下官"挂不上钩。

3.《魏书·世祖纪》：在上述太平真君五年皇太子副理万机之前，"世祖东征和龙，诏恭宗（即皇太子）录尚书事"。其后"车驾西讨沮渠牧犍，侍中、宜都王穆寿辅皇太子决留台事"。后一事《穆寿传》作"舆驾征凉州，命寿辅恭宗，总录要机，内外听焉"。"留台"即留尚书台，是宰相机构在皇帝出征或出巡后，留守京师，照旧处理全国日常政务时的名称。最早正式出现于西晋。① "决留台事"和"总录要机"说的是一回事，也就是总录留尚书台事务，和前一条材料的"录尚书事"情况相同。这表明，在统治机构中最重要的是"录尚书事"，所以皇帝不在时，由皇太子充任，把大权牢牢握住，至于辅政大臣（包括有时以侍中为之），只是起辅助作用，是不能与录尚书事相比的。再看太武帝以后一段时期的情况。同书《高宗纪》《拓跋寿乐传》：太武帝遇弑，统治集团内部屠杀不断，文成帝即位第一个任命便是"以骠骑大将军元寿乐为太宰、都督中外诸军事、录尚书事"，原因是他"有援立功"。又《显祖纪》：文成帝死后，侍中、车骑大将军乙浑矫诏数杀大臣，专权，随即有诏以浑（实即自封）为"太尉、录尚书事"。在这两个本应授予权力最重官职的事例中，全都离不开录尚书事，而和前述太武帝时的制度一致。由此可见，说北魏尤重门下官，侍中是宰相，以孝文帝以前的史实、制度来核对，应该说，证据是薄弱的。

二、魏孝文帝改革以后的北朝门下省

先看组织机构。

首先，散骑诸官已模仿南朝，另设集书省。《魏书·广陵王羽传》孝文帝"谓散骑常侍元景曰：卿等自任集书，合省逋堕，致使王言遗滞，

---

① 见《晋书·惠帝纪》永兴十一月，荀藩"为留台"。

起居不修";《通典·职官三》称"后魏、北齐皆为集书省",①均其证。

其次,门下仅有一省,亦即仿刘宋后期、南齐以下制度,门下省既掌政事,又掌殿内生活供奉。故《隋书·百官志中》记北齐门下省不但掌"献纳谏正"等事,设侍中、给事黄门侍郎、录事、令史诸官;而且下统领左右、尚食、尚药、主衣、斋帅、殿中等六局。"后齐制官,多循后魏",从现有材料看来,北魏门下省大抵也是如此。如《通典·职官七》光禄卿下称"后魏分太官(署)为尚食、中尚食,知御膳,隶门下省"。《唐六典》卷十五略异:"后魏、北齐分太官令为尚食、中尚食。尚食,门下省领之;中尚食,集书省领之。"不管怎样,至少后魏尚食总是属门下省的。又如北齐尚药局中设侍御师,当源于北魏。《魏书·术艺传》记徐謇、王显俱任此职,可以"出入禁内",所以胡三省曾说:"医师侍御左右,因此名官。后魏之制,太医令属太常,掌医药,而门下省别有尚药局侍御师,盖今之御医也。"见《资治通鉴》卷一四七天监七年。《历代职官表》卷三六从此说。是北魏尚药局亦属门下。又:晋代多言"门下三省",并与三司、八座并提。② 南朝不见这一提法,北朝亦然。《魏书·元继传》"太师、高阳王雍,太傅、清河王怿,太保、广平王怀及门下、八座奏……"《元晖传》上书曰"愚谓宜令三司、八座、侍中、黄门,各布耳目,外访州镇牧将治人,守令能不"。或单言"门下",或直接举"侍中、黄门",似均意味门下只有一省。如有三省或二省,则与"三司""八座"并举,是不可能不提到数字的。

再看门下省的职权。

1. 侍从左右,谋议与谏净。《魏书·崔光传》为兼侍中,"虽处机近,曾不留心文案(当指平省尚书文案),惟从容论议,参赞大政而已"。《北齐书·高乾传》北魏末拜侍中、司空,既而解侍中,司空如故,"既去内侍,朝廷(大事)罕所关知,居常怏怏"。所谓"朝廷罕所关知",实指

① 北朝集书省官和南朝一样,不受重视,等于闲职。《北齐书·封孝琬传》:"还京,在集书省上下,从是沉废。"
② 见本章第三节。

机密之事不得再参与谋议。所以《赵彦深传》称：齐文宣帝时"征为侍中，仍掌机密"。《段孝言传》齐武成帝时"除兼侍中，入内省，典机密"。而《王松年传》齐孝昭帝时"擢拜给事黄门侍郎，帝每赐坐，与论政事，甚善之"，即参与机密、谋议之意。谏诤与谋议不可分，故《隋书·百官志中》称北齐门下省"掌献纳谏正"，是很准确的。

2. 平省尚书奏事。《魏书·肃宗纪》"诏侍中、太师、高阳王雍入居门下，参决尚书奏事"；"诏侍中、太尉、妆南王悦入居门下，与丞相、高阳王雍（时侍中如故，见《魏书》本传）参决尚书奏事"。这种平省、参决尚书奏事之制度，如前南朝部分所述，已固定、落实在仪注上，北朝亦是如此。《吐鲁番出土文书》第三册、第五册分别载有：阿斯塔那四八号墓和二四号墓高昌延昌二十七年四月至八月"兵部条列买马用钱头数奏行文书"七件（包括难定月份一件），以及高昌延昌十七年"屯田条列得横截等城葡萄园顷亩数奏行文书"一件。前者在公元 587 年，后者在 577 年，均北朝末期。高昌国在今新疆，是 5 世纪出现的地方割据政权，表面上先后臣服于北魏、北周、隋、唐，受内地文化影响极大。这八件文书的程式，明显看出，全都反映了门下平省尚书奏事的制度。即文书前面列举所奏事项，次为门下校郎等官吏署名，次为年月日，最后为高昌令尹、缩曹郎中等官吏署名。其大体程式如下。

某某将军领某部事	右卫将军缩曹郎中	中军将军高昌令尹	某年某月某日	侍郎	通事令史	门下校郎	谨案条列（该事）列别如右	（所奏事项云云）
×	×	×	某	×	×	×	×	记识奏诺奉行
×	×	×	部	×	×	×	×	
×	×	×	奏	×	×	×	×	

以上门下校郎、通事令史、侍郎,相当于内地门下省官吏;高昌令尹、缩曹郎中、某部事,则相当于内地尚书省官吏。^① 这样,和南朝部分所举"关事仪"相比,就可以发现一个几乎相同的程式,即年月日右方下正好是"关门下位",年月日左方下正好是附列尚书众官署。因而可以推定文书形成的全部过程如下。

首先由相当于尚书省的某部起草文书,前面列举所奏事项,后面空出一块地方,接着写上年月日某部奏,又空出一块地方。然后将此文书送交相当于尚书省官吏的高昌令尹、缩曹郎中、领某部事审核、署名(当由领某部事先署,次缩曹郎中,次高昌令尹,以示层层负责;后空出的地方即署名处)。于是便形成年月日左方下的"尚书众官署"。在此之后,文书又被送到相当于内地门下省官吏的门下校郎、通事令史、侍郎手中,这便是"关门下位",由他们审核、在年月日右方下先空出的那块地方署名,于是便形成了目前我们所看到的文书样子。

高昌文书的这种程式,从它和南朝刘宋的有司仪注几乎相同来看,说明深受内地汉族政治制度的影响;然而从高昌政权地处西北,很早臣服于北魏,并"求借五经、诸史,并请国子助教刘燮以为博士"^②来看,它的直接渊源当是北魏。换句话说,这种门下平省尚书奏事之权固定、落实到仪注上,当是孝文帝改革时从南朝学来,首先行用于北魏,以后方传入高昌。高昌文书的存在,就是北朝行用这种制度、仪注的一个证明。

3. 诏书通过门下省,由门下审署、下达,这也是仿效南朝制度。《文馆词林》保存北朝诏书,除北周比较特殊不计外,北魏、北齐诏书共十八道,和南朝诏书一样,也是没有一道不冠以"门下"之词的。

《魏书·于忠传》宣武帝死后侍中于忠专权,及胡太后临朝,御史中尉元匡上书劾于忠,并说:"自去岁正月十三日世宗晏驾以后,八月一日皇太后未亲览以前,诸有不由阶级而权臣(指于忠)用命,或发门

---

① 参拙文《高昌官府文书杂考》,载《敦煌吐鲁番文献研究论集》第二辑。
② 《北史·高昌传》。

下诏书,或由中书宣敕,擅相拜授者……并求追夺。"这里"门下诏书"与"中书宣敕"对举,是诏书通过门下下达之强证。《常景传》:为门下录事,宣武帝末年,"受敕撰门下诏书,凡四十卷"。撰,似指编集,数量已达四十卷,并专门派人整理,也是诏书大量通过门下的反映。

《晋书·华峤传》:为秘书监,"寺为内台,中书、散骑著作,及治礼音律,天文数术,南省文章,门下撰集,皆典统之"。典统"门下撰集",当主要指编集门下官吏所上谏诤奏疏,[①]将"门下诏书"与此相比,也从一个方面反映出南北朝发展了西晋门下职权,增加了诏书通过门下之制度。

4. 以上三点都是北朝模仿,沿用两晋南朝制度、仪注,在此基础上出现了复奏制度,[②]是一个重要发展。《北齐书·琅邪王俨传》:欲杀录尚书事和士开,侍中冯子琮赞成其事。"俨乃令子宜(御史)表弹士开罪,请付禁推。子琮杂以他文书奏之,后主不审省而可之。俨诳领军厍狄伏连曰:'奉敕令领军收士开。'伏连以咨子琮,且请复奏。子琮曰:'琅邪王受敕,何须重奏。'伏连信之……诘旦,执士开送御史。俨使冯永洛就台斩之。"

这条材料说明三个问题:首先,执行皇帝所下诏敕,如涉及重要人事及措施,需经门下复奏即重奏。其次,这种制度当时还不严格,所以冯子琮可以借口不复奏,而有关官吏竟也听之。最后,皇帝审批文书不可能件件认真,左右亲信往往借此作弊,这大概便是复奏制度之所以被总结出来的原因之一。

再看《祖珽传》:北齐后主时为尚书左仆射,"求为领军,后主许之。诏须复奏,取侍中斛律孝卿署名。孝卿密告高元海(右仆射)……"当时侍中有数人,[③]俱轮流值班,诏第一次下达时可能是另一侍中署名,

---

① 西晋诏敕一般由中书省草拟,见本书第九章第二节。
② 复奏,作为一种慎重办法,早已有之,见《晋书·楚王玮传》。但作为门下省一种制度,当始于北朝。
③ 见万斯同《北齐将相大臣年表》。

至复奏便碰上了斛律孝卿。这是在重要人事任命上诏需经门下复奏的又一证明。

复奏的主要指导思想当是为了慎重，防止差错，保证统治质量。刚才讲的库狄伏连，如果坚持要复奏，文书不得后主再一次画可便不执行，冯子琮的诡计便很难保证不被发觉。

《魏书·高允传》：为中书侍郎，太武帝将杀崔浩，"敕允为诏，自浩已下、僮吏已上百二十八人皆夷五族。允持疑不为，频诏催切。允乞更一见，然后为诏。诏引前，允曰：'浩之所坐，若更有余衅，非臣敢知。直以犯触，罪不至死。'……世祖曰：'无此人忿朕，当有数千死矣！'浩竟族灭，余皆身死"。此事虽然只是中书草诏时请求再面见皇帝，陈述己见，以求准确了解意图，但同样起到了促使皇帝重新考虑，慎重对待的作用。[①] 除了草诏官吏，其他官吏包括执行官吏有的也提出类似请求。经验教训多了，便慢慢固定为制度。门下复奏，应该就是在北朝这种经验教训基础上，本着保证统治质量的指导思想逐渐形成。至后代，更发展为三覆奏、五覆奏制度。

以上是孝文帝改革后门下省组织机构与职权的变化发展。

三、北朝的侍中不是宰相

最后讨论一下这一段时期内门下侍中是否宰相的问题。

北魏孝文帝大权独揽，信任诸弟和鲜卑、汉族有才干的大臣。这些人拜（不是"加"）侍中的不多，而且即便拜侍中（如元勰、元详、李冲等，见《北魏将相大臣年表》），在职时间也不长。宣武帝排斥诸王，最信任的，也是他在位期间权力最重的是高肇，而高肇先后任尚书仆射、令十一年，司徒三年，不但未拜侍中，连加侍中也未曾有过。所以孝文、宣武这两代决谈不上侍中是宰相。

孝明帝时出现了似是而非的情况。

---

① 又参《魏书·崔光传》，在是否杀元愉之姜李氏问题上，中书令崔光草诏，也有类似请求。

1. 宣武帝死,孝明帝即位,侍中、领军将军于忠"既居门下,又总禁卫,遂秉朝政,权倾一时"。他矫诏杀尚书左仆射郭祚、尚书裴植,免元雍太尉之官。"自此之后,诏命生杀,皆出于忠。"①可是于忠的权重是有其特殊原因的。

首先,宣武帝是猝死,未指定顾命、辅政大臣;而得宣武帝信任,掌握大权的高肇正巧率大军征蜀;其他宗室、大臣因宣武帝猜忌和高肇排斥,长期未与政事;孝明帝才六岁,不懂事,高太后又无政治才干。正因这诸种偶然因素凑在一起,原在禁中门下省值宿,又有才干的侍中于忠、崔光,方得以借机由他们几个人连夜拥立孝明帝即位,并推荐任命高阳王雍、任城王澄出来主政,然后以拥立之功,在禁中左右皇帝,执掌大权。如果没有这些偶然因素,是决轮不上他俩主持这些大事的。而且他俩之所以推出元雍、元澄(元澄被用为尚书令,是宰相),而不径直自行主政,也反映于忠侍中的资格离当宰相,充辅政大臣还有一段距离,他还算有自知之明。至于随后于忠利用经常接近小皇帝和手握兵权的机会,实际是矫诏挟持元雍、元澄,那是另一回事。

其次,如果司徒、大将军高肇平日威望很高,基础雄厚,则从战场上回京师,给侄女高太后出主意,由高太后亲政,实由高肇在背后操纵,于忠也就谈不上有多大权力。然而巧得很,高肇社会基础薄弱,过去依仗宣武帝宠幸结仇太多,一回京便被元雍、于忠密谋杀死,接着高太后又被废黜为尼,孝明帝在后宫可以说全受于忠左右,忠"权倾一时"自是可以理解的。

再次,于忠专权还有另一个偶然因素,这就是胡太后的支持。胡太后是孝明帝亲母,但却是妃子,宣武帝死后,孝明帝年幼,一般说应由原皇后即高太后亲政。可是如果这样,随后大权必落入高肇手中,鲜卑宗室、贵族,汉族大臣和于忠自己全都不愿意,于是他们眼光便落到胡太后身上。如果用胡太后代替高太后亲政,一是可免高肇回来专

① 以上参见《魏书·于忠传》。

权之虑。二是胡太后会感激，因她本是嫔妃，高太后在，她没有亲政资格。而且高太后在宣武帝死后本想杀死她，靠于忠、崔光保护方免于难，更增加了感激成分。三是胡太后是孝明帝亲母，由她临朝听政名义上也说得过去。基于以上考虑，恰逢高太后又缺乏政治才干，高肇之支持者力量薄弱，于忠等在轻易地杀掉高肇，废高太后之后，便一步步把胡太后推上"亲览万机"的宝座。① 这里面大概有笔政治交易。胡太后求于忠等搞掉高太后，拥护自己上台；于忠等则求胡太后上台后，支持、重用自己。一句话，相互利用。结果胡太后达到了目的，于忠也有恃无恐地操纵朝政。

总之，于忠这一次专权是许多偶然因素凑在一起促成的，这和他的"侍中"身份不能说没有关系（因为不是侍中便不能值宿禁中，夜间拥立等便全谈不上），可是它只是一个条件，而不是决定因素。当时除于忠、崔光，还有游肇、穆绍也是侍中，因未预夜间拥立孝明帝和保护胡太后之事，便未握有多少权力，即其明证。

2. 孝明帝正光元年，侍中元叉、中侍中刘腾握大权，杀辅政大臣太傅、侍中、清河王怿，自后元叉辅政，"常直禁省，共裁刑赏，政无巨细，决于二人，威振内外，百僚重迹"。② 可是元叉等的权重也有特殊原因。

首先，本来是胡太后临朝听政，主要由清河王怿辅政，元叉虽是胡太后妹夫，官居侍中兼领军将军，但也轮不上他来操纵朝政，更不用说刘腾是宦官了。但由于胡太后与元怿私通，被元叉等抓住把柄，一面元叉、刘腾利用自己值宿禁中条件，将胡太后幽禁于北宫；另一面又安排假证人，捏造元怿将篡位之证言，鼓动孝明帝杀掉元怿并同意幽禁胡太后。只是在这宫廷政变之后，元叉等才得以专权的。

其次，如果孝明帝已成年，即便事前受了蛊惑，事后元叉等也不可能专权，然而事实是孝明帝才十一岁，对政治斗争似懂非懂，没有辨别

---

① 以上参见《资治通鉴》卷一四八。
② 《资治通鉴》卷一四九。

能力,元叉又是他姨父,以为可以信任,完全受其操纵,于是才出现后来的局面。

再次,元叉本不够资格做辅政大臣,所以拉出太师、高阳王雍一起辅政,如果元雍有才干,有魄力,加上宰相(录尚书事)身份,元叉的专权也会受到极大限制,怎奈元雍只是"以亲尊(孝明帝亲叔祖),地当宰辅",本是一个"不能守正匡弼,唯唯而已"的人,①元叉等当然敢于为所欲为了。史称"及清河王怿之死,元叉专政,天下大责归焉",②是有道理的。

以上分析表明,元叉的专权也是诸种偶然因素凑成的,并不是因为在制度上侍中应该凌驾百官,掌握全部大权。

而且还必须指出,于忠专权才八个月,元叉专权时间稍长,也不到五年,一共才五年半,即便从孝明帝一朝十三年计,侍中专权时间也不到一半,这一事实怎么能成为北魏尤重门下官,侍中是宰相的依据呢?《魏书·王遵业传》:为黄门郎,元叉掌权,"时政归门下,世谓侍中、黄门为小宰相"。这里一是用了"时"字,将"政归门下"限定在元叉掌权那段时间;二是用了"小"字,将侍中等与宰相(录尚书事等)加以区别,可见魏收用字十分谨慎。可是后人没有仔细阅读,或笼统地断定"后魏政归门下",③或直接以侍中为宰相,不但不符合当时史实、制度,也歪曲了魏收的本意。

最后考察一下北齐。

前在本书第七章第二节已论证了北齐宰相是录尚书事、令、仆射。侍中是不是宰相呢?大量材料证明不是。为免烦琐,只举三证。

《北齐书·徐之才传》:得恩幸支持,先后为尚书左仆射、尚书令,及祖珽获齐后主信任拜尚书左仆射,掌握大权,"除之才侍中、太子太师。之才恨曰:'子野沙汰我。'珽目疾,故以师旷(春秋时晋国乐师,字

---

① 《魏书·高阳王雍传》。
② 同上。
③ 《困学纪闻》卷十三。

子野，目盲）比之"。由尚书令除侍中被视为降职、受排斥，此侍中非宰相之强证。

《燕子献传》："显祖时官至侍中、开府。济南即位之后，委任弥重，除右仆射。"《祖珽传》：后主时"以珽为侍中，在晋阳，通密启请诛琅邪王（后主弟，有才干，后主忌之）。其计渐行，渐被任遇。……拜尚书左仆射……势倾朝野"。此又按制度侍中权位不如尚书仆射之反映。

《通典·职官三》：北齐"为宰相秉持朝政者亦多为侍中"。人们往往引用杜佑此语作为北齐宰相是侍中之证，可是如果我们注意此句所加原注："赵彦深、元文遥、和士开同为宰相，皆兼侍中"，便会发现后者含义是不同的。据《北齐书》各传及《北齐将相大臣年表》，天统四年太上皇高湛死前，赵彦深先后为尚书令、并省录尚书事，元文遥为左仆射，和士开为右仆射，俱兼侍中。可见就杜佑原注的文字和史实来看，宰相当指尚书令、仆射，而不是侍中；兼侍中只是便于接近皇帝，议决政事，发挥作用的一个条件。《通典》正文的断语和原注的文字矛盾，史料不合，是不足为据的。当然，也可能正文的"多为侍中"是"多兼侍中"之意，那么引之以证北齐宰相是侍中，就完全南辕北辙了。

第九章　两汉魏晋南北朝的中书

第一节　西汉的中书

一、西汉中书的特点

"中书"的名称最早出现于西汉武帝之时,原来叫"中尚书",职掌和尚书一样,也是掌管文书,通章奏。但以士人充任则称尚书,以宦者为之则称中尚书,省称中书。《汉书·佞幸石显传》:"少坐法腐刑,为中黄门,以选为中尚书,宣帝时任中书官……为仆射。"补注引宋祁曰"'任中'字下,当有尚字"。其实很可能并无"尚"字,而是省称。所以下文记萧望之针对石显"专权邪僻",上书元帝,"以为尚书百官之本……武帝游宴后庭,故用宦者,非古制也,宜罢中书宦者"。要罢的是中书,所举理由谈的却是"尚书百官之本"云云,而在《萧望之传》中同一句话又作"中书政本"。不仅如此,这里建议罢"中书宦者",《萧望之传》追述"宣帝……任用法律,而中书宦官用事",与此处相应;可是《盖宽饶传》讲到同一现象却作"是时上(宣帝)方用刑法,信任中尚书宦官"。可见,在班固笔下,就机构性质说,中书即尚书,尚书即中书;而就名称来说,中书即中尚书,是它的省称,可以互用。只是到了后代方才专用中书一名。

为什么汉武帝之时要用宦者来行尚书之事呢?现存最早涉及其原因的材料,便是上引萧望之的话:"武帝游宴后庭,故用宦者。"其后史书多沿此说。只有《后汉书·宦者列传序》增加了一点内容:"至于孝武……帝数宴后庭,或潜游离馆,故请奏机事多以宦人主之。"但"潜游离馆"的性质和"游宴后庭"基本还是相同的,可合在一起分析。

本书第八章第一节已讲,古代禁中可分广义、狭义,汉代主要是以后(妃)宫为狭义禁中,与其他地区区别开的。《三辅黄图》卷三记未央宫有前殿,略相当于古礼中路寝,"见诸侯群臣处也"。前殿北有宣室、温室、清凉,东有宣明、广明,西有昆德、玉堂诸殿,此外殿、阁、台、署还很多,以至如凌室(藏冰)、织室(织作文绣)、路軨厩(掌宫中舆马)等也都属广义禁中范围。然而后(妃)宫与它们却不错杂。

汉武帝时后(妃)宫有"八区",先建昭阳、飞翔等殿,后又增修安处、常宁等殿。它们与非后宫地区有内外之别。故《西京杂记》(中华标点本)卷一称:"未央宫周回二十二里九十五步五尺,街道周回七十里。台殿四十三,其三十二在外,其十一在后宫。池十三,山六;池一,山一亦在后宫。"当时可出入后(妃)宫的官吏虽也有士人,[①]但主要是宦官。因为"傅近房卧之内,交错妇人之间……实刑者(宦官)之所宜也"。[②] 离宫别馆,同样存在后宫,情况相同。[③] 因而当武帝游宴后庭(《说文·广部》"庭,宫中也"。故此处后庭当指包括山、池在内的后宫地区)或潜游离馆之时,为了方便,多用宦官掌管文书,传递章奏,也就是很自然的。不过,这本是一时权宜之计,武帝雄才大略,宦官不敢弄权,仅仅掌管、传递文书,政治上没什么地位,[④]事过境迁,中书之制或者被废除,恢复完全使用尚书之制,或者虽未被废除,也只是默默无闻地沿用下去,不为人们注意。由于史料阙如,我们不知道昭帝一代中书处于何种状况,但当时霍光专权,发展了尚书制度,中书即便沿用,权力肯定极小。只是到了宣帝以后,出现新情况,中书才在政治上崭露头角,权力也渐扩大到顶峰。

---

① 参《后汉书·宦者传、朱穆传》。
② 《群书治要》卷四五引仲长统《昌言》。
③ 《史记·司马相如传》:子虚赋中记上林苑,蒲陶、荔枝"罗乎后宫";天子来此嬉游,和未央宫内比,"庖厨不徙,后宫不移,百官备具"。
④ 参司马迁"报任少卿书"。

首先,霍光死,子禹为右将军,侄孙霍山为领尚书事,与宣帝矛盾日渐尖锐。按制度,全国文书得经尚书上奏。为免霍山知晓,"上令吏民得奏封事,不关尚书",同时信用中书,凡封事送到宫门(即未央宫最外面的公车司马门),宣帝"辄使中书令出取之,不关尚书"。① 补注引何焯曰"自此浸任宦竖矣"。所谓"浸任宦竖",除上引《汉书·萧望之传》《盖宽饶传》外,还有一证。《佞幸石显传》:宣帝时中书令弘恭"明习法令故事,善为请奏,能称其职"。"善为请奏"就不仅是传递文书,主要当指根据法令故事,对所传递奏上文书同时提出处理建议,颇中宣帝之意。这样一来,中书便从具体事务上转为从政治上发挥作用。中书掌权,从现有材料看,应该说,是始于此时,而不是武帝之时。

其次,到元帝时中书权力进一步扩大。这是因为元帝即位后多病,居后宫,不常见群臣,以为"中人无外党,精专可信任",所以宠任中书令石显,"事无小大,因显白决",用京房的话说便是"与图事帷幄之中,进退天下之士"。② 这样更使中书在西汉一个时期的政治舞台上扮演了举足轻重的角色,权力扩展到了顶峰。

然而,正如本书第一章第二节所论述,这一权力并非来自中书,更非来自尚书的法定职权,而是源于皇帝个人对近臣的一时宠任。在政治制度上,当时尚书、中书远不具备代替宰相的条件,石显所拥有的大体是相当于内辅大臣(中朝官,领尚书事)的权力。可是他是宦官,社会基础极薄弱,又没有后来东汉宦官那样曾消灭专横外戚,拥立皇帝的功勋和政治地位,支持者很少,所以元帝一死,看来似乎是中书令所拥有,实际是石显以宦官身份所拥有、相当于内辅大臣的权力,便迅速为外戚王氏夺去,而且不久连中书之官也被废除(见《汉书·成帝纪》建始四年)。这就是说,中书的出现并非西汉政治制度发展之必然,它的权力膨胀,更带有极大偶然性,等到宣帝、元帝时的特殊情况消失,历史便又恢复到宰相统理全国政务,中朝官领尚书事辅助皇帝行使君

---

① 以上见《汉书·霍光传》。
② 《汉书·京房传》。

权,而由尚书在宫中为之办理具体事务的轨道上了。

二、西汉中书的组织机构

关于西汉中书的组织机构,能考证的只有以下两点:

1. 中书设有令为长官,仆射为副长官,与尚书同,见《汉书·佞幸石显传》。可能设丞,见《百官公卿表》少府属官"中书谒者令丞"的记载,但未见有人充任。① 他们下面办理具体事务的仍是尚书。如果皇帝出至未央宫前殿等处理政,则尚书所传递之文书仍通过尚书令、仆射上奏并转下;如果皇帝留居后宫不出,则尚书所传递之文书便通过中书令、仆射入奏并转下。晋环济《要略》(可能是《帝王要略》,见《隋书·经籍志》杂史类)称"中书掌内事,密诏下州郡及边将,不由尚书者也。后关百官事益重,有令、仆射、丞、郎、令史,秩与尚书同"。②《初学记·职官上》引同文后说"谓西汉时也",认为西汉已有中书郎。此说实误,因环济所言乃曹魏之制,而非汉事。其证有二。

首先,《唐六典》卷九虽在"中书侍郎"下称"按环济《要略》,汉置中书掌密诏,有令、仆、丞、郎",但在"中书令"下又说"魏武为魏王,置秘书令典尚书奏事……魏黄初改……为中书令……魏中书典尚书奏事,若密诏下州郡及边将,则不由尚书"。后面一段,显然就是环济《要略》语。同一书,两个地方,两种说法,哪个对呢?曹魏之制对。一是因为环济这话放在曹魏秘书令典尚书奏事改为中书令云云之下,非常贴切和自然,我怀疑《唐六典》这部分关于曹魏的文字全都引自《要略》。相反,说中书掌密诏,下州郡边将等,《汉书》中,甚至权力最重的《佞幸石显传》中,一点暗示也找不到,能找到的只不过是"善为请奏",出纳帝命而已,这和起草诏书是两回事。另一理由是西汉丞相掌大权,是宰相,若真有密诏下州郡边将,亦当说"不由丞相府(或二府)者也",而不当说"不由尚书"。说"不由尚书",只和曹魏以后尚书进一步侵夺三公

---

① 《晋书·职官志》《后汉书·百官志》均不言西汉有中书谒者丞,或有根据。
② 《太平御览》卷二二〇引。

府权力的形势和制度吻合。

其次,西汉从无中书郎,《史记》《汉书》均未一见。而且如本书第五章第二节所述,尚书郎乃东汉光武帝时开始设立的,则西汉怎么可能存在由尚书郎因宦官充任而改名的中书郎? 且环济《要略》称中书有令、仆射、丞、郎、令史,如是西汉时事,则有没有由宦官充任的尚书呢? 如果有,似应叫"中书",为什么环济不提呢? 如果没有,令、仆射、丞、郎均与尚书诸官相应,独独没有最基本的、与尚书相对应的中书,就太奇怪了。此外,据《后汉书·韦彪传》,尚书台设令史始于东汉明帝穷治楚主狱之时,则西汉中书岂能有令史? 总之,这些均与西汉之制不合。相反,如说令、仆射,丞、郎、令史是曹魏初期中书省的官吏,则可以吻合。除郎、令史时间没有矛盾外,无单独的"中书",自不成问题。又《初学记·职官上》"中书令"条下称"魏文改秘书令左丞(?)为中书令,又置监一人,当仆射之职"。《太平御览》卷二二〇引陶氏《职官要录》"中书监旧视仆射"。可见很可能魏文帝改秘书令为中书令之初,本有"仆射",随改"监"。后不知出于什么考虑规定中书监位在令上,遂成定制,环济掌握的是改制最初的材料,所以仍称"仆射"。《三国志·韦曜传》"孙皓即位……迁中书仆射"。考三国设中书最早为曹魏,如说吴国之中书仆射乃沿其初制,而未从其将仆射改监,并置于令上之新制,是很有可能的。

关于中书之"丞",恐亦如此。虽然现存材料曹魏中书省无丞,但中书令本秘书令所改,则原来亦典尚书奏事的秘书丞,[①]最初一度改为中书丞,随即废掉,也并非无此可能。吴国一直存在中书丞,[②]当是沿用曹魏初制而未废罢的缘故。

总之,环济《要略》的话,不能作为西汉存在中书郎、令史之证据。杨晨《三国会要》卷九将《要略》"中书令、仆射、丞、郎、令史"这段文字

---

① 参《宋书·百官志下》。
② 参见《三国志·华覈传、王蕃传、孙綝传》。

放在三国中书监、令等之下，虽未论证，是有见识的。[①]

2.《后汉书·百官三》：汉武帝用宦者为尚书令，"更为中书谒者令"。《汉书·百官公卿表》："成帝建始四年，更名中书谒者令为中谒者令"。中书谒者令，省称中书令。这里的问题是：为什么以宦者为尚书令要叫"中书谒者令"呢？其次，成帝既"罢中书宦官"，[②]为什么还保留中谒者令呢？为说明这两个问题，必须弄清谒者之职掌。

谒者之官，战国已普遍存在。[③]《汉书·百官公卿表》："谒者，掌宾讚受事。"宾，在此处与傧、摈通（见《经籍纂诂》上平十一真；又《周礼正义》"大宗伯"条"朝觐会同，则为上相"下孙诒让正义）。讚，此处同赞。《周易·说卦》："幽赞于神明而生蓍。"释文："赞，本或作讚。"是二者可通之证。《周礼·秋官·司仪》郑注："出接宾曰摈，入赞礼曰相。"赞有"导""告""白""说"诸义，[④]所以郑注"大宗伯"条后半句又作"入诏礼曰相"。诏，亦告义。可见"宾讚"这里是在诸侯、群臣朝见皇帝时负责招待，教导，赞唱礼仪之义。《史记·秦始皇本纪》二世欲杀公子将闾，对曰："阙廷之礼，吾未尝敢不从宾赞也"，是其证。

"受事"之"事"，文书之意。受事即指收受上奏文书，转交皇帝。《汉书·魏相传》：上书引汉高祖时一诏书曰"大谒者臣（襄）章受诏长乐宫曰'令群臣议天子所服，以安治天下'。相国臣何、御史大夫臣昌，谨与将军臣陵、太子太傅臣通等议……大谒者襄章奏，制曰可"。证明谒者不但接受臣下文书，奏交皇帝，而且也出传诏命。西汉初谒者官多至七十人。《史记·高祖功臣侯者年表》中有谒者、中谒者、大谒者之别，疑以地位高低为别。大谒者最重。吕后时有"中大谒者张释（一作张释卿）"。[⑤] 此"中"指宦者。《后汉书·宦者列传序》称"及高后称制，乃以张卿为大谒者，出入卧内，受宣诏命"。张卿，当即张释卿。

---

① 洪饴孙：《三国职官表》"中书监"下，略同。
② 《汉书·成帝纪》。
③ 参见《秦会要订补·职官上》"郎中令"条。
④ 见《经籍纂诂》去声十五翰。
⑤ 《史记·吕太后本纪》及集解。

"受宣诏命",与上面襄章受诏一事合。^① 不过绝大多数谒者当主要掌"受事"。《史记·吕太后本纪》"代王即夕入未央宫。有谒者十人持戟卫端门。曰:天子在也,足下何为者而入?"持戟卫门和受事是一致的。一直到东汉,谒者主要职掌依然是"掌宾赞受事及上章报问"。^② 所谓"上章报问",是指给上章奏者作覆,通知他已经收到。问,"讯也",亦通"闻"。^③《北堂书钞·设官十四》此句作"掌报章奏事"。其所以由谒者"报",就因为由他"受事"。

　　谒者的"受事"和尚书的接受吏民上奏文书大概有一个分工。《独断》:群臣上书"章者……上书谢恩陈事,诣阙通者也。奏者……其中有所请,若罪法劾案,公府,送御史台;公卿校尉,送谒者台也。表者……诣尚书通者也"。据此及大量上书通过尚书的材料,《历代职官表》卷二一"汉代"案语以为"内外章奏,每事必经尚书传达。……谒者职司傧赞,则所受者但当为公卿朝贺请谢之事,而它无预焉"。可备一说。不过这是东汉之制,西汉尚书处在发展初期,估计谒者"受事"不会限于"朝贺请谢之事",上引襄章所受乃群臣议天子所服之事,即其证。

　　由此可见,"宾讚受事"是和前殿、宫殿门相联系,谒者距离后宫当比尚书更远。《初学记·职官上》引应劭《汉官》"尚书……汉因秦置之,故尚书为中台,谒者为外台,御史为宪台"。此三台虽似东汉之制,但谒者机构设在宫中靠外之处,不如尚书离后宫更近,^④西汉恐亦如此。

---

① 由受宣诏命进而发展到代表皇帝出使。高祖时有谒者随何使九江王黥布(《史记·高祖本纪》);吕后死,少帝命谒者出宫持节劳朱虚侯(《吕太后本纪》);文帝时有谒者令"肩"出使匈奴(《匈奴列传》)。
② 《后汉书·百官志二》。
③ 《经籍纂诂》去声十三问。
④ 《昭明文选》卷六"魏都赋"张载注记东汉末邺都魏国宫城内统治机构中,尚书台在听政门外东边,离听政殿最近。听政门外升贤门,升贤门外宣明门,宣明门东西向列有三台,最北(即离听政殿稍近)为御史台,稍南为符节台,最南为谒者台。比起尚书台来,谒者台离听政殿(在王宫内)远得多。

在这种情况下,汉武帝游宴后庭或离馆,以宦者为中书的同时,也得以宦者为中谒者,因为除了尚书,谒者也受一部分"事"需要上奏;此外,必要时皇帝在后宫、离馆接见群臣,也得有人"宾讚"。汉武帝把中书令和中谒者令合为一官,这就是为什么历史上会出现"中书谒者令"的原因。《初学记·职官上》说,西汉但称中书令,"不言谒者,史省文也",很对。不过必须明白这个中书令是兼掌着中谒者之权的。①

正由于谒者职掌如上,汉成帝罢中书宦官的同时,才更名"中谒者令"。因为当时成帝信用舅父领尚书事王凤,"政事大小,皆自凤出,天子曾不一举手",②既然日常文书已归尚书处理,单设中书宦官,将文书经常收送后宫皇帝处,特别是提出处理建议的必要性便不复存在。不过谒者的"宾讚受事",王凤和尚书却代替不了,成帝耽于酒色,常居后宫,也需要专人"受宣诏命",中书谒者令之所以又变成了中谒者令,原因就在于此。

总之,在组织机构上,西汉之中书实际包括了中谒者一官,这是不能不知道的。

汉成帝废中书后,东汉一直无其官。但西汉中书的职掌,却从未中断,仍归属宦者。如中常侍"掌侍左右,从入内宫,赞导内众事,顾问应对给事";小黄门"掌侍左右,受尚书事",③这和石显的职掌几乎没有差别,只不过没有中书之名罢了。这同样是研究古代中书制度不能不知道的。

第二节　魏晋的中书省

一、曹魏的中书省

《三国志·刘放传》:"魏国既建,与太原孙资俱为秘书郎。……文

---

① 所以中书谒者令之下,又设中谒者,见《汉书·贾捐之传》。
② 《汉书·元后传》。
③ 以上均见《后汉书·百官志三》。

帝即位,放、资转为左右丞。数月,放徙为令。黄初初,改秘书为中书,以放为监,资为令,各加给事中。"这是迄今记载曹魏中书沿革最早的材料。《太平御览·职官三一》引王肃表"自大魏分秘书而为中书以来,传绪相继于今……"此表时间更早,但沿革不详。将二者结合起来,联系《宋书·百官志》以下稍晚材料,可得知中书建立前后大略情况如下:

1. 建安十八年曹操建立魏国,至晚第二年便设立了秘书机构,因《典略》记路粹于建安十九年"转为秘书令"。^① 在编制上,有令,有丞,有郎。职权是"典尚书奏事"。^② 具体分三项:首先,起草各种文书。这从以下材料可以推得。《典略》称:路粹善文,"及孔融有过,太祖使粹为奏……融诛之后,人睹粹所作,无不嘉其才而畏其笔也。至十九年,粹转秘书令"。则此秘书令必然和草拟文书有关。又《刘放传》:说渔阳王松归附曹操,"为松答太祖书,其文甚丽。太祖既善之,又闻其说,由是遂辟放"。及为秘书、中书,"善为书檄,三祖诏命有所招喻,多放所为"。更直接证明秘书负责草拟文书。

其次,"典尚书奏事"。这尚书当是魏国尚书,而不是汉朝尚书,因据《东汉九卿年表》,建安十八九年汉之尚书令乃曹操心腹华歆,当时汉朝已剩空架子,没有必要另用秘书去典华歆之奏事。甚至建安十九年七月以后连华歆也转为曹操征孙权之军师,汉尚书令从此空缺,直到禅代,这也是不以汉尚书台为意之证。而典魏尚书奏事却有必要。魏国建立后尚书有毛玠、崔琰、徐奕等人,都很能干,且典选举,因而曹操在身旁设秘书,主管他们奏事(包括保管),便可以及时了解奏事内容(秘书读后向他报告),予以处理,或指示秘书起草文书下达,都对提高统治效率有利。当然,这种"典尚书奏事"和后来门下官吏的平省尚书奏事表面上很像,实际则不然。一来曹操雄才大略,既然毛玠等奏事对某事如何处理,某人如何任用,已提出初步意见,便会自行判断,

---

① 《三国志·王粲传》注。
② 《宋书·百官志》。

一般不可能先假手他人"平省"一次。二来路粹、刘放、孙资等，除了技术性地保管并转述奏事内容，遵照指示和意图起草文书外，当时也远不具备出谋划策，"平省"毛玠等奏事的资格。

再次，"兼掌图书秘记"。① 所谓秘记，汉代指谶纬一类书，参见《后汉书·杨厚传》。东汉桓帝延熹二年在中国历史上第一次设秘书监官，"掌禁中图书秘记，故曰秘书"。② 曹操沿其名，而把秘书主要职掌转为起草文书和典尚书奏事，但也不得不让秘书兼掌此事。

2. 魏文帝代汉后，从秘书中分出中书，实际上就是分出起草各种文书和典尚书奏事之权，而让秘书恢复到汉桓帝初设时的状态，仅保留掌各类图书之权。《初学记·职官上》：魏文帝设中书监、令，魏晋以来"妙选文学通识之士为之，掌王言"；上节引《唐六典》卷九"魏中书典尚书奏事，若密诏下州郡……"即中书分得曹操所设秘书这两部分职权之证。

在组织机构上，中书除设监、令为长官外，据《宋书·百官志》，魏文帝黄初初还设"通事郎，次黄门郎。黄门郎已署事过，通事乃奉以入，为帝省读书可"。通事郎后改称中书侍郎。所谓黄门郎署事，当指署尚书上奏文书。本书第八章第三节已讲，曹魏侍中职责主要在参与谋议和谏诤，则一般"省尚书事"主要恐归黄门侍郎，所以要他"署事"后交通事郎。而通事郎奉以入，为帝省读书可，当即前述"中书典尚书奏事"的含义之一。这和曹操秘书的典尚书奏事大概相同，而且据此可以推定后者具体过程当亦如此，只不过那时文书当由尚书直送秘书，黄门郎署事之制还未建立罢了。

3. 中书成为独立机构。《刘放传》注引《魏氏春秋》，明帝时有"中书省"。故《通典·职官三》说："谓之中书省，自魏晋始焉。"

曹魏中书的一大特点就是在文、明二帝之时，监、令权力极重，"号

---

① 《唐六典》卷十。
② 同上。

为专任"，①以至《困学纪闻》卷十三说"魏晋政归中书"，《历代职官表》卷二案语以他们为"宰相"。其实这个看法不对。试以原始资料为证。《三国志·蒋济传》，济迁中护军，针对中书监、令权重之事上疏曰：

> 大臣太重者国危，左右太亲者身蔽……陛下既已察之于大臣，愿无忘于左右。左右忠正远虑，未必贤于大臣，至于便辟取合，或能工之。今外所言，辄云中书。虽使恭慎不敢外交，但有此名，犹惑世俗。况实握事要，日在目前，倘因疲倦之间有所割制，众臣见其能推移于事，即亦因时而向之。……若此臧否毁誉，必有所兴，功负赏罚，必有所易……

明帝答诏称他"骨鲠之臣"，"吾甚壮之"。

这段话表明：首先，中书监、令不入大臣行列，仅是"便辟取合"的"左右"，声望较低。② 其次，他们的大权并不是制度上规定的，而是因为作为"左右"，常在"目前"，乘皇帝"疲倦之间有所割制"，才"能推移于事"。《广雅·释言》"裁，宰，制也"。故"割制"亦即"割宰""宰割"。《三国志·后妃传评》"未有若衰汉乘非其据，宰割朝政者也"。宰割朝政即主宰朝政。所以据蒋济的话，中书监、令乃是以左右亲信身份，乘皇帝精力不济之时，施加影响，从而对朝政有所干预、主宰，这种权力不是法定的，和历代佞幸干政，几乎没有区别，怎么谈得上称他们为宰相呢？

蒋济的话得到明帝首肯，自非夸张之语，而且在史书中也有印证。《夏侯玄传》注引《魏略》：齐王芳时中书令缺，有人举李丰，"丰虽知此非显选，而自以连婚国家（丰子李韬尚公主），思附至尊，因伏不辞，遂奏用之。丰为中书二岁，帝比每独召与语，不知所说"。"非显选"基本上就是"左右"之意，"独召与语"也就是"日在目前"，只不过当时大权

---

① 《三国志·蒋济传》。

② 固然，《通典·职官十八》所载魏官品，中书监、令品第三，并不低，且位次在九卿前，但这一官品是晚出的，不能证明魏明帝时中书监、令已有这么高的地位。考见本书第六章第一节及第 132 页注②。

转入司马氏手中,齐王芳即便十分信任他,他也不能"推移于事"。但那是另一回事,它并不妨碍我们认定这时中书令的性质与蒋济上疏之时相同,决不是宰相。而且自曹爽垮台后,先后充任中书监、令的韦诞、李丰、孟康、虞松等人,[①]都不像进入尚书台的卢毓、荀颢、裴秀、何曾、陈骞等人那样,是司马氏的心腹死党,[②]这也从一个方面反映中书省一般情况下权力比不上尚书,否则司马氏是决不会忽视这块阵地的。

现在分析一下曹魏文、明二帝之时中书监、令的权力会膨胀的原因。

前面讲过,汉末魏初,三国鼎立,战争不断,为了稳定统治,客观迫使魏武、文、明三帝全都大权独揽,"政自己出",这便是促成中书监、令权力膨胀最基本的因素。曹操雄才大略,军事、政治、经济、文化无所不晓,遇事可以自行判断,不假手他人,秘书令只能按照指示,起草文书,不敢走样,从而无从弄权。而文、明二帝的情况不同。一方面为了统一大业,他们固然仍不得不大权独揽,往往不通过臣下奏请,直接下诏指挥政务,所谓密诏下州郡边将,不由尚书,便突出反映这一特点;但另一方面创业时期毕竟已经过去,作为帝王,他们开始沉溺享乐,放在政务上的精力减少,再加上统治才干又不如父祖,有时审批文书或决策拿不定主意,要求教于身旁"掌王言"的中书监、令,便是很自然的。试举下例。

《三国志·刘放传》注引《魏氏春秋》:乌丸校尉田豫为鲜卑轲比能三万骑所围,"(明)帝闻之,计未有所出,如中书省以问监、令。令孙资对曰:……帝从之,比能果释豫而还"。又注引《资别传》:对蜀、吴"无岁不有军征。而帝总摄群下,内图御寇之计,外规庙胜之画,资皆管之。然自以受腹心,常让事于帝曰:'动大众,举大事,宜与群下共之;既以示明,且于探求为广。'既朝臣会议,资奏当其是非,择其善者推成

---

① 参见洪饴孙《三国职官表》。
② 参本书第六章第二节。

之，终不显已之德也"。后一条材料或许言过其实，但联系前一材料却可看出，平日"朝臣会议"开得不多，这些征战大事往往明帝自行决断，结果便不得不由孙资"管之"，换言之，皇帝"政自己出"而又力不胜任，正是中书监、令权力得以膨胀的最基本原因。

《三国志·辛毗传》：为侍中，"时中书监刘放，令孙资见信于主，制断时政，大臣莫不交好，而毗不与往来。……冗从仆射毕轨表言：'尚书仆射王思精勤旧吏，忠亮计略不如辛毗，毗宜代思。'帝以访放、资，放、资对曰：'陛下用思者，诚欲取其效力，不贵虚名也。毗实亮直，然性刚而专，圣虑所当深察也。'遂不用。出为卫尉"。这条材料又说明了在人事上明帝咨询中书监、令，和中书监、令对他的影响。如果要用辛毗为尚书仆射，必得中书监、令草拟诏令，所以这种咨询是很自然的。刘放、孙资因与辛毗有隙，故不露痕迹地说了他的坏话，并起了作用。这便是蒋济委婉地所谓"疲倦之间有所割制"，也就是本材料的"见信于主，制断时政"。在任用尚书仆射这样重要的官吏上，皇帝不广泛征求三公、诸卿意见，随便咨询一下身旁的中书监、令，便独断专行，这再一次反映中书监、令权力得以膨胀的原因所在。

以上表明，曹魏文、明二帝时中书之权重，并非政治制度的规定，乃是特殊条件的产物。所以，司马氏掌权后所紧紧控制和拉拢的，是尚书和三公，而主要不是中书；中书权力也不能与文、明二帝之时相比。换言之，曹魏中书省尚处于发展初期，权力很不稳定，如就其本职言，仅为"掌王言"，虽也算"掌机密"，[①]但制度上无权干预"王言"内容，算不上拥有议政权，只因文、明二帝经常垂询，方得以制断朝政。既然如此，怎能称作宰相呢？而且这还是单纯以议政权立言，如考虑到当时中书监督百官执行权的完全阙如，"宰相"名号就更无从谈起。

蜀国中书资料极少，兹不论。吴国中书之权大抵同曹魏，主要也是草拟诏书。《三国志·诸葛恪传》：嗣主孙亮时拜大将军，握大权。

---

① 《三国志·刘放传》。

出军征魏归，"即召中书令孙嘿，厉声谓曰：'卿等何敢妄数作诏？嘿惶惧辞出，因病还家'"。这既说明中书令任务是草诏，又反映其地位并不高。所以阚泽为孙权中书令十年，并未见政治上有何建树，留下的事迹只不过是因他学识渊博，"每朝廷大议，经典所疑，辄咨访之"而已。[①]继任者孙弘，则靠对大臣"潜诉"、[②]"潜润"，[③]取得孙权信任，权力虽稍重，也有似于曹魏之刘放、孙资，离宰相还有一段距离。[④]

二、西晋的中书省

西晋沿曹魏之制，中书监、令的主要职掌仍是"专典诏命"，[⑤]"专管诏命"，[⑥]"诏诰皆所草定"。[⑦]《太平御览·职官十八》引"晋令"："中书为诏令，记会时事，典作文书也"，更是从法令上将此职掌固定了下来。《杨骏传》：晋武帝病危，杨后"奏以骏（杨后父）辅政。帝颔之。便召中书监华廙、令何劭，口宣帝旨，使作遗诏……诏成，（杨）后对廙、劭以呈帝，帝亲视而无言"。这是草拟诏书经过的具体好例。

不过西晋中书监、令的地位、职掌比曹魏又有重要发展。

首先，地位、声望提高。前面已讲，曹魏中书监、令被视为"左右"。《三国志·高堂隆传》《程晓传》先后上书提到辅助皇帝治理天下之大臣，"外有公卿将校"，"内有侍中、尚书"，以及监察长官司隶校尉、御史中丞，全都没有涉及中书官吏，亦是证明。

然而自西晋起，由于中书监、令人选渐重，如担任二十二年中书监的荀勖是颍川大族；何劭、和峤、华廙都是公卿显官之后；张华"名重一

---

① 《三国志·阚泽传》。
② 《三国志·张昭传》。
③ 《三国志·朱据传》。
④ 《三国志·顾雍传》《步骘传》："吕壹、秦博为中书，典校诸官府及州郡文书，壹等因此渐作威福……"此中书乃中书郎（见《三国会要·职官上》）。壹等被视为"小人"。所以其权重也是孙权信任的结果，而与中书职掌无直接联系。
⑤ 《晋书·荀勖传》。
⑥ 《晋书·缪播传》。
⑦ 《晋书·张华传》。

世",再加上职权也有发展,所以声望日益提高。《晋书·裴楷传》:出身河东大族,为中书令,"有渴利疾,不乐处势。王浑为楷请曰:'楷……性不竞于物……安于淡退……无为复令楷入。名臣不多,当见将养……'"《傅祗传》:"早知名",为人正直,历位司隶校尉、光禄勋、卫尉,"及赵王伦辅政,以为中书监……以镇众心。祗辞之以疾,伦遣御史舆祗就职。王戎、陈准等相与言曰:傅公在事,吾属无忧矣"。《潘尼传》:历黄门侍郎、侍中、秘书监,惠帝"永兴末,为中书令。时三王战争,皇家多故,尼职居显要,从容而已"。

这些表明,和曹魏的"非显选"不同,西晋中书监、令已成为人们争夺的、可以"镇众心"的"显要"之职。东晋初,明帝以皇后之兄庾亮为中书监,亮上书让曰:"陛下……以臣领中书……则示天下以私矣。"①更反映中书的显要地位已为人们公认,完全固定了下来。

其次,职权的膨胀。在西晋初年的"晋令"中,中书监、令仅掌典作诏令文书,已见上引,所以较早充任中书监的荀勖,虽常被武帝咨询政务,"然性慎密,每有诏令大事,虽已宣布,然终不言,不欲使人知己预闻也"。②这和西汉宣帝时的领尚书事张安世的行径颇为相似,③原因就是参与议政,并非中书监、令的法定权力。可是后来逐渐发生变化。《晋书·张华传》:拜中书监,④贾后"以华庶族,儒雅有筹略……欲倚以朝纲,访以政事,疑而未决,以问裴颜,颜重华,深赞其事。华遂尽忠匡辅……海内晏然,华之功也"。这是明白地赋予中书监议政大权,远超出草拟诏令的范围。《艺文类聚·职官四》引《晋诸公赞》,晋怀帝以缪播为中书令,除专管诏命外,"朝事莫不咨之。人君之所取信于臣下,无以尚也"。当时统治危机严重,怀帝这样做的指导思想当与贾后同。

---

① 《晋书·庾亮传》。
② 《晋书·荀勖传》。
③ 参本书第四章第二节。
④ 张华官衔同时还有"侍中",但"侍中"只是加官,门下有贾模专任(见《晋将相大臣年表》惠帝元康元年),无需张华过问。所以《晋书·裴楷传》只说这时"张华在中书,王戎在尚书"。

更能说明中书职权在逐渐发展变化的是同上引《晋阳秋》："温峤为中书令。（明帝）诏曰：中书之职，酬对多方，斟酌礼宜，非惟文疏而已。非望士良才，何可妄居。"①所谓"酬对多方，斟酌礼宜"，恐怕指的也是皇帝咨询政事时所需具备的才干。而明白宣称"非惟文疏而已"，正是中书职权膨胀达到一定时期的反映。所以其后任命中书监、令的诏书竟有不提草拟文书的，如东晋末孝武帝诏：王珉"才学广赡，理识清通，宜处机近，以参时务。其以珉为长兼中书令"，②强调的乃是参时务，受咨询。当然，仍有不少史料继续提到"专典诏命"，但如果联系历史背景、个人地位，便知这话的内涵实已与曹魏"左右"掌管起草文书不同，而是"大臣"典掌诏命，参与时务已成了不言而喻的职掌。

不过，尽管西晋中书监、令在地位、声望上和职权上发生如上重大变化，仍然不能认为西晋"政归中书"，监、令是"宰相"：

1.《晋书·荀勖传》：由光禄大夫守中书监迁守尚书令。"勖久在中书，专管机事。及失之，甚罔罔怅恨。或有贺之者，勖曰：夺我凤皇池，诸君贺我邪。"这是古来常被引用，作为中书监、令是宰相的一个强证。可是如果考察一下当时史实，便会发现，这话不能理解得太实。因为荀勖任中书监之时，真正握有实权，被视为宰相的是尚书令贾充。荀勖也极力投附尚书令贾充，以巩固自己权位。当侍中任恺用计免贾充尚书令，出为秦、凉都督时，荀勖竟对冯纨说"贾公远放，吾等失势"；又对贾充说"公，国之宰辅，而为一夫（指任恺）所制，不亦鄙乎"。于是进计使贾充免除秦、凉之行，继续留任尚书令。③这些都表明，不是中书监权重于尚书令，④相反正是尚书令权力超过中书监。

另外，荀勖由中书监转为尚书令这事本身，也反映了这一点。据武帝诏，⑤这一变动并不是因为荀勖失职，给予贬黜，相反，他"庸勋超

① 《初学记·职官上》。《太平御览·职官十八》引《晋阳秋》，上面的话俱作温峤疏文。
② 《艺文类聚·职官四》引《王珉别传》。
③ 以上参见《晋书·荀勖传、贾充传》。
④ 《越缦堂读书记》第233页"宋书"下便力主魏晋中书"权在尚书令上"，请参看。
⑤ 《北堂书钞·设官十一》引。

格"，是作为重任而"授以此位也"。正因如此，他出任尚书令后，武帝为给他补养身体，曾赐以石蜜五升，又赐乳酪，命"太官随日给之"。①对他照顾备至，在群臣中实为罕见。哪里有夺他凤皇池的意思！所以荀勖那段著名的话，我以为只能这样理解：就个人的秉性、思想而言，他不喜欢事务繁杂的尚书令，而安于往往兼掌文学、著作、学术的中书监。试看他主张"省吏不如省官，省官不如省事，省事不如省心"，歌颂汉初清静无为之治，反对"以文法为政"；本人在二十二年中书监任中，领著作，掌乐事，修律吕，整理记籍，提倡书法，撰次汲冢竹书，以为"中经"。② 其中"中经"虽沿郑默之旧，却变七略之体而为甲、乙、丙、丁四部，是为后代经史子集之权舆，③没有极高的文化学术素养是绝对办不到的。这样一个人，一方面满足于留在晋武帝身旁，掌机事，探微旨，迎合谄媚，以"全其宠禄"；另一面不愿承担政事繁杂，尽管权势更重，然离皇帝稍远的尚书令，而偏爱可以兼搞文化学术的中书监，把它视为"凤皇池"，也就不难理解了。可是如果把这视为当时统治集团的普遍心理，以及官制上中书监重于尚书令之证，就成了以偏概全，是不符合当时的事实和制度的。

2.《通典·职官三》原注："张华为中书令、侍中，刘卞谓华曰：公居阿衡之任。"《历代职官表》卷二案曰："杜佑此注，盖以证晋代中书监、令为宰相之职。然考张华本传，华被害时张林称诏诘之曰'卿为宰相'云云，则史文已明言宰相矣。佑失于征引，未免稍疏。"可是实际情况怎样呢？据本传，"阿衡之任"也好，"宰相"之称也好，都是在张华由中书监迁司空之后说的。本书第六章第二节已讲，在西晋尽管尚书长官基本上已代替三公处理日常政务，但三公始终仍被称为宰相，所以上述史料只能证明司空继续保留宰相称呼，全与中书令不相干。杜佑、纪昀都失之草率。当然，如就张华中书监任上的权力——贾后"倚

① 《太平御览·饮食十五、十六》。
② 俱参见《晋书》本传。
③ 见余嘉锡《目录学发微》，中华书局 1963 年版，第 87 页。

以朝纲,访以政事"言,确实很重,不过必须看到,这是特殊历史条件下的产物。一方面西晋宗室殷盛,贾后夺权后不得不先以下邳王晃为尚书令,晃死,又以陇西王泰继之;① 又曾以梁王肜为录尚书事,泰子司马越(后来封东海王)为尚书右仆射。② 一句话,将公认的宰相之位让给宗室。另一面贾后对宗室很不放心,她虽已搞掉了汝南王亮、楚王玮,仍怕其他人篡夺,所以要用异姓中"进无逼上之嫌,退为众望所依"的张华辅助惠帝和自己行使君权,以便审批尚书奏事和下达诏令,可保证于己有利(当时用贾模、裴颜在门下,用王戎为尚书左仆射兼吏部尚书,目的同)。这样,便形成一种特殊的政治体制:宗室充任尚书长官——宰相,统理全国政务,但一般不参与最后的决策;异姓充任中书、门下长官、个别尚书长官,参与最后决策,但一般不负责处理各项政务。这里很可能是一种默契——统治集团中一定力量对比下相互让步的产物:诸宗室不参与辅政,以避逼上之嫌;诸异姓不录尚书事,以防排挤宗室之议(直到这一力量对比发生有利宗室方面的变化,辅政和尚书大权方集中于赵王伦手中,终于出现篡位)。在这种情况下,张华权力虽重,地位只不过大体相当于西晋大司马领尚书事即"内辅"大臣,而和宰相——大体相当于西汉丞相、御史大夫的尚书长官,是不同的。《晋书·张华传》:升司空,继续辅政。太子左卫率刘卞鼓动他废贾后说:"东宫俊乂如林……公居阿衡之任,若得公命,皇太子因朝入录尚书事,废贾后于金墉城,两黄门力耳。"其所以要皇太子录尚书事,就因张华只是内辅大臣(这里"阿衡之任"实际含义当指此),必须皇太子担任宰相——录尚书事,握住执行大权,方能稳定政变后的政局。这就再一次表明辅政权并不能代替相权,中书监即便受到委任,参与辅政,仍不能算是宰相。③

---

① 当时二人声望为宗室之冠,见《晋书·高密文献王泰传》。

② 以上均参《晋将相大臣年表》。

③ 《南齐书·竟陵王子良传》:武帝死,"遗诏使(中书监)子良辅政,高宗(萧鸾)知尚书事"。据《明帝纪》,"知尚书事"即拜尚书令,辅政与宰相分得很清。

三、东晋的中书省

东晋中书省的第一个变化是一度曾并入散骑省，寻复旧。见《唐六典》卷八、《通典·职官三》。具体如何合并，史书无考，不得而知。原因大概是为了并省机构。因为自西晋以来，散骑常侍也"掌赞诏命"、[①]"典章表、诏命、优文、策文"，[②]与中书职掌有重复。[③] 东晋初庾亮上笺曰："方今并省，不宜多官。往以中书事并附散骑，此事宜也。方今喉舌之要则任在门下，章表诏命则取之散骑，殊无事复立中书也。"[④]是其证。

随着地位声望的提高和职权的膨胀，中书监、令具体起草诏令之任务，逐渐转归中书侍郎。这是东晋中书省的第二个变化。本来，曹魏、西晋之中书侍郎虽主要掌"通事"，"为帝省读书可"，[⑤]同时也协助监、令，起草部分文书，即所谓"其职副掌王言"。[⑥]《晋书·傅祗传》赵王伦篡位前后为中书监。及伦败，齐王冏"以禅文（惠帝禅位诏书）出中书，复议处祗罪，会赦得原。后以禅文草本非祗所撰，于是诏复光禄大夫"。又《陆机传》"伦将篡位，以为中书郎。伦之诛也，齐王冏以机职在中书，九锡文及禅诏疑机与焉，遂收机等九人付廷尉。……遇赦而止"。对中书监则十分肯定参与了禅文之撰定，对中书郎则"疑机与焉"，这正是在起草文书的制度上中书监、郎一主一副的反映（其实禅文是中书令孙秀等撰写的）。然而至东晋，不少中书监、令估计已不亲自草拟诏令。如王导、庾冰、何充、司马昱、谢安、司马元显、刘裕等，均同时录尚书事，为宰相，全国政务繁忙，是很难同时亲自掌诏草的。其

---

① 《太平御览·职官二二》引《华峤集》。
② 《唐六典》卷八。
③ 《晋书·荀奕传》："中书为诏……散骑优、册"，此或其大体分工。
④ 《唐六典》卷八。
⑤ 《宋书·百官志》。
⑥ 《通典·职官三》。

中最可笑的是刘裕,他文化素养极差,连批答文书的字都写得很不像样,①怎么可能亲自草拟文书呢! 很自然"副掌王言"的中书侍郎便起而代之。《宋书·百官志》称东晋后期中书侍郎"掌诏命",正好就是曹魏、西晋监、令的职掌,这决非偶然,而是这一职掌长期在二者间转移的结果。《晋书·儒林徐邈传》:孝武帝时"迁中书侍郎,专掌纶诏",是其强证。② 自晋安帝义熙七年起,控制军政大权的刘裕任中书监,就在这前后,中书郎滕演、傅亮、羊徽、王韶之先后值"西省"(西省见下节),起草各类文书,③直到刘裕代晋,亦是明证。在这种情况下,中书监、令职掌大概只负责对中书郎诏草审署而已。

东晋中书省的第三个也是最重要的一个变化是,监、令往往同时是录尚书事宰相。如王导是骠骑将军(后为司徒)领中书监,录尚书事;庾冰是中书监,录尚书事;何充是骠骑将军加中书监,录尚书事;司马昱是抚军大将军(后为丞相)录尚书事,领中书监;谢安是中书监,录尚书事;司马元显是中书令,录尚书事;刘裕是太尉领中书监,录尚书事。④ 如按时间统计,则东晋一百零三年中共占六十九年。⑤

这种局面的出现,最主要原因当是东晋君弱臣强,前期是高级士族王、庾、桓、谢,后期是宗室、低级士族掌握大权。当某一政治势力出现代表人物,基本上能控制政局时,一方面需要录尚书事,以抓住相权;另一方面也需要领中书长官,以把持住辅政权,虽然由于君权不张,后者不如前者重要,但有了这个名义毕竟方便得多。如东晋元帝即位,琅邪王氏势力最强,出力最多,王导便"监""录"合于一身,既是元帝酬功之举,也是王氏拥有实力的反映。后来双方发生矛盾。明帝改用外戚颍川庾氏进入中书省,然王氏社会基础雄厚,成帝初便形成

---

① 《宋书·刘穆之传》。
② 《宋书·良吏传》张祐,"祖父湛,晋孝武世以才学为中书侍郎"。所谓"才学",当亦就草诏而言。
③ 以上参见《宋书·傅亮传、王韶之传》。
④ 参见《东晋将相大臣年表》。
⑤ 同上。

"录"归王导,"令"任庾亮的局面。王氏因王敦叛乱失败而力量削弱,声望微减,庾氏则靠"太后临朝",得以与之抗衡。其后庾亮刚愎自用,激起苏峻、祖约叛乱,而不得不求外镇自效,于是"监""录"再次集于王导一身。导死,又改由庾冰"监""录",这是因为庾氏乃成帝舅氏,而上游荆州等也控制于他们手中,当时实力独强。庾冰死,谯国桓氏力量强大前,是一个过渡时期。开始由庐江何充"监""录"。何氏本身并无实力,但在其他高门没有合适人选,而何充是王导外甥,有才干,王导、庾亮均曾向成帝推荐他录尚书事的形势下,很自然便脱颖而出。[①] 何充之后,另一集"监""录"于一身的特殊人物是司马昱。[②] 他既无实力,也无统治才干,只因是皇族,辈分极高,又善玄言,有声望,于是便被诸高门推出,以对抗正在兴起的桓氏势力。及至桓温独强之后,由于一直经营上游,致力北伐,无暇亲自至京师执政,而司马昱比较随和,不再和他作对,所以又允许他继续留任。桓温死,陈郡谢氏兴起。当时高级士族逐渐衰落。谢安的才干、威望起初并未尽为诸高门所敬服,但因别无他人可当重任,北方前秦威胁又日益严重,这才造成谢安取得并保持"监""录"的条件。所以,淝水战后,谢氏功勋达到巅峰,谢安地位却摇摇欲坠。不过,尽管如此,仍得认为,谢安之"监""录",基本上仍代表高级士族利益,是高级士族仍拥有一定实力之曲折反映。在这之后,皇权一度伸张,孝武帝"威权己出","监""录"也就分离。直到安帝时再度君弱臣强,皇族控制朝政,司马元显便又合"监""录"于一身;稍后低级士族兴起,刘裕同样如法炮制。

总之,没有东晋一代的特殊政治局势和阶级关系,便不会在三分之二以上时间出现宰相领中书监、令这一变化。《晋书·何充传》:加中书监,录尚书事,"充自陈既录尚书,不宜复监中书"。为什么"不宜"呢? 我以为当因录尚书事是宰相,所奏之事由皇帝审批画可,如同时又监中书,而中书监、令职掌自西晋后期已由掌王言膨胀成参与时务,

---

① 参本书第六章第二节。
② 同上。

辅助皇帝审批文书,最后决策,则岂不是变成自己审批自己,权力太专了吗?[①] 这表明,按制度,"监""录"不应萃于一人,然实际上高门、皇族、低级士族谁能控制政局,谁就兼而任之,这正是东晋君弱臣强在官制上一个突出表现。

第三节　南朝的中书省

一、南朝的中书监、令

随着南朝君主恢复大权和寒族之兴起,中书监、令逐渐演化成清闲无事的荣誉头衔。这是因为东晋以来监、令常由宰相兼领,声望日益提高,但实际上起草诏令之权已多转归中书侍郎;而自刘宋起,常由寒族、佞幸充任之中书舍人又常受咨询,参与谋议;尚书令、仆仍握有一定议政权,[②]剩下的实权自然很有限了。《宋书·萧思话传》:孝武帝即位,"征为散骑常侍、尚书左仆射,固辞,不受拜。改为中书令,(领)丹阳尹,常侍如故。时京邑多有劫掠,二旬中十七发,引咎陈逊,不许"。对尚书仆射则谦辞,对中书令则慨然领受,此中书令地位、声望不如尚书仆射之反映。而丹阳尹掌京师地区统治,事务繁杂,由中书令兼领,一内一外,极不协调,实际上中书令已无暇入宫参与时务,而和按制度应经常侍从于皇帝左右的散骑常侍一样,等于虚衔。《褚湛之传》:"为中书令,丹阳尹。坐南郡王义宣诸子逃藏郡界……免官禁锢",情况同。《颜竣传》"自散骑常侍、丹阳尹,加中书令,丹阳尹如故"。他表让中书令,只讲自己无功无劳,不当获此"宠利",只字不提中书草诏和参与时务之权。《桂阳王休范传》《王景文传》,均以中书监兼扬州刺史,扬州刺史任务、责任比丹阳尹重,中书监当更谈不上经常入宫参与时务。《王僧达传》:自负出身第一流高门,多次开罪孝武帝。

---

① 当时"幼主在位,政归辅臣"(《宋书·王敬弘、何尚之传论》),这一矛盾也就更形突出。
② 参本书第七章第一节。

"由是稍稍下迁,五岁七徙,再被弹削。"①大明二年为中书令。同年平民高阁等"谋作乱",宫廷、官府有人参与,事发,孝武帝以僧达"终无悛心,因高阁事陷之",诬其同谋,处死。从前后情况分析,这个无兼职的中书令只能是一个用以敷衍某些贵族、官吏的虚衔。同样情况又见《晋熙王昶传》:本为外州都督,因"不能祇事世祖,大明中常被嫌责,民间喧然,常云昶当有异志",大明三年征至京师,"转中书令,中军将军(虚号)。寻以本号开府仪同三司,加散骑常侍,太常(闲职)"。根据这一背景,联系诸虚号、空衔、闲职,可以肯定其中书令决无实权。

当然,多数情况下中书监、令之作用并非敷衍,而是尊宠。除前引兼领丹阳尹、扬州刺史各例外,如《南郡王义宣传》,"人才素短",被视为"痴人",迁中书监;《庐江王祎传》,在文帝诸子中"尤凡劣,诸兄弟蚩鄙之",多年任中书令、监;《武昌王浑传》,"少而凶戾",十五岁时,刘劭弑文帝,"以为中书令"。这些中书监、令无疑都起不了草诏、辅政作用,却可表示对宗室之尊宠。关于这一点,从上引《桂阳王休范传》也可推出:"休范素凡讷,少知解,不为诸兄所齿遇","谨涩无才能",历中书监、司空等显官,明帝"常指左右人谓王景文曰:休范人才不及此,以我弟故,生便富贵……"这便证明,休范的中书监是凭宗室身份而得,其才干连明帝"左右人"全不如,除了富贵尊宠,明帝本来就没指望他匡辅自己。

中书监、令向荣誉头衔的演化,南齐更为突出。据《齐将相大臣年表》,在王朝存在的二十三年中,除开国第一年及灭亡前三年(时大权已归萧衍)中书监、令无宗室外,其余时间每年至少有一监或一令为宗室,甚至全为宗室。他们中多数所得是空衔。如拜中书令时,西阳王子明年十六,河东王铉年十五;更可笑的是桂阳王昭粲,才四岁,②哪里谈得上草诏和参与政事!

梁代草诏和参与机密的,几十年中先后有范云、周舍、徐勉、朱异,

---

① 《资治通鉴》卷一二八。
② 以上三人参《南齐书》本传。

除徐勉晚年多病之时曾"加中书令,给亲信二十人"①以示荣宠外,无一人担任中书监、令。中书监、令多用来尊崇宗室和日益没落然社会影响还颇大的高级士族,如王志、谢朏、王亮、王骞、袁昂等。其中如王志,出身琅邪王氏,"常怀止足。谓诸子侄曰:'谢庄在宋孝武时位止中书令,吾自视岂可过之。'(天监)三年,为散骑常侍、中书令,因多谢病,简通宾客"。② 中书令如是权势之位,岂能"多谢病";只有成了荣誉头衔,取得后心满意足,方得以此表示不再进取。梁、陈两代还多次监、令全不设,其中梁大同六年至太清元年竟一连八年空缺,③证明当时此官无关紧要。自刘宋起监、令"足处时望,无人则阙",④看来这一精神一直沿用于整个南朝。《南史·蔡征传》:有才干,为吏部尚书,"位望既重,兼声位薰灼,物议咸忌惮之。寻徙中书令。中书清简无事,或云征有怨言,后主闻之大怒……将诛之,左右致谏,获免"。"清简无事",和上面王志的"多谢病"正好一致。⑤ 西晋荀勖失去中书监"罔罔怅恨",现在蔡征升中书令有怨言,三百年中中书的变化是何等之大!⑥

二、南朝的中书侍郎与西省

南朝中书的另一变化是:中书侍郎日益成为清美之选,同时"掌诏命"之权又逐渐为中书舍人夺去。上节已讲,东晋具体起草诏令之权逐渐由中书监、令转归中书侍郎,宋、齐继之,差不多文章能手都曾任中书侍郎:在宋,如谢灵运,"文章之美,江左莫逮";袁淑,"好属文,辞采遒艳";颜延之,"文章之美,冠绝当时"。在齐,谢朓,"文章清丽";王

---

① 《梁书·徐勉传》。
② 《南史·王志传》。
③ 参《梁将相大臣年表》。
④ 《宋书·谢庄传》孝武帝诏文。
⑤ 《陈书·高祖纪下》永定二年七月"诏中书令沈众兼起部尚书……起太极殿",也反映了中书令的"清简无事"。
⑥ 《南齐书·张绪传》:王俭以张绪为"南人",反对用他为尚书右仆射,然对张绪早已任中书令,却不置一词。又同书《褚渊传》宋末苍梧主拜渊尚书令,固让,乃改授中书监,都表明这一变化由来已久。

融，"博涉有文才"；孔稚珪，"少学涉……有文翰"；丘灵鞠，"善属文。文名甚盛"；江淹，"以文章显"。① 他们的任务便是"掌诏诰"。② 由于当时重视文藻，人选多出身高门甲族，中书郎声望也就比晋代有所提高。东晋末已用于追赠，见《宋书·徐湛之传》。刘宋起，又进入让官的行列（过去官品稍低者任命后不得表让），见《南齐书·谢朓传》。宋代第一流高门琅邪王微曾说："吾高枕家巷，遂至中书郎，此足以阖棺矣。"③ 南齐尚书郎范缜反对佛教，主神灭论，竟陵王子良佞佛，"集僧难之而不能屈"，使人谓曰："以卿之才美，何患不至中书郎，而故乖剌为此，可便毁弃之。""缜大笑曰：使范缜卖论取官，已至令、仆矣，何但中书郎邪。"④ 都证明中书侍郎实清美之选。而且晋代中书监、令三品，侍郎五品；至陈代，侍郎四品，官位也进一步提高。

不过中书侍郎的权力却没有什么发展。在东晋末，中书侍郎因为掌诏命，接近皇帝，就像当年中书监、令一样，逐渐也参与时务。《晋书·范宁传》："征拜中书侍郎，在职多所献替，有益政道。……孝武帝雅好文学，甚被亲爱，朝廷疑议，辄咨访之。宁指斥朝士，直言无讳。"《儒林徐邈传》：迁中书侍郎，孝武帝"甚亲昵之"，"会帝颇疏会稽王道子（帝弟，宰相），邈欲和协之，因从容言于帝曰……帝纳焉"。可是从南朝起，由于多半出身寒族的中书通事舍人更接近皇帝，中书侍郎逐渐变成单纯起草文书，很少被咨访政事，权力日益削弱。《通典·职官三》说得最清楚："宋初又置中书通事舍人四员，入直阁内（指皇帝理政之处），出宣诏命。凡有陈奏，皆舍人持入参决于中，自是则中书侍郎之任轻矣。"所谓出宣诏命，当包括传达令侍郎起草文书的意图，所谓陈奏，当指尚书台送来文书上呈皇帝审阅画可。本来，这些都由侍郎直接与皇帝打交道，⑤ 现在通事舍人插了进来，"参决于中"，侍郎权任

---

① 以上俱参见《宋书》《南齐书》《梁书》各传。
② 《南齐书·刘绘传》。
③ 《宋书·王微传》。
④ 《南史·范缜传》。
⑤ 见《宋书·百官志》。

自然减轻。也就是说,中书侍郎虽像当年中书监、令一样掌诏命,但不具备发展至参与朝政,成为大臣的历史条件,出身寒族的中书通事舍人把他们的前进道路遮断了。

在这里附带考证一下"西省"。

《宋书·百官志》:东晋后期,"中书差侍郎一人直西省,又掌诏命"。这是最早出现"西省"二字之处。其后史料屡见。这是一个什么地方? 由于现有记载极疏略,只能爬罗剔抉,作以下推测。

1. 西省不是中书省。《晋书·儒林徐邈传》:"补中书舍人,在西省侍帝。……迁散骑常侍,犹处西省,前后十年,每被顾问……"味其语气,西省不是官府,而是禁中孝武帝经常居留之一地。上引"中书差侍郎一人直西省"句,也反映它绝非中书省,否则其他三名侍郎,以及中书监、令、舍人便没有理事之处了。《南史·竟陵王子良子昭胄传》:齐明帝"召诸王侯入宫,晋安王宝义及江陵公宝览住中书省,高、武诸孙住西省",更是二者非一地之明证。

2. 西省于东晋后期当是孝武帝读书之地,孝武帝即位时才十岁,在禁中开辟一个专区,让他在那里潜心学习统治本领是十分必要的。再看《晋书·儒林徐邈传》:"及孝武帝始览典籍,招延儒学之士,邈既东州儒素……补中书舍人,在西省侍帝。虽不口传章句,然开释文义,标明指趣,撰正五经音训,学者宗之。迁散骑常侍,犹处西省,前后十年,每被顾问,辄有献替,多所匡益,甚见宠待。帝宴集酣乐之后,好为手诏、诗章以赐侍臣,或文词率尔,邈每应时收敛,还省刊削,皆使可观,经帝重览,然后出之。"所谓"还省",当指回西省。此证西省基本是孝武帝的书房,徐邈既教他书,也为他修改诗文;只是随着他年龄增长,方兼起政事房的作用。《南史·王韶之传》:"晋帝自孝武以来常居内殿,武官主书(中书省吏)于中通呈,以(中书)省官一人管诏诰,住西省,因谓之西省郎。""常居内殿",当是孝武帝后期"溺于酒色",以及不辨寒暑之安帝即位以后之情况。① 这时的西省当已失去原来的意义,皇帝不再驾临,大约纯粹等于中书的一个分省。所以刘裕代晋前,虽沿旧制,继续命傅亮、羊徽等"直西省,典掌诏命";等他为帝后,傅亮升中书令,却改为"入直中书省,专典诏命"。② 从此整个南朝,西省便再也没有和掌诏命联系在一起。

3. 南朝宋、齐的西省可能就是皇太子出居东宫前在禁中的住地——永福省。《梁书·萧子恪传》:齐明帝"悉召子恪兄弟亲从七十余人入西省,至夜当害之";而《南史》本传"西省"作"永福省"。所以《资治通鉴》卷一四一永泰元年胡注"据萧子恪传,西省,永福省也"。从史料看,西省确有可能在宋、齐又叫永福省。

首先,永福省为太子居地,在禁中,见《资治通鉴》卷一二七元嘉三十年胡注。太子年纪稍大,则出居东宫。《宋书·二凶传》刘劭"年六岁,拜为皇太子,中庶子、二率,入直永福省。……年十二,出居东宫"。《梁书·昭明太子传》"天监元年十一月,立为皇太子。时太子年幼,依旧居于内,拜东宫官属,文武皆入直永福省。……五年……始出居东宫"。在出居东宫前,需在永福省读书。这和晋孝武帝在西省"始览典籍"比,除孝武帝十岁立为太子的同日即继位为帝,不需出居东宫外,情况基本相同,因而宋、齐永福省乃东晋西省改名的可能性是存在的。

其次,西省所以要改名永福省,当是当时风气使然。《宋书·良吏传序》:对东晋宫殿,"高祖受命,无所改作,所居唯称西殿,不制嘉名"。这话是为了颂扬刘裕俭朴,可见一般是要改作,至少要"制嘉名",以反映新王朝的开国气象。永福省当即如此。《资治通鉴》卷一六二太清三年胡注:"永福省在禁中,自宋以来,太子居之,取其福国于有永也。"这一"嘉名"在太子出居东宫后,或许即不再用,仍称西省,因为太子不在,长期空闲或作他用,继续称"永福",是不合适的。南齐一代没有年

---

① 《晋书·安帝纪》。
② 《宋书·傅亮传》。

幼的皇太子，《南齐书》上也就只有"西省"，而无"永福省"之名，[①]其原因或许就在这里。

再次，《南齐书·百官志》"自二卫（左、右）、四军（前、后、左、右军）、五校（屯骑、步兵、射声、越骑、长水）已下（有骁骑、游击将军、左右二中郎将、虎贲中郎将、冗从仆射、羽林监、积射将军、强弩将军、殿中、员外殿中将军、殿中司马督、武卫将军、武骑常侍），谓之西省，而散骑为东省"。按二卫、四军、五校等，在晋代本宿卫军官，[②]但东晋以后有的已不复领兵，[③]至宋、齐，不少只是散职侍从武官。试看《南史·恩幸传》：宋戴法兴之"越骑校尉"，徐爱之"领射声校尉"；齐纪僧真之"羽林监""前军将军"，刘系宗之"右军将军"，茹法亮之"步兵校尉"，徐龙驹之"羽林监"，据上下文意，全不领兵，而是或为侍从，或管文事。如茹法亮，职责是"主署文事"，徐龙驹"常住含章殿……代帝画敕"。他们因得宠信，所以权势极重；可是这类武官中也有人只是冗散人员。同书《刘穆之附刘彪传》：宋代袭封南康郡公，齐初"降封南康县侯，虎贲中郎将。坐庙墓不修削爵，为羽林监。又坐与亡弟母杨别居，杨死不殡葬……为有司奏，事寝不出"。《虞悰传》：领右军将军，对废齐郁林王持异议，"明帝立，称疾不陪位。……朝议欲纠之，仆射徐孝嗣曰：'此亦古之遗直。'众议乃止"。这两个人虽继续任羽林监、右军将军，必然是挂名闲职，所以虞悰不久即"称疾笃还东。诏赐假百日"。

西省武官的上述特点，[④]和东省散骑诸官颇为相似，所以官位也相互比附。如《宋书·百官志》称"武卫将军……比员外散骑侍郎"；"武

---

① 《廿二史札记》卷十一"南史增梁书琐言碎事"条下曰"李延寿修史，专以博采异闻……为能事。……即记载相同者，亦必稍异其词……"《南齐书》称"西省"，而《南史》却换为"永福省"，或即其故，并不见得南齐亦称永福省。

② 参何兹全《读史集》，"魏晋的中军"，上海人民出版社1982年版。

③ 参《宋书·百官志》。

④ 以上特点只是就大体而言，对有的西省武官便不适用，如左右二卫将军，一直掌禁旅。《南齐书·刘怀珍传》：为左卫将军，年老，"以禁旅辛勤，求为闲职"，是其证。又有的官虽久为闲职，但特殊情况下仍可领兵。如《萧谌传》：为步兵校尉，得齐武帝信任，"斋内兵仗悉付之"。

骑常侍……比奉朝请（属集书省即散骑省）"。《南齐书·郁林王纪》诏曰："东西二省，府国长屯所积，财单禄寡，良以矜怀。选部可甄才品能，推校年月，邦守邑丞，随宜量处，以贫为先。"①也是二省并举，反映冗官颇多，新皇帝即位要发诏收买人心。现在的问题是：散骑诸官可在东省即散骑省值宿，二卫、四军、五校以下诸武官在哪里值宿呢？南齐一代大概便在一直没有幼年皇太子、空闲着的永福省——西省值宿，从而形成侍从官员一文一武，一东一西的结构。这就是为什么南齐二卫、四军、五校以下诸武官会被叫作"西省"的原因。同时也与西省是永福省的说法没有矛盾。

4. 从梁代起，西省又发生变化。《南史·王僧孺传》"转北中郎谘议参军，入直西省，知撰谱（士族谱籍）事"；《虞荔传》"迁通直散骑侍郎，兼中书舍人……泊然静退，居于西省，但以文史见知"；《周兴嗣传》"为给事中，直西省。周舍奉敕注武帝所制历代赋，启兴嗣与焉"；《任孝恭传》"帝闻其有才学，召入西省撰史"；《朱异传》：说孝经、周易义，武帝"甚悦之"，"召异直西省"；《陈武帝纪》"诏依前代置西省学士，兼取伎术士"。可见大概由于梁初"天下无事，武帝方敦文雅"，②所以西省由南齐武官入值之地改为学士撰史、撰谱的机构。至于武官入值则分散于各殿省。《梁书·吕僧珍传》："转左卫将军，加散骑常侍，入直秘书省，总知宿卫。天监四年冬，大举北伐，自是军机多事，僧珍昼直中书省（参与军机），夜还秘书"，是左卫将军改在秘书省值宿之证。同时另有永福省安置幼年皇太子，与西省并存。《梁书·殷钧传》："天监初……起家秘书郎，太子舍人，司徒主簿，秘书丞。钧在职，启校定秘阁四部书，更为目录。又受诏料检西省法书古迹，别为品目。"《南史·刘峻传》："天监初，召入西省，与学士贺踪典校秘阁。……武帝每集文士策经史事，时范云、沈约之徒皆引短推长（指故意装不懂，衬托武帝高明），帝乃悦……会策锦被事，咸言已罄（指故意声称自己才尽），帝

<hr>

① 又参《南齐书·明帝纪》建武元年诏。
② 《梁书·王茂传》。

试呼问峻……疏十余事，坐客皆惊，帝不觉失色。自是恶之……"按"天监初"，一般指天监五年以前；特别是范云卒于天监二年，则刘峻入西省为学士当在天监一、二年间，殷钧为秘书丞恐亦不会晚于天监五年，当时昭明太子未出东宫，正在永福省居住读书，此西省、永福省已非一地之证。

总之，西省有一发展过程，开始和中书侍郎、掌诏命紧密关联，后来几经演变，大体上成为一个学术机构，和政治性极强的中书省关系不大了。

三、南朝的中书舍人

《晋书·职官志》："案晋初初置舍人、通事各一人。江左合舍人、通事，谓之通事舍人，掌呈奏案章。"后省，"而以侍郎兼其职"。[1] 这个侍郎，便是上面讲的值西省，掌诏命的中书侍郎。这表明，到这时为止，中书省究竟需不需要设舍人，在制度上还没有最后确定下来。可是刘宋以后有了变化。如本书第七章第一节所论，在宋、齐，由于统治集团内部斗争激烈，皇帝对寒族出身，社会地位低微，而又有才干的恩幸比较放心，往往委以一部分政事（主要是人事）。命这些人担任的官职，最方便合适的便是中书通事舍人。因为宋、齐舍人最主要职掌是：各类文书，包括尚书奏请，经过门下审署后上呈，以及中书侍郎根据皇帝意图草拟上呈之文书，"皆舍人持入参决于中"，则命恩幸充任中书通事舍人，就委以政事言，自然最方便。其实，严格地说，舍人职掌本来只是"通事"，即将各类"事"（文书）持入禁中交皇帝审批，然后将审批后的文书持出交外，纯粹是具体任务，在制度上并无"参决于中"之权。但是当皇帝"亲览朝政，不任大臣，而腹心耳目不得无所委寄"之时，[2]有才干的舍人便被选中，或者是有才干的恩幸便被委以舍人之官，让他们对如何审批文书以及皇帝应主动下达什么文书，出谋划策，

---

① 《唐六典》卷九。
② 《南史·恩幸传》。

这便是所谓"参决于中"。史称宋孝武帝时,"凡选授、迁转、诛赏大处分,上皆与法兴、尚之(皆中书通事舍人)参怀";齐武帝时"綦毋珍之居舍人之任,凡所论荐,事无不允",①这便是人事上的"参决于中"。这种"参决于中",无疑侵夺了宰相一部分议政权,就实权言,大体相当于曹魏文、明二帝时的中书监、令。可是这些舍人没有曹魏中书监、令的地位(后定三品),更没有曹魏中书监、令所具有的封建文化素养和儒学基础,擅长的只是吏事,虽迎合了时主的心意,赢得了一时恩宠,"参决于中"之权却始终不为整个统治阶级所首肯、公认,没有在制度上固定下来。也就是说,舍人并没能像曹魏中书监、令那样到西晋以后逐渐发展成"大臣",拥有公认、合法的参与时务,接受咨询之权;其"参决于中"之权,始终只是恩幸之权,并非官制。

南齐舍人茹法亮得宠幸,"势倾天下",尚书令王俭"常谓人曰:我虽有大位,权寄岂及茹公"。② 人们常常引用这条材料证明南朝寒族权势之重,这固然不错;但"权寄"者,一时之恩宠,"大位"(宰相之位、权、责)者,合法之制度。恩宠有衰有盛,宠衰即不复能"参决于中";宰相大位固定、经常,什么时候都拥有参与议政之权,这种权力可能一时,甚至较长时期遭受侵夺,不能很好地行使,可是侵夺毕竟是侵夺,被侵夺并不意味失去,当舍人恩宠衰落或中断之时,权势便又理所当然地全部回归到大位者手中。这就是说,从王俭的话还应看到,茹法亮等舍人"权寄"并未与"大位"结合,相反,是与舍人之位不相乘,因而也就存在不稳定性。在这种情况下,舍人往下是怎么发展的呢?

首先,舍人职掌由"通事"向代替中书侍郎掌诏命演变。这在宋末已经开始。《南齐书·幸臣刘系宗传》:宋末为奉朝请,兼中书通事舍人。"齐高帝废苍梧,明旦呼正直舍人虞整,醉不能起,系宗欢喜奉敕。……使写诸处分敕令及四方书疏……"到齐末明帝之世,"诏命殆不关中书,专出舍人。省内舍人四人,所直四省,其下有主书令史……

①　《南史·恩幸传》。
②　参本书第七章第一节。

天下文簿板籍，入副其省，万机严秘，有如尚书外司"。

对这条材料试作如下说明：1. 中书侍郎已基本不掌诏命。而当时的中书令又都是受猜忌的宗室，而如桂阳王昭粲在职期间才四至八岁，估计都不会作为长官审署舍人所草诏命。"诏命殆不关中书"，原因当即在此。2. 掌诏命已转归舍人。宋初建制，中书省设舍人四名，齐代可能又按我们尚不清楚的某种原则分工，每名舍人掌一省，下设属吏，成为四省，即舍人省。① 舍人省仍文属中书省，但实际上等于独立，权势极重。《南史·恩幸吕文显传》：齐代地方官更代频繁，对舍人省，"四方守宰饷遗，一年咸数百万"。地方官重赂舍人主要当因舍人起草人事黜陟、任免之诏命，特别是握有参与其内容谋议之权，地方官想以重赂讨得他们欢心，使自己可以升迁迅速。此外，舍人原来拥有的"出宣诏命"之权继续存在，且从宋孝武帝起至齐代，频繁使用。同书《茹法亮传》：齐武帝子巴东王子响在荆州擅杀僚佐，"上遣军西上，使法亮宣旨安抚子响……法亮至江陵，诛赏处分，皆称敕断决"。《王融传》：太学生魏准支持王融，拟奉萧子良为帝，未成，王融被杀，"召准入舍人省（宣旨）诘问，遂惧而死"。前者舍人类似后代的钦差大臣；后者舍人又类似汉代代表皇帝责问臣下的尚书。可见"出宣诏命"的范围也在扩展。总之，既代替侍郎草拟诏命，又频繁"出宣诏命"，舍人事务进一步繁杂，这大概就是当时之所以会设舍人省的原因。3. 由于舍人省事务繁杂，所以天下文簿板籍要"入副其省"（正本仍交尚书台），因为只有掌握全国资料，舍人方能在皇帝指挥下予以有效处理，对经门下平省所送上之尚书陈奏，方能"参决于中"，有发言权。这样便等于尚书之外又有一尚书，说舍人省"有如尚书外司"（至陈代一度等于"上司"，见下），是有道理的。不过这只是就舍人恩宠极盛一段时期而言，如果宠衰或中断，皇帝亲自审批尚书陈奏，或仅与宰相商议大政，权力便又回归尚书。

---

① 见《南齐书·幸臣传序》《南史·王融附魏准传》。

其次，如果说宋末、齐代中书通事舍人之职掌向代替侍郎掌诏命演变，梁代这一职掌便从制度上固定下来。史载梁代中书侍郎虽为清美之选，但或"主省内事"，①或奉敕撰碑文表奏，②或"掌著作"，③如要掌诏命，需兼中书通事舍人。因为梁代舍人"专掌中书诏诰"。④ 如褚球，"迁中书郎，复兼中书通事舍人"；刘孺，"转中书郎，兼中书通事舍人"；谢征，"迁中书郎，舍人如故"，⑤均其例。

舍人掌诏诰更突出的事例见《朱异传》。朱异得梁武帝赏识"迁尚书仪曹郎，入兼中书通事舍人"。周舍死后，异代掌机密，自此二十多年中官位不断升迁，最后"迁中领军，舍人如故"。中领军宋、齐三品，梁十四班；舍人宋、齐七品，梁四班，二者相差悬殊，之所以升了高官还继续兼一个小小舍人，就因为在梁代，特别是武帝后期，草拟诏诰之权专属舍人。朱异二十多年一直负责草拟诏诰敕书，批答表疏等，一句话，掌管机密，并不是源于他不断升迁之官位，而是源于他始终未离开的舍人之职。因为年资功劳，所以要让他不断升官；又因为需要他掌管诏诰，因而仍得附上一个"舍人如故"。⑥

类似制度亦见于《裴子野传》。他"为文典而速"，极得武帝欣赏，所以自出仕不久"兼中书通事舍人"后，也是十多年中虽官升鸿胪卿，到死依然舍人如故。这些都是舍人专掌诏诰，并已制度化之强证。因为舍人主要职掌已由"通事"转为掌诏诰，所以后来除通事二字，但称"中书舍人"，并一直沿用到后代。

这里还要附带考释一个问题。《资治通鉴》卷一五八：徐勉、周舍卒后，"当权要者，外朝则何敬容，内省则朱异"。胡注："门下省为内

---

① 《隋书·百官志上》。
② 《梁书·王筠传》。
③ 《梁书·陆云公传》。
④ 《初学记·职官上》。
⑤ 以上分别见《梁书》各传。
⑥ 在这种情况下所升之官等于虚衔、散官。如《陈书·蔡景历传》："迁秘书监，中书通事舍人，掌诏诰"，后妻弟有罪受牵连，"降为中书侍郎，舍人如故"。秘书监与中书侍郎便等于虚衔。

省"。说门下省为内省,是不错的,①可是用在这里解释朱异事,却不全面。除朱异二十多年中在门下省时间并不长,而是始终"舍人如故",任职中书省或舍人省这一理由外,还可举出以下两点。

一是《南史·徐勉传》:梁武帝即位,"拜中书侍郎,进领中书通事舍人,直内省"。这里以高官领舍人与朱异情况同,可是"内省"却明显指中书省或舍人省。另一是《梁书·周舍传》:"入为中书通事舍人,累迁太子洗马、散骑常侍、中书侍郎、鸿胪卿。……迁尚书吏部郎、太子右卫率、右卫将军。虽居职屡徙,而常留省内,罕得休下,国史诏诰……皆兼掌之。日夜侍上,预机密,二十余年未尝离左右。"他的历官与朱异有很多相同之处,如散骑常侍、中书侍郎、鸿胪卿、太子右卫率、右卫将军等;和另一始终兼舍人的裴子野的历官也略同,如散骑官、中书侍郎、鸿胪卿等。同时在省内(即内省)的任务与朱异也大体一致,再加上所谓二十几年日夜侍上,预机密,也不是太子宫官、鸿胪卿、尚书吏部郎所能承担的,所以我怀疑史书在记其二十多年历官中脱去"舍人如故"四字。也就是说,在这段时期他和后来的朱异一样,虽官位屡升,却以兼舍人的身份"而常留省内",参与机密。如果这一推测不错,则又给内省当指中书省或舍人省提供了一条证据。

当然,通过以上考释,我也并不想认定"内省则朱异"之"内省"必指中书省或舍人省,由于门下省也是内省,所以这里也有一个可能,即原作者之"内省"是泛指王宫中的殿省包括最主要的中书省、门下省,以与"外朝"即尚书上省等相对,如果这样理解,则胡注至少当改为"中书省、门下省为内省";如果一定要单提,在朱异这场合也应注为"中书省为内省",只提门下省,起码是不全面的。

必须指出,舍人掌诏诰在梁代制度化,决不可与某些舍人(如朱异)权势极重混为一谈。如果虽专掌诏诰,但只能按照皇帝意图单纯草拟文书,不允许对文书内容参与任何意见,权力便很有限。梁代不

---

① 参看第八章第一节。

少舍人便是如此。如裴子野兼舍人十余年，"静默自守，未尝有所请谒……妻子恒苦饥寒"；顾协"为舍人，同官者皆润屋，协在省十六载，器服饮食，不改于常"。① 虞荔"兼中书舍人。时左右之任，多参权轴，内外机务，互有带掌，惟荔与顾协泊然静退，居于西省，但以文史见知"。② 其他如刘之遴、褚球、刘孺、殷芸、庾于陵等俱以善属文为舍人，也不见有什么权势。

相反，并不掌诏诰，但以"博涉能占对"而为舍人的傅岐，却"在禁省十余年，机事密勿，亚于朱异"。③ 至于朱异，更是以梁武帝"委政"，他又"善窥人主意曲，能阿谀以承上旨，故特被宠任"，主要不是靠善属文。④ 就是说，梁代某些舍人权势显赫，主要是由于他在职掌之外得到皇帝恩宠，"任参国钧"，⑤常受咨询。这和齐代舍人"权寄"的来源是一样的。梁代舍人官位四班，与"大位"尚书令十六班差距甚大，与齐代也大致相同。不同的只有两点：一是舍人掌诏诰已制度化。所以《通典·职官三》说："魏晋以来诏诰并中书令及侍郎掌之"，自梁代起，"诏诰之任，舍人专之"。另一是舍人门第发生变化。宋、齐舍人绝大多数出身寒族，而到梁代，和武帝信用擅长吏事，气质相近的某些士族（多为低级士族）参与政事相适应，⑥舍人既少寒族，亦少第一流高门，⑦而多为低级士族和一般高门，朱异自称"寒士"，⑧徐勉被梁武帝视为"寒士"，均其著例。

以上两点不同，从官制上说，实际上反映中书舍人的声望，梁代比宋、齐有了不小提高。《隋书·百官志上》说："梁用人殊重，简以才能，

---

① 以上见《梁书·裴子野传、顾协传》。

② 《南史·虞荔传》。

③ 《梁书·傅岐传》。

④ 《南史·朱异传》。

⑤ 《南史·恩幸陆验、徐骁传》。

⑥ 参本书第七章第一节。

⑦ 据《南史》卷十九至二四，王、谢二族在南朝只有一个谢微（一作徵），"位兼中书舍人"。而谢微这一支官位一直较差。

⑧ 《南史·朱异传、徐勉传》。

不限资地,多以他官兼领"。和寒族比,是"用人殊重",在低级士族和一般高门中,又要"简以才能,不限资地",这符合梁代的情况。梁代舍人进一步接近隋唐的中书舍人了。

最后,陈代中书舍人就专"掌诏诰"和门第、声望提高这两个特点说,与梁代基本相同;发生重大变化的是,机构更加膨胀。《隋书·百官志上》称:陈代"国之政事并由中书省。有中书舍人五人,领主事十人,①书吏二百人。书吏不足,并取助书。分掌二十一局事,各当尚书诸曹,并为上司,总国内机要,而尚书惟听受而已"。人们常常引用这条材料来证明陈代尚书机构权力受侵夺,这当然是不错的,但是这种受侵夺应如何理解,或者说,对上面这段话如何理解,各人却不同。我的理解如下:

1. 中书舍人由四人增至五人,属吏二百多人,过去从未有过。陈代疆域、人口比刘宋大减。② 这反映了中书机构的极大膨胀,不是用单纯的人员数字增加所能衡量得了的。

2. 但这个机构并不是宰相机构,只是"内省",大致相当于汉代宫中的尚书台,是具体办事(包括草拟诏诰)之机构。和晋宋以来一样,日常统治事务一般首先仍需"尚书详为条制";③诏诰批准后,也得"尚书申下四方"。④ 就是说,掌管全国统治事务的宰相机构仍是尚书省。

3. 所谓中书舍人五人,分掌二十一局事,"各当尚书诸曹(陈代尚书置五员,郎二十一员,见《隋书·百官志上》),并为上司",当理解为中书舍人根据皇帝意志,草拟所属某一局范围内诏诰,经由该局主书等,送交门下审核后,直下与该局相对应的尚书某曹执行。另一情况是,尚书某曹上奏文书,门下平省署名后,需经与该曹相对应的中书某局送有关舍人,呈皇帝审批发下。两种情况,的确可以说尚书都是"听

---

① "主事",《唐六典》卷九、《通典·职官三》俱作"主书"。《南史·恩幸刘系宗传》:为中书通事舍人,齐高帝"使主书十人,书吏二十八配之"。似作"主书"是。

② 参见《通典·州郡一、食货七》。

③ 《陈书·高祖纪》。

④ 《陈书·世祖纪》。

受而已"。但是不是就等于听受中书省、舍人呢？却不见得。因为一件诏诰或文书的付诸实行，关键并不在谁起草，经由谁下达谁这些具体事务，而在于根据谁的意旨起草，最后由谁批准、决策。如果是皇帝与中书舍人一起商定、决策，便可说权力在中书；如果是皇帝单独决策或与宰相（尚书令、仆射）一起商定、决策，然后交舍人起草、发下，则舍人等纵然是"上司"，也只是具体办事机构，谈不上有多大权力。陈代情况如何？除陈后主信任舍人施文庆，沈客卿，"二人共掌机密"，"内外众事，无不任委"，①属于王朝末年之乱政，已无所谓制度，或可算作"国之政事并由中书省"外，其他时间恐怕都不能下这个断语。　．

　　首先是陈武帝即位前后，最信任的是侯安都、周文育等大将，而不是几个中书舍人。《陈书·蔡景历传》：掌陈武帝北府"记室"（负责草拟文书）。武帝"将讨王僧辩，独与侯安都等数人谋之，景历弗之知也。部分既毕，召令草檄，景历援笔立成，辞义感激，事皆称旨"。此参与决策者与具体草檄者的明显区别，后者虽也"称旨"，但受信任程度和权力远不能与前者相比。武帝禅代后，由于统治尚未稳定，打着复梁旗号的王琳在北方又很强大，侯安都等出讨战败被擒，逃回后依然不得不出外征讨；宰相、尚书左仆射琅邪王通，恐怕也只是取其社会影响，所以武帝大权独揽，"英谋独运"，②决策后径命忠实于自己的亲信、舍人蔡景历、刘师知等人起草文书，下达尚书省执行。有时虽也征求一下舍人意见，但在"英略大度，应变无方"③的武帝面前，他们绝不敢揽权，史书也没有这种记载。在这种情况下，上面决策有武帝，下面监督百官执行有尚书省，中间的中书舍人等基本只是办理具体事务，对他们的权力怎么能够不适当地夸大呢！

　　其次，文帝以后，陈朝统治基本稳定。这时中书舍人虽继续为亲近之职，但尚书省的权力日益恢复。《陈书·袁枢传》：拜吏部尚书。

---

① 《南史·恩幸传》。

② 《陈书·高祖纪论》。

③ 同上。

"是时仆射到仲举虽参掌选事,铨衡汲引,并出于枢,其所举荐,多会上旨。"《孔奂传》:为五兵尚书,时文帝"不豫","台阁众事并令仆射到仲举共奂决之"。《到仲举传》:文帝死,主要顾命大臣是尚书令安成王顼,随升录尚书事,中书舍人刘师知等忌他权重望高,想矫敕除之,失败。《张种传》:宣帝时,"人皆以为宰相之器。仆射徐陵尝抗表让位于种"。可证尚书令、仆射仍是宰相。

《陈书·徐陵传》:迁尚书左仆射,"及朝议北伐。高宗(即宣帝)曰:朕意已决,卿可举元帅"。陵荐吴明彻为大都督,裴忌监军事。大胜。"高宗因置酒,举杯属陵曰:赏卿知人。"《孔奂传》:迁吏部尚书,"鉴识人物,详练百氏,凡所甄拔,衣冠缙绅,莫不悦服"。高宗子叔陵,"固求台铉(三公)",孔奂反对,"抗言于高宗",高宗以为是。《陆缮传》:授左仆射,"别敕令与徐陵等七人参议政事"。《毛喜传》:迁吏部尚书、散骑常侍,"及高宗崩,叔陵构逆,(后主)敕中庶子陆琼宣旨,令南北诸军皆取喜处分"。《始兴王叔陵传》:欲弑后主未成。"尚书八座奏曰:……臣等参议,请依宋代故事,流尸中江……"后主制曰:"……朝议有章,宜从所奏也。"

以上表明,朝廷大权包括人事任命,一般仍在尚书令、仆射、吏部尚书、八座手中,由他们先提意见,奏上文书,皇帝审批;或与皇帝一起商定、决策。所以,被视为宰相的仍是尚书省长官,而不是中书省官员。

最后,即便就可算作"国之政事并由中书省"的陈朝末年言,也只是"可算作"而已,其大权仍属一时恩宠,并非正常制度。《资治通鉴》卷一七六祯明二年:隋军将至,陈"护军将军樊毅言于仆射袁宪曰:'京口、采石俱是要地,各须锐兵五千,并出金翅(船)二百,缘江上下,以为防备。'宪及骠骑将军萧摩诃皆以为然,乃与文武群臣共议,请如毅策"。中书舍人施文庆、沈客卿出于私利,加以阻挠,"俱言于朝:'必有论议,不假面陈;但作文启,即为通奏。'……二人赍启入,白帝曰:'此是常事,边城将帅足以当之,若出人船,必恐惊扰。'"

这条材料表明：按官制，大权应归尚书长官，所以樊毅要将此重大建议言于仆射袁宪，而袁宪也可召集文武群臣商议，做出决定。但因昏庸的后主未参加，而决定又必须经他批准方生效，这样才使掌呈奏文书的中书舍人得以上下其手，先是阻挠仆射等面见后主陈述理由，怕后主被说动，后是在呈奏仆射等所作文启的同时，鼓动愚昧的后主予以否决。既然"国之政事并由中书省"，为什么他们不光明正大地反对尚书仆射等人建议，公开争辩，而要鬼鬼祟祟地要诡计呢？就因为他们权势虽重，但并不符合官制，而是城狐社鼠，靠愚弄、左右皇帝取得。陈末尚且如此，何况其他时期。这也就是说，说陈末"国之政事并由中书省"，虽大体可以，但得有正确理解。

当然，话又说回来，陈代中书监、令官品进一步提高（陈代监二品，令三品，且班次均在该品之首），侍郎成为清美之选，舍人法定草拟诏诰，整个机构也扩充到前所未有的二百多人，建立二十一局，各当尚书诸曹"上司"，超过了南齐的"外司"，估计也是"天下文簿板籍，入副其省"。这样，由于历史的种种机缘和制度的演变，就像当年尚书取代三公一样，中书取代尚书之势已逐步出现。可是，历史并没有重复，隋唐形成了三省鼎立并为宰相机构之局面，南朝中书省的发展，实际上是为这一新制度的出现，准备了条件。

第四节　北朝的中书省

一、北朝中书省权力不重的原因

北朝中书省的最大特点，便是从来没有执掌过像魏晋（中书监、令）、南朝（中书舍人）那样重的权力，基本上只是一个"掌诏诰"或"管司王言"的机构。[①] 原因有二：

---

① 《隋书·百官志中》。

1. 北魏、北齐,鲜卑贵族势力强大,文化水平却一般很低。特别是北魏前期,离原始社会瓦解,国家建立还不很远[①],尤其明显。《魏书·伊馛传》:为鲜卑侍从。太武帝将讨北凉,鲜卑贵族奚斤等数十人咸反对,惟崔浩坚主必胜,伊馛支持浩议。既平北凉,太武大会群臣曰:"崔公智计有余,吾亦不复奇之。吾正奇馛弓马之士,而所见能与崔同,此深自可奇。"浩曰:"何必读书,然后为学。卫青、霍去病亦不读书,而能大建勋名,致位公辅。"太武笑曰:"诚如公言。"崔浩的话是对鲜卑贵族以及太武帝的一种巧妙迎合,正反映当时他们多是弓马士,不读书,崔浩想以此语贬低读书的作用,缓和自己与这些贵族之间由于文化差距而产生的矛盾。《广陵王羽传》:孝文帝引鲜卑贵族陆叡、元赞等于前曰:"北人每言北人何用知书,朕闻此,深用怃然。……朕为天子,何假中原,欲令卿等子孙,博见多知……"这时离道武帝建国已经一百多年,轻视读书、文化之风看来在鲜卑贵族中还十分流行。在这种情况下,怎么能允许以文才为主要特色的中书省掌大权呢?

2. 读书多,有文才的绝大多数是汉族士人,这不但在北魏前期,即便孝文帝汉化几十年以后的北齐,情况依然无显著变化。《北齐书·杜弼传》:文宣帝尝问弼曰"治国当用何人"。对曰"鲜卑车马客,会须用中国人"。文宣帝"以为此言讥我"。《魏书·山伟传》:鲜卑人,魏末任中书令,领著作。"国史自邓渊、崔琛、崔浩、高允、李彪、崔光以还(除邓渊可能是汉化之氐人或羌人后代外,均汉士人),诸人相继撰录",山伟与另一鲜卑人綦俊诣说执政者,"以为国书正应代人(鲜卑人)修缉,不宜委之余人。是以俊、伟等更主大籍。守旧而已,初无述著。……史之遗阙,伟之由也"。这已是北魏末年,而且是修史,并非中书省主要任务,完成时间也不像诏诰那样急迫,但也反映了鲜卑与汉族的矛盾,而且鲜卑文士依然无法取代汉人。由于以上缘故,中书省除监、令作为长官或荣誉头衔,鲜卑贵族不少兼领外,真正掌诏诰的

① 参唐长孺《魏晋南北朝史论丛》,《拓跋国家的建立及其封建化》;马长寿:《乌桓与鲜卑》,上海人民出版社 1962 年版。

侍郎、舍人,一直不得不主要用汉族士人。因而像魏晋南朝那样由掌诏诰发展成参与政事的道路,在皇帝、主要贵族大臣均鲜卑人,皇帝主要得依靠这些贵族大臣维护统治的北魏、北齐,自觉不自觉地被堵死了。这些汉族士人,文才再高,也基本越不出具体掌诏诰的范围。

二、北魏、北齐的中书各官

第一,中书监、令。据《北魏将相大臣年表》,自道武帝建国至文成帝太安三年以前七十年间,中书监、令先后六人,即屈遵、穆观、卢鲁元、穆寿、仇洛齐、穆平国。除仇洛齐是卢鲁元舅父,以宦官得宠而升中书令,族属不明外,其他均鲜卑人。[①] 他们和其他鲜卑人比,相对说虽也有点文才,但似乎远未到达草拟诏诰的程度。只是因为既设中书省,又不愿让汉人掌管,于是以他们为长官,主要任务大概是对草拟好的诏诰加以审署,起监督作用。所谓"总文诰",[②]"绾门下、中书",[③]当即此意。在这七十年中有十七年未设中书监、令;当时鲜卑重臣如长孙嵩、奚斤、安同、丘堆、张黎、古弼等,从未充任或兼领此职;穆观、卢鲁元、穆寿拜中书监、令都是在早年声望并不很高,权力并不重之时;仇洛齐看来毫无文才,以宦官而为中书令,这在魏晋南朝是不可思议的,这些都表明,中书监、令在统治集团中并不很受重视。[④]

随着汉化的进展,文成帝太安三年开始用当了二十七年中书侍郎未徙官的汉族士人高允为中书令,自此以后,中书监、令的人选、权力大体可分两种情况。

一种情况是继续挑选有文才的汉族士人充任中书监、令。这是主流。其代表,北魏有高允、高闾、崔光,北齐有邢邵、魏收、阳休之。但他们的权力基本上只限于掌管诏诰,很少能对诏诰内容参与任何意

---

① 参见姚薇元《北朝胡姓考》,"屈氏""穆氏""卢氏",中华书局 1962 年版。

② 《魏书·屈遵传》。

③ 《魏书·穆观传》。

④ 《南齐书·魏虏传》:"佛狸置三公、太宰、尚书令、仆射、侍中,与太子共决国事",惟独不提中书监、令,亦一证。

见。《魏书·高闾传》：为中书监。孝文帝诏闾草拟给蠕蠕的国书，"于时蠕蠕国有丧，而书不叙凶事"。孝文曰："卿为中书监，职典文词，所造旨书，不论彼之凶事(指未吊丧)。若知而不作，罪在灼然，若情思不至，应谢所任。"高闾解释，蠕蠕屡犯边境，不该吊其丧。孝文帝批驳他目光浅短，"闾遂引愆，免冠谢罪"。这是中书监、令职典文词，并需在起草时仔细体会皇帝心意，不得自作主张，否则便遭斥责之证。《崔光传》：除中书令，京兆王愉谋反，将处死愉妾李氏，"敕光为诏，光逡巡不作"，上奏李氏已怀孕，不该加刑，"例待分产"。得到宣武帝批准。这看来是拒绝起草诏书，干预了政事，实际上只是提供了一个李氏怀孕信息，供皇帝斟酌，仍属掌诏诰者的正常职权范围，和平日在皇帝左右接受咨询，参决大政是不同的。所以，史书在记载他们的政绩时，除崔光由于同时又是门下侍中，后来因缘时会，先后投靠鲜卑贵族于忠、元叉，参与迎立孝明帝，决定宰辅人选的大政外，其他人都不过是："军国书檄，多(高)允文也"，"文明太后甚重(高)闾，诏令书檄碑铭赞颂，皆其文也"，"国家大事诏命，军国文词，皆(魏)收所作"等。有时也与闻政事，或为时极短，或出于特殊原因。如高允在文明冯太后诛鲜卑贵族录尚书事乙浑时，可能因为人正直，又是汉族"儒旧"，与乙浑毫无瓜葛，一度被引入禁中"参决大政"，[1]随即为鲜卑贵族源贺、拓跋丕等所代替。总之，谈不上有多重权力。

另一种情况是，随着重文轻武风气的蔓延和中书监、令官品的提高，[2]宗室贵族、宠臣多喜拜、领此官。在北魏如任城王澄、彭城王勰、京兆王愉、汝南王悦、东海王顼；宗室元钦、元芝；外戚胡国珍，归降宋宗室刘昶。在东魏、北齐如文襄帝澄、文宣帝洋、上党王涣、河南王孝瑜、任城王湝、河间王孝琬，宠臣和士开等。[3] 其中绝大多数不具备掌

---

① 《魏书·高允传》。
② 《魏书·官氏志》：中书监从二品，中书令第三品。《隋书·百官志上》所载梁、陈之制与此略同。
③ 以上参万斯同《北魏、东魏、北齐将相大臣年表》。

诏诰的资格。特别可笑的是和士开,他"禀性庸鄙,不窥书传",^①哪里谈得上"职典文词"呢! 当然也有例外。如彭城王勰,"博综经史,雅好属文",拜中书令。有一次孝文帝与群臣一起赋诗,发现勰诗颇美,曰:"昔祁奚举子,天下谓之至公,今见勰诗,始知中令(中书令)之举非私也。"^②虽可看出元勰之中书令不算滥竽充数,但也反映孝文帝原来并不了解元勰文才究竟如何,只因他是自己亲弟便予以任命;同时中书令又应是贵族、官僚所企望的清望之选,否则便没有必要讲有无私心的话。这种风气比较普遍。同书《北海王详附元顼传》:"无他才干,以亲属早居重任(中书监等)",是其证。

由于北朝尚书省仍为总理全国事务的宰相机构,而门下诸官又是掌管包括殿内生活供奉在内的亲近之职,拥有实权,没读过多少书的鲜卑贵族、武人经常充任,所以以文才为主要特色,以汉族士人为主要成员的中书省长官,虽随着汉化进展,声望日高,对这一类宗室、贵族、宠臣来说,却只不过类似南朝,是一种荣誉头衔,或迁转之阶。《魏书·孝庄纪》:名子攸,于孝明帝时为侍中、中军将军,后"以兄彭城王劭(有谋叛嫌疑)事,转为卫将军、左光禄大夫、中书监,实见出也"。按中军将军(从二品)、卫将军、左光禄大夫(均第二品)本来都是虚衔、军号,所以所谓"见出",乃指由侍中转中书监一事。考侍中第三品,中书监从二品,门下、中书两省又全在禁中,为什么由一省转另一省,又升了品,会被视为"见出"呢? 这是北朝中书省长官官品、声望高,而无多少实权之证。《资治通鉴》卷一五八大同十年:东魏"丞相(高)欢多在晋阳,孙腾、司马子如、高岳、高隆之,皆欢之亲党也,委以朝政⋯⋯率多专恣骄贪。欢欲损夺其权,故以(长子)澄为大将军,领中书监,移门下机事总归中书,文武赏罚皆禀于澄"。这是一时的特殊需要,却证明原来实权一直在门下,而不在中书。等武定五年高澄免中书监后,机事又回到了门下。《北齐书·陈元康传》:乃高澄心腹,贪货贿。武定

① 《北齐书·和士开传》。
② 《魏书·彭城王勰传》。

六年,高澄"内渐嫌之……欲用为中书令,以闲地处之"。可见这时中书长官已不掌机事。

需指出的是,中书监、令从设省时起,一直总管省务,包括对本省官吏考课等。《魏书·韩显宗传》:兼中书侍郎。孝文帝评价说"见卿所撰燕志及在齐诗咏,大胜比来之文。然著述之功,我所不见,当更访之监、令。校卿才能,可居中等"。此监、令当全面了解本省官吏情况,以便考课、黜陟之证。不过,由于整个中书省实权不大,长官总管省务之意义也就有限得很。

第二,中书侍郎与舍人。侍郎中北方第一流高门占有相当比重。如荥阳郑道昭、范阳卢昶、清河崔光、博陵崔挺、陇西李神俊、赵郡李同轨等均是。其他高门和有文才的寒族更多。任务和魏晋宋齐一样是掌诏诰。前引高允为中书侍郎被敕草诏处死崔浩等,又《北齐书·邢邵传》"永安初,累迁中书侍郎,所作诏诰,文体宏丽",均其证。但孝文帝改革前似不为人所重。所以高允为侍郎,被说成地位"微贱",是"小臣";而且他一直当了二十七年侍郎,在古代历史上绝无仅有,正好反映人们对此官不感兴趣,无人钻营、竞争。孝文帝汉化后,中书侍郎渐为清美之选。《魏书·王肃附弟秉传》:出身南方第一流高门琅邪王氏,孝文帝时从南朝"携兄子诵、翊、衍等入国,拜中书郎"。如中书郎非清美之选,便不可能招徕远人。《北齐书·赵彦深传》:为宰相,"讽朝廷以子叔坚为中书侍郎,颇招物议。时冯子琮子慈明,祖珽子君信并相继居中书,故时语云:冯、祖及赵,秽我凤池(中书省)"。按冯子琮、祖珽并先后为宰相,此中书侍郎直到北齐末仍为美选之强证。

舍人出身一般说低于侍郎,寒族较多。但一流高门中位望稍差的支房,也有一些人充任。如赵郡李骞、荥阳郑俨、范阳卢潜等。[①] 舍人职掌本来大概与魏晋宋齐相同,并不掌诏诰。故《隋书·百官志中》规定:沿北魏制的北齐中书省"领舍人省",该省"掌署敕行下,宣旨劳

---

① 参见《魏书》《北齐书》各传。

问"。《魏书·外戚高肇传》：宣武帝死，肇自蜀回洛阳，升太极殿奉丧尽哀，政敌埋伏壮士"十余人于舍人省下"。肇哭讫，"引入西廊。……入省，壮士搤而拉杀之"。按本书第八章第一节考证，中书省是内省，在王宫地区，便于草诏后及时送皇帝审署、斟酌，并可保密；而据此传，舍人省不在王宫内，似在太极前殿之西，这和"署敕行下"，应离尚书上省近一些，不必设于王宫地区，正好吻合。又孝文帝一代多次见他遣舍人宣旨，[1]而不见以舍人草诏，也是证明。不过后来或许受南朝梁、陈影响，中书舍人于北魏末、北齐"并掌诏诰"。[2]《魏书·常景传》：有才思，"文出诸人之上"。孝明帝时拜谒者仆射（六品上），加宁远将军（五品上），兼中书舍人（六品）。其后多次迁官，直到三品的左将军，"仍舍人"。这在北魏从未有过。《北齐书·魏收传》：魏末孝武帝时为中书侍郎，兼中书舍人，恐亦仿效南朝梁制。[3]《魏书·温子昇传》：被常景赞为"大才士"。孝庄帝时为中书舍人，"及帝（将）杀尔朱荣也，子昇预谋，当时敕诏，子昇词也。荣入内（指入禁中朝帝），遇子昇，把诏书问是何文书，子昇颜色不变，曰'敕'。荣不视之"。温子昇之所以如此回答，而尔朱荣不起疑心，无疑便因为舍人起草诏敕并出外宣旨，当时已是正常制度。

中书侍郎、舍人由于主要掌诏诰，皇帝有时不免也会咨询政事。[4]特别是舍人，魏末、北齐，十分亲近：如灵太后时徐纥，"长直禁中，略无休息"；孝庄帝时杨逸，帝受尔朱荣势力压迫，十分害怕，"诏逸昼夜陪侍，数日之内，常寝宿于御床前"；另一舍人高道穆，于元颢在梁武帝支持下攻入洛阳时，或劝孝庄帝赴关西，"帝以问道穆"，他表示反对，而劝帝北渡黄河，征兵回击。帝曰："高舍人语是。""帝命道穆秉烛作诏书数十纸，布告远近。"[5]由于亲近，有时权势也较重。突出之例见于

---

① 参见《魏书·任城王澄传、彭城王勰传、王肃传》。
② 《唐六典》卷九。
③ 又《北齐书·裴让之传》"迁长兼中书侍郎，领舍人"，亦一例。
④ 《北齐书·元文遥传》："除中书侍郎……参军国大事。"
⑤ 以上见《魏书·徐纥传、杨逸传、高道穆传》。

《魏书·恩幸徐纥传》。他多次为中书舍人。灵太后时"迁给事黄门侍郎，仍领舍人，总摄中书、门下之事，军国诏命，莫不由之。……既处腹心，参断机密，势倾一时，远近填凑"。

可是总的来看，北朝中书舍人权势远不如南朝，原因主要便是他们多为汉族士人，要受鲜卑贵族压抑。就拿徐纥说，也不例外。《魏书·任城王澄附子顺传》：由侍中出为太常卿，当灵太后面骂徐纥曰："此人魏之宰嚭，魏国不灭，终不死亡。"于是"纥胁肩而出。顺遂抗声叱之曰：'尔刀笔小人，正堪为几案之吏，宁应忝兹执戟，亏我彝伦！'遂振衣而起，灵太后默而不言"。将徐纥比作由楚入吴的宰嚭，意指他本非鲜卑（"魏国"）人；刀笔小人，当指中书舍人掌诏诰；"执戟"，当指为黄门侍郎（汉郎官执戟，见《初学记·职官上》），这充分表现对汉族士人得宠幸之仇视。而"灵太后默而不言"，一方面反映对汉族士人挨骂，她并不在意，因为徐纥只是她的弄臣；另一方面也表明鲜卑贵族势力强大，她不想因汉人事得罪他们。所以，元顺在这次大肆咆哮之后不久，竟又得到灵太后晋爵升官。北朝统治集团这种力量对比关系，是汉族文士无法在政治上有所作为的最基本因素。《北齐书·魏收传》：为大才士，连梁朝君臣也佩服他，曾先后为中书侍郎、兼中书舍人，"与济阴温子昇，河间邢子才齐誉，世号三才"。一直掌诏诰，然不受重视。"收本以文才，必望颖脱见知，位既不遂，求修国史"，于是"兼散骑常侍，修国史"。所谓"颖脱见知"，实指政治上获取权势，愿望达不到，便只得在学术上求发展。魏收晚年，写出《魏书》之后，虽因年资才学，升尚书右仆射，但"朝事专委侍中高元海（北齐宗室）"，"收畏避不能匡救，为议者所讥"。其所以畏避不能匡救，决非偶然，而是在北齐鲜卑贵族对汉官猜忌很重形势下，不得不以此保住权位，免遭屠戮。[①] 史称当时"三才"中"邵既被疏出，子昇以罪幽死，收遂大被任用"。其实魏收这种"大被任用"，和早年的不能颖脱，和邢邵、温子昇

---

① 不久，汉官崔季舒等即因"进谏"遭大批屠杀，参《资治通鉴》卷一七一太建五年。

的疏斥、幽死，只是北朝汉族士人不同环境下的不同命运而已，全都摆脱不了鲜卑贵族的控制、压抑。中书省各官，除鲜卑贵族用以作荣誉头衔，迁移之阶者外，凡汉族士人充任，始终权势不重，根本原因便在这里。

三、中书诏敕与手诏

魏晋南北朝时中书省草拟、宣出的诏书，与皇帝个人的手诏（手敕、中诏、中旨、墨敕、墨诏、玺书等皆属这一类，均不经中书省）并行，都有效力，但随着统治经验进一步积累，逐渐形成对后代影响极大的重大政事和用人之诏，应经中书省的制度。

早在东汉，不经三公、尚书，由皇帝直接出诏用人的做法，已遭非议。《资治通鉴》卷五八：汉灵帝光和四年，中常侍吕强谏曰："旧典，选举委任三府，尚书受奏御而已。……今但任尚书，或有诏用（胡注：诏用者，不由三公、尚书，径以诏书用之也），如是，三公得免选举之负，尚书亦复不坐，责赏无归，岂肯空自劳苦乎。"

魏晋以后，特别是南朝，手诏之类颇为流行，[①]但正式诏书当归中书省草拟、宣出的制度越来越固定下来。《三国志·刘放传》：魏明帝病重，中书监、令刘放、孙资建议以曹爽、司马懿辅政，"帝纳其言，即以黄纸授放作诏"。《资治通鉴》卷八二：晋武帝病重，"乃令中书作诏，以亮（司马亮）与骏（杨骏）同辅政……骏从中书借诏观之，得便藏去……会帝复迷乱……皇后召华廙（中书监）及中书令何劭，口宣帝旨作诏，以骏为太尉……录尚书事。诏成，后对廙、劭以呈帝，帝视而无言"。后一条材料更说明诏书必经中书草拟方合法，否则杨骏便会找自己的

---

① 晋惠帝赐楚王玮手诏，令率军废宰相汝南王亮等，见《资治通鉴》卷八二元康元年。宋文帝中诏涉及人事颇多，"凡中诏今悉在（尚书）台"，见《宋书·自序》。宋明帝"手敕"赐宰相王景文死，见《资治通鉴》卷一三二泰豫元年。齐明帝即位，"料简世祖中诏，得与晏手敕三百余纸，皆是论国家事"，见《南齐书·王晏传》。赵知礼为吴州刺史，"每军国大事，世祖辄令玺书问之"。见《陈书》本传。陈文帝"手敕"用虞寄为衡阳王府僚，见《陈书·虞寄传》。大抵手诏原为君主给予臣下的私人信札、劝勉、慰谕等，后渐用于政事。

亲信代笔。同书卷九四:晋成帝即位,尊重王导,"与导手诏则云'惶恐言',中书作诏则曰'敬问'"。① 同样证明二者有非正式与正式之别,故用语也分轻重。如正式的中书诏书上君对臣云"惶恐言"或"顿首言",显然大悖君臣之礼。《隋书·百官志上》:陈代,"国之政事,并由中书省",就是说,重大政事和用人必须经过中书省颁下诏敕解决。《南齐书·幸臣传》:中书舍人掌"发、署诏敕"。《隋书·百官志中》:中书省下之舍人省"掌署敕行下"。前一条的"发",即后一条的"行下"。可证作为正式诏敕行下时,制度也渐严密。《周书·艺术冀俊传》:善于模仿他人笔迹。宇文泰与侯莫陈悦交战,"太祖(宇文泰)……乃令俊伪为魏帝敕书与费也头,令将兵助太祖讨悦。俊依旧敕模写,及代舍人、主书等署,与真无异。太祖大悦。费也头已曾得魏帝敕书,及见此敕,不以为疑,遂遣步骑一千,受太祖节度"。这又充分证明中书所出诏敕,不但舍人要署名,而且连主书令史也得署名,如果欠缺,真实性便会受到怀疑。

重大政事和用人诏敕应经中书省草拟、宣出制度,隋唐以后更加完备。

---

① 《晋书·荀奕传》"惶恐言"作"顿首言"。

简短的结论

最后,根据以上九章的考证与论述,试提出如下简短结论。

一、宰相是两汉魏晋南北朝封建统治机器中,重要性仅次于君主的一个环节。一般说,它由君主精选,由统治经验丰富的大臣组成。如果要和现代政治制度相比附,在一定意义上可以说,君主大体类似最高国家权力机关,宰相大体类似最高国家行政机关。君主握有对一切政务的最后决定权和否决权,但一般不直接统领百官,处理政务;宰相负责直接统领百官,处理政务,然而原则上只能"助理万机",并无最后决定权和否决权。没有君主,便无法统一封建统治阶级不同集团、派别的行动,便不能建立政权,形成国家;而没有宰相,一般说,统治机器便很难有效地运转。这是由战国以后君位虽仍然世袭,无法选择,然经过变法,相位可以选贤举能,好中挑好,这一基本情况决定的。

二、两汉魏晋南北朝的宰相,拥有议政权和监督百官执行权。"入则参对而议政事,出则监察而董是非。"这是宰相之所以能完成"助理万机"任务,起到"股肱"作用的基本保证。在两汉只有"三公",在魏晋南北朝只有尚书台(省)长官,在法律、制度上拥有这两项权力,并且大多数情况下实际上也握有这两项权力,所以应该认定它们是宰相。把东汉整个一代的三公说成是"备员",把魏晋南北朝的宰相视为"无有常官",是没有根据的。

可是另一方面,由于当时实行的最根本的政治制度毕竟是君主专制制度,宰相的上述两项权力,虽有法律、具体制度的规定,却没有办法保证君主一定遵守这些规定。也就是说,在原则上不能排除宰相权力随时遭到君权限制、侵夺、取代的可能性。历史事实也是:为了统治需要,有些爱揽权的君主"任心而行","政自己出"。不但限制甚至暂时剥夺宰相的议政权,某些时候还"真如一吏","代有司(宰相)行事",致使"三公顿为虚器",^①即由君主直接处理政务,剥夺了宰相的某些监督百官执行之权。从这一方面观察,又应承认,当时宰相和现代最高国家行政机关相比,差距颇远。在这种场合,实际上君主已取代宰相执行最高国家行政机关之职能。总之,宰相权力没有严格保证,可以随时为君权所限制、侵夺、取代,这是两汉魏晋南北朝的宰相制度和现代国家制度相比呈现出来的最大特殊性。虽然,历史上"顿为虚器"极少见,大多数宰相还是行使着上述两项权力的,但制度上之区别,毕竟不能忽视。

三、两汉魏晋南北朝宰相制度的特殊性还在于:在君主与宰相之间存在着一些具有特殊功能的秘书、咨询机构。它们主要是为了适应新形势下巩固封建统治的需要而建立,或得到发展的。

如所周知,按照儒家政治理想,贤明君主通过选贤举能,求得德、才兼备之宰相后,便可"休于使之",^②垂拱而治,并不需要任何机构介于其间。可是在封建社会现实中,理想的君主与理想的宰相都极少见;二者同时兼备,更是从未有过。因而实际上垂拱而治的政治模式只是幻想,君主和宰相总是处在矛盾的统一之中。一般情况下是统一的:君主挑选比较满意的大臣为宰相,赋予议政权与监督百官执行权,相互配合,以保证统治机器的有效运转。然而有时又存在矛盾。一般说,矛盾的主要方面是君主。当君主对宰相所处理之政务不尽满意,而又未达到必须予以撤换的程度时,弥补的办法便是:或者改定、驳回宰相之奏请,或者主动提出新的政策措施与人事任命,下诏执行。无论哪种情况,限于个人才能、知识,为了保证质量,君主很自然地便会逐渐向周围近臣,甚至原来料理非政治性事务的小臣,不同程度地咨询意见,或命他们了解情况,整理资料,办理具体事务。秘书、咨询机

---

① 叶适:《习学记言》卷二五评汉光武、汉明帝语。
② 《荀子·王霸》。

构便由此而产生,而发展。随着社会前进,统治事务越繁杂,君主才干一般越不能胜任,而且限于礼制,蛰居深宫之中进行最后决策,与远在宫城外或外朝奉行政务之宰相相互接近和议政越少,秘书、咨询机构的存在与发展,也就越有必要性。这类机构,在西汉主要是中朝官与尚书;东汉主要是尚书诸官;魏晋南北朝主要是门下省与中书省长官。因为它们可以不同程度地,有时甚至是极大程度地影响君主最后决策,特别是有关人事任命的决策,所以某一个时期往往会"势倾天下"。可是仔细分析起来,它们基本上没有监督百官执行权;某种程度的议政权,又无法律、制度的依据,需依君主的委任与否而定。如不委任,权力便又回归到宰相手中。因而,从整个两汉魏晋南北朝时期衡量,这些秘书、咨询机构的地位、权力还无法与当时的宰相相比,更谈不上取代宰相。

从实质上说,它们是上述君主最后决策、宰相直接处理政务这一基本格局下,主要为了适应新形势和巩固统治的需要,不可避免地建立或发展起来,弥补宰相缺陷的一些重要机构。它们与宰相基本上是相互配合、并行不悖的关系。

当然,秘书、咨询机构的建立或发展,有时也出于君主有意限制相权的需要,或者按一般说法:出于君权、相权之争。但由于在两汉、魏晋南北朝,大多数情况下君主地位是稳定的,并不存在篡夺危机;同时宰相一般都是由君主精选,比较满意、信赖的大臣充任,所以总的来看,应该肯定,君、相之争虽是秘书、咨询机构建立或发展的一个原因,但决非主要原因。

四、正由于秘书、咨询机构与宰相的关系基本上是相互配合、并行不悖的,权力有时难免交错混杂,所以发展到一定阶段,前者也可以转化为后者。如汉代之尚书,由于设在宫城之中,极便君主咨询、指挥,在改定、驳回宰相奏请,或主动下诏颁布新的政策措施方面,有利于君主提高统治质量和效率,因而在不知不觉中,不但机构逐渐扩大,而且权力也由基本上是接受咨询,参与议政,进一步向监督百官执行发展。到魏晋南北朝,尚书长官便演变成宰相,取代了原来的三公。在这之后,随着社会前进,各地交通联系进一步加强,全国统治事务更加繁杂,君主在审批尚书之奏请时,为了保证质量和效率,又不得不在更接近自己的禁中,设立更高档次的秘书、咨询机构——门下与中书,取代原来的尚书。新的秘书、咨询机构与新的宰相同样基本是相互配合、并行不悖的关系。而且前者也在不知不觉之中扩大了机构与权力。到隋唐,门下、中书长官也演变成为宰相,只不过在新的历史条件下,不是取代尚书长官,而是"并相"。

五、两汉、魏晋南北朝的宫廷结构,大体是宫城之中又有主要是君主处理政事,接见群臣,审批文书之地的禁中。宰相机构与秘书、咨询机构在宫廷内外的方位,是和它们的职掌、任务相适应的。

在汉代,大体是宰相(三公)机构设于宫城之外,以便直接统领百官,处理全国政务。秘书、咨询机构(中朝官或尚书台)设于宫城之内,以便君主咨询、指挥。至于东汉设于禁中,更接近君主的侍中、黄门侍郎,则只是一般侍从人员,所起作用,没有明显的政治特色。由它们来组成一个新机构的条件尚未成熟。直到东汉末年,随着尚书权力进一步加强,需要专门机构"省尚书事",方才出现了"侍中寺"——门下省的前身。

在魏晋南北朝,大体是名义上尚未摆脱宰相之称的三公机构,仍设于宫城之外。真正的宰相机构(尚书台、省)沿袭旧制,继续保留在宫城之中,但随着形势变化和任务繁重,又有发展。以南朝为例,宫城先后为二至三重;尚书分为上省、下省。下省亦称尚书省,设于最内一重宫城之外,与禁中相隔甚远,便于尚书诸曹在此直接处理全国繁杂、具体的政务。上省主要组成部分叫尚书都座或朝堂,本是"八座"即尚书令、仆射与诸尚书共同议事、指挥下省事务之地。上省设于最内一重宫城之内,以便君主召见、垂询、下达命令。然因毕竟是宰相机构,必要时公、卿百官也在此集议军国大事,所以只设于正殿(太极殿)附近,与禁中仍保持一段距离,称为"外朝"。

和汉代不同,魏晋南北朝的秘书、咨询机构(由东汉末侍中寺发展而成的门下省和曹魏建立,主要执行原尚书郎草诏职能的中书省),改设于禁中,进一步接近君主,称为"内省",以便为君主审批外朝文书或主动下诏,及时提供参考意见,办理具体秘书事宜。"内省""外朝"基本上相互配合,并行不悖,为国家机器的有效运转服务。《资治通鉴》卷一五八大同五年称:梁武帝统治后期,"当权要者,外朝则何敬容,内省则朱异……二人行异而俱得幸于上",是其明证。

六、两汉魏晋南北朝宰相机构与秘书、咨询机构本身,都是不断发展、完善的。

两汉的丞相府、三公府各曹掾史,全归丞相、三公辟除,对丞相、三公负责,相互保持君臣关系。而魏晋南北朝的尚书台,其尚书、丞、郎以至令史,统一归王朝任免(大臣、吏部提名,君主审批),共同对王朝(君主)负责。尚书令、仆射对它们一般只有监督关系。

两汉的丞相府、三公府各曹(约十余曹),各掌一部分政务,比较零散;而且相当程度反映掾史归丞相、三公辟除,对之负责的特点。如西曹主府吏辟除;议曹、奏曹专为丞相、三公提供谋略;主簿乃丞相、三公心腹等。而到魏晋南北朝后期,尚书省形成概括性比较强,分掌全国六个重要方面政务,基本为后代沿用的尚书六曹。在这六曹中,反映两汉宰相机构特点的西曹、议曹、奏曹等,已被淘汰;并由"八座"在都坐集议,对它们进行指挥,以取代汉代各曹掾史围绕丞相、三公转,事必经丞相、三公决定的制度。

这些便是宰相机构本身的发展与完善。

至于秘书、咨询机构,西汉尚书基本负责传递、保管文书等具体事务;而给君主审批宰相奏请提供初步意见,充当参谋、顾问,则另有中朝官在。东汉全并归尚书台,包括原宰相机构草诏之责。魏晋南北朝形成了更高档次的秘书、咨询机构——门下省、中书省。

门下省不但平省呈报君主审批的上行文书,而且审署发交宰相机构执行的下行文书;并且这些职能逐渐全都进一步落实在公文程式上，证明已作为常制最后固定下来。与此同时，又建立了初步的封驳制、复奏制。

中书省主要负责起草诏命。机构也逐渐膨胀。下面又设立舍人省。至陈代，官吏达二百余人，"分掌二十一局事，各当尚书诸曹（二十一郎），并为上司"，相互有机配合。

凡尚书奏事，经门下平省后，需经中书入呈君主审批；凡君主下达诏命，需由中书面受旨意，起草后经君主核准，下达门下审署，颁付尚书执行。

这些便是秘书、咨询机构本身的发展与完善。

宰相机构和秘书、咨询机构的发展与完善，为隋唐三省制的出现准备了条件。